粵西府縣舊志叢書

孫長軍　主編

民國石城縣志

下

（民國）鍾喜焯　修　江　珣　纂

蔡　平　整理

鳳凰出版社

人物志上

選舉表文職

明

洪武朝

貢生

黄凱珊，上縣人，歲貢，國子監學録。案：知縣項汝廉撰墓碑，作祭酒。

周普，山頭〔一〕人，歲貢，户部郎中。

黄充，上縣人，歲貢，山西道御史。有傳。凱珊子。

周佑，□□人，歲貢，府同知。

〔一〕「山頭」，當作「汕頭」。

梁時獻，□□人，歲貢，平海衛經歷。

建文朝

許庸，□□人，歲貢，會昌知縣。

羅焕，□□人，歲貢，交趾知縣。

李端，□□人，歲貢，交趾、瓊州推官。

周輔，□□人，歲貢。

楊琳，□□人，歲貢，交趾典史。

舉人

張英，□□人，四年壬午科，林文亨榜。案：蔣《志》云：張《志》作洪武壬〔一〕年。考《明史》，洪武朝無壬午，建文朝有壬午，惟建文壬午。阮《通志》云：是年靖難，各省未有鄉試，癸未補行，諸志皆載壬午，從其正也。

進士

永樂朝

李澤，城内人，四年丙戌科，林環榜。初授户部主事，升郎中，轉福建鹽運使。崇祀鄉賢。有傳。

〔一〕『壬』下脱『午』字。

楊欽，謝鞋人，二十二年甲辰科，邢寬榜，翰林院庶吉士，升編修致養。崇祀鄉賢。有傳。

舉人

李澤，三年乙酉科。見進士。

李俊，□□人，三年乙酉科，李沾榜。

李俊，□□人，銅仁通判。

龍德輝，三㕚人，嵩明州知州。

李殷禮，□□人，交趾良美驛驛丞。案：楊《府志》作美良。

禤昭，□□人，交趾陀州判官。

何清，□□人，廣信府照磨。

全有志，石埇人，交趾州判。已上六人，俱六年戊子科，林超榜。

勞義，湍流人，九年辛卯科，鄭義榜。天長縣知縣。

楊欽，十二年甲午科，彭森榜。見進士。

陳良，□□人，十二年甲午科。

黄癊，上縣人，十五年丁酉科，劉玘榜。案：阮《通志》又見化州，作甲午科，臨桂知縣。

楊廣，謝鞋人，十八年庚子科，曾節榜，署鉛山教諭。

全通，東橋人，二十一年癸卯科，區賢榜。

貢生

梁舉，□□人，歲貢，典史。

姜任，□□人，歲貢。

蘇澤，□□人，歲貢，交趾多弋巡檢。

陳洪，□□人，歲貢，典史。

李惠，□□人，歲貢，推官。

陳哲，□□人，歲貢。

李廣，□□人，歲貢。

李盛，□□人，歲貢，建縣主簿。

楊成，□□人，歲貢，平樂縣丞。

劉安，南京人，歲貢，羽林衛經歷。

何信，□□人，歲貢。

黃鐘，上縣人，歲貢，楊〔一〕州府照磨。

〔一〕「楊」，當作「揚」。

宣德朝

舉人

李鳳，橫山村人，七年壬子科，翁凱榜。案：舊《志》誤作永樂壬午，今依阮《通志》改正。

貢生

李清，□□人，歲貢，德化知縣。

正統朝

陳禎，良田人，歲貢，同安知縣。

貢生

林鏞，□□人，歲貢。

全璉，東橋人，歲貢。

蕭忠，篁竹人，歲貢，藍山主簿，署縣事，有治績。

全才，□□人，歲貢。

景泰朝

舉人

黃信，上縣人，元年庚午科，羅琛榜。全州同知，升福建泉州府知府。有傳。案：蔣《志》云：張《志》作羅珍榜，誤。今從郝《通志》。又見《化州志》，作官同知，不云知府。

貢生

蕭鳳儀，篁竹人，歲貢。

陳經，□□人，歲貢，澧州吏目。案：蔣《志》云：喻《志》作以經。今從張《志》。

勞琰，湍流人，歲貢。

劉凱，□□人，歲貢。

天順朝

貢生

梁慶，□□人，二年歲貢。案：蔣《志》云：喻《志》作梁愛。今從張《志》。

許敬，□□人，四年歲貢，湣常主簿。

李珪，□□人，六年歲貢。

李舒，□□人，八年歲貢。

成化朝

貢生

全寬，東橋人，歲貢，德慶訓導。

莫愚，□□人，四年歲貢，寧郡訓導。案：蔣《志》云：喻《志》作邵縣訓導。今從張《志》。

何顥，□□人，六年歲貢。案：蔣《志》云：喻《志》作何顯。今從張《志》。

陳晃，□□人，八年歲貢。

盧璟，□□人，十年歲貢，南寧府經歷。

譚文昇，□□人，歲貢。案：楊《府志》：漳州訓導。見福建《志》。

黎憲，□□人，歲貢，廣西靖江王府護衛經歷。

宗敬，□□人，歲貢，蒼梧訓導。

莫迂，□□人，歲貢，豐城訓導，升思恩府教授。

選監

李瑜，選監。案：蔣《志》云：明制，歲貢、選貢，入國子監肄業，稱監生。景泰元年後，以邊事方殷，令天下生員納粟上馬者，許入監，與歲貢、舉人肄業大學者序次選官，謂之例監。比清朝例監有異，故仍臚列於表。

弘治朝

貢生

王璿，□□人，歲貢，梧州訓導。

楊曉，謝鞋人，歲貢，北京泰陵衛經歷。

王琇，□□人，歲貢，宜黃訓導。

趙欽，□□人，歲貢。

全俊，□□人，歲貢，邵武訓導。

全叙，東橋人，歲貢，三綱之祖。

正德朝

貢生

勞祖成，湍流人，歲貢，加冠帶。

趙瑛，□□人，歲貢，四川才渡河千户所吏目。

李魁，□□人，歲貢，寧國府經歷。亦見吴川。

嘉靖朝

貢生

勞府麟，湍流人，歲貢。

陳敬中，良田人，歲貢，柳州訓導。

譚明德，□□人，歲貢，宜春訓導。

吴榮，□□人，歲貢。

卓士元，□□人，歲貢，萬載訓導，升教諭。

勞文魁，湍流人，歲貢。

梁逵，良村人，歲貢，瓊山訓導，升教諭。有傳。案：舊《志》作瓊州訓導，今據《府志》更正。

黎克忠，□□人，歲貢，程番府經歷。

黎克信，□□人，歲貢。

蕭文衡，高橋人，歲貢，歷官温州府知府。有德政，合郡立祠。

高桓，磨厲人，歲貢，泰和司訓。

謝希朱，□□人，二十三年歲貢。案：《郡志》云：亦見化州。

林淑，歲貢，海康縣人，寄縣籍。案：蔣《志》云：據雷州府《人物傳》補。

鄧文傑，□□人，二十七年歲貢。案：楊《府志》云：陽山訓導。見《廣州志》。

程文保，□□人，歲貢，莆田教諭。

李應元，□□人，歲貢，莆田教諭。

選監

高維嶽，二十五年選監。

莫汝淹，選監。

隆慶朝

貢生

黄汝弼，上縣人，歲貢，開建訓導。案：蔣《志》云：《郡志》作嘉隆間貢。

吴烈，□□人，歲貢，儋州訓導。有傳。

王崇貞，□□人，歲貢。

萬曆朝

舉人

高魁，四十年壬子科，吴殿邦榜。清遠教諭。見進士。

龍大維，四十年壬子科。見進士。案：蔣《志》云：張《志》，是科作吴殿榜，闕載邦字，今依《通志》補正。

貢生

全三綱，東橋人，元年恩貢。

勞學孔，湍流人，元年歲貢，南監崑山縣丞。

韋德盛，□□人，三年歲貢，開建教諭。

林筠，□□人，五年歲貢。

蕭德貫，大塘人，九年歲貢，曲江訓導。有傳。

彭以一，□□人，十一年歲貢。

姚象賢，□□人，十五年歲貢。

陳所聞，□□人，十七年歲貢。

鄧本立，□□人，十九年歲貢，訓導。

文成章，大車人，二十一年歲貢，選監淶水知縣，改平樂。
黎有爲，□□人，二十三年歲貢，歸善教諭。
鄒伯賢，□□人，二十五年歲貢，左州學正。案：《府志》，三水教諭。
李桂，景山人，二十九年恩貢，澄海訓導。
李邦基，□□人，二十九年歲貢。
梁有桂，良村人，三十二年歲貢，南通州訓導。
全節，□□人，三十三年歲貢。案：蔣《志》云：郡《志》全作余。又案：余節係正統六年化州舉人，距萬曆百有餘載，當非一人。
吕應魁，□□人，三十五年歲貢，容縣教諭。
鄧嘉績，□□人，三十七年歲貢，崖州訓導。
吴慶雲，□□人，三十九年歲貢。
文成奇，大車人，四十一年歲貢。有傳。
袁呈祥，會洞人，四十三年歲貢，選監豐城縣丞、陸川知縣。有傳。
全若性，東橋人，四十五年歲貢。有傳。
何玉，□□人，四十七年歲貢，樂清訓導。

選監

邱宗岱，□□人，七年選監，梧州推官。

邱宗霍，□□人，十三年選監，桂林府通判，改辰州通判。

文成章，二十一年歲貢選監。見貢生。

林可宏，□□人，二十七年選監，建昌府通判。

袁呈祥，四十三年歲貢選監。見貢生。（以上參蔣《志》）

泰昌朝

貢生

陳鐘振，□□人，元年恩貢，樂安縣丞，升鎮江知縣。

天啓朝

進士

高魁，磨厲人，五年乙丑科，余煌榜。觀政吏部文選司，授中書科制誥舍人。崇祀鄉賢。有傳。

舉人

劉傅鼎，山底人，七年丁卯科，詹炎榜。案：蔣《志》云：張《志》作鄧炎榜。今從阮《通志》。

貢生

邱民牧，□□人，元年恩貢，桂平知縣。

何常師，□□人，元年歲貢。

李伯芬，□□人，三年歲貢，香山訓導。案：蔣《志》云：喻《志》作『伯芳』。今從張《志》。

宋朝震，□□人，五年歲貢。

李廷棟，□□人，七年歲貢，鶴慶府通判，署府事。有傳。

崇禎朝

進士

龍大維，城内人，四年辛未科，吴偉業榜。初授中書舍人，升吏部文選司主事，歷掌門司，轉考功司郎中，升太僕寺少卿。（俱張《志》）案：蔣《志》云：黄《府志》作陳于泰榜。今從張《志》、阮《通志》。又案：阮《通志》，是科亦作陳于泰榜。舊《志》恐誤。

舉人

黎民鐸，城内人，六年癸酉科，陳學銓榜。甲戌會試副榜。有傳。（俱張《志》）

貢生

黄奇紅，上縣人，元年恩貢。

蕭必秀，大塘人，歲貢。案：蔣《志》云：張《志》據郡補《志》〔一〕。

〔一〕『據郡補《志》』，當作『據郡《志》補』。

李天榮，景山人，二年歲貢，廉州訓導，桂之長子。
羅萬秀，茶山人，歲貢，無錫縣丞。
黄甲登，三角塘人，六年歲貢，新會教諭。
李應雲，□□人，八年歲貢，羅定訓導。
姚聲和，□□人，十年歲貢。
黄豸，上縣人，十二年恩貢。
邱麟彩，□□人，恩貢。
龍昺，城内人，十四年歲貢，博白知縣，吏部大維子。案：蔣《志》云：《通志》誤作龍昺。
蕭秉權，大塘人，采訪實篁竹人，十六年歲貢。案：蔣《志》云：《明史・選舉志》：弘治以後，於常貢外行選貢法。又《南海志》云：崇禎八年除粟監例，詔行拔貢，而張《志》闕載。選貢、拔貢，疑所載恩、歲兩貢，已有選拔人在内，姑存其説於此。（已上俱張《志》）

明薦辟

龍大綬，城内人，以生員舉，授光禄寺署丞。
王之迪，□□人，以生員舉。
文明邦，大車人，以廩生舉。
邱華珽，□□人，以廩生舉，授灌陽知縣。

案：蔣《志》：明代薦辟與選監同列選舉文職表之末一格，惟以薦辟四人年次無考，皆列崇禎朝之下。今仿《茂名縣志》，另提列於明代選舉文職表後。

清

順治朝

貢生

劉芳聲，江頭人，七年歲貢。案：蔣《志》云：據《郡志》補。

劉傳美，大坰角人，八年恩貢。

鍾品奇，□□人，九年歲貢。有傳。

黃名世，城内人，十一年甲午科拔貢。案：《學政全書》載：拔貢年次，國初無定期，既而十二年一舉，後或數十年或二十年。雍正五年改六年一舉，至乾隆七年復十二年。例府二人，縣一人。不中選，則寧缺毋濫。

羅光國，博教人，十一年歲貢。

黃衮昌，赤嶺人，十三年歲貢。

周士旭，□□人，十五年歲貢。

江宗泗，岐嶺人，歲貢，有傳。

康熙朝

舉人

龐顯，那良人，十一年壬子科中廣西洗懋才榜。有傳。

黎正，五十九年庚子科謝學聖榜。見進士。案：阮《通志》，原作楨，更名正。

貢生

鍾品宏，□□人，元年恩貢。案：蔣《志》云：《鍾氏家譜》作拔貢。

陳璵訓，良田人，恩貢。

盧藝選，□□人，恩貢。

劉傅霖，山底人，二年歲貢。

高式震，磨厲人，九年歲貢。有傳。

羅維翰，茶山人，十一年歲貢。

林崇翰，□□人，十三年歲貢，寄籍。案：楊《府志》：三水、香山訓導。

林于翰，□□人，十五年歲貢，寄籍。

林于雲，□□人，十七年歲貢，寄籍。案：蔣《志》云：張《志》但云寄籍，不詳何縣。考《廣州郡志》，原籍南海。

黃衮裳，赤嶺人，十九年歲貢，新安教諭，升建安知縣。有傳。

陳梓，石塘人，二十一年歲貢，遂溪訓導，補任徐聞、東莞。有傳。

劉瑞，□□人，二十三年歲貢。案：蔣《志》云：劉瑞移居南海，并見南海潘《志》。

蕭作洙，大塘人，二十四年乙丑科拔貢，樂昌教諭。有傳。

李色奇，□□人，二十五年歲貢。有傳。

陳楫，松屏人，二十七年歲貢。

汪玠，□□人，二十九年歲貢，寄籍。案：蔣《志》云：張《志》作江□。今從《郡志》。

陳浩，西朗人，三十一年歲貢，有傳。

江宗堯，岐嶺人，三十三年甲戌科拔貢，歸善訓導。有傳。案：楊《府志》同，惟《列傳》誤作歲貢。

楊懋新，嶺脚人，三十三年歲貢，龍川訓導。

潘鑑，□□人，三十五年歲貢。

陳邦基，□□人，三十七年歲貢。有傳。

李紀懋，□□人，三十九年歲貢。有傳。

江宗洙，岐嶺人，四十一年歲貢。

陳自傑，西朗人，四十三年歲貢。

李應薦，□□人，四十五年歲貢。

盧殿宰，黃茅人，四十六年丁亥科拔貢。
林遇春，□□人，四十七年恩貢。有傳。
陳瑜，良田人，恩貢，清遠教諭。按：楊《府志》入雍正朝。
李王材，横山人，四十七年歲貢，定安訓導。有傳。
黎克浚，□□人，四十九年歲貢。有傳。
陳望，鶴山人，五十一年歲貢。
黃廷賓，□□人，五十三年歲貢。
黃玉虬，□□人，五十五年歲貢。
黎克澄，□□人，五十七年歲貢。
潘銈，□□人，五十九年歲貢。
羅偉，茶山人，六十一年歲貢。按：楊《府志》，『偉』作『煒』。

雍正朝

進士

黎正，城内人，二年甲辰科，陳德華榜。户部員外郎。有傳。案：蔣《志》沿張《志》作王安國榜。今據阮《通志》、楊《府志》，俱作原名『楨』，陳德華榜。特改正。

舉人

龐正先，那良人，四年丙午科，羅國器榜。有傳。

貢生

盧能文，□□人，元年癸卯科拔貢。

陳堯鼎，沙劃人，二年歲貢。

高攀桂，磨厲人，歲貢。

蕭日芳，圓山人，七年己酉科拔貢。

陳堯都，石塘人，八年歲貢，東安訓導。

黎道炳，城内人，十三年乙卯科拔貢，龍門教諭，户部正之子。有傳。

林翰棻，□□人，歲貢。案：楊《府志》，陸豐訓導。

龍元灝，□□人，歲貢。

蕭贊，篁竹人，歲貢。

乾隆朝

舉人

鄒宗泗，木西人，二十五年庚辰恩科，李高飛榜。案：阮《通志》：鄒作邵，誤。

貢生

戴爾德，三角塘人，恩貢。
葉恒榮，南屯人，元年丙辰科拔貢，英德教諭。
文大京，大車人，恩貢。
陳天仁，□□人，歲貢，東安訓導。
龐佳先，那良人，歲貢，龍川訓導。有傳。
林師文，羅村人，六年辛酉科拔貢。
全宏彬，□□人，歲貢，新安訓導。
龍雲見，□□人，歲貢。
高爾爵，□□人，歲貢，清遠訓導。
鄒國望，木西人，歲貢。
陳繹治，□□人，歲貢。
夏景長，西關人，歲貢。
陳敏周，東朗人，歲貢，平遠訓導。
歐陽絢，鵶翠人，十七年歲貢。
黄友珍，鶴嶺人，十八年癸酉科拔貢。案：楊《府志》作乙酉科。

黃世英，上縣人，歲貢。
陳朝紳，□□人，歲貢。
揭子治，南教人，歲貢，大埔訓導。
鍾參光，秧地坡人，歲貢。
陳錫麟，石塘人，二十五年歲貢。
何其淑，□□人，恩貢。
黎椼，□□人，歲貢。
陳颺飛，松屏人，二十九年歲貢。
葉肇馨，南屯人，三十年乙酉科拔貢。
阮毓秀，山艮人，恩貢，惠來教諭。
李特秀，横山村人，歲〔一〕。
文炳，大車人，三十四年歲貢，嘉應訓導。
林煌兆，□□人，歲貢，長寧訓導。
黃廷振，上縣人，恩貢。

〔一〕『歲』下脱『貢』字。

黎道新，歲貢，新安訓導。見恩賜舉人。

陳大綱，□□人，歲貢。

蕭子豪，篁竹人，恩貢，河源教諭。

鍾自元，大王垌人，四十三年歲貢。

蕭凌雲，□□人，歲貢。

黃化五，□□人，歲貢，東莞訓導。

李王喬，横山村人，歲貢。

葉肇東，南屯人，歲貢。

龍卿雲，歲貢，龍川訓導。見恩賜舉人。

梁瑜，那樓人，恩貢。

全宏彪，□□人，歲貢。

勞維賢，□□人，歲貢。

姚希韶，□□人，歲貢。

王璣，羅笛埇人，歲貢。

陳紀，□□人，五十九年恩貢。

梁王升，□□人，歲貢。

嘉慶朝

舉人

文在中，大車人，三年戊午科，李汝謙榜。署江西吉水知縣。

戴尚禮，三角塘人，九年甲子科，何惠群榜，番禺教諭。

蕭昇，篁竹人，九年甲子科，順天譚璐榜。湖南試用知縣。案：《采訪册》及《蕭氏族譜・墓志銘》歷署石門、酃縣、桃源、零陵知縣，特授清泉縣知縣，代理衡州府通判。有傳。

李實，大路邊人，十二年丁卯科，張翺榜。大挑教諭，廉州府訓導。有傳。

羅秀鳳，陀村人，十二年丁卯科。

林之麒，揚名水人，十八年癸酉科，洪遇春榜。

張元祥，琛山龍人，二十一年丙子科，倪濟遠榜。大挑知縣，歷任山東朝城、歷城、萊陽、陽信知縣，升福建興化、汀州、泉州、福寧知府，署督糧道，延建、邵、汀、漳龍道，記名按察使，賞戴花翎。有傳。（以上俱張《志》）

貢生

全恕，城内人，元年歲貢。

陳喬松，盛村人，三年歲貢。有傳。

李在公，沙井人，五年歲貢。

李安，橫山村人，五年歲貢，普寧訓導。有傳。

蕭昇，六年辛酉科拔貢。見舉人。

黄日新，□□人，七年歲貢。

黄文焯，上縣人，九年歲貢。

周正綱，大垻人，十一年歲貢。

陳兆球，□□人，十二年歲貢。

羅成章，洞賓人，十二年歲貢。案：蔣《志》云：此二名俱作十二年歲貢，與縣學選貢年例不符，即由府學，仍無可考，附此以俟辨證。

林喬春，□□人，十四年恩貢。

林宗九，龍子窩人，十四年歲貢。

歐陽上璧，鴉翠人，十五年歲貢。

戴統相，三角塘人，十七年歲貢。

戴尚賢。三角塘人，十八年癸酉科拔貢。

張元祥，十八年癸酉科府拔貢。見舉人。

蕭楷，篁竹人，十九年歲貢。

羅國安，陀村人，二十一年歲貢。

梁邦安，官埇人，二十三年歲貢，普寧訓導。

伍雲燦，洋下人，二十三年恩貢。

戚漢榮，□□人，歲貢。

羅光史，博教人，二十四年歲貢。（以上俱張《志》）

道光朝

舉人

戴凝相，三角塘人，二年壬午科，周燧榜。

羅士奇，陀村人，二十年庚子恩科，順天劉蕚榜。廉州府教授，内閣中書銜。有傳。

貢生

陳保東，松屏人，元年恩貢，定安教諭。

李奉琛，圓山人，二年恩貢。

蕭昕，篁竹人，二年歲貢。

梁文元，城内人，四年歲貢。

謝龍光，木侯人，五年乙酉科拔貢。

揭錦，南教塘人，六年歲貢。

全志沂，城内人，八年貢歲〔一〕，歷署海康、陽江教諭，内閣中書銜。重游泮水。

吴賢秀，風梢人，十年歲貢，歷署萬州學正，文昌、昌化、樂會、會同、感恩教諭，兼樂會訓導。重游泮水。有傳。

揭行泱，鰲頭人，十一年辛卯恩科副榜。

李步青，三閣山人，十一年歲貢。重游泮水。

李汝瓊，梅菉人，十二年歲貢，三水訓導。

莫春雯，圍峽人，十四年甲午恩科副榜。

陳儒玠，六格人，十四年歲貢。

盧誕敷，黄茅人，十六年恩貢。

劉子卓，梧村垌人，十六年歲貢。

羅士奇，十七年丁酉科拔貢。見舉人。

戴瑚，三角塘人，十八年歲貢，海康訓導，光禄寺典簿銜。重游泮水。有傳。

黄象芳，二十年歲貢。見恩賜舉人。

莫卿，三墩人，二十二年歲貢。重游泮水。

〔一〕『貢歲』，當作『歲貢』。

陳六徵，香山人，二十四年歲貢。

彭瑞龍，新屋場人，二十六年歲貢，惠來教諭。有傳。

黃學傳，上縣人，二十六年府歲貢。

陳尚翔，東木埇人，二十年歲貢。有傳。

伍紹元，洋下人，二十八年歲貢。

李熙春，梅菉人，二十九年己酉科拔貢。

張樹穀，歐玉山人，三十年歲貢，歷任廣寧訓導、欽州學正、鶴山訓導，軍功藍翎，内閣中書銜。有傳。

咸豐朝

舉人

江國華，岐嶺人，二年壬子科，李文燦榜。歷任安徽太平、黟縣知縣，即補同知，賞戴花翎。

江誠和，岐嶺人，十一年辛酉科，馮秩清榜。兵部武庫司主事加員外郎銜。有傳。

貢生

林之楎，揚名水人，元年恩貢。

盧美仁，長山仔人，二年恩貢。

馮仁國，白排人，二年歲貢。

李步瀛，三閣山人，三年恩貢。

鄒宇馨，丹竹埇人，四年歲貢，臨高訓導。

劉琪，梧村垌人，六年恩貢。

戴尚游，三角塘人，六年歲貢，文昌訓導，署會同教諭，光禄寺典簿銜。

黄龍章，安鋪人，八年歲貢。

劉景文，城内人，十年歲貢。

江敦和，岐嶺人，十一年恩貢，龍門教諭兼訓導。

江國澄，岐嶺人，十一年辛酉科府拔貢，廣西補用同知。

林培芳，城東關人，十二年辛酉科拔貢，候選直隸州州判。有傳。

周修經，早禾垌人，十一年辛酉科優貢。案：《學政全書》，優貢始自乾隆四年，議准大省五六名、中省三四名、小省一二名。同治甲子舉行優貢朝考，一二等引見，准以知縣教職用。

舉人

同治朝

羅汝彦，陀村人，六年丁卯科，鄧佐槐榜。揀選知縣，加同知銜，賞戴藍翎。

陳炳章，新興村人，丁卯科，揀選知縣，加五品銜。案：《采訪册》及《陳氏族譜》：光緒三十四年戊申，重游泮水。有傳。

貢生

江式和，岐嶺人，元年歲貢，歷任大埔、感恩、新興教諭，内閣中書銜。

戴德華，三角塘人，元年恩貢，分發雷州教諭。

劉傳宣，山底人，三年歲貢，徐聞教諭，遂溪訓導。案：《采訪册》，加直隸州州同銜。

彭廷英，新屋場人，五年恩貢。

黄榮光，安鋪人，五年歲貢。

揭崇桑，南教塘人，七年歲貢。

李旦敷，寶鴨塘人，九年歲貢，分發廉州訓導。

謝樹徽，山子人，十一年恩貢。

梁紹華，官埇人，十一年歲貢，候選訓導。

周尊經，早禾垌人，十二年癸酉科拔貢，選用教諭，内閣中書銜。

黄居中，垌心墩人，十三年歲貢，儘先銓用訓導。

光緒朝

舉人

江慎中，岐嶺人，十四年戊子科，楊裕芬榜。以本科考選優貢，第三名中式。（俱蔣《志》）案：采訪。有傳。

江珣，岐嶺人，二十九年癸卯科，李應庚榜。同知銜，揀選知縣。（采訪）

貢生

陳英南，松屏人，元年恩貢，選用直隸州州判。

陳國球，乾案人，二年歲貢。

吴馨秀，風梢人，四年歲貢。

楊學英，南山灣人，五年恩貢，選用教諭。

蔡伯謙，探塘人，六年歲貢。有傳。

吴杰秀，風梢人，七年府學恩貢。

鄒炳光，丹竹埇人，八年恩貢。

蔡伯康，探塘人，八年歲貢。

李兆熊，梅菉人，十年歲貢。崖州學正，軍功藍翎。

陳其琛，黄盤山人，十一年乙酉科拔貢，選用直隸州州判。

羅汝蘭，陀村人，十二年歲貢，分發瓊州訓導。

劉紹向，東村人，十二年府歲貢。

揭棠杲，南教塘人，十四年歲貢，候選訓導。

謝玉光，墩陂人，十六年恩貢。

陳士鑾，麻水村人，十六年恩貢，候選教諭。

黄景禧，赤嶺村人，十六年歲貢，候選訓導。

羅士泰，茶山村人，十八年歲貢。案：《采訪册》，署感恩教諭，瓊山、臨高訓導。（以上俱蔣《志》）

羅邦彦，茶山村人，二十二年歲貢。

蔡廷綉，探塘村人，二十二年歲貢。

鄒鶴年，丹竹埇人，二十三年丁酉科拔貢，分發教諭。

李紹芳，三閣山人，二十四年歲貢。

吴中美，風稍村人，二十六年歲貢。

陳廷華，二十六年恩貢。見恩賜舉人。

劉傳教，朱子塘人，二十八年歲貢，署儋州學正。

江振徽，岐嶺村人，三十年歲貢。

江家桂，岐嶺村人，三十二年歲貢，分發瓊州訓導，賞戴藍翎，保舉知縣。

陳廷傑，驪珠塘人，三十二年歲貢。案：光緒三十二年二月十五日，政務處奏請廪生應出歲貢，准照原定額數倍取，以惠寒畯。

劉傳賓，望樓村人，三十三年歲貢。

鄒秉鈞，山營村人，三十四年歲貢。

蕭繼會，荔枝坑人，三十四年府歲貢。

宣統朝

貢生

龐苑墀，那良村人，元年己酉科拔貢，候選直隸周州判，五品頂戴。

曹昱熙，大竹山人，己酉科拔貢，授職州判。案：是科拔貢，照原定額數倍取，每縣二人。

莫昌鈞，譚福村人，元年恩貢。

鍾其樹，魚梁埠人，元年歲貢。

龐廣瀛，那良村人，二年歲貢。

陳元文，鶴山村人，二年歲貢。

龐耀樞，那良村人，三年恩貢。

羅德馨，陀村人，□□年歲貢。

鍾廷楨，大王垌人，□□年歲貢。（已上俱采訪）

清

恩賜進士

蔡發祥，蔡屋箔人，光緒十八年壬辰科，國子監司業銜。（蔣《志》）

恩賜舉人

黎道新，大嶺人，歲貢，嘉慶三年戊午科。

龍卿雲，黄竹岡人，歲貢，嘉慶九年甲子科。（已上張《志》）

黄象芳，盛大塘人，歲貢，同治十四年癸酉科，龍川訓導。

蔡發祥，附生，光緒十五年己丑恩科。見恩賜進士。（以上蔣《志》）

黄廷儀，赤嶺人，光緒十九年癸巳科。

陳廷華，松屏村人，恩貢，光緒二十九年癸卯恩科。（已上采訪）

恩賜副榜

伍世瀚，洋下人，附生。

伍其興，□□人，附生。

龐振，那良人，附生。以上三名俱嘉慶十八年癸酉科。（俱張《志》）

林華山，江邊村人，□生〔一〕，道光二十六年丙午科。

李際滋，三閣山人，附生，光緒二年丙子科。

戴天錫，三角塘人，附生，光緒二年丙子科。

〔一〕當作『附生』。

黄兆龍，赤嶺人，廩貢，光緒八年壬午科，歷署雷州府訓導，四會、高要訓導，綏瑶廳教諭。重游泮水。

黄廷儀，附生，光緒十一年乙酉科。見恩賜舉人。

江熙和，岐嶺人，廩貢，光緒十四年戊子科，歷署雷州府遂溪縣訓導，賞戴花翎。重游泮水。

宋存仁，三大漢人，附生，光緒十四年戊子科。

許桂聯，黄垠地人，附生，光緒十七年辛卯科。

莫乃松，圍峽人，增生，光緒十七年辛卯科。（以上俱蔣《志》）

陳欽，東朗人，增生，光緒十九年癸巳科。（采訪）

案：蔣《志》以恩賜進士、舉人、貢生各附入選舉文職表内，考《府志》及各《縣志》皆另爲表，今從其例。

清廣東法政學堂畢業

江珣，岐嶺村人，廣東法政學堂法律别科畢業，學部奏奬以知縣補用加一級。又見舉人。（采訪）

清高郡中學堂畢業

梁崇梓，吉水人。

黄典元，塘蓬人。

江璠，岐嶺村人。

黄紀龍，塘蓬人。

黄忠璣，塘蓬人。

徐冠邦，西瓜坡村人。

鍾靈，蓮塘口村人。以上俱宣統三年畢業。（采訪）

清選舉議員

陳汝霖，鶴山村人，附貢，藍翎，候選訓導，賞換花翎，三品銜，雙月選用郎中。宣統元年，選任廣東諮議局議員。（采訪）

清貲叙貢生

黄堯叟，□□人，例貢，康熙間。（張《志》）

鄒士操，葩竹人，廩貢。有傳。雍正間。舊《志》作木西人，誤。

鄒國珵。□□人，廩貢。乾隆間。

蕭光秀。篁竹人，廩貢。

李應薰。□□人，廩貢。

李冠林。圓山人，廩貢。

林翰棨。□□人，廩貢。俱嘉慶間。（俱同上）

案：蔣《志》沿張《志》，清初至嘉慶選舉文職表，有貲叙一格，而道光後改稱仕宦，今皆提出另列。其貲叙共十三人，内有貲叙官階者六人。遵楊《府志》入仕宦表，祇貲叙貢生者七人，附録於此。

清監生

捐納監生本無入志之例，但舊《志》經修二十八名，舊板又多糊塗，難以校正，謹依闕文存之。

（張《志》）

□鼎臣，康熙十。

□□俊，十八年納。

□鼎秀。

□□瑯，十八年納。

□天秀，二十六。

□□□，二十七年納。

□元熙，二十九年。

□天□。

□傅鐸。

□□□。

崔静。

林□□。

□朝璣。

劉□□。

□鑑。

劉漢璜。

□望。

陳□□。

□沂。

張觀□。

劉文僎。

嚴宗傑。

□光。

羅廷球。

曹信，考州同。

林希鄒。

蕭逢權。已上俱康熙二十九年納。

鄒士慧，四十五年納。

案：二十八名并不注明何監，舊《志》有「考州同」三字，又不知是選監人員否，仍附録於此，用

以存疑。（蔣《志》）

選舉表 武職

清武舉

案：蔣《志》云：明代武科無自稽考，舊載自清代始，謹依舊《志》臚列之。

曹俊，那里坡人，康熙丁卯科，陝西蘭州衛千總，升赤金衛守備。

謝克淳，□□人，康熙丁卯科。案：蔣《志》：克淳由石城移居新會，今依《新會志》補。

曹克平，大塘人，乾隆戊午科。

鍾清英，低山人，乾隆丙子科。

梁正珖，官埇人，乾隆庚寅恩科。

廖廣揚，冷水埇人，乾隆辛卯科。

梁德顯，塘尾人，乾隆甲午科。

彭魁，新屋塲人，乾隆丙午科。

黄士琮，銅鑼灣人，嘉慶癸酉科。

林正綱，山高栅人，嘉慶丙子科。

鍾舉才，赤竹坑人，嘉慶己卯科。（已上張《志》）

涂龍高，蕉林人，道光辛巳恩科。

陳家珍，乾案人，道光甲辰恩科。案：楊《府志》作壬辰科。

廖家珍，冷水埇人，咸豐辛酉科。

龍錦洸，周村人，同治壬戌恩科，軍功拔千總，署貴州古州把總，賞戴五品藍翎。

蘇潤源，坡仔人，同治丁卯科。

鄭玉光，□□人，同治癸酉科，據楊《府志》補。（以上蔣《志》）

案：舊《志》，縣無武進士，即武舉亦非歷朝皆有。考各縣志，選舉武職俱另列，今從之。

仕宦表

文職

宋

陳敏，□□人，擢漳州巡簡〔一〕，歷江淮都統制，贈少師。有傳。（蔣《志》據《郡志》）

〔一〕『簡』，當作『檢』。

案：江西寧都州《人物志》云：敏，石城人，爲統制，駐漳州。與郡《志》無異。考歷官本末，當是贛人，惟舊《志》既據阮《通志》增入，今仍之。

元

羅郭佐，博教人，以功授朝列大夫，化州路總管，尋改廣州路總管。有傳。（參張《志》、蔣《志》）案：楊《府志·本傳》在元代，而《職官表》列度宗朝。考郭佐父子官職皆爲元制，今列元代。

羅奇，博教人，震次子，襲化州路判官，授奉政大夫，雷州路同知，奉檄討瑶賊，挺身罵賊，遇害而死。（參蔣《志》及《羅郭佐傳》）

羅仕顯，博教人，奇之孫，元珪之子，襲武德將軍，任廉州路同知，剿海賊戰殁。（參蔣《志·表》及《羅郭佐傳》）

明

羅福，□□人，洪武元年任化州知府，八年降爲州。有傳。（據阮《通志》補）

案：楊《府志·傳》云：元化州路樞密院同簽，升本州都元帥。洪武元年，以高、雷歸附，時改化州爲府，即以命福。

黄凱珊，國子監學録，《墓碑》作祭酒。

周普，户部郎中。

黄充，山西道御史。

梁時獻，平海衛經歷。
許庸，會昌知縣。
羅焕，交趾知縣。
李端，交趾、瓊州推官。
楊琳，交趾典史。俱見《歲貢》。俱洪武間。
李澤，户部主事，升郎中，轉福建鹽運使。
楊欽，翰林院庶吉士，升編修。俱見《進士》。
李俊，銅仁通判。
龍德輝，嵩明州知州。
李殷禮，交趾良美驛驛丞。
禤昭，交趾陀州判官。
何清，廣信府照磨。
全有志，交趾州判。
勞義，天長縣知縣。
楊廣，署鉛山教諭。俱見《舉人》。
蘇澤，交趾多弋巡檢。

李盛，建縣主部〔一〕。
楊成，平樂縣丞。
劉安，南京羽林衛經歷。
黄鐘，揚州府照磨。俱見《歲貢》。俱永樂間。
李清，德化知縣。
陳禎，同安知縣。俱見《歲貢》。俱宣德間。
蕭忠，藍山主簿，署縣事。見《歲貢》。正統間。
黄信，全州同知，升福建泉州府知府。見《舉人》。
陳經，澧州史目〔二〕。見《歲貢》。俱景泰間。
許敬，憑常主簿。見《歲貢》。天順間。
全寬，德慶訓導。
莫愚，寧郡訓導。
盧璟，南寧府經歷。

〔一〕『主部』，當作『主簿』。
〔二〕『史目』，當作『吏目』。

譚文昇，漳州訓導。
黎憲，靖江王府護衛經歷。
宗敬，蒼梧訓導。
莫迂，豐城訓導，升思恩府教授。俱見《歲貢》。俱成化間。
王璿，梧州訓導。
楊曉，北京泰陵衛經歷。
王琇，宜黄訓導。
全俊，邵武訓導。俱見《歲貢》。俱弘治間。
趙瑛，四州才渡河千户所吏目。
李魁，寧國府經歷。俱見《歲貢》。俱正德間。
陳敬中，柳州訓導。
譚明德，宜春訓導。
卓士元，萬州訓導，升教諭。
梁逵，瓊山訓導，升教諭。
黎克忠，程番府經歷。
蕭文衡，温州府知府。

高桓，泰和訓導。

鄧文傑，陽山訓導。

程文保，莆田訓導。

李應元，莆田教諭。俱見《歲貢》。俱嘉靖間。

黄汝弼，開建訓導。

吴烈，儋州訓導。俱見《歲貢》。俱隆慶間。

勞學孔，南監崑山縣丞。

韋德盛，開建教諭。

蕭德貫，曲江訓導。

文成章，涑水知縣，改平樂知縣。

黎有爲，歸善教諭。

鄒伯賢，左州學正，俱見《歲貢》。

李桂，澄海訓導，見《恩貢》。

梁有桂，南通州訓導。

吕應魁，容縣教諭。

鄧嘉積，崖州訓導。

袁呈祥，豐城縣丞，陸川知縣。

何玉，樂清訓導。俱見《歲貢》。

邱宗岱，梧州推官。

邱宗霍，桂林府通判，改辰州通判。

林可宏，建昌府通判。俱見《選監》。俱萬曆間。

陳鐘振，樂安縣丞，升鎮江知縣。見《恩貢》。泰昌間。

高魁，吏部文選司主事，中書科制誥舍人。前以舉人，任清遠教諭。見《進士》。

邱民牧，桂平知縣。見《恩貢》。

李伯芬，香山訓導。

李廷棟，鶴慶府通判，署府事。俱見《歲貢》。俱天啓間。

龍大維，授中書舍人，升吏部文選司主事，歷掌門司，轉考功司郎中，升太僕寺少卿。見《進士》。

李天榮，廉州訓導。

羅萬秀，無錫縣丞。

黄甲登，新會教諭。

李應雲，羅定訓導。

龍昺，博白知縣。俱見《歲貢》。俱崇禎間。

龍大綬，光禄寺署正。

邱華珽，灌陽知縣。俱見《薦辟》。以上俱參張《志》、蔣《志》。

陳貴，監生，全縣知縣。

胡莊，潯州推官，正統間任。

唐德，監生，藤縣知縣，成化十四年任。俱《廣西通志》。

劉芳，松溪縣丞，成化間任。

李廷輔，寧化訓導，嘉靖間任。

陳高節，長泰訓導，隆慶間任。俱《福建通志》。以上六人，據楊《府志》補。

清

林崇翰，歷任三水、香山訓導。見《歲貢》。

黄衮裳，任新安教諭，升建安知縣。

陳梓，選遂溪訓導，調任徐聞、東莞。俱見《歲貢》。

蕭作洙，樂昌教諭。

江宗堯，歸善訓導。俱見《拔貢》。

陳瑜，清遠教諭，見《恩貢》。

楊懋新，龍川訓導。

李王材，定安訓導。俱見《歲貢》。俱康熙間。（以上俱張《志》）

曹克斌，那里坡人，監貢，浙江安吉州判。有傳。

萧蒲，龍塘人，附貢，知縣，署江西宿遷〔一〕主簿。俱康熙間。已上二人，俱張《志》賫叙。

黎正，户部員外郎。見《進士》。

陳堯都，東安訓導。

林翰棻，陸豐訓導。俱見《歲貢》。

黎道炳，龍門教諭。見《拔貢》。俱雍正間。

葉恒榮，英德教諭。見《拔貢》。

陳天仁，東安訓導。

龐佳先，龍川訓導。

全宏彬，新安訓導。

高爾爵，清遠訓導。

陳敏周，平遠訓導。

揭子治，大埔訓導。

〔一〕「宿遷」在江蘇，故「江西」當作「江蘇」。

文炳，嘉應訓導。

林煌兆，長寧訓導。

黎道新，新安訓導。

黄化五，東莞訓導。

龍卿雲，龍川訓導。俱見《歲貢》。

阮毓秀，惠來教諭。

蕭子豪，河源教諭。俱見《恩貢》。俱乾隆間。（上俱張《志》）

全朝焕。□□人，附貢，宣課大使。

曹爾勛，那里坡人，廪貢，署東莞訓導。俱乾隆間。楊《府志》作分發訓導。已上二人俱張《志》

貲敘。

文在中，署江西吉水知縣。

戴尚禮，番禺教諭。

蕭昇，歷署石門、酃縣、桃源、零陵知縣，授清泉縣知縣代理，衡州府通判。

李實，大挑教諭，廉州府訓導。

張元祥，大挑知縣，歷任山東朝城、歷城、萊陽、陽信知縣，升福建興化、汀州、泉州、福寧知府，署督糧道，延建、邵、汀、漳龍道，記名按察使，賞戴花翎。俱見《舉人》。

李安，普寧訓導。

梁邦安，普寧訓導。俱見《歲貢》。俱嘉慶間。（上俱張《志》）

江發壁，岐嶺人，廩貢，歷任瓊山、文昌訓導，海康、徐聞、臨高、文昌教諭。有傳。

李泮發，三閣山人，廩貢，分發訓導。俱嘉慶間。以上二人，俱張《志》貲叙。

羅士奇，廉州府教授，内閣中書銜。見《舉人》。

陳保東，定安教諭。見《恩貢》。

全志沂，歷署海康、陽江教諭，内閣中書書銜。

吴賢秀，歷署萬州學正，文昌、昌化、樂會、會同、感恩教諭，兼樂會訓導。

李汝瓊，三水訓導。

戴瑚，海康訓導，光禄寺典薄〔一〕銜。

彭瑞龍，惠來教諭。

張樹穀，歷任廣寧訓導、欽州學正、鶴山訓導，軍功，藍翎，内閣中書銜。俱見《歲貢》。

江煦和，岐嶺人，廩貢，任英德、海陽教諭，兼潮陽教諭、訓導，萬州學正，推升貴州安平知縣，

歷署青平知縣，黄平、廣順、麻哈知州，補用知府。有傳。

〔一〕『薄』，當作『簿』。

江應澄，岐嶺人，任廣西修仁、來賓知縣，歷署荔浦、雒容、藤縣知縣，永安、養利州知州。

江逢春，岐嶺人，廩貢，歷任香山、新安、海康、感恩教諭，兼訓導，推升湖北雲夢知縣，加知州銜。

江應霖，岐嶺人，附貢，任江西按擦司知事，兼司獄。

林登智，揚名水人，監生，署聖廟奎文閣典籍。

林登崑，揚名水人，監生，任聖廟詩禮堂啓事廳。

江占鰲，岐嶺人，廩貢，署遂溪訓導。重游泮水。

江應元，岐嶺人，廩貢，歷署靈山教諭、訓導。有傳。

江應龍，岐嶺人，廩貢，歷署文昌訓導，萬州學正。

江騰蛟，岐嶺人，廩貢，署開建教諭，兼訓導。

李樹郁，梅菉人，附貢，澄邁教諭，軍功，藍翎，加光禄寺署正銜。

謝潤章，木侯人，廩貢，徐聞訓導。

江嘉和，岐嶺人，廩貢，歷署廉州府訓導，徐聞、遂溪教諭，兼遂溪訓導。

梁挺觀，官埇人，廩貢，徐聞訓導。有傳。

黃兆鱗，赤嶺人，廩貢，歷署增城、合浦訓導。

黃在中，赤嶺人，廩貢，合浦教諭兼訓導。

江燾和，岐嶺人，附貢，歷署澄邁、樂會訓導，臨高、陵水教諭，崖州學正。

黄雲祥，三元塘人，增貢，歷署遂溪教諭、海康訓導、廉州府學教授。俱道光間。

江國華，歷任安徽天平黟縣知縣，即補同知，賞戴花翎。

江誠和，兵部武庫司主事，加員外郎銜。俱見《舉人》。

戴尚游，任文昌訓導，兼會同教諭，光禄寺典簿銜。

鄒宇馨，臨高訓導。俱見《歲貢》。

江敦和，龍門教諭兼訓導。見《恩貢》。

江國澄，廣西補用同知。見《拔貢》。

江汝霖，岐嶺人，歷署北流、天保、桂平知縣，鎮安通判，候補同知，賞戴花翎。

江勛和，岐嶺人，附貢，歷任龍門、陵水教諭，借補廣州府訓導，兼教授，推升貴州普安知縣，加同知銜。

江雍和，岐嶺人，歷署廣西宣化、隆安知縣。

龐熙相，那良人，廣西府經歷，署鎮安通判。

鍾綸文，清湖人，州同銜，廣西〔一〕候補縣丞，署太平府養利州吏目，兼理崇善縣縣丞，并代理養利

〔一〕『廣酉』，當作『廣西』。

州知州。采訪。有傳。

謝懋昭，魚隴頭人，附貢，歷署海康教諭，遂溪訓導、教諭。

黄兆書，赤嶺人，增貢，分發雷州府學訓導，後改瓊州學訓導。俱咸豐間。案：蔣《志》作分發訓導，今據《黄氏族譜》更正。

黄象芳，龍川訓導。見《歲貢》。恩賜舉人。

江式和，歷任大埔、感恩、新興教諭，内閣中書銜。

劉傳宣，任徐聞教諭、遂溪訓導，直隸州州同銜。

李旦敷，分發廉州訓導。俱見《歲貢》。

戴德華，分發雷州教諭。見《恩貢》。

吴重華，蓮塘仔人，廣西府經歷，署陸川興業典史，撫康縣丞兼署鬱林州州判，代理興業知縣，加同知銜。

李兆麟，梅菉人，增貢，署瓊州府教授，兼理定安教諭，歷署博羅訓導、廣州增城教諭，軍功，花翎，同知銜。

李郁，三快田人，廪貢，銓封川訓導。

江國濟，岐嶺人，廪貢，歷署瓊州府儋州訓導，兼瓊山訓導、昌化教諭，儋州、崖州學正，光禄寺典簿銜。

曹喜棠，大竹山人，廩貢，歷署合浦訓導，欽州學正，廉州府教授。
江國榮，岐嶺人，廣西候補縣丞，委署沙河司，軍功，以知縣用。補缺後以同知補用，賞戴藍翎。
江純芳，岐嶺人，任廣西武緣、永淳典史，代理永淳知縣。俱同治間。
蔡發祥，國子監司業。見《恩賜進士》。
黄兆龍，歷署雷州府訓導，四會、高要訓導，綏瑶廳教諭。
江熙和，歷署雷州府遂溪縣訓導，賞戴花翎。俱見《恩賜副榜》。
李兆熊，崖州學正，軍功，藍翎。
羅士泰，署感恩教諭，瓊山、臨高訓導。
羅汝蘭，分發瓊州訓導。俱見《歲貢》。
李兆元，梅菉人，刑部山東清史司候補主事，員外郎銜。
陳道鴻，鶴山人，廣西補用道。
江國均，岐嶺人，署廣西陽朔知縣，候補通判，加提舉銜。
江國鋆，岐嶺人，任廣西修仁典史，署賀縣、信都巡檢。
李兆鴻，梅菉人，分發廣西候補通判，提舉銜，軍功，升用知州。
劉傅安，山底村人，廩貢，分發訓導。藩委。案：《采訪册》，增城訓導。
陳喜颺，東朗人，廩貢，歷署瓊州府教授，樂會教諭，安定、臨高教諭、訓導。

江慶祥，岐嶺人，廩貢，歷署瓊州府教授，瓊山、樂會訓導，光禄寺典簿銜。

李兆鳳，梅菉人，增貢，署萬州學正，加内閣中書銜。

陳國文，松屏人，廩貢，署臨高教諭。案：《采訪册》，歷任儋州、崖州學正，澄邁、臨高教諭、訓導，加五品銜。

陳永榮，新興村人，廩貢，分發瓊州訓導。

張培年，甌玉山人，廩貢，署文昌訓導。

江廷杰，巴竹人，廩貢，分發廉州訓導。案：《采訪册》，代理合浦訓導，六品頂戴。

黄景章，赤嶺人，廩貢，分發雷州訓導。案：《采訪册》，署雷州訓導，遂溪教諭、訓導，五品頂戴。

黄錫元，鹿鳴浪人，附貢，分發瓊州訓導。案：《采訪册》，署樂會教諭，儋州學正。

江國璸，岐嶺人，增貢，分發瓊州訓導。（俱蔣《志》）光緒間。

江家桂，分發瓊州訓導，賞戴藍翎，保舉知縣。

劉傳教，署儋州學正。俱見《歲貢》。

梁應巍，官埇人，廩貢，署遂溪教諭。

黄錦熙，良岸人，附貢，署雷州徐聞教諭。

黄培基，赤嶺人，廩貢，署瓊州府教授，五品頂戴。

江柱中，岐嶺人，廩貢，刑部廣西司郎中，三品銜，花翎。

陳炳芬，南朗人，福建補用縣丞，五品銜，藍翎。

沈寶光，坡仔村人，廣西補用府即補直隸州，署理泗城府西隆州知州。

羅永徵，陀村人，廩貢，分發瓊州教諭，五品銜，花翎，俱光緒間。（以上俱采訪）

武職

元

羅震，博教人，郭佐長子，敦武校尉，化州路管軍把總，隨父死難。（蔣《志》）

羅福，□□人，化州路樞密院同簽，以保障功升本州都元帥。（蔣《志》）又見《文職》。

清

曹俊，陝西蘭州衛千總，升赤金衛守備。見《武舉》。

林志標，本邑人，行伍，任化石營千總。康熙間。

賴安邦，城西街人，行伍，任廉州營千總，升欽州守備。

周朝禮，城内人，行伍，補羅定協千總，署東安營守備。蔣《志》俱據《封典》補。

蘇振芳，□□人，任營千總。

蘇邦，□□人，任營把總。蔣《志》俱張《志・封典》補。

宋定國，黄坭塘人，行伍，拔把總，署化汛千總。

宋定江，江口人，行伍，拔把總，署高鎮左營千總。

宋名遠，城内人，行伍，拔把總，署化汛千總。俱乾隆間。

林必達，城内人，行伍，任高鎮千總。蔣《志》據乾隆《封典》補。（俱蔣《志》）

孫進，射馬人，任廉州城守千總，征黔楚苗匪，繼調達州剿匪。卒於陝西軍營。嘉慶間。（張《志》）

李國棟，□□人，任海口營千總，題補海安營中軍守備。嘉慶間。蔣《志》據黄《府志》補。

周裕寶，城内人，行伍，拔化石營把總，署化汛千總。

林中珍，城西街人，行伍，任雷州左營把總。

陳輔邦，排嶺人，任欽州營把總，署化石左哨把總。

葉廷安，城内人，行伍，拔把總，升羅定協千總。

李忠保，水湖村人，行伍，任廉州營把總，委署千總。俱道光間。

孫勝宗，城東街人，行伍，由千總推升山西太原守備。歷署化石營、韶光營都司。

梁文光，瓦窑坡人，行伍，歷任欽州、雷州營把總，升雷州千總儘先守備。

蕭日新，荔枝坑人，報捐千總，歷署高鎮左營、右營千總。

羌逢玉，赤水人，遷居吴川成，行伍，任吴川營把總。

邱國榮，安鋪人，崖州守備，賞戴藍翎。俱咸豐間。

陳明義，安鋪人，行伍，任海安營把總，記名千總。

龍錦洸，軍功，拔千總，署貴州古州把總，賞戴五品藍翎。見同治間《武舉》。

羅宗成，曲塘人，軍功，署雷州守備，五品藍翎。

吴榮華，坡脊人，報捐千總，署化汛千總。俱同治間。

劉振光，安鋪人，軍功，副將銜，花翎，補福建福寧鎮左營游擊，歷署參將協鎮。案：楊《府志》：署閩安營都司，督水協參將。

李維恩，坡頭人，軍功，五品花翎，署高鎮右營千總。

吴其得，坡脊人，軍功，六品藍翎，署雷州營把總。案：楊《府志》作海康把總。

胡漢高，安鋪人，行伍，任雷州把總。俱光緒間。（已上俱蔣《志》）

羅子英，茶山人，歷任雷州營青桐汛、城月汛外委雷州把總。

羅乃濟，茶山人，任雷州營外委，遂溪城守千總，六品頂戴。

龍集祥，馬鞍山人，遷羅拔塘村，授柳州遜府百色中軍府，兼揖廣西右江鎮大廳，花翎，二品頂戴。

莫道忠，□□人，博陸千總。

鍾益謙，肥糯田人，任龍頭沙外委把總，在任剿匪遇害。

陳錦春，黄竹田人，北海鎮標藍翎，候補守備，歷補左營九叉汛把總、靈山營檀墟汛把總、龍門協冠頭汛千總、北海城守千總，充廉防第二十營管帶，龍門水師管駕，省河扒船管駕。俱光緒間。

李居文，霞山村人，歷署龍門協左右營把總、儘先拔補千總，代理右營永安守備，委署中軍都司，奏保免補千總，以守備儘先補用，加都司銜，藍翎，督帶廉洋各巡船。光緒宣統間。（以上俱采訪）

案：蔣《志》：宋、元文仕宦列於選舉文職表之前，元武仕宦列於選舉武職表之前，清貲叙及文仕宦列入選舉文職表之末一格，清武仕宦列入選舉武職表之末一格，今依《府志》及各縣志，選舉内分仕宦一類。

封典

明

楊仲寧，以子欽，贈翰林院編修；妻李氏，贈宜人。

高一望，以子魁，贈中書舍人。

李惠秀，以子澤，贈户部郎中；妻彭氏，贈安人。

文楫，以子成章，平樂知縣，贈文林郎；妻黄氏，封孺人。

龍貞，以子大維，贈太僕寺卿。

楊霖，以子曉，贈泰陵衛經歷；妻龐氏，贈孺人。

清

陳仲璽，以子梓，遂溪訓導，贈修職佐郎；妻歐氏，贈孺人。

文大京，以子炳，贈修職佐郎；妻黎氏，贈孺人。

龐至運，以子佳先，龍川訓導，贈修職佐郎；妻黄氏，贈孺人。

黎梁，以子道新，教諭銜，新安訓導，贈訓導，贈修職郎；妻羅氏，孺人。

江南榆，以子發璧，海康教諭，贈修職郎；妻陸氏，贈孺人。（已上張《志》）

曹天能，以子俊，贈武德將軍；妻嚴氏，贈宜人。

曹俊，守備，授武德將軍；妻李氏，封宜人。

周文富，以子朝禮，羅定協左營千總，贈武信佐郎；妻朱氏，贈安人。

周朝禮，羅定協左營千總，授武信佐郎；妻黄氏，封安人。

蘇思堯，以孫振芳，貤贈武信郎；妻李氏，贈安人。

蘇大盛，以子振芳，贈武信郎；妻李氏，贈安人。

蘇邦，把總，授武信騎尉；妻張氏，封孺人。

李天序，以孫國棟，贈武信騎尉；妻鄭氏，贈孺人。

李睿生，以子國棟，贈武信騎尉；妻吴氏，贈孺人。（已上張《志》）

李如梅，以子實，任廉州府訓導，贈修職佐郡〔一〕；妻陳氏，贈孺人。

李國棟，海口營千總，題補海安營中軍守備，授武略騎尉；妻梁氏，封安人。俱蔣《志》據黄《府志》補。

江東會，國學生，候選布經。以孫誠和，員外郎銜，兵部主事，加七級，贈資政大夫；以曾孫敏中，三品銜，内部郎中，加四級，贈榮禄大夫；妻陳氏，贈夫人，晋一品夫人。

江應霖，附貢，江西按察司知事兼司獄。以子誠和，員外郎銜，兵部主事，加七級，贈資政大夫；孫國仁，候選道，加三級，贈通奉大夫；孫敏中，三品銜，内部郎中，加四級，贈榮禄大夫；妻陳氏、白氏，贈夫人，晋一品夫人。

江誠和，舉人，員外郎銜，兵部主事，加七級，授資政大夫。以子敏中，三品銜，内部郎中，加四級，贈榮禄大夫；妻鍾氏，贈夫人，晋一品夫人；繼何氏，封一品夫人。

江應元，廩貢，歷署靈山教諭、訓導。以子壽和，崖州學正，貤贈修職郎；以子勛和，龍門縣教諭，貤贈修職郎；以孫國均，提舉銜，廣西陽朔縣知縣，貤贈奉直大夫；以孫國澄，廣西試用同知，加六級，贈資政大夫；妻陳氏，叠贈孺人、宜人，晋夫人。

江占鰲，廩貢，署遂溪訓導。以孫國鏞，四品銜，分發郎中，加六級，贈資政大夫；妻黄氏，贈夫人。

〔一〕『郡』，當作『郎』。

江熙和，廩貢，任雷州府訓導。以子國澄，廣西試用同知，加六級，封資政大夫；妻謝氏，贈夫人。

江嘉和，廩貢，署遂溪教諭。以子國鏞，四品銜，分發郎中，加六級，贈資政大夫；妻陳氏、李氏，封夫人。

江國治，候選鹽庫大使。以弟國澄，廣西試用同知，加六級，貤贈資政大夫；妻戴氏，封夫人。

陳三佑，以孫道鴻，候選州同，貤贈儒林郎，分發廣西補用道，加四級，贈資政大夫；妻詹氏，贈安人，晋夫人。（上俱蔣《志》）

陳朝珍，監生。以子道鴻，候選州同，贈儒林郎，分發廣西補用道，加四級，贈資政大夫。（蔣《志》）以曾孫汝霖，三品銜，郎中，加四級，贈榮禄大夫。（采訪）妻盧氏，封安人，贈夫人。（蔣《志》）晋一品夫人。（采訪）

陳道鴻，分發廣西補用道，加四級，授資政大夫。（蔣《志》）以孫汝霖，三品銜，郎中，加二級，贈通奉大夫，加四級，贈榮禄大夫。（采訪）妻袁氏，封夫人。（蔣《志》）晋封一品夫人。庶李氏，以嫡孫汝霖，雙月郎中，貤贈宜人。（采訪）

李樹賓，花翎，五品銜，布經歷。以子兆庚，花翎，治中銜，選用按經，加六級，封資政大夫；妻麥氏，封夫人。（蔣《志》）

李毅，國學生。以子樹珍，光禄寺署正，加五級，贈中憲大夫；以孫兆庚，花翎，治中銜，布經歷，加六級，贈資政大夫；以孫兆元，員外郎銜，刑部主事，加四級，貤贈中憲大夫；以曾孫宏聲，都察院都事，加七級，貤贈通奉大夫；妻阮氏、林氏，叠贈恭人，晋贈夫人。

李兆泰，以胞弟兆庚，花翎，治中銜，布經歷，加六級，貤贈資政大夫；妻陳氏，封夫人。

江發璧，以孫喜和，候選同知，加五級，贈通奉大夫；妻陳氏，贈夫人。（同上）

江式和，歲貢，教諭，内閣中書銜。以子國仁，候選道，加三級，封通奉大夫。（蔣《志》）以子柱中，三品銜，刑部廣西司郎中，加四級，贈榮禄大夫。（采訪）妻陳氏，封夫人。（蔣《志》）晋贈一品夫人。庶馮氏，封一品夫人。庶易氏，以衆子柱中，郎中，加一級，貤贈恭人。（采訪）

江國仁，附貢，候選道，加三級，授通奉大夫。（蔣《志》）以子家祥，花翎，員外郎，加級，贈奉政大夫。（采訪）妻陳氏，封夫人。（蔣《志》）贈宜人。庶林氏，封宜人。（采訪）

陳廷寶，武生。以孫文源，藍翎，同知銜，銓用知縣，加五級，贈通奉大夫；妻繆氏，贈夫人。（蔣《志》）

陳嘉會，布經職。以子文源，藍翎，同知銜，銓用知縣，加五級，封通奉大夫；妻梁氏，贈夫人。

陳文源，藍翎，同知銜，銓用知縣，加五級，授通奉大夫；妻吴氏，封夫人。

李樹珍，光禄寺署正銜，加五級，授中憲大夫。以子兆麟，瓊州府教授，封文林郎；以孫宏聲，都察院都事，加七級，贈通奉大夫；妻朱氏，封孺人、恭人，晋夫人。

李兆麟，增貢，署瓊州府教授，授文林郎。以子宏聲都察院都事，加七級，封通奉大夫；妻江氏，封孺人，晋贈夫人；繼康氏、庶陳氏，贈封夫人。

李宏聲，都察院都事，加七級，授通奉大夫；妻鄭氏，封夫人。（同上）

江喜和，同知。以子國梅，同知銜，加六級，贈資政大夫。（蔣《志》）以孫文玉，花翎，候選郎中，加六級，贈資政大夫。（采訪）妻盧氏，封夫人。（蔣《志》）贈夫人。（采訪）

羅士謙，監生。以孫啓祥，同知銜，加四級，贈通議大夫；妻黄氏，贈淑人。（蔣《志》）

羅汝翼，布經。以子啓祥，同知銜，加四級，贈通議大夫；妻曹氏，贈淑人。

羅汝瓊，監生。以侄啓祥，同知銜，加四級，貤贈通議大夫；妻吴氏，封淑人。

李樹郁，以子兆鴻，提舉銜，廣西通判，加四級，贈朝議大夫；以子兆元，員外郎銜，刑部主事，加四級，贈中憲大夫；以孫因培，同知銜，江西試用通判，加六級，贈中議大夫；妻黄氏，疊封恭人，晋淑人。

李兆龍，以子因培，同知銜，江西試用通判，加六級，贈中議大夫；妻鄧氏，封淑人。

羅國瑞，監生。以孫汝彦，舉人，藍翎，同知銜，貤贈奉政大夫；以曾孫啓迪，郎中銜，加三級，貤贈中議大夫；妻林氏，贈宜人，晋淑人。

羅士賢，監生。以子汝彦，舉人，藍翎，同知銜，贈奉政大夫；以孫啓迪，郎中銜，加三級，贈中議大夫；妻張氏，贈宜人，晋淑人。

羅汝彦，舉人，藍翎，同知銜。以子啓迪，郎中銜，加三級，贈中議大夫；妻吴氏，贈淑人。

張九垟，以曾孫樹楨，同知銜，加三級，貤贈中議大夫；妻蘇氏，贈淑人。

張廷鋭，監生。以孫樹楨，同知銜，加三級，贈中議大夫；妻鍾氏，贈淑人。

張其恕，監生。以子樹楨，同知銜，加三級，贈中議大夫；妻胡氏，贈淑人。

李樹開，以子安清，光禄寺典簿銜，封徵仕郎；以侄兆元，員外郎銜，刑部主事，加四級，貤贈中憲大夫；妻許氏，封孺人，晋贈恭人。

李兆元，員外郎銜，刑部主事，加四級，授中憲大夫；妻許氏，封恭人。

江逢春，廪貢，知州銜，湖北雲夢縣知縣，歷任香山、新安、感恩、海康等縣教諭，授修職郎。以孫國華，安徽補用同知，加一級，貤贈朝議大夫；妻劉氏，封孺人，晋贈恭人。

江瑞和，監生，光禄署正銜，即用詹事府主簿。以子國華，安徽補用同知，加一級，封朝議大夫；以婿鄧祥恩，花翎，候補户部郎中，貤封奉政大夫；妻林氏，封恭人，貤封宜人。

陳嘉修，郡庠。以子文焕，同知銜，加一級，贈朝議大夫；妻吴氏、楊氏，贈恭人。

陳文焕，同知銜，加一級，授朝議大夫；妻李氏，封恭人。

李兆鴻，提舉銜，廣西通判，加四級，授朝議大夫；妻江氏，封恭人。

黄兆龍，廪貢，歷署雷州府、四會、高要訓導，以孫恩祺，同知銜，貤封奉政大夫；妻詹氏，封宜人。

黄裳祥，以子恩祺，同知銜，封奉政大夫；妻葉氏，封宜人。

陳述書，以孫榮昌，同知銜，貤贈奉政大夫；妻龐氏，贈宜人。

陳瑞文，以子榮昌，同知銜，贈奉政大夫；妻譚氏，贈宜人。

李兆祥，以弟兆麟，花翎，同知銜，瓊州府教授；貤贈奉政大夫；以子賢聲，提舉銜，廣西試用通判，加一級，贈奉政大夫；妻林氏，叠封宜人。

吴升秀，庠生。以孫樹棠，同知銜，貤贈奉政大夫；妻莫氏，贈宜人。

吴召瑞，以子樹棠，同知銜，贈奉政大夫；妻黄氏、陳氏，贈宜人。（俱同上）

梁挺青，監生。以子匡和，同知銜，贈奉政大夫。（蔣《志》）以孫應煥，藍翎，郎中銜，加六級，贈資政大夫。（采訪）妻李氏、黎氏，贈宜人。（蔣《志》）晋夫人。（采訪）

梁匡和，同知銜，授奉政大夫。（蔣《志》）以子應煥，郎中銜，加六級，贈資政大夫。（采訪）妻江氏、莫氏，贈封宜人。（蔣《志》）晋夫人。（采訪）

江勛和，附貢，太常寺博士銜，廣州府訓導，授文林郎；以子國均，提舉銜，廣西陽朔縣知縣，封奉直大夫；妻李氏，封孺人，晋宜人。（蔣《志》）

龐麟漢，貢生。以孫焯文，光禄寺署正銜，加二級，貤贈奉直大夫；妻陳氏，封宜人。

龐熙相，以子焯文，光禄寺署正銜，加二級，贈奉直大夫；妻李氏，封宜人。

鍾挺英，以子綸文，州同銜，候補縣丞，加二級，贈奉直大夫；妻李氏，贈宜人；繼黄氏，封宜人。

鍾綸文，州同銜，候補縣丞，加二級，授奉直大夫；妻楊氏，封宜人。案：楊《府志》，以知州授。

黄家冕，例貢。以子恩溶，光禄寺署正銜，加二級，贈奉直大夫；妻葉氏，封宜人。

陳士雄，以子克仁，布政司理問職，贈儒林郎；妻周氏，贈安人。

陳克仁，布政司理問職，授儒林郎；妻蘇氏，封安人。

李穎生，增生。以孫樹賓，布經職，貤贈儒林郎；妻郭氏，贈安人。

李位榮，以孫召棠，州同職，貤贈儒林郎；妻邱氏，贈安人。

李菁，以子召棠，州同職，贈儒林郎；妻鍾氏，贈安人。

吴士俊，以孫德風，附貢，州同職，貤贈儒林郎；妻黄氏，贈安人。

吴賢秀，萬州學正。以子德風，附貢，州同職，贈儒林郎；妻黄氏，贈安人。

龐龍漢，同州〔一〕職。以子英相，光禄寺署正銜，贈儒林郎；妻李氏，封安人。

龐英相，光禄寺署正銜，授儒林郎；妻江氏，封安人。

黄頣齡，以子挺琨，布經職，贈儒林郎；妻陳氏，封安人。

黄挺琨，布經職，授儒林郎；妻曹氏，封安人。（俱同上）

黄愈彰，以子希賢，布經職，贈儒林郎。（蔣《志》）以孫國經，郎中職，加級，贈通議大夫。（采訪）

妻陳氏，贈安人。蔣《志》。晋淑人。采訪。

黄希賢。布經職，授儒林郎。蔣《志》。以子國經，郎中職，加級，贈通議大夫。采訪。妻龐氏，贈

〔一〕『同州』，當作『州同』。

安人。（蔣《志》）晉淑人。（采訪）

蕭士賓，巡檢職。以孫日溱，布經職，貤贈儒林郎；妻全氏，封安人。（蔣《志》）

蕭平章，例貢。以子日溱，布經職，封儒林郎；妻許氏，贈安人。

曹爾勷，監生。以子鉦，州同職，贈儒林郎；妻李氏、張氏，贈安人。

曹銘，以孫敬棠，州同職，貤贈儒林郎；妻黄氏，贈安人。

曹安洪，以子敬棠，州同職，贈儒林郎；妻林氏，贈安人。

劉傳繩，監生。以孫裘，州同職；以孫立，州同職，叠貤贈儒林郎；妻葉氏，贈安人。

劉傳效，監生。以子裘，州同職，封儒林郎；妻黄氏，贈安人。

劉傳倫，以子立，州同職，封儒林郎；妻吴氏，封安人。

劉傳棣，以孫森，州同職，貤贈儒林郎；妻黄氏、鍾氏，贈安人。

劉傳鎬，以子森，州同職，封儒林郎；妻尤氏，封安人。

劉傳徽，監生。以子庠，州同職，封儒林郎；妻賴氏，封安人。

劉傳慶，以弟庠，州同職，貤封儒林郎；妻何氏，封安人。

劉傳崑，恩職。以孫儀，貢生，州同職，貤贈儒林郎；妻蔡氏，贈安人。

劉傳旦，監生。以子儀，貢生，州同職，贈儒林郎；妻張氏、陳氏，贈安人。

蕭聖章，監生。以子日清，布經職，封儒林郎；妻黄氏，封安人。

蕭日清，布經職，授儒林郎；妻陳氏，封安人。

蕭成章，監生。以孫繼齊，光禄寺署正銜，貤贈儒林郎；妻陳氏，封安人。

蕭日溥，以子繼齊，光禄寺署正銜，贈儒林郎；妻葉氏，封安人。

曹安潮，以孫榮昌，布經職，貤贈儒林郎；妻李氏，封安人。

曹權，以子榮昌，布經職，贈儒林郎；妻鍾氏，封安人。

譚維藩，以孫明善，州同職，貤贈儒林郎；妻羅氏，贈安人。

譚有慶，以子明善，州同職，贈儒林郎；妻鄒氏，封安人。

賴宗武，職員。以孫兆清，布經職，貤贈儒林郎；妻温氏，贈安人。

賴金賢，以子兆清，布經職，贈儒林郎；妻林氏，贈安人。

簡裕，以子振録，布經職，贈儒林郎；妻蘇氏、梁氏、曾氏，贈安人。

簡振常，以弟振録，布經職，貤封儒林郎；妻徐氏，封安人。

宋朝綱，以孫德華，布經職，貤贈儒林郎；妻吴氏，贈安人。

宋有芝，監生。以子德華，布經職，封儒林郎；妻劉氏，封安人。

劉國榮，增生。以孫士瑞，布經職，貤贈儒林郎；妻林氏，贈安人。

劉振邦，庠生。以子士瑞，布經職，贈儒林郎；妻孫氏、羅氏、李氏，贈安人。

黄天秀，以孫秉章，布經職，貤贈儒林郎；妻麥氏，贈安人。

黄元珍，以子秉章，布經職，贈儒林郎；妻李氏，封安人。
文爲光，武生。以孫學博，州同職，貤贈宣德郎；妻吴氏，贈安人。
文有行，監生。以子學博，州同職，贈宣德郎；妻黄氏，贈安人。
文學博，以子焕章，布經職，贈宣德郎；妻莫氏，封安人。
文焕章，布經職，授宣德郎；妻吴氏、鍾氏，贈安人。
江至東，廪生。以子應澄，廣西修仁縣知縣，贈文林郎；妻陳氏、庶梁氏，贈孺人。
陳珖，以孫喜颺，廪貢，署瓊州府教授，貤贈文林郎；妻宋氏，贈孺人。（俱同上）
陳毓英，增生。以子喜颺，廪貢，瓊州府教授，贈文林郎。（蔣《志》）以孫宗藩，候選同知，貤贈奉政大夫，鹽運使銜，贈中議大夫。（采訪）妻黄氏，贈孺人。（蔣《志》）貤贈宜人，晋淑人。（采訪）
羅翰翃，以孫士奇，廉州府教授，貤贈文林郎；妻李氏，贈孺人。（蔣《志》）
羅國定，廪生。以子士奇，廉州府教授，贈文林郎；妻劉氏，贈孺人。
羅士奇，舉人，内閣中書銜，廉州府教授，授文林郎；妻鍾氏，贈孺人。
葉崑，監生。以子東揚，按經職，贈文林郎；妻陳氏，贈孺人。
葉東揚。按經職，授文林郎；妻□氏，贈孺人。
林兆輪，以外孫朱德澐，山西和順縣知縣，貤贈文林郎；妻梁氏，贈孺人。
江敏和，以子國祥，按經職，贈文林郎；妻龐氏，封孺人。

江政和，以子慶祥，署瓊州府教授，贈文林郎；妻招氏，贈孺人；卓氏，封孺人。

陳維堯，以孫毓川，附貢，州判職，貤贈徵仕郎；妻陸氏，贈孺人。

陳桂，以子毓川，附貢，州判職，贈徵仕郎；妻黄氏，贈孺人。

陳振都，以孫英南，恩貢，州判職，貤贈徵仕郎；妻劉氏、馬氏，贈孺人。

陳正軒，以子英南，恩貢，州判職，贈徵仕郎；妻張氏、姚氏，贈孺人。

簡維樂，以孫紹書，按經職，貤贈文林郎；妻岑氏、陳氏，贈封孺人。

簡富潤，以子紹書，按經職，封文林郎；妻張氏，封孺人。

戴爨湫，以孫瑚，歲貢，光禄寺典簿銜，海康訓導，貤贈徵仕郎；妻李氏，贈孺人。

戴統相，歲貢。以子瑚，歲貢，光禄寺典簿銜，海康訓導；以孫尚游，歲貢，光禄寺典簿銜，文昌訓導，叠贈徵仕郎；妻余氏，叠贈孺人。

戴焕章，庠生。以子尚游，歲貢，光禄寺典簿銜，文昌訓導，贈徵仕郎；妻蕭氏，贈孺人。

戴瑚，歲貢，光禄寺典簿銜，海康訓導，授徵仕郎；妻鄒氏，贈孺人。

戴尚游，歲貢，光禄寺典簿銜，文昌訓導，授徵仕郎；妻黄氏，贈孺人。

蕭子芳，監生。以外孫戴尚游，光禄寺典簿，文昌訓導，貤贈徵仕郎；妻王氏，贈孺人。

歐耀宗，以子璧光，中書科中書職，贈徵仕郎；妻劉氏，封孺人。

歐璧光，中書科中書職，授徵仕郎；妻朱氏，封孺人。

沈昌南，以孫寶光，州判銜，貤贈徵仕郎；妻彭氏，贈孺人。

沈本欽，以子寶光，州判銜，贈徵仕郎；妻廖氏，封孺人。

羅士貴，監生。以孫啓雲，中書科中書職，貤贈徵仕郎；妻林氏，贈孺人。

羅汝庠，廪生。以子啓雲，中書科中書職，贈徵仕郎；妻李氏，贈孺人。

江景泰，以子思敬，按知事職，貤封修職郎；妻陳氏，贈孺人。

戴尚寬，以弟尚游，文昌訓導兼教諭，貤贈修職郎；妻黃氏，贈孺人。

陳毓俊，以侄喜颺，署樂會教諭，貤贈修職郎；妻鄒氏，贈孺人。

陳毓才，以侄喜颺，署樂會教諭，貤贈修職郎；妻江氏，贈孺人。

江應龍，以子敦和，龍門縣教諭，貤贈修職郎；妻陳氏，贈孺人。（俱同上）

黃新邦，職員。以子景章，候選訓導，貤贈修職佐郎。（蔣《志》）遂溪教諭，加級，贈奉直大夫。（采訪）妻鄭氏，封孺人。（蔣《志》）贈宜人。（采訪）

黃熙瑛，以子兆龍，署四會訓導，貤贈修職佐郎；妻江氏，封孺人。（蔣《志》）

羅啓元，以子成綺，從九職，貤封登仕佐郎；妻□氏，贈孺人。

蘇宏薰，以子庚，從九職，貤贈登仕佐郎；妻□氏，贈孺人。

陳廷琠，鄉賓。以孫炳章，五品銜，揀選知縣，貤贈奉直大夫；妻黃氏、鄒氏，贈宜人。

陳尚翔，歲貢生。以子炳章，五品銜，揀選知縣，贈奉直大夫；妻蕭氏，贈宜人。

陳炳章，舉人，五品銜，揀選知縣，授奉直大夫；妻招氏，贈宜人。
陳喜颺，瓊州府教授，授文林郎；妻羅氏，封孺人。
曹鈺，州同職。以孫喜棠，廉州府學教授，貤贈文林郎；妻黃氏，贈七品孺人。
曹安洞，中書科中書銜。以子喜棠，廉州府學教授，封文林郎；妻譚氏，贈七品孺人。
劉鼎中，以孫振光，參將銜，花翎，福寧鎮左營游擊，加一級，贈武功將軍；妻謝氏，贈夫人。
劉經邦，以子振光，參將銜，花翎，福寧鎮左營游擊，加一級，貤贈武功將軍；妻馬氏，贈夫人。
劉汝鴻，以弟振光，參將銜，花翎，福寧鎮左營游擊，加一級，貤贈武功將軍；妻陳氏，贈夫人。
羅士富，以孫顯聲，守御所千總職，貤贈武德佐騎尉；妻莫氏，贈宜人。
羅日漢，以子顯聲，守御所千總職，封武德佐騎尉；妻陳氏，封宜人。
梁進安，以孫文光，雷州營千總，貤贈武略騎尉；妻張氏、陳氏，贈安人。
梁源，以子文光，雷州營千總，贈武略騎尉；妻劉氏，封安人。
龐鳳漢，以子榮相，千總銜，雷州右營外委，贈武略騎尉；妻黎氏，贈安人；陳氏，封安人。
黃恒泰，國學生。以子華晵，千總職，贈武略騎尉；妻鍾氏，贈安人。
黃華晵，千總職，授武略騎尉；妻林氏，封安人。
陳道華，以孫明義，記名千總，海安營把總，貤贈武略騎尉；妻夏氏，贈安人。
陳國寶，以子明義，記名千總，海安營把總，贈武略騎尉；妻麥氏，贈安人。

林元榮，以孫中珍，雷州左營把總，貤贈武信騎尉；妻陳氏，贈孺人。

林盛茂，以子中珍，雷州左營把總，贈武信騎尉；妻歐氏，封孺人。

林中珍，雷州左營把總，授武信騎尉；妻鄭氏，封孺人。

周紹聰，以子裕寶，高州鎮右營把總，贈武信騎尉；妻李氏，封孺人。

周裕寶，高州鎮右營把總，授武信騎尉；妻麥氏，封孺人。

周興岐，化石營額外外委，授修武佐校尉。

龐統相，以弟榮相，儘先千總，雷州右營外委，貤贈武略騎尉；妻嚴氏，封安人。

林光華，以孫必達，高州鎮右營千總，貤贈武信佐郎；妻鄧氏，贈安人。

林景儀，以子必達，高州鎮右營千總，贈武信佐郎；妻梁氏，贈安人。（俱蔣《志》）

劉振光，福寧鎮游擊，加級，授武功將軍；妻卜氏，封夫人。（楊《府志》）

張廷銘，以孫樹穀，內閣中書銜，廣寧訓導，加級，貤贈奉直大夫；妻陳氏，贈宜人。

張其清，以子樹穀，內閣中書銜，廣寧訓導，加級，贈奉直大夫；妻伍氏，贈宜人。

張樹穀，內閣中書銜，廣寧訓導，加級，授奉直大夫。（楊《府志》）以孫培琨，同知職，加一級，貤贈朝議大夫。（采訪）妻黃氏，封宜人。（《府志》）贈恭人。（采訪）

黃恩溶，光禄寺署正銜，加級，授奉直大夫；妻伍氏，封宜人。俱據楊《府志》補。

江敏中，附貢生，三品銜，花翎，內部郎中，加四級，授榮禄大夫；妻鄭氏，封一品夫人。

江柱中，廩貢生，三品銜，花翎，加四級，刑部廣西司郎中，授榮禄大夫；妻黄氏，封一品夫人。

陳瑞文，候選同知。以子汝霖，三品銜，郎中，加二級，贈通奉大夫，加四級，贈榮禄大夫；以孫榮鈞，候選同知，加六級，贈資政大夫；妻葉氏，叠贈夫人、一品夫人。

陳汝霖，賞换花翎，三品銜，郎中，加四級，授榮禄大夫；以子倬東，中書科中書職，加五級，封奉政大夫；聘妻羅氏，贈宜人、一品夫人；妻江氏，封宜人、一品夫人；妾李氏，封宜人。

陳楷行，鹽運使銜，以婿江文玉，郎中職，貤贈奉政大夫；以子煒忠，花翎，道員銜，加四級，贈資政大夫；妻龍氏，貤贈宜人，晋夫人。

陳煒忠，花翎，道員銜，加四級，授資政大夫；妻林氏、梁氏，封夫人。

梁應焕，郎中銜，藍翎，加六級，授資政大夫；妻莫氏，封夫人。

江國澄，三品銜，廣西補用同知，加六級，授資政大夫；妻陳氏，封夫人。

江國柱，候選布政司經歷，國學生。以子文玉，花翎，郎中，贈資政大夫；妻李氏，封夫人。

江文玉，國學生。花翎，郎中，加六級，授資政大夫；妻陳氏，封夫人。

張廷鉀，以曾孫炳杰，同知，加六級，貤贈資政大夫；妻陳氏，贈夫人。

張兆鳳，監生，鹽知事。以孫炳傑，同知銜，加六級，贈資政大夫；妻曹氏、林氏，贈夫人。

張樹惇，監生。以子炳杰，同知銜，加六級，贈資政大夫；妻陳氏，贈夫人。

張德祥，國學生。以曾孫樹亨，花翎，四品銜，廣西試用通判，加五級，貤贈資政大夫；妻黄氏，贈夫人。

張廷瑚，候選巡政廳。以孫樹亨，藍翎，五品銜，廣西試用縣丞，加三級，貤贈中憲大夫，又賞換花翎，四品銜，廣西試用通判，加五級，贈資政大夫；妻陳氏，贈恭人，晋夫人。

張其教，候選同知。以子樹亨，藍翎，五品銜，廣西試用縣丞，加三級，贈中憲大夫。又賞換花翎，四品銜，廣西試用通判，加五級，贈資政大夫；妻廖氏、孫氏，贈恭人，晋夫人。

陳理文，監生。以侄汝霖，三品銜，郎中，加二級，貤贈通奉大夫；妻何氏，贈夫人。

陳汝霈，光禄寺署正。以子榮鈞，候選同知，加六級，贈資政大夫；妻李氏，封夫人。

陳榮鈞，花翎，候選同知，加六級，授資政大夫；妻林氏，封夫人。

陳喜颷，署瓊州府教授，授文林郎。以子宗璠，候選同知，鹽運使銜，贈奉政大夫，晋中議大夫；妻羅氏，封孺人、宜人，晋淑人。

陳宗璠，藍翎，候選同知，鹽運使銜，授中議大夫；妻鄭氏，封淑人。

黄國經，郎中職，加四級，授通議大夫；妻羅氏，封淑人。

梁殷華，監生。以子應杏，都司職銜，贈昭武都尉；妻鍾氏，封恭人。

梁應杏，監生。都司職銜，授昭武都尉；妻劉氏，封恭人。

張炳樞，贈貢生，員外郎。以子培琨，花翎，同知銜，加一級，贈朝議大夫；妻羅氏，贈恭人。

曹尚元，監至〔一〕。以孫乃暉，藍翎，同知職，加一級，贈朝議大夫；妻吴氏，贈恭人。

曹在周，監生。以子乃暉，藍翎，同知職，加一級，贈朝議大夫；妻吴氏，贈恭人。

張樹亨，藍翎，五品銜，廣西試用縣丞，加三級，授中憲大夫；妻羅氏、林氏，贈封恭人。

陳果行，監生。以子焯忠，藍翎，郎中銜，贈奉政大夫；加二級，晋中憲大夫；妻江氏，封宜人，晋恭人。

陳焯忠，藍翎，郎中銜，加二級，授中憲大夫；妻林氏、江氏，贈封恭人。

羅啓祥，同知職。以侄永徵分發委用復設教諭，五品銜，加三級，貤贈中憲大夫；妻楊氏、張氏，贈封恭人。

羅啓用，藍翎，光禄寺署正職。以子永徵分發委用復設教諭，五品銜，加三級，封中憲大夫；妻江氏，封恭人。

陳所期，監生。以孫炳芬，福建補用縣丞，五品銜，加級，貤贈奉政大夫；妻全氏，贈宜人。

陳奇清，列貢生。以子炳芬福建補用縣丞，五品銜，加級，贈奉政大夫；妻蕭氏、郭氏，贈宜人。

陳炳芬，五品銜，藍翎，福建縣丞，在任候升知縣，誥授奉政大夫；妻黄氏，封宜人。

陳朝勛，監生。以子輝光，花翎，同知銜，贈奉政大夫；妻彭氏，贈宜人。

〔一〕「至」，當作「生」。

陳輝光，花翎，同知銜，授奉政大夫；妻黄氏，封宜人。

陳相行，藍翎，五品頂戴，中書科中書銜，加級，授奉政大夫；妻黄氏，封宜人。

陳崧行，藍翎，同知銜，授奉政大夫；妻張氏，封宜人。

陳殿颺，監生，藍翎，候選府同知，授奉政大夫；妻黄氏，封宜人。

黄如珍，監生。以孫景章，五品頂戴，遂溪縣教諭，貤贈奉直大夫；妻林氏，贈宜人。

黄景華，增貢生。以弟景章，五品頂戴，雷州訓導，貤封奉直大夫；妻羅氏，贈宜人。

黄景升，賞戴藍翎，府知事職。以弟景章，五品頂戴，遂溪訓導，貤封奉政大夫；妻鄒氏，贈宜人。

黄景章，廩貢，教諭，訓導。以子寅中，同知，贈奉政大夫；妻戴氏、李氏，贈封宜人。

黄麟中，監生。以弟寅中，候選同知，貤封奉政大夫；妻李氏、劉氏，贈封宜人。

黄廷琮，以孫錫元，儋州學正，五品銜，加一級，贈奉政大夫；妻張氏，贈宜人。

黄宗珍，監生。以子錫元，儋州學正，五品銜，加級，贈奉政大夫；妻鄒氏，封宜人。

黄錫元，附貢，樂會教諭，儋州學正，五品銜銜〔一〕，授奉政大夫；妻張氏，封宜人。

江慎中，舉人，同知銜，知縣。以子珣，同知銜，揀選知縣，封奉政大夫；以婿陳焯忠，郎中，貤贈奉政大夫；妻陳氏，封宜人，貤贈宜人。

〔一〕後一『銜』，當爲衍文。

江承恩，又名中和，鹽提舉職。以子國璋，候選同知，贈奉政大夫；妻容吴陳氏，贈宜人。

江國璋，附貢，候選同知，授奉政大夫；妻謝氏，封宜人。

江懋中，國學生，候選同知，授奉政大夫；妻陳氏，封宜人。

江家祥，花翎，候選員外郎，加一級，授奉政大夫；妻李氏，封宜人。

陳正軒，以孫國文，臨高訓導，貤贈修職佐郎，五品銜，贈奉直大夫；妻張氏、姚氏，贈宜人。

陳英南，恩貢。以子國文，臨高訓導，贈修職佐郎，五品銜，晋奉直大夫；妻陸氏，封孺人，晋宜人。

黄應開，以子樹聲，同知職，封奉政大夫；妻巫氏，封宜人。

黄樹聲，同知職，授奉政大夫；妻吴氏，封宜人。

黄國紀，以子汝佐，五品銜，廣東試用縣丞，加級，贈奉政大夫；妻鍾氏，封宜人。

黄汝佐，藍翎，五品銜，廣東試用縣丞，加級，授奉直大夫；妻陳氏，封宜人。

黄汝儀，以弟汝佐，五品銜，廣東試用縣丞，加級，貤贈奉直大夫；妻蕭氏，封宜人。

龐基敏，監生。以子楷鈺，同知職，賞戴藍翎，贈奉政大夫；妻李氏、贈宜人。

龐楷鈺，同知職，賞戴藍翎，授奉政大夫；妻崔氏，封宜人。

陳周誥，監生。以孫永瓊，州同職，貤贈儒林郎；妻黄氏、李氏，贈安人。

陳秀精，監生。以子永瓊，州同職，贈儒林郎；妻盧氏，封安人。

陳永瓊，州同職，授儒林郎；妻劉氏、吴氏，贈封安人。

陳榮行，州同職，授儒林郎；妻鄭氏，封安人。

梁繩棠，以孫廷棟，布政司經歷銜，中書科中書，貤贈儒林郎；妻黎氏，贈安人。

梁邦貴，以子廷棟，布政司經歷銜，中書科中書，贈儒林郎；妻鄭氏，贈安人。

黄正中，監生。以孫義清，布經職，貤贈儒林郎；妻鄒氏，贈安人。

黄春盛，監生。以子義清，布經職，贈儒林郎；妻龐氏，封安人。

江達權，以子廷杰，廩貢，六品頂戴，合浦縣訓導，封儒林郎；妻鄧氏、梅氏，贈封安人。

江廷杰，廩貢，六品頂戴，代理合浦縣訓導，授儒林郎；妻房氏、高氏，贈安人。

陳宗禮，監生。以子伯祥，候選州同，贈儒林郎；妻黄氏，封安人。

陳掄颺，監生。以繼子宗玟，藍翎，光禄寺署正，贈儒林郎；妻張氏，贈安人。

陳鳳颺，監生。以本生子宗玟，藍翎，光禄寺署正，貤贈儒林郎；妻楊氏，封安人。

陳毓川，附貢生，候選州判。以子廷颺，候選州同，贈儒林郎；妻全氏、羅氏，贈安人。

陳廷颺，候選州同，封儒林郎；妻羅氏，封安人。

陳伯祥，監生，五品頂戴，候選州同，授儒林郎；妻江氏，封安人。

曹達材，監生。以孫崇基，布政司理問職，貤贈儒林郎；妻陳氏，贈安人。

曹熾瓊，以嗣子崇基，布政司理問職，貤贈儒林郎；妻何氏，贈安人。

全勉仁，以孫邦華，布政司經歷職，貤贈儒林郎；妻陳氏，贈安人。

全安元，以子邦華，布政司經歷職，贈儒林郎；妻蕭氏，贈安人。

羅應階，以孫乃濟，雷州營額外外委，六品頂戴，署雷州右營遂溪城守千總，貤贈武略騎尉；妻張氏，贈安人。

羅尚桓，以子乃濟，雷州營額外外委，六品頂戴，署雷州右營遂溪城守千總，貤贈武略騎尉；妻陳氏，封安人。

鍾有蘭，候選直隸州州同，授儒林郎；妻葉氏、陳潘氏、劉氏，俱封安人。

陳啓平，以外孫陳國文，儋州學正，貤贈儒林郎；妻陳氏，贈安人。

曹乃光，監生。以出嗣子其海，州同職，貤贈儒林郎；妻譚氏，贈安人。

曹鑑宗，監生。以繼子其海，州同職，贈儒林郎；妻揭氏，封安人。

劉傅玲，以弟炬，州同職，貤封儒林郎；妻謝氏、陳氏，封安人。

劉傅立，以子炬，州同職，封儒林郎；妻尤氏、何氏，封安人。

陳家珍，以孫典文，州同職，貤贈儒林郎；妻蕭氏、陸氏，贈安人。

陳道楷，以子典文，州同職，贈儒林郎；妻陸氏，贈安人。

陳德初，例貢。以孫瑜全，五品頂戴，候選州同，貤贈儒林郎；妻盧氏，贈安人。

陳昌廷，以子瑜全，五品頂戴，候選州同，贈儒林郎；妻黄氏、龐氏，贈安人。

鄒宇昭，監生。以孫鶴年，分發教諭，加一級，貤贈徵仕郎；妻蕭氏，贈七品孺人。

鄒耿光，以子鶴年，分發教諭，加一級，贈徵仕郎；妻陳氏，封七品孺人。

黄紹球，邑庠生。以子衮裳，建安縣知縣，貤贈文林郎；妻賴氏，贈七品孺人。

黄衮裳，歲貢生，任新安教諭，升建安縣知縣，授文林郎；妻蕭氏，贈七品孺人。

江泗生，廩貢，教諭。以孫慶祥，廩貢生，瓊州府教授，贈文林郎；妻陳氏、梁氏、黎氏，贈七品孺人。

江慶祥，廩貢生，代理瓊州府教授，授文林郎；妻陳氏，封七品孺人。

江燾和，崖州學正，授修職郎。以弟勛和署貴州普安縣知縣，貤封文林郎；妻黄氏、蘇氏，贈七品孺人。

蕭玢，邑廩生。以孫昇，湖南衡州府清泉縣知縣，貤贈文林郎；妻鄭氏，贈七品孺人。

蕭光秀，廩貢生，以子昇，湖南衡州府清泉縣知縣，贈文林郎；妻黄氏，贈七品孺人。

黄雲祥，增貢，教諭，教授。以孫正寬，廩貢，中書科中書職，貤贈徵仕郎；妻羅氏，贈七品孺人。

黄秀梅，監生。以子正寬，廩貢，中書科中書職，贈徵仕郎；妻梁氏，贈七品孺人。

陳振都，以孫英南，州判職，貤贈徵仕郎；妻劉氏、馬氏，贈七品孺人。

陳建東，以孫永森，候選州判，加一級，貤贈文林郎；妻萬氏，贈七品孺人。

陳乃禎，以子永森，候選州判，加一級，贈文林郎；妻王氏，贈七品孺人。

全天德，以孫炳燊，增貢生，中書科中書，貤贈徵仕郎；妻陳氏，封七品孺人。
全兆徽，以子炳燊，贈貢生，中書科中書，贈徵仕郎；妻李氏，贈七品孺人。
歐陽華宗，以孫奎，州判職，加一級，贈文林郎；妻陳氏，贈七品孺人。
歐陽肇祺，以子奎，州判職，加一級，贈文林郎；妻彭氏，贈七品孺人。
梁賢華，以子應巍，廩貢，署遂溪縣教諭，貤贈修職佐郎；妻陳氏，贈八品孺人，黄氏封八品孺人。
江兆祥，增生。以弟慶祥，樂會縣訓導，貤贈修職佐郎；妻李氏、黄氏、鄒氏，贈八品孺人。
江正昌，以子瑞麟，候選縣丞，贈修職郎；妻林氏、鄭氏，贈八品孺人。
江家桂，藍翎，分發瓊州候選訓導，授修職佐郎；妻吴氏，封八品孺人。
羅葵向，增貢生。以子士泰，感恩縣教諭，貤封修職郎；妻戴氏，贈八品孺人，陳氏封八品孺人。
羅奉璣，以侄士泰，臨高縣訓導，貤封修職佐郎；妻劉氏、蘇氏，封八品孺人。
陳大書，廩生。以侄國文，崖州學正，貤贈修職郎；妻袁氏，封八品孺人。
陳中書，以侄國文，崖州學正，貤贈修職郎；妻鄒氏，封八品孺人。
陳獻書，以侄國文，崖州學正，貤贈修職郎；妻吉氏，封八品孺人。
張大乾，庠生。以子培年，文昌訓導，贈修職佐郎；妻譚氏，贈孺人，莫氏，封八品孺人。
陳道銘，以出嗣子典文，從九品職銜，貤贈登仕佐郎；妻伍氏，贈孺人。俱采訪。

恤廕

孫元忠，以父進，任廉州府城守千總。嘉慶元年征黔楚苗匪，繼調達州剿匪，在陝西軍營病故。照陣亡例，一等軍加優廕，七品，監生，候選把總。（張《志》）

彭承籛，以父瑞龍，任惠來教諭。城陷盡節，廕雲騎尉；妻莫氏，贈封八品孺人。

羅天培，以父紹德，軍功，藍翎，千總，征江南，陣亡，廕雲騎尉。

江振桓，以父國棟，廣西候補從九，隨馮子材征越南，積勞病故，廕監生。（上俱蔣《志》）

彭城秀，以父承籛，襲祖瑞龍任惠來教諭，城陷盡節，襲廕雲騎尉。（采訪）

石城縣志卷七

陳汝霖分纂

人物志下

列傳

宋

陳敏，本邑人。精騎射，有韜略，御士，得其歡心。擾攘中，率家丁入閩討賊，兵帥薛弼擢爲漳州巡簡。時草寇跳踉山谷，敏往來龍岩、漳浦、永春、德化間，剿蕩悉平。民德之，所至爲立祠。以功遷本路統制，歷江淮都統制。卒，贈少師。（張《志》）

案：蔣《志》據道光黄《府志》云：陳敏，舊府、縣《志》俱不載，兹據阮《通志》增入，俟後人考定。今案：楊《府志》以敏爲贛之石城人。又江西寧都州《人物志》：敏，石城人。所載歷官，與《郡志》無異。姑仍其舊，俟考。

元

羅郭佐（戴《通志》誤作國佐），博教村人，先世居汴。祖廷玉，以文學仕宋，授石城主簿，因家焉。子嗣宗，授承信郎，石城知縣。（見戴《通志》）宋季，郭佐杖策從征南將軍史八萬討平海北有功，授朝列大夫，化州路總管。尋轉廣州路總管，督運糧餉給海北軍士，海上遇警，駡賊而死。長子震敦，武校尉、化州路管軍把總，隨父死難。次子奇，襲化州路判官，尋授奉政大夫，雷州路同知。奉檄討瑶，挺身駡賊遇害。奇子元珪，救父死之。元珪子仕顯，襲武德將軍、廉州路同知。元至正間，督戰船，會高、廉、瓊等處官兵剿海寇，戰殁於石礶港，年三十九。一門父子、昆弟、子孫五人相繼死節，粤人稱爲『羅五節』云。（參戴《通志》、楊《府志》、張《志》）

案：蔣《志》郭佐本傳在宋代，楊《府志》列入元代。考郭佐官職皆爲元制，今依楊《府志》更正。

明

羅福，本邑人。爲化州路樞密院同簽，素有勇略。順帝十五年，山海賊麥福、黄應賓、潘龍等，聚徒割據雷州路。十九年，福領兵擊之，諸賊散走，以保障功升本州都元帥。元末兵起，嶺表騷然，福乃專制其地。及明興，洪武元年，征南將軍馳檄徇郡縣，福遂以高雷歸附。時改化州爲府，即以命福領本縣，隸海北道。福之知興識主、順從恐後如此。邑祀忠義祠。（參楊《府志》、張《志》）

案：蔣《志》羅福本傳在元代。考福於明洪武元年以高雷歸附，今改列入明代。

李澤，城内人。永樂乙酉舉人，登丙戌進士，歷官至運使。生平重道義，澹榮利。時中官及權要皆喜逢迎，稍疏輒徵諸色。澤曰：『拙性不能也。』遂告歸田里，清約如寒士，杜門著作，不履公庭。繼詔起用，力辭不就。景泰七年冬十二月，廣西龍山賊陷城，被執，不屈，死，家口并遇害。崇祀鄉賢。

楊欽，字謝山，謝鞋人。少穎悟，勤誦習，事親孝。弱冠補諸生，領永樂甲午鄉試第二。三上公車不第，益博采群書，研究精理。甲辰登進士，授翰林院庶吉士，尋擢編修。間讀風樹之語，惻然動念，遂致官歸養，日以定省爲事。結社於謝鞋山巔，文史自娱，緼袍素食，晏如也。時延見諸儒生，相與講説經義，亹亹不倦，隱然以興起海濱斯文爲己任。所著詩文多散失，世傳有《歸山咏》《適志咏》，亦其一臠云。崇祀鄉賢。

《歸山詩》云：『曾沐殊恩入翰林，翰林風月未關心。瀛洲影射孤鴻渺，鰲禁難拘野鶴臨。烟雨一蓑流舜澤，風花兩味壯陶襟。茅檐高出千峰首，凡鳥歸來没處尋。』

《適志詩》云：『閑寢茅檐下，鷄鳴露未晞。髧彼兩髦者，怡然下庭帷。菽水甘澹薄，藜鶉禦寒飢。班衣初舞罷，紅日上來遲。六藝課諸子，五穀勤四肢。使君問來路，童子雲不知。峰頭探月窟，山腰繫紅霓。塵埃飛不到，天命樂奚疑。』

高尚節，磨厲人。寬和坦易，雅有隱德。伯父桓以明經銓授泰和司訓，尚節偕行。甫到任，桓卒，官篋蕭然，尚節貸貲含殮，竭蹶歸其骸，亦人所難者。邑舉鄉賓。年六十八卒。孫魁，進士，官中書。

梁逵，良村人，嘉靖間歲貢。任瓊山訓導，升教諭。時海公瑞爲門下生。逵一見，知其非常人，甚器重之。歸田後數十載足不履官府。年八十四卒。後忠介以都御史告致，躬詣其廬祭之。

吴烈，隆慶間歲貢，性剛介。任儋州司訓，適寅長懻忮不靖烈置勿校，遂飄然告歸。居里數十年，隱逸自高，人咸重之。年七十卒。

梁養正，良村人，邑庠生。教諭逵子，司訓有桂父。生平醇篤輕財，有犯而不校之風。庭訓五子，三游庠序，榮膺冠帶。縣舉正賓，錫匾。年七十二卒。

高魁，字斗仲，磨厲人。素敦大節，見義勇爲。弱冠舉茂材，時代巡潘公融春觀風拔爲首卷，以大器期之。萬曆壬子，領鄉薦第七名。縣當孔道，夫役繁擾。魁慨然陳請各屬協助，并建議編丁隨糧，永爲世便。邑人德之。迨司清遠教諭，振興士類，捐俸金三百，鼎建學宫，其後通庠舉祀名宦。乙丑登進士，歷中書。適魏璫當國，中外趨之。魁獨守正不阿，屢疏時政，不報，遂謝病歸。其詩云：『年來北闕幾批鱗，願借尚方志未伸。抗疏匡衡心欲碎，哀時賈誼淚空頻。』忠愛之情，見乎詞矣。崇祀鄉賢。

按：舊《志》入鄉賢者，羅總管、李運使、楊編修、高中書四人，而祠内止列李、楊、高三人牌位，羅氏不與焉。兹照舊《志》登載。（蔣《志》）

蕭德貫，大塘人，萬曆間歲貢，任曲江司訓。沉静簡淡，歸里十餘年，絶無干謁。卒年七十三。

文成奇，字燦斗，大車人，萬曆間歲貢。學宗濂溪，性孝友。兄成章，爲淶水令，早逝遺孤。時成奇方應明經，即退居林下，戲彩娱親，以撫孤訓兒爲事，接人應物似程正公。著有《静裏問答》一編。今猶想見其丰範焉。

龍貞，城内人，吏部大維父。爲人端肅謹愿，卓有高風義方之訓。時佐夏楚六子儒業成材，族黨窮乏，極力周恤。知府廉其賢，賓旌之。子大維，登賢書。貞且老，廣州推官潘融春贈以壽文。年七十三卒。

袁呈祥，會洞村人，萬曆間歲貢、選監。初任豐城縣丞，以督修蓮湖堤有惠於民，豐城人建祠祀之。

尋升陸川令，所至以廉能稱。及歸鄉里，四十餘年澹然寡營，耕讀爲事。年百歲。凡鄉飲酒禮，咸推重之。長子庠生崇鼎，年亦七十有奇。時奉恩例，俱給米帛。知縣李沛詳請建坊，未成而卒。黄耇台背，萃於一門，亦邑所罕覯。（以上俱張《志》）

陳其政，西朗人，邑之逸叟也。恬淡樂道，輕財好施。年八十八，親見五代。明翰林萬荆重其學行，有詩贈云：『八旬高老敲棋玩，五代玄孫步膝游。』及捐館，預知其期，賦詩以辭袁呈祥。呈祥與其政同庚，往吊日祝願留世十年。有詩曰：『閻王若問同庚事，留與世間訓後人。』後呈祥果遲十年而卒。子良修，府庠生，温恭和睦，親友貧乏，不吝解推玉成。良修子六人，曾玄一堂，邑歲貢江宗泗贈以『三子一門新報喜，同堂五代舊家風』之句，亦壽八十有五。（參楊《府志》、張《志》）

劉慶，邑庠生，張翼父。爲人慷慨果毅。嘗建義館於迴龍嶺，凡貧士塾師，皆得居之。曾捐己田，送入文昌閣公用。又協建鎮龍橋，以培風水。其生平義俠如此。縣令蔣三槐廉其賢行，請給冠帶以旌之。年七十餘而卒。

全若性，東橋人，萬曆間歲貢。厚重沉毅，學者多師事之。其立教以藩籬爲先，士之以義經顯者，咸受業焉。館嘗不戒於火，諸生惶遽失度；若性猶於火光中整頓巾服，其動履不苟如此。

全若彝，邑廪生。少而敏學，篤志潛修，與兄若性齊名，有雙丁二陸之目。天啓丁卯，若彝倡義重修學宫。因黌門逼狹，若彝遂遷居，讓其地爲泮池。凡鳩工庀材，皆力董其成。將貢而卒，年六十有餘。

黎敬，城内人，孝廉民鐸之父。少豪縱，中年力敦儉素，惡衣蔬食，晏如也。生平以方便鄰里爲務。

適元旦，有鄰人死而無棺者，俗忌出財，敬慨然資助。其慈祥惻怛、厚於濟人類如此。教六子，各因其性質而成之。壽七十有三。

勞于王，湍流人，學曾之子也。父爲海寇所擄，于王年十五，痛哭，挺身赴賊營爲質，易父以歸。後竟遇害。

黎廷材，邑增生。屢旌優行，自持耿介，蔬水淡然。設教諸生，以壁經著者，多出其門。知縣項汝廉嘉其齒德，造廬請謁。鄉飲酒禮，籍以重焉。年八十二卒。

戚維恩，邑庠生。潛修篤學，卓有古風。常設教縣右，夏楚之聲，聞於衙内。知縣蔣三槐戲贈以聯云：『文章自擬翰林院，教法人稱按察司。』至今傳之。庭訓三子俱入邑庠。一時秀士出其門者甚多。及髦猶就試督學，面命告老，優以冠帶。年七十有二卒。

李廷棟，天啓間歲貢。任鶴慶府通判，冰蘖自矢。適寅長擢遷，廷棟署府事，一遵舊憲條教，鶴人愛之。歸田三十餘載，清儉如寒素，非公不至尹庭，鄉邦推重。卒年八十五。

黎民鐸，字覺于，城内人。素有遠志，潛心力學，中崇禎癸酉舉人；甲戌聯捷，會試副榜。自甲申以後家居，杜門絶干謁，日以著書垂訓爲事。立聚奎社，會友課文，手著有《易經旨意道存録》及《汶塘詩集》。一時流連悲感，以咏歌當痛哭。陳熿序其詩，謂『情有不能自已，遇景賦物，寄意遥遠，是爲真詩。』其志節可與李二曲、王船山相媲。至於敦孝友謹廉隅，施濟貧民，感化强暴，今猶載口碑。嶺西道周軾贈匾曰：『道風勵世。』壽八十六。

謝必晟，邑庠生。（楊《府志》作『貢生』，誤）七歲失怙。事慈母，晨昏定省，自少至壯，無少怠。生平公恕服人，處事和而有辨，凡屬義舉，無不躬先倡率。郡別駕聶應井署縣事，甚器重之。及遇鼎革，尤能鎮定，城賴以安。一夕，晏坐而卒。後子孫多列膠庠。

徐建綱，邑增生。素性醇篤，周急恤貧。縣西溪有二橋圮壞，人畜屢溺，建綱捐鍰修之。府、州、縣四舉鄉賓，奉例授冠帶。壽九十六而卒。

黄穎，邑庠生。性端方，見義勇爲，耿介持躬。居恒嚴以訓子，重道尊師。卒年六十有奇。諸子著名庠序。

王之造，郡庠生，爲人温厚。事父母，能致敬；撫諸弟，不私財。居家能常守百忍之訓，親睦鄉鄰，童叟皆以長者稱之。年六十五卒。

鍾成科，温厚謹樸，守拙安貧，尤肅庭訓。當道廉其狀，援恩詔例，給以銀、米、冠帶，旌其門曰『詔崇耆碩』。卒年七十有七。子品奇，歲貢生。（以上俱張《志》）

黄充，上縣人。明洪武間，由歲貢生膺薦山西道御史。髫齡時，便嶄然頭角。嘗讀史至朱雲折檻、史丹伏蒲諸事，不覺骯髒久之。後入官所至，肅憲度，糾官邪，鋤豪强，恤民隱，時稱爲名御史。靖難變後，疏辨方侍講事，忤旨坐謫。臨行賦詩，從容就道。如《晋陽道中詩》云：『馳驅驛路漫停鞍，父老凝眸認豸冠。澤底哀鴻驚漸息，車前猛虎氣偏寒。平陽草碧帝城古，晋趙山青霸業殘。此日采風空叱馭，陳詩何以濟時艱。』即此可知其蹈道不渝矣。（蔣《志》據黄《府志》補）

黄信，字達士，上縣人。少被倭擄，甚艱險；既脱歸，憤無以報。爰攻武藝，習兵書，意將請纓，爲繫倭計。年十八，肄儒業，舉茂才。景泰庚午，登賢書，授全州同知。（楊《府志》作『全州長史』，誤）旋擢福建泉州郡守。時閩中倭寇甚熾，勢欲犯城，城中文武皆股栗。信獨奮長策爲堅守，具撥健卒數十，從間道趨擊，倭潰，俘馘甚多。既奏功，爲當途所妒，竟沉抑，遂解組歸里。尋卒。（同上）

案：阮《通志》選舉表無黄信。乾隆《志》選舉表，石城與化州兩見。時石城屬化州，其實一人。（楊《府志》）

清

羅廷卓，陀村人。性勤敏，多權變。丁明季之亂，寇盗充斥。縣當南北衝道，每掠丁壯供役。聞父被化、吴、石某参戎（楊《府志》作化石營李都戎）軍擄，馳詣軍門，涕泣請代父，得釋。参戎重其學識，留以課子，兼資謀畫，卒贊参戎破賊。旋謝病歸，出参戎所贈，半給諸弟，半置學租，爲子孫膏火計。迨父卒，哀毁終制，遍歷山谷，得吉地，故後嗣多貴顯者。（参志[一]《府志》、蔣《志》）

鍾品奇，順治初歲貢。博學能文，事親孝，出告反面，禮節惟謹。鄉人沐其德化，共傳頌之。（張《志》）

黄詔球，字元昇，赤嶺人。性聰慧，善屬文，弱冠游邑庠，屢試不售，遂閉户研求心性之旨。舉止

[一] 『志』，或爲衍文，或爲某字之誤。

端方，黨里奉爲楷模。子五人：衮綉、衮昭、衮卓皆庠生，衮裳、衮端并著名。（參張《志》）

黄衮裳，字子吉。穎異能文，倜儻有大志。由歲貢任新安教諭，創修學宫，月課諸生，講解不倦，門下登甲乙榜者甚衆。俸滿，遷福建建安知縣，嚴科條，革陋規，諸多善政，口碑載道。後引疾歸里，日以訓誨爲事。知縣孫繩祖欲建松明書院，衮裳捐地基以成之。卒年七十九。《廣州志·宦績》有傳。（參阮《通志》、楊《府志》、張《志》、《采訪册》）

案：舊《志》黄衮裳與父詔球合傳。楊《府志》列《衮裳傳》，今爲分傳。

江宗泗，岐嶺人，邑歲貢生。忠厚簡約，粗衣疏食，淡如也。其與人樂易，仍守正不阿。課文講義，士之有造者，多出其門。設文會於南橋，四季聚試，以寓激勸。其作人至意，耄年不倦。壽七十有餘。（張《志》）

潘允泗，邑庠生。寬裕和睦，見義必爲。建設義學，日以聚友課文爲樂。喜吟咏，有隱士風。鄉鄰貧乏者，隨所有以解推，閭里德之。子之瀛以博學食廪餼。學者尊師之，門下多知名士。訓子孫，家學尤嚴。年八十而卒。

黄奇紫，邑廪生。少負不羈，穎悟過人。文酒豪放，意致高遠，當事者以巍科期之。惜天年不永，遂無表見。

高式震，磨厲人，邑歲貢生，進士魁之子也。沉潜好學，博通經史。生平不喜干謁，日以訓課子孫爲事。游其門者，類多成材。持己耿介，接人温恭，財色不苟，言動不輕。雖狂妄當前，無不肅然起敬。

又曾活二人之命，而却其金。殯無歸之喪，而全其義。家雖淡薄，寧儉己以濟人。望丰采者，咸以爲有程正公風。所著詩文六集刊行。壽六十有奇。

李色奇，積學能文，弱冠進庠，旋食餼。孝友成性，束身以敬，接物以和，有古君子風。晚年鍵户著書，義方訓子。選歲貢，廷試高等，將得司訓而卒。

陳浩，西朗人，邑歲貢生。性豪邁，學兼諸家，尤工文詞，屬筆綺思泉涌，通邑奉爲宗匠。没之日，縣令孫繩祖挽以詩曰：『德星一多掩清光，福善於今事渺茫。偃室論公無履迹，玉樓高拱有文章。朔風捲地哀千叠，涷雨連天淚幾行。從此思君何處是，雲山漠漠水泱泱。』咏是可覘其素履矣。

李紀懋，邑歲貢生。少孤力學，文思穎異，制行磊落。族有糧困於徵，棄其業，逃往異地；紀懋獨力支撑，至糧累稍輕，招復給還。時豐一都會洞村有表戚鄧姓者，將徵米三石餘典賣後，其家中落。紀懋悉還之，不責前價。此又人所難能者。家居以經術垂訓。子朝鼎、朝俊游黌序，朝焕、朝蕃列成均。

黎克浚，城内人，邑歲貢生，孝廉民鐸孫也。幼承祖訓，留心經史。嘗捐資修遠祖墳。族黨有急，不吝解推，持躬寬厚，接物和平。既殁，知縣孫繩祖爲文誄之。長子正登進士，官户部員外郎。人謂世德之報。（俱同上）

曹天能，字良伯。壯負奇氣，鄉嘗有外警，畫策備禦，境土賴以安堵。既而斂才，家居事母，以孝聞族里。有窘苦者，賙恤無德色。數十年優游泉石，以保天真。知縣孫繩祖贈『洛社耆英』匾。卒年七十八。長子俊，武舉，佳、倫、位、份俱列膠庠；信，州同佐，監生，餘皆彬彬傑出。（參張《志》、采訪）

龐顯，那良人，邑之通儒也。寄籍廣西陸川。由廪生中粤西壬子科第十四名舉人，揀選知縣。清介持躬，平易接物，居恒惟研究性理，博覽群書。問奇請業者，户外之履常滿，名馳兩粤，絶不以聲譽自矜。安常處順，孝友無間。於家庭，濟變扶危，仁義見推；於黨里，積善餘慶。至於今，石陸兩邑，凡龐姓之顯貴者，皆其後裔云。（張《志》）

黎正，原名楨，字端伯，號建峰，城内人，雍正甲辰進士。性孝友，沉潜好學，醇厚中敦氣節，遇事守正不阿，歷官户部員外郎。上官欲中傷之，遂謝病歸。杜門却掃，日手一卷，至老不倦。高郵王文肅督學肇、高，重其學行，造廬謁見。年六十，卒於家。（參阮《通志》、張《志》）

附録《石門山别友詩》

北接梅關道，南連穗石城。潮隨滄海落，山與白雲平。遠岫呈秋色，斜陽弄晚晴。僅離三舍影，遥見半輪明。緑樹栖霞錦，金波漾翠瓊。牛羊來草野，烟火起柴荆。歸客心千里，行途驛幾程。群英羅偉餞，樽酒叙離情。風起征帆急，潮平去棹輕。鷗飛檣近白，山過目留青。對景圖堪寫，搜詩句易成。瓊臺入烟霧，儋耳限蓬瀛。惜别思投轄，銘心若斷纓。爲公歌此曲，感激意縱横。（郝《通志》）

李如竹，與兄如松貿易於梅菉。康熙庚申，如松爲海寇冼大鼻所擄，如竹詣賊代兄。歸籌贖金，逾期不至，賊怒，毒施鞭撻。乃告曰：『家安得金代兄歸？勿致嫂侄無依耳。吾無家累，請殺我。』賊義之，釋令歸。後婚娶，生一子天序，郡庠生。五孫多成名。曾孫國棟，海安營守備。初，同被擄者，有茂名陳世治，梅菉畫工也。大鼻令貌關帝。曰：『汝輩，賊也！瀆神明。於惡人吾不能。』遂遇害。（蔣《志》據黄《府志》補）

蕭作洙，大塘人，拔貢生。少失怙，事母以孝聞。任樂昌教諭，捐俸修文廟，置祭田、祭器，講學課文無虚日。任滿，報最例，得升遷，飄然解組。樂昌紳士制錦、竪碑，沿江祖送。歸里，優游林下，足迹罕至城市。邑令田發舉鄉飲大賓。（同上）

江宗堯，岐嶺人，拔貢生。（楊《府志》作歲貢生，誤）居貧力學，恬淡自甘。構一草堂，題曰『蔚竹』。讀書其中，數十年手不釋卷。嘗自謂：『與其應酬世俗，何如晤對古人？』世人奉爲格言。其教授生徒，每以『先德行而後文藝』之説相勗。晚年司訓歸善，課徒講業，最爲士林宗仰。（蔣《志》據黄《府志》補，并參楊《府志》）

陳邦基，歲貢生。持己温恭，接人誠實，一介不取。不履公門者數十年。人稱長者云。（蔣《志》據黄《府志》補）

李王材，横山人。少好學，構『迪悔軒』於蒼山之陽。杜門研經，通漢唐注疏。天性醇篤，事親愛敬備至。由歲貢任定安訓導，適某教諭不善於上官，矚王材密揭其短，卒善全之，時稱長者。監司將以卓異遷，而王材卒。

林遇春，恩貢生。賦質稍魯。夜讀書，坐木擔以警昏，由是氣質遂變。貫通經史，爲文精實深到，屢試輒冠軍。生平寬厚謹慓，合邑奉爲型範。邑令田發贈以匾曰『德重鄉邦』。歷年教授生徒，計積修脯，爲立家塾，置學田，公諸族人，作延師教子弟之費。自著《四書文》一卷，學者多傳誦之。

曹克斌，字梧亭，那里坡人，監貢生。杜門讀書，不與公事。官浙江安吉州判。見民多暴棺於野，購地北郊，捐埋無數。雍正二年，浙被水灾，餘姚特甚。上官發粟委賑，克斌不假手吏胥，親爲散給，民沾實惠。

黄宏儒，郡諸生。事母甚謹，母色不豫，輒跪請。嘗赴省試，中途心忽動，移棹歸，母果病。夜泣禱，以身代母痛，尋愈。後十餘年，母殁，宏儒哀毁骨立，遂卒。初，里有媪以其子不孝愬宏儒，留伴其母，召其子與己處。未旬日，其子大悔，曰『今而知前之所爲非人也』。母子感泣去，卒以慈孝稱。（俱同上）

陳梓，字汝琴，石塘村人。少失怙，仰承荻訓。稍長，蜚聲黌序。學宪賞其文，遂拔一等冠軍。康熙間，以歲貢選遂溪司訓。時母猶在密邇子舍，侍奉周摯。後調徐聞學，徐士德之。解組日，郊餞數里，勒石以志去思。（蔣《志》）

江南榆，字朝陽，岐嶺人。生有至性，幼隨父宗堯歸善學官任。父病，親侍湯藥，數月不少懈。父瀕危，籲天，願以身代父，尋愈。後三年，父卒。時署中無親屬，南榆甫髫齡，扶柩歸里。家貧，遂棄儒業，習懋遷。嘗拾百金於道，坐俟覓主，返之，謝以半，弗受。中年家稍裕。宗黨困乏者，周恤備至。歲歉，捐粟賑濟，全活多人。生平重道尊師，義方訓子，自奉儉樸，事屬善舉，不惜多貲。今後嗣繁衍，多貴顯，咸謂厚德之報。（蔣《志》）

黎道炳，城内人，户部正仲子，乙卯拔貢生。積學能文，居恒不苟，凡事當機裁決，不依阿以從俗。不獨鄉人倚重，邑長咸敬禮焉。後授龍門教諭，敷教維勤，士人額慶得師。致仕歸，常手一卷，棋一枰，

翛然自得云。（蔣《志》據黄《府志》補）

龐正先，字静齋，那良人，孝廉顯三子。幼讀父書，博涉經史。雍正間領鄉薦，高廉觀察延主高文書院講席。課徒從嚴，樂培寒畯，郡邑人士多賴成材。至於修祖祠，積嘗産，罔弗竭力盡心。又嘗積貲置田，永爲族人課文獎賞。今後嗣食報繁衍，游庠食餼者甚多。（蔣《志》）

鄒士操，葩竹人，廩貢生。穎悟嗜學，敦氣節，重道義，友教四方，注門生籍者甚衆。年僅三十八而卒。卒之日，及門貢生歐陽絢等數十人咸服心喪所。著有《周易一説》五卷、《翼經覽要》四卷、《古文法概》六卷、《南江問答》一卷，藏於家。（《府志》據黄、蔣《志》補）

龐佳先，那良人。少孤，家貧，嘗爲人牧羊。主人歲時分酒肉，佳先輒歸以奉母。主人異之，送歸，勸之學。遂下帷攻苦。己酉省試，闈中擬第一人，因兩主司争執不合，見黜。乾隆初，由歲貢任龍川訓導。（同上）

文夢熊，字吉齋，大車村人，郡庠生。性純孝，事父母備極誠敬。親歿後，每當忌日，痛哭毁食，至老不衰。生平排難解紛，見義勇爲。乾隆戊戌歲饑，出粟賑濟。知縣喻賓忠贈匾曰『助我牧民』，府教授楊贈匾曰『德邵蘭香』。年五十五卒。（蔣《志》）

羅元黄，原名色朗，字元黄，以字行，陀村人。廷卓子，邑廩生。少孤力學，敦厚有容，事母以孝稱。弱冠游庠，連考十二超等，六冠全軍。每科學使發落時，大如〔一〕贊賞，以遠到期之。而元黄以母老，不願以功名易養也。居家授徒，先德行而後文藝。一時名士多出其門，每歲從游百餘人。邑之教學起家者，推元黄一人焉。初卜本鄉地葬父，近無賴子墳，被迫遷移。再卜，又被奪買，絕不與較。後卜得白水塘，乃大吉穴。治家嚴肅，以孝友示範，詩禮垂型。年五十餘卒。生八子，皆成立。三子世榮，文不起草，成童，以縣案首游泮，早卒。世容子翰邦，有聲庠序。少子世賓，克守父訓。世賓子秀鳳，登賢書。曾玄以下，屢占科名，游庠序者尤衆。及今，猶一門雍睦也。（同上）

楊光普，監生。嘉慶十年，海寇猖獗，光普約鄉人守望相助。知縣劉以下洋、白沙等處港汊紛歧，命光普聞聲援應。閏六月，賊由龍頭沙登岸肆劫。光普子文瀛當先，賊斫之剖心死。光普力戰，生擒賊目三名。次年五月，賊乘夜入白坭潭。光普侄子聰受重傷，腸出，决戰，殺賊目十餘名，生擒一名，各鄉賴其保障。高廉道馬書欣給匾旌之。（蔣《志》據黄《府志》補）

羅世賓，陀村人。英敏多遠略，經紀族規，動循禮法。鄉里舊歉水利，因築灰陂，鑿山開圳，數姓皆資利賴。曾有兩無辜囚，將擬死，白於官釋之。鄰有劇盗爲患，設法剿除。知縣王德茂重其名望，例賜冠帶。子秀鳳，領嘉慶丁卯鄉薦，文名大噪，著有《梧岡詩集》。（蔣《志》）

陸喬松，字一蒼，盛村人，歲貢生。聰敏好學，嘗讀書家廟，身不貼席者數載。手輯《六經注疏》，

〔一〕「如」，當作「加」。

博覽群書，尤得力於宋四子。爲人廉静，不務生産，祇事教讀。及卒，無以爲殯。門人戴尚禮等，倡捐助喪費，鄉鄰亦厚賻之。

陳瓊禄，松屏村人。家貧，性至孝。嘉慶間，父因案株累，繫府獄。瓊禄爲人傭妻余氏賃春，每十日得錢百十文，米數升，輒馳郡送父處，并爲櫛沐。始歸，計自家至郡百六十餘里，朝發夕至，中途忍飢奔走，如是者有年。及父得釋，販魚以養，必先擇其鮮美者歸膳。他人倍價購，不與也。父後卒瓊州黎地，瓊禄不避艱苦，扶櫬歸葬焉。其子媳亦復孝順，人以爲瓊禄孝親之報。卒年九十。

江至東，字濟川，岐嶺人，廩生。少穎悟，喜讀書，嚴氣正性，復和易近人，最孝友。父和介，四子，至東居長。能先意承志，仲叔季弟比兒輩，愛之如子，諸弟侄亦敬之若父。尤善憐貧濟急，排難解紛，爲族黨鄉鄰所倚重。子應澄，知廣西修仁縣，悉遵庭訓，清勤自矢，遇覃恩，贈如其官。

江會東，字養齋，岐嶺人，布政司經歷職。秉性醇厚，多謀略。少年經紀家政，井井有條，長以貨殖致富。時各市典肆遵例，有計子錢三分。會東自設質庫，減息三之一。各處相效，沾惠者衆。處家庭，孝友無間。倡建祖祠，積置嘗産。宗黨貧乏者，婚葬急需，代爲綢繆，并儲公款給之。值歲饑，出穀平糶。遇海寇，設計堅守。邑中修文廟，築城垣，建試場，及賓興諸款，皆捐金首倡。知縣王德茂重其品望，舉鄉飲賓，并贈詩歌。卒後爲立家傳，有古稱鄉先生殁而祀於社者，其人庶幾無愧之語。以子孫貴，累贈至榮禄大夫。

知縣王德茂贈詩云：『席儀先肄堂，律令繼揚觶。獻酬明主賓，歌奏繹辭義。秩秩長幼情，油油忠孝意。爵樂綿晝歡，節文謹終遂。

至哉宣聖言，王道知易易。邊邑肇嘉禮，考循典章備。齒德首此翁，模式信無愧。餘位介賓齊，公舉耆眉萃。敬讓愉衆觀，慢爭靖輿志。隆古風教存，誰當迂闊議。』（采訪）

謝廷文，字焕章，木侯人。四歲失恃，匍匐哀毁如成人。稍長，聰明邁等輩，弱冠舉茂才。以母骸未葬，棄舉業，習青烏家言。遍歷山隴，卒得吉穸。孝事繼母，友異母弟。建宗祠，積嘗産，賑饑埋骼，貸逋助婚。常以忍氣喫虧、發憤讀書訓後嗣。卒後，吴川進士林聯桂爲立家傳。子龍光，選道光乙酉拔貢。（同上）

羅國瑞，陀村人。秉性醇厚，事父母，愛敬備至。父先卒，同懷三人，次國安，次國定，仲季皆食餼，國定尤篤孝友。仲應明經，艱於財，兄弟割嘗産以讓仲。母耄老，遞年設教，皆近里居，時歸省侍食，懽承色笑，常以禮義。自閑排解紛争，鄉鄰倚重。年五十九卒。（參蔣《志》、《采訪册》）

羅國定，字正齋，元黄曾孫也。幼承家訓，兄弟三人，定居季，孝友甚篤。束髮受書，即嚴禮法。生平無惰容，亦無疾言遽色，婦孺皆望而畏之。弱冠入泮，旋食廩餼。授徒養親，館規嚴肅；門人皆守禮法，人望見之，知其爲國定弟子也。遠近争請，館無虚歲。中年喪父，痛自責曰：『以教違養，實不孝也。』自後館必取近，每課文期，必歸省母。凡侍，朝夕供歡笑，數十年如一日。邑侯王垓坪重其品誼，舉爲鄉正。鄉鄰争訟，咸憑取决，人亦不怨，服其廉平也。後稍裕，與長兄國瑞割田産十餘石，贍次兄國安。年五十餘卒。子四人：長士魁，年十五游泮；次、三皆豐厚；季士奇以拔貢登賢書，旋官教授，國定榮膺封贈。孫曾繼起，庠序未艾也。（蔣《志》）

羅福昌，字用五，陀村人，世賨孫，邑增生。克守家法，性和而介，家本儒素泊如也。弱冠補弟子員，請於父曰：『昔年分爨，迫於家計耳。今兒所得花紅學租，盡歸父，願合爨。』父督耕，兒課讀，可望諸弟有成也。』父殁後，始各爨。授徒養母，每歲館穀，除家計外，餘歸母手，分贍諸弟。遠歸，必述異事，以供笑樂。年六十，猶孺慕也。所至，賓主交歡，皆有去後思。治族有法，能明大體。積蒸嘗，建祠宇。誨族人，感以情，亦曉以義，愚頑多化之。及爲鄉副，鄉鄰有争，每以談笑解之，皆歡欣而去，排難解紛，一鄉推爲祭酒。卒年六十有三。孫、曾輩聲庠序，代有人焉。

李實，字秀夫，大路邊人。聰穎嗜學，博覽經史，爲文雅有先正魄力。年弱冠，府試冠軍入泮。嘉慶丁卯，登賢書，大挑教諭，署廉州府訓導。生平崖岸高峻，課徒整肅。解組後，足不履公庭，手輯《學庸解》，學者多傳之。

李安，字亦勉，横山村人，歲貢生。爲人誠樸剛果，多謀略。嘉慶初，海寇夜劫横山典肆，安授策鄉丁追捕，獲賊解辦。知府杜安詩贈『義勇可嘉』匾；總制那贈『型方善俗』匾。後銓普寧訓導，未抵任，遽卒。

黄華晗，塘蓬酒店人，由武生捐千總職。性孝友。父卒，哀禮兼盡。後事母益謹，晨昏供奉，旨甘無缺。母不豫，必親侍湯藥。及母卒，哀毁骨立。兄弟三人，終身友愛。建祖祠，置嘗産，設族規，以約束子弟，故族人數十年無争訟。兼精醫，不論貧富，叩無弗應。嘉慶十年，知縣劉據詳督憲那，獎以『型方善俗』匾。道光元年，知縣李詳請督撫藩憲，獎以『孝行可嘉』匾。事聞，奉旨旌孝子，建坊。

張元祥，琛山龍人。聰敏力學，弱冠游泮水，益自發憤，博覽群書。由拔貢領鄉薦大挑一等，分發山東知縣，歷遷升福建督糧道，所至皆有聲名。咸豐間，以軍功保獎，記名按察使，賞戴花翎。年七十八卒於官。

江應元，號梅閣，岐嶺人。少聰敏，博通經史，旁究醫卜星算諸書。以廩貢兩任靈山學，士林愛戴。知縣林贈『化雨均沾』額。歸里後，延師嚴訓子侄。置祭田，修祖墓，助婚喪，賑饑恤困，施醫贈藥，和睦鄉鄰，凡屬義舉，惟恐或後。著有《倫常楷模》十卷、《環溪書屋詩草》三卷，待梓。及卒，博白朱太史德華挽聯云『維此哲人，鄉邦遺愛，昔者吾友，德義相資』，皆實録也。以子孫貴，累贈至資政大夫。

梁挺觀，號卓亭，官埇人，郡廩生。援例任徐聞訓導六載，諸生印金貧者，多不責償。倡修聖宮，建明倫堂，培筆架山，徐人德之，有『春風化雨』之頌。解組日，郊餞者徒步十餘里。厥後杜門家居，不履公庭。有業師暮年失明，屢贈銀米。值歲饑，出粟賑濟族兄弟，委屈周恤。雖起家寒素，而輕財重義類如此。

吴賢秀，字愚齋，風稍人。好學能文，以歲貢生授職，歷任文昌、昌化等縣學官。爲人公恕，管積賓興經費數十年。後寇擾，恐挪用，變議署租，仍勤慎經理。至於修學宮、建文場，皆爲總攝，無不竭力盡心。年八十重游泮水。王學憲贈以『望重士林』匾。

戴瑚，字商彝；戴尚游，字立之，俱三角塘人，歲貢生。瑚性温厚，接物和平。建賓興，修文廟，皆盡心經理，邑人欽服。銓授海康訓導，在任重游泮水。章督學贈『經師人範』匾。尚游性謙謹，誠樸素著。咸豐間，勷辦軍務，肅清縣境，以功保獎，授文昌學。後皆以老致仕。

陳尚翔，字鳳岡，東木埇人，歲貢生。聰敏績學，爲文有根柢，力追先正。十戰棘闈，屢薦被遺。課徒嚴肅，門下獲售者數十輩。樂培族中寒畯，不計脩脯。有族侄厚助膳貲，謝弗受。倡建祖祠，積嘗置産，貸逋負，息紛争，尤爲宗黨倚重。生平自奉儉樸，嘗言：『吾非惜財，但爲子孫惜福耳。』手輯《四書摘要》二十卷、《五經旁注》十卷、《周禮易解》二卷，家藏待梓。卒後，吴川陳侍郎蘭彬文表墓。

陳毓英，字美如，東朗人，增廣生，援例候選訓導。性敦孝友，親有不豫於色，輒泣跪親前，婉詞歡慰。族叔鳳岡，品學端粹，不吝脩脯，遞年延主家塾，族黨之貧者，多賴栽成。倡建宗祠，廣置嘗業，周恤貧困，凡有義舉，輒先之。觀察許贈匾曰『敦善不怠』；督學李贈匾曰『譽滿菁莪』。以子貴，贈文林郎。

彭瑞龍，新屋埸人。秉質穎悟，童孺熟五經，善楷法。年十四，游泮食餼。後八試超等，以歲貢生銓惠來教諭。咸豐癸丑，冠〔一〕攻惠城急，同僚相約避難，瑞龍不答。城陷，具衣冠坐明倫堂罵賊，遂遇害。後奉旨給葬祭，并贈國子監助教銜，廕雲騎尉世職。長子，增生，承籛襲。

尹鼎元，字調齋，城内人，廩貢生。性謹厚，積學能文，尤工詩詞。游庠食餼，後專教讀，不問生

〔一〕『冠』，當作『寇』。

産。處囂塵中，自持耿介。數十年長官罕識其面。晚年家徒壁立，門人江誠和屢供銀米，贈貲捐貢。及卒，宗黨皆助喪費。

羅士魁，字梅溪，陀村人，增貢生。年十五以經學入泮，益發憤以求遠到。雖年屆古稀，屢戰棘闈不稍懈。生平以禮自範。年七十五，重游泮水。學憲何贈『鑑山儒範』匾。著有《四友軒詩集》一卷，藏於家。（俱同上）

羅士奇，字芬甫，陀村人。秉姿聰穎，爲文沉雄精到，由拔貢中道光庚子順天舉人，爲府尹香山曾望顔所器重。知縣林星章延請主講松明書院，士林宗仰。從子汝彦亦門下士，登賢書。咸豐間，西匪逼境，知縣王錫誥延士奇、汝彦同勷軍務，屢殄强寇。歲辛酉，陳金缸據信宜，軍務倥偬，土匪蠢動，擾太平店，逼近縣治。汝彦先出貲籌辦軍實，募勁勇，佐知縣敖翊臣破賊。嗣有流寇夜劫村莊、鋪户，汝彦授策兵勇緝捕，卒獲賊懲辦。士奇以功保獎，官廉州府教授；汝彦亦得叙選訓導。（參楊《府志》、蔣《志》、《采訪册》）

江煦和，字衵宇，岐嶺人。以廩貢援例任英德、海陽等學。俸滿，升貴州安平縣。時黔匪猖獗，州縣多被陷。煦和帶兵征剿，克復城池，叠建戰功，保獎升同知，歷署廣順、黄平等州。兵燹之後，招集流亡墾荒田，給牛種，建義學，革陋規，興利除弊，頌聲載道，得旨以知府補用。每當解任，鄉民扶老携幼，泣涕攀轅。安平士民立『遺愛』碑，以志去思。（蔣《志》）

張樹穀，字詒堂，歐玉山人，歲貢生。敏達多謀，邑中賓興諸要務皆資協理。西匪迭擾邑境，知縣敫翊臣延勷軍務，屢殄强寇。以功保獎，銓授廣寧學，調欽州訓導。欽人德之，制錦觴祝。秩滿，補鶴山訓導，以老致仕。

江誠和，字心畬，岐嶺人。領辛酉鄉薦，援例得主事，籤分兵部。性聰穎，善屬文，尤工詩賦，作《松明書院賦》二千餘言。孫觀察稱爲奇才。爲人崖岸自異，慷慨好施。邑之南有巨津曰『南橋』，先人曾置租爲義渡。誠和創建石橋，綿亘數十丈，費錢七千緡，名『繩武』。往來稱便。本房師卒，眷屬滯粵，助貲還籍。廣西曾孝廉赴都，卒於舟次，行囊已空，籌資歸其櫬。主講松明書院，英俊多出其門。晚年刻意經治，手輯《漢魏以來諸家解經之説辨證》，折衷以歸一是。兼通醫算之學，獨抒己見，精妙突過前人。年五十餘遽卒。

羅崇齡，武生。恂恂有儒雅風。家居，割産以濟兄急。遞年教習騎射，勇敢善戰。咸豐初，屢殲匪寇，知府胡獎以『義勇可風』匾。歲戊午，西賊朱十九劫坡禾地，知縣聶爾康諭崇齡率鄉勇進剿。奮勇争先，斃賊多名，乘勝追北。比攻賊營，前後伏發，衆寡不敵，崇齡與胞弟揚武，胞侄天春、天佐等俱遇害。然賊亦死亡過半，狼狽奔竄。後崇齡子得父屍歸葬，鄉鄰迎哭者以千數，邑人舉祀石嶺義勇祠。

林培芳，字春山，城東關人，拔貢生。好學工書，善屬文，禀性孝友，和易近人。卒年六十四。知縣奎成親詣酹奠，助以金，挽曰『文人正士』。

蔡伯謙，字牧山，探塘人，歲貢生。沉潛好學，爲文脉理清真，不事粉飾，屢試超等。生平廉介自持，言動不苟，尤人所推重。（俱同上）

鄒士楨，字正魯，丹竹埇村人，詹事府主簿職。性醇厚，仗義輕財。乾隆間，邑大饑，邑宰顔煌集士民籌賑[一]，繼以博、陸兩邑饑民入境就食，士楨捐穀三十石助賑[二]。後王邑宰贈『好義可風』匾；宋方伯贈『澤流鄉里』匾。新招、良垌墟鄰里稱便。建墟中無極寺，施墟旁義渡，撥田租四十石爲寺祝、渡夫費。舉人陳秀東等叙其事，刻石墟内。東朗村陳氏士楨外家，以外祖耄年膳薄，饋田八畝，今爲陳氏學嘗。父庠生若泰初遷丹竹埇，建設未備，乃創書齋，延師主講，設膏火學租，多裁成鄰鄉子弟。其建祖祠，置祭産，尤爲厚助。以中貲家慷慨規畫，遂能如此。壽七十有四。後裔衣冠綿延，人以爲施德之報。（采訪）

蕭昇，號星垣，篁竹人。廩生玢孫、廩貢光秀子，承庭訓，質卓越。由拔貢中式順天舉人，署湖南石門、酃縣、桃源、桂陽、零陵等縣知縣。善政宏敷，口碑載道，士民皆制錦贈匾。去石門任，紳士、門生多餞以詩，名《樂只觴言集》。旋授清泉縣，詳辦劣監羅東揚，訟棍殷之輅，合邑悦服。逆匪趙金龍作亂，籌餉給軍，卒能除暴。上游重其功，咨部從優議叙，委代理衡州府通判，因交代赴省，遽罹痰中而卒，年七十一。眷屬貧，難歸。長沙府知府何其興等倡捐資斧助歸櫬。出仕二十餘年，廉正如此，誠不愧古之循良也。

[一] 『賬』，當作『賑』。
[二] 同上。

李樹棠，字芾南，曲江村人，守禦所千總職。父菁，儒林郎，母鍾氏。兄弟二人，樹棠居次。性孝友，篤行勵學。率妻何氏，事父母，愛敬肫摯，常得歡心。自少而老，孝行無間於人言。母六旬，失明且多病。夫婦侍湯藥，必親嘗；唾垂、溺穢，輒手滌之。慮爲婢僕所厭。迨終養，三十年如一日。樹棠恭兄友弟，怡怡和樂，兄弟咸悦服，同居至老不分爨。五代同堂，一家百餘口，有古長枕大被風。子侄耕讀，各循職分，衣食甘暖，皆齊等。先厚宗族，積蒸嘗，而外於鄉黨間，百廢具舉。捐建橋梁，施河渡，設義學社倉，築城堡，助婚喪費，修無嗣墓，義舉無不勇爲。家僅中貲，戚鄰稱貸，求無弗應。貧不能償者，置勿問。其興利除害，排難解紛，四鄉莫不聞風起敬。年六十九卒。光緒十七年，生員何文錦以前屆修縣志充采訪員，寄稿遺失未登，偕衆紳聯請旌表孝友義行，奉旨建坊。十九年，又以樹棠爲練正，時拿辦土匪及屢禦西匪邱大、朱十四、王十三等有功於地方，再聯請補叙云。

鍾綸文，字叔肫，青湖村人。報捐縣丞，任鄉正。率團勇剿朱十四匪黨有功，分發廣西候補，署太平府養利州吏目，兼理崇善縣縣丞。時養利州城被匪首李龍章等攻陷。聞警，率兵痛剿，克復城垣。上憲委代理養利州知州，篆辦理善後事宜，四境大治，士民愛戴歌頌之。以老致仕，回籍籌畫建堡，捍衛地方，又將父挺英嘗田租二十四石，撥施財主垠之渡。好義急公，功德及人。壽七十有二卒。

陳炳章，字虎臣，東木埇人。父尚翔，歲貢。幼承家學，敦品節，游庠後，就近課徒，以便省親。同懷六人葬親輒獨肩任。中丁卯科舉人。歷主松明、同文書院，講求實學，邑中秀者，多出其門。創積義倉及經理印金、賓興，士民德之。總團防局務數十年，杜請托，殄强寇，爲一邑保障。督理重修縣志，與同事商請主修官，聘吴川陳侍郎蘭彬爲總纂，變更體例，人稱善本。承父遺命，率族人輯成族譜。兄老無依，迎養同寢食；侄幼失怙恃，視如己子。鄉里將有争訟，聞勸導多悔悟而止。晚年常書『忍讓』二字訓人，能使風俗淳厚。又於鄉黨中發起育嬰社，擬推廣之，尤爲好生之德。年八十四重游泮水，王提學贈『行爲士表』匾，『泮藻重賡隆盛典，粤華碩望表耆儒』聯句。壽八十五卒。

江慎中，字孔德，號蟫庵，岐嶺南溪村人。髫年博覽群籍，人稱書櫃。長益肆力於實事求是之學。爲文淵雅有法，詩尤雄健，得力於少陵、遺山。性和厚，善談辯，每論事、講學，四座書傾。廣雅書院初成，搜羅兩粤高材生，同兄履中并邀首選在院，與惠州江主事逢辰同爲梁節庵先生高足。旋以經學受知於粤督張文襄公之洞、學使汪侍郎鳴鑾。領戊子鄉薦入京，遍交名流，尤與仁和江編修標、長洲葉編修熾昌〔一〕、績豁〔二〕程編修秉釗、嘉應饒吏部軫、臨桂龍先生繼棟交至篤。年未四十，即絶意進取。著述外，唯以教育爲務，主講松明、同文兩書院，歷十餘年。茂名楊侍郎頤重其學行，屬高州知府蕭炳堃聘爲高文書院院長。一時名士皆出其門。科舉制廢，高文書院改爲中學堂，仍受聘爲監督。著有《春秋穀梁傳條例》□□〔三〕卷、《穀梁傳條指》□□卷、《用我法齋經説》□□卷、《蟫庵論學私記》□□卷、《南

〔一〕『熾昌』，當作『昌熾』。
〔二〕晚清學者程秉釗績溪人，此『績豁』，當爲『績溪』之誤。
〔三〕原書於書名下均空，此當爲未定或未成稿，此均以『□』號出之。以下同。

溪文稿》□□卷、《南溪詩稿》□□卷。其學由博返約，六籍皆有論述，尤以春秋穀梁爲專家。所著條例、條指，葉編修評爲『懸諸國門，不易一字』；龍先生許爲『確解定論』。其『崇賢』『貴民』『重衆』諸義，洵深得《春秋》微恉。感於俞曲園先生之敦促，欲爲《穀梁注疏》，先爲解詁，旋改爲箋釋。未就，僅成□□卷而卒。年五十。（俱同上）

列女

明

全祐妻黄氏，年二十，祐卒，子甫逾月。氏堅奉遺言，矢志不渝，甘貧操作，事翁教子，歷五十年，清白無玷。提學道章公、知縣黄浩上其事。雍正三年，奉建坊祠。

明太僕少卿李邦直作《傳》：

『節婦黄氏，遂溪右族黄迪之次女也。生而含慧抱素，處室，則語不妄，笑不苟。嘗聞其父講《女訓》，全夏侯令女事，微應曰：彼志既堅，孰能奪之？何至截髮斷鼻，自苦若此？父默是其言。時有全祐者，石城世家子也，遂以氏屬焉。六禮既備，應正而歸。二年，育子清，甫二月，夫疾大漸，呼氏訣曰：予死，若將何爲？氏泣曰：予知有汝矣，更適，非志也。夫弗與語。成化二十年冬捐館，時氏年二十，依禮爲夫服，斂而附身，殯而附棺，朝夕哭奠，守制終喪，動不逾閾。戚族間有諭意者，氏即痛絶，弗敢啓齒。翁鰥且老，夫弟四妹一，饔飧一屬之氏。氏謹嚴事翁，撫諸弟妹，婚者嫁者，助事惟勤，自奉敝衣糲飯，晏如也。厥子清既長，感母甘貧苦節，圖報未遑。邑人呈請明有司，具事上聞，旌表其門。未幾，清亦卒。氏襁二孫，得成立。享年六十有九。』

廩生龍昇妻李氏，邑貢生應雲之女，有異姿，素嫻母訓。歸昇未幾，值寇亂，昇遇害於合江，氏不勝慟哭，欲殉無由。丁亥，氏爲亂兵所執，至合江，逼其渡河。氏忿曰：吾夫昔遭難於此，吾寧殉夫，豈甘受污耶？遂抱其稚子投水死。

處士陳仲璽妻歐氏，貢生陳梓之母。毓自名門，秉性貞淑。年二十二夫殁，姑老子幼，内外交侵。氏從容輯和，卒能全節保家。以媳而盡子職，姑知歲寒之心；以母而兼父道，子承畫荻之訓。至孝至慈，足風一邑。知縣孫繩祖贈匾曰：『壽節雙高。』卒年九十有四。時梓司鐸遂溪密邇子舍，得親奉藥餌，視含斂。孫曾團聚服喪，人謂積德之報。

黄瑀妻陳氏，年二十七而寡，養姑育子，清操苦節，宗黨稱之。

清

貞婦黄熙正聘妻黎氏，年二十，婚期將屆而夫卒。氏聞訃，欲奔喪，父母止之。姑迎歸，苦節三十一載。嘉慶二十二年，請旌建坊。

吴川林殿撰作《傳》：

『貞婦氏黎，幼聰慧。受内則女誡，知大義。裁牋染翰，典麗有則。受黄熙正聘，届親迎，而熙正卒。貞女泣欲奔喪，父母憐其少，諭止之。貞婦毁形搶地，以死自誓。時熙正父先卒，兩姑聞其烈，喜迎之。貞婦入門，悲絶者數四，遇時祭及翁夫亡日，嗚咽流涕。嫡姑蕭氏病，祗奉湯藥，衣不解帶，居喪號痛，哀禮兼盡。熙正無兄弟，以從弟子兆書爲嗣。貞婦善撫子，以娱庶姑謝氏，事謝氏始終謹恪。貞婦二十奔夫喪，至今三十七年，操履純潔如一。嘉慶二十二年，有司請於朝廷，准建坊在東聖寺下，建祠於古羅州側，諸文士爲詩歌頌焉，以序屬余。昔桓嫠行義，沛相表其閭；衛女懷貞，刺史褒其節。載於前史，流譽閨闈。然皆禮備結褵，恩深同夢。未有瓊華未俟，髧髦空思，操寡鵠以終身，奉慈烏而畢世，秉節守義，從容有常如貞婦者也。夫闡幽表微，彰美來葉，史官職也。弁言辱及，敢辭不文。』

貞婦胡懋仁妻陳氏，歲貢錫麟之女。聞夫疾危，慨然登門侍湯藥，兩朝而夫卒。氏耐貧養姑，委曲盡孝，守貞五十五載。壽七十三歲。道光三年建坊。

貞婦涂法康聘妻譚氏，年十六，未婚夫故，登門守節。壽七十四歲。

烈婦陳佳韵妻黃氏，幼機警，以禮律身。夫抵廉，命氏旋石。舟遇海寇，將逼氏；氏抱幼子囑婢曰：吾累世書香，不可辱。汝善視此子，以報吾夫，吾無憾矣！婢方勸解，瞬息間已赴水死。越數日，尸逐潮上，迴旋不去，廉人異之。其長子求得之，顔色如生。

歐芳瑞婦利氏，庠生紹熹之母。年二十四而寡，熹方五歲。氏矢志不渝，事姑撫子。有勸他適者，氏輒抱孤而泣，無復有敢言者。熹稍長，勉之就學。家貧甚，熹欲棄儒貿易，氏責之曰：『吾慣淡薄，不願汝以厚養也。』熹不棄儒業，卒成名。壽七十七歲。

庠生李仲妻彭氏，司驛殿國之女。年二十四夫卒，氏矢志撫孤，教育成名。事繼姑以孝聞，苦守二十八載。乾隆八年建坊。

庠生李恒郁妻伍氏，攀甲之女。年二十四夫卒，遺腹一子。苦節自誓，事姑竭誠盡禮，撫孤成立，人無閑言。乾隆八年建坊。

庠生陳堯思妻曹氏，庠生曹佳之女。夫故，年二十五，甘貧守節，事繼姑以孝聞。所遺兩棺，竭力營葬。孀居三十六年，内外無異議。乾隆十年建坊。

黄雲肇妻莫氏，庠生嘉會女。年二十一夫故，遺腹一子。辛勤鞠育，事翁姑竭力盡心，苦節四十年。乾隆十年建坊。

蕭石芝妻陳氏，庠生鼎言女。適芝未周歲，夫没，無子。守節不渝，撫侄爲嗣。家貧以紡績。事孀姑，孝養備至。乾隆十二年建坊。

增生吴捷春妻黄氏，庠生佳職女。二十三夫故，守節。事孀姑，孝敬不倦；撫孤子，教誨成名。孫亦繼業。壽九十有一。乾隆十七年建坊。

羅天輔妻謝氏，乾隆四十年建坊。

陳欽虞妻李氏，年二十二夫卒，孀居四十六年。嘉慶十七年建坊。

庠生黄應堦妻謝氏，年二十三夫歿，無子，孀居三十七載。

陳琩妻黄氏，年二十三夫故，無子，守節四十八載。嘉慶十八年建坊。

羅集成妻林氏，年二十五夫故，孀居四十五載。嘉慶二十三年請旌。

龐振坡妻鄭氏，適夫三載而夫歿，苦節四十三載。嘉慶二十三年建坊。

廖開先妻羅氏，年十九夫故，無嗣，苦志守節。嘉慶二十四年請旌。

黄士元妻梁氏，年十八夫卒，孀居五十四載。道光元年請旌。

監生曹爾昌妻鍾氏，年二十六夫故，無子，一女。守節四十載，卒年六十六。道光二年建坊。

武生文爲光妻吴氏，貢生紹祖女。年二十夫故，守節。壽七十八歲。道光初建坊。

監生曹克銅妻陳氏，監生曹璜之母。年二十四夫逝，孀居三十五載，撫子成立。

吴繩祖妻林氏，年二十三夫故，無子，以夫兄子爲嗣，孀守四十一載。壽六十四歲。

曹克炎妻陳氏，監生曹瑩之母。年二十二夫故，孀居三十載，撫子成立。五十二歲卒。

陳蕃齊妻陸氏，廩生宇政之媳。年二十三夫故，無子，矢志孀守。五十二歲卒。

黎緝圭妻揭氏，庠生龍光女。年二十二夫亡，無子，孀居五十四年。壽七十六歲。

劉傳醇直妻羅氏，年二十八夫亡，無子，撫侄庠生芸爲嗣，守節三十八載。壽六十六。道光三年建坊。

劉傳俊顯妻陳氏，年二十夫故，勤苦守節七十九載。壽百歲。

揭憲崇妻黄氏，二十二歲夫故，無子，立胞侄庠生敦光爲嗣，孀守三十二載。卒年五十四。

黄文煒妻蕭氏，武生學周母。年二十一夫歿，周甫生七月，家貧孀守。壽七十六歲。

揭正珽妻詹氏，二十四歲夫亡，生一女，胞侄鐸承繼，孀守四十六載。

陳扶朝妻曹氏，監生思勛之母。年二十二夫故，孀居四十載，撫子成立。

鄒文清妻陸氏，貢生裔泰嗣母，年二十一夫故，無子，孀守五十二載。

李培富妻龍氏，年二十二夫故，無子，止一女，苦志孀守。

陳克貫妻黄氏，建安知縣黄衮裳曾孫女。年二十二夫殁，守節不貳，撫侄恩貢生保東爲嗣，孀居五十五載。壽七十七歲卒。

監生林邦璋妻莫氏，二十六歲夫歿，孀守四十二載。

羅龍光妻余氏，節孝祠牌作陸氏。年二十七夫故，無子，守節四十一載。

歐世昌妻黃氏，節孝祠牌作黎氏。年二十六夫故，守節二十四載。

監生黃友賓妻李氏，年二十六夫故，一子，守節四十四年。壽七十歲。

李朝蕲妻鄭氏，年二十三夫故，一子，苦志孀守五十載。壽七十三歲。

龐培桃續妻吴氏，年二十八夫故，守節三十載。

黎仁鈺妻陳氏，年二十三夫故，無子，孀居三十一載。

賴道燦妻陳氏，二十夫故，舅姑繼亡，無子，孀居五十一載。

李興妻黃氏，年二十四夫故，撫二孤成立，孀守三十二載。

李濟通妻許氏，年二十四夫故，遺腹一子。氏冰霜自懔，守節三十三載。

彭錫瓚妻黃氏，年二十三歲夫故，無子，孀守二十八載。

李上林妻謝氏，年二十夫故，遺腹一子，家貧，守節不貳。壽八十二歲。

蕭攀棱妻鄒氏，年二十六夫故，一子，矢志孀守。六十九歲卒。

張海沛妻羅氏，十四歲于歸。十六歲夫故，無子，苦志孀守五十二載。六十八歲卒。

梁紹斌妻袁氏，二十二歲夫故，家貧，無子，守節不貳。

庠生李培生妻陳氏，年三十夫故，遺孤子三。氏安貧守節，孀居三十九載。壽六十九歲。

嚴端本妻陳氏，年二十七而寡，二子一女俱稚。氏守貞不貳，苦節二十五載。

業儒全爾德妻曹氏，貢生全保之媳。二十六歲夫故，遺二子一女。氏義方訓子，冰霜自懔，守節二十六載。

李肇秀妻蘇氏，仁化訓導克昌女。二十六歲夫故，一子，守節三十一載，撫孤成立。卒年五十七歲。

周紹發妻蕭氏，年二十四夫故，遺腹一子，孀守四十二載。

黄培德妻陳氏，二十一歲夫故，乏嗣，守節六十年。壽八十一歲。

蕭騰雲妻陳氏，年二十三夫故，遺腹一子，守節四十一載。六十四歲卒。

朱明瑞妻宋氏，監生爾安母。年二十一夫故，經紀家計，義方訓子，守節六十三載。壽八十四歲。

黄華晭妻林氏，監生維齡母。年二十一夫卒，守節四十載，撫子成立。

全志新妻鄒氏，年二十夫故，孀守三十載。

唐鳳章妻黄氏，年二十孀守，四十載卒。（俱張《志》）

案：蔣《志》沿張《志》，有注現存者，今删去；惟注守節年數，而不書卒。

曹爾常妻許氏。

林廷標妻楊氏。

韓有祖妻陳氏。

陳啓明妻高氏。
李世耀妻黎氏。
楊恒超妻梁氏。
陳焯妻林氏。
李富基妻謝氏。
陳汝英妻莫氏。
陳常泰妻李氏。
生員黎杓勇妻劉氏。
李日彰妻羅氏。
曹銘妻黄氏。
陳育森妻黎氏。
陳烔妻蕭氏。
監生曹安溓妻李氏。
莫克莊妻謝氏。
鍾玉琳妻曹氏。
朱瑞宏妻孫氏。

李承和妻周氏。
鄧晃世妻吴氏。
周廷攀妻鄭氏。
尹日貴妻戴氏。
尹汝猷妻吴氏。
莫擬芝妻陳氏。
陳儒基妻蔡氏。
陳允忠妻龐氏。
鍾居朝妻梁氏。
譚成文妻蘇氏。
李廣林妻彭氏。
李汝鴻妻林氏。
李時春妻黄氏。
鍾三吉妻黎氏。
鍾華聰妻馬氏。
鍾華彰妻黄氏。

鍾友仕妻李氏。
鍾華嵩妻吴氏。
黄維顯妻陳氏。
彭琳如妻黄氏。
周全德妻黎氏。
莫克俊妻許氏。
李廣受妻黄氏。
佘斯仁妻陳氏。
陳增華妻莫氏。
黄家珍妻賴氏。
黄元爵妻梁氏。
林仁發妻李氏。
林之清妻吴氏。
楊文著妻羅氏。
莫大德妻郭氏。
楊業勤妻萬氏。

李榮基妻彭氏。
蕭漢章妻勞氏。
梁冕妻吴氏。
生員鍾士欣妻許氏。
馮盛妻詹氏。
監生温成章妻李氏。
楊文瀛妻傅氏。
羅士長妻林氏。
賴有經妻黄氏。
龍遂超妻李氏。
陸静衡妻魏氏。
龐斐然妻鍾氏。
蘇升安妻黄氏。
許士芳妻邱氏。
黄柏齡妻梁氏。
黄肇典妻陳氏。

李位榮妻邱氏。
曹安源妻羅氏。
陳芝蘭妻李氏。
黄桂春妻林氏。
鍾華英妻賴氏。
黄毓齡妻莫氏。
鍾華峰妻龍氏。
黄秀芝妻吴氏。
劉廷湘妻楊氏。
黄彝章妻李氏。
劉華東妻李氏。
曹棠妻黄氏。
劉傅應暢妻陳氏。
羅國廣妻劉氏。
羅貴宗妻姚氏。
羅安文妻伍氏。

朱常海妻周氏。
許萬彰妻賴氏。
許杏拔妻鍾氏。
許其清妻劉氏。
謝瑞光妻李氏。
林之琳妻曹氏。
全斯仁妻陳氏。
葉復寧妻李氏。
蘇維宗妻李氏。
廖安禮妻譚氏。
吴子顯妻鍾氏。
全安國妻林氏。
胡紹綬妻馮氏。
麥秀岐妻鄒氏。
鄭玖佳妻羅氏。
張綉妻梁氏。

麥秀馨妻張氏。

右節婦不注孀守年歲，俱據郡節孝祠碑録載。

貞婦李卓東聘妻劉氏，庠生統元次女，監生培喬長媳也。年十九卓東卒，氏聞訃，披麻衣欲奔喪。母憐其志堅，請親媒送至夫家，即詣夫靈前，悲哀成服。後粗衣蔬食，勤事紡織，擇侄伯昭爲嗣。事翁姑，撫嗣子。常居一栖數十年，鄰里罕見其面。貞操苦節，人皆稱之。四十三歲卒。道光十八年請旌建坊。

貞婦涂源就聘妻巫氏，武生龍安嗣母。年十六，未婚而夫故。氏登門守節，爲夫立後。壽八十四歲。

貞婦蘇潤綱妻劉氏，年十八，夫病篤。迎歸八日，夫故。苦志清操，撫侄庠生秀霖爲嗣，守節四十四載。

烈婦黄廷昌妻陳氏，年十九夫故。夫病，謹奉湯藥。及夫卒，悲痛成服，親視殯殮，移時自縊以殉。

烈婦朱蕃妻楊氏，監生啓韓媳。年二十五夫故，無子，慟哭越數日自盡。

贈資政大夫李兆泰妻陳氏，州同職光桓女，五品花翎樹賓媳。年二十四夫故，矢志撫孤。子駿聲，二十二歲又卒。姑媳煢煢，始終不貳。

贈中議大夫李兆龍妻鄧氏，澄邁教諭樹郁媳。年二十四夫故，奉親撫子，孝慈兼盡，孀守三十年卒。

贈奉政大夫吴召瑞妻陳氏，庠生維翰女，庠生升秀媳。年十九夫故，撫侄同知銜樹棠爲嗣，孀守三十年卒。

贈奉政大夫梁挺青繼妻黎氏，庠生邦榮媳。年二十七夫故，前室一子，本生二子，一體鞠育，教誨成立，守節四十一載。

五品封職陳瑞文妻譚氏，同知銜榮昌之母。年十九夫故，矢志撫孤。道光甲辰，命子撥租八石與良田廣福廟，得施良田、灘脛兩渡，并撥租二十石，永爲兩渡船夫工用，禀縣存案。又樂捐大賓興銀二百五十元，并建橋坡頭墟旁。縣主羅贈『積善餘慶』匾。五十七歲卒。

贈儒林郎譚有慶妻鄒氏，年二十一夫故，僅一女，甫周歲。氏茹苦含辛，經紀家計，擇侄州同職明善爲嗣，教養成立。壽八十六歲。

贈征仕郎、監生周應昭妻劉氏，拔貢尊經母。年二十九夫故，家貧子幼，教誨成名。提學何贈壽聯云：『貢樹分香恩承鳳綍，筠松勵節算溢鶴齡。』壽六十六歲。

林德嵩妻張氏，廩生呈桂母。年二十七夫故，矢志撫孤。子稍長，患痘氣絶幾終日，氏拊其背而泣，忽咯血數塊始蘇。氏延師課讀，慈嚴交致。子以縣案入泮食餼，後亦卒。氏偕媳孀守，冰清玉潔，守節五十七載。曾孫繞膝，人謂德報。

監生譚有斐妻林氏，年二十八夫故。前知縣林星章修城，氏勸斐捐錢陸百千文。後縣主詳准恩賜斐正八品，贈『親仁善鄰』匾。壽七十五歲。

羅士章妻林氏，歲貢國安媳。年二十五夫故，無子，含殮畢，矢志殉夫，絶食數日。翁姑諭慰之，以侄爲嗣，甘貧撫子，苦節奉親，貞操没齒，人無閑言。五十六歲卒。

李嵩生妻羅氏，廩生元黄女，庠生天申之媳。年二十二夫故，藉父助資，積置租三十石，擇侄爲嗣，旋殤。氏撥租十石入李清林公祠，餘租分諸侄。七十九歲卒。

郡庠曹爾猷妻林氏，庠生曹鎬之母。夫故孀守，玉潔冰清。嘉慶甲子建坊。

贈儒林郎黄元珍妻李氏，年二十九夫故，勤苦守節。壽八十二歲。

貤贈儒林郎曹克權妻揭氏，監生曹堤母。年二十八夫故。壽六十八歲。光緒五年建坊。

贈儒林郎曹權妻鍾氏，布經職榮昌之母。年二十八夫故，守節四十七載。

附貢揭行泱妻林氏，年二十八夫故，守節五十七載。

庠生林登元妻姚氏，庠生之芳母。年二十八夫故。壽八十五歲。

武生劉傅鏗妻曾氏，年二十六夫故。壽八十六歲。

監生龐統相妻嚴劉氏，州同職鳳漢媳。年二十六夫故，一子尚幼。氏矢志撫養，守節三十載。

庠生曹鐙妻黄氏，訓導爾勛媳。年二十六夫故，擇侄爲嗣，堂月三姑，委曲盡孝。壽九十一歲。

監生黄而文妻廖林氏，年二十九夫故。壽七十七載。

庠生陳際昌妻黄氏，年二十七夫故，家貧，孀守四十一載。

庠生陳寅清妻謝氏，年二十七夫故，堅志孀守三十七載。

監生賴重光妻楊氏，年二十九夫故，辛勤撫孤，守節三十七載。

庠生雷德普妻黄氏，監生雷崇雯母。年二十四夫故，守節五十二載。

府案張煥妻方氏，庠生方永超女，武生明輝媳。年二十二夫故。壽九十歲。

庠生朱英妻林氏，年二十七夫故，伴姑孀守。壽七十四歲。

監生嚴劉錩妻馬氏，監生嚴劉瓛媳。年二十六夫故，居貧茹苦。清操亮節，人無閑言。守節五十五載。

布經職宋朝綱妻吴氏，監生有芝母。年二十八夫故。四十一歲卒。

廩生林之蘭妻張氏，庠生張宗銘女，監生林登治媳。年二十二夫故。壽七十三歲。

庠生林保光妻李氏，布經職林文德母。年二十五夫故。壽八十五歲。

武生黄華暉繼妻郭氏，訓導雲祥母。年二十八夫故。壽八十五歲。同治間建坊。

布經職黄頣齡妻陳氏，武生玉光媳，布經職挺琨母。年二十二夫故，守節六十三載。

監生文期昌妻羅氏，增貢葵向女。年二十八夫故，守節二十八載。

監生文學廣妻揭氏，庠生揭鐙女。年二十七夫故。四十八歲卒。

佾生李中華妻黄氏，年三十夫故。壽八十三歲。

封職謝奎光妻麥氏，庠生品黄女，待詔平章媳。年二十四夫故，擇侄爲嗣。壽七十八歲。

監生文郁章妻梁氏，年二十八夫故。四十歲卒。

例貢文明章妻曹氏，年二十三夫故。三十一歲卒。

監生文學傳妻黎氏，年二十八夫故，守節五十五載。

武生黄德齡妻吴氏，年二十八夫故。壽七十二歲。同治十年建坊。

庠生林中桂妻鍾氏，年二十八夫故。壽七十九歲。

庠生李子綱妻宋氏，年二十六夫故。壽七十八歲。

譚以才妻龍氏，年十九歲夫故。家貧無子，携夫幼弟，樵采度日，事姑盡孝，爲夫弟完婚。七十六歲卒。

李盛盈妻黄氏，年二十九夫故，貧苦撫孤，采樵度日，守節四十三載。

黄國仁妻伍氏，庠生景中母。年二十八夫故，守節不貳，訓子成名。壽六十五歲。

楊瑞慶妻萬氏，年二十四夫故，家貧孀守，艱苦備歷。壽七十歲。

黄學清妻鍾氏，例貢居南女。年二十八夫故，守節四十六載。

吴召彪妻劉氏，庠生升秀媳。年二十七夫故，守節二十三載。

吴日昇妻劉氏，化州增生秀岐女，監生伯秀媳。年二十三夫故，守節三十四載。

吴召和妻沈氏，廩生芳秀媳。年三十夫故，守節三十七載。

劉傅應昌妻謝氏，年二十九夫故。壽八十三歲。

黄國瑩妻劉氏，年二十九夫故。無子，撫胞侄爲嗣。孀守四十一載卒。

黄元彰妻鍾氏，年二十八夫故。無子，取擇堂侄爲嗣。壽七十七歲。

黄政祥妻彭氏，增生瓊芳女，監生寶彰媳。年二十八夫故，守節不貳。壽七十六歲。

黄國和妻龐氏，監生吉祥媳。年二十五歲夫故，無子，撫胞侄爲嗣，守節三十一載。

黄佳瑞妻林氏，增生學修媳，武生培元、監生增元之母。年二十八孀守。壽八十六歲。

黄奉光妻彭氏，例封武略騎尉黄開傳媳。年二十八夫故，守節二十八載。

龐基東妻林氏，年二十三夫故，無子且貧，擇侄爲嗣，茹苦守節，清白無玷。壽九十二歲。

龐大章妻鍾氏，年二十七歲夫故，無子，撫侄爲嗣，守節六十三載。

龐永清妻李氏，武生熙清女，庠生應謙媳。年二十二夫故，子僅三歲。氏苦志撫孤，守節三十一載。

黄進釁妻劉氏，年二十二夫故，無子，矢志守節。壽七十三歲。

梁挺衢妻林氏，廪監林櫨女，歲貢邦安媳。年二十九夫故，一子，乏嗣，復撫侄爲子。壽八十八歲。

李照春妻潘氏，歲貢汝瓊媳。年二十六夫故，家貧乏嗣。氏績紡度日，爲夫立後。壽七十歲。

李魁元妻彭氏，知縣彭仲芳女。年二十夫故，矢志苦守，始終不渝，守節四十九載。

江炳光妻黄氏，年二十三歲夫故，無子，撫夫兄子爲嗣。壽七十歲。

蕭日超妻鍾氏，年二十七夫故，寡居安貧，守節三十載。

蕭錦文妻李氏，武生翰發女。年二十五夫故。五十八歲卒。

蕭日溥妻葉氏，庠生葉槐輝女，監生成章媳。年三十夫故。五十三歲卒。

黄達邦妻謝氏，年三十夫故，無子，擇侄爲嗣。壽七十九歲。

黄國琮妻周氏，年二十一夫故，無子，擇侄爲嗣。守節五十載。

黄國佐妻彭氏，年三十夫故，無子，擇侄爲嗣，守節二十六年卒。

黄敏玉妻盧氏，年二十二夫故，無子，擇侄爲嗣，孀守二十二年卒。

梅新立妻鄧氏，年二十一夫故，遺腹一子，矢志不貳，孀守五十九年卒。

宋廷弼妻陳氏，武生陳士芳女。年二十八夫故，矢志苦守。壽六十八歲。

陸步瀛妻梁氏，年二十九夫故，家貧甚。姑老卧病數年，氏奉事始終無倦，爲夫立後，守節三十二載。

陳克恭妻王氏，年三十夫故，撫侄爲嗣，守節四十一載。

陳昌胡妻蕭氏，年二十八夫故，撫侄爲嗣，苦節二十二載卒。

陳文祥妻龐氏，年二十三夫故，撫侄爲嗣，守節三十八載。

吴烈光妻房氏，年二十一夫故，無子，自誓孀守，苦節二十一年卒。

袁色模妻陳氏，年十九夫故，矢志携子，艱苦備嘗。壽九十四歲。

陳隆成妻李氏，庠生尚友媳。年二十三夫故，矢志撫孤，守節三十九載。

鄒宇清妻羅氏，廩生恒安媳，貢生炳光母。年二十六守節。壽七十九歲。

陳景祥妻陸氏，年二十二夫故，無子，堅貞自矢，守節十四年卒。

陳洪書妻趙氏，年二十八夫故，無子，苦節孀守。壽六十七歲。

陳纘韶妻林氏，監生相賢母。年二十八夫故，守節六十載。

陳纘名妻林氏，監生德賢母。年二十八孀守。壽八十五歲。

陳餘昌妻江氏，年十九夫故，無子，矢志苦節，孀守四十二載。

陳廷璧妻李氏，監生瑞昌媳。年二十八夫故。四十歲卒。

盧蔚妻龐氏，廩生龐元凱之女。年二十四歲孀守。壽七十四歲。

鄒學思妻黄氏，例貢裔聖之媳。年二十五孀守。壽七十七歲。

鄒學先妻梁氏，例貢裔輝之媳。年二十六孀守，壽五十五歲。

謝嘉元妻黄氏，吴川舉人黄直光女。年二十五孀守，四十一四卒。

黎涵祥妻陳氏，庠生杓光、監生杓南之母。年二十八夫故，守節四十五載。

許汝升妻陳氏，例貢作棟嗣母。年三十夫故，孀守四十載。

雷亨妻鍾氏，年二十二夫故，無子，擇侄爲嗣，守節五十四載。

林斐章妻龍氏，庠生林之芳媳。年二十七歲夫故。三十八歲卒。

譚相瓏妻吴氏，年二十八夫故，家貧子幼，矢志苦守。壽五十七歲。

吴劍文妻黄氏，職員吴永章母。年三十夫故。壽六十歲。

梁湖妻莫氏，年二十六夫故，矢志孀守，始終不渝。壽五十七歲。

曹棟妻沈氏，監生正士次媳。年二十六夫故，無子，擇侄爲嗣。

李杰妻陳氏，增生國果之媳。年二十八夫故，守節四十六載。

朱啓燦妻賴氏，佾生夔之母。年二十一孀守，遺腹一子，延師課讀。事姑孝，持家儉。壽七十三歲。

朱啓昆妻張氏，貢生爾德之媳。年二十八夫故，矢志撫孤，子朱英進庠。壽七十三歲。

莫德彪妻鄭氏，庠生召蘭母。年二十五夫故，守節二十四年卒。

羅紹興妻張氏，年二十二夫故，家貧甚。翁姑欲改適，氏毀容自誓，苦節撫孤，孀守五十八載。

羅成鳳妻龐氏，例貢澤清母。年二十九夫故，孀守二十一年卒。

羅成賓妻陳氏，年二十一夫故，遺孤尚幼，矢志撫養。壽七十五歲。

莫汝敬妻林氏，增生莫鴻文媳。年二十三孀守。壽六十四歲。道光間建坊。

莫芳黎妻陳氏，庠生陳三恪女。年二十四孀守。壽七十六歲。

郭學崧妻鍾氏，年二十夫故，遺腹一女，無子，撫侄爲嗣，苦節清操，人無異議。壽六十六歲。

李伯昭妻莫氏，增貢春霖女，卓東媳。年二十六夫故，伴姑孀守，姑貞婦節，庶幾二難，守節三十七載。

馬步衢妻蘇氏，庠生兆易母。年二十九夫故，矢志撫孤，教誨成名。壽六十八歲。

李源岱妻麥氏，年二十四夫故，親老子幼，紡績度歲。壽九十二歲。

馬德榮妻陳氏，年二十一夫故，捱苦孀守。壽八十三歲。

陳學旭妻鍾氏，年二十七夫故，擇立繼嗣，守節五十六載。

劉子成妻宋氏，贈儒林郎宋有芝女，例貢劉瑢母。年二十三夫故，守節四十四載。

劉子南妻李氏，武生李兆光女。年二十七夫故。五十八歲卒。
劉子兆妻吴氏，年二十一夫故，無子，矢志苦守四十四載。
宋球妻龍氏，年二十九夫故，矢志撫孤，勤儉成家。壽七十四歲。
宋朝紀妻李氏，監生有蘭母。年二十六夫故。壽七十四歲。
宋有璵妻侯氏，年二十夫故，矢志苦守，擇立繼嗣。守節五十二載。
林舉直妻龐氏、妾伍氏，廩監林櫺媳。龐年二十八、伍年二十二夫故，俱無子，嫡庶孀守。龐年四十一卒。姑卧病七年，伍侍湯藥，始終無倦。撫養嗣子監生之輝成立。壽八十九歲。
林文齡妻黄氏，庠生毓賢女。年二十一夫故，撫侄監生重光爲嗣，守節五十九載。
葉高清妻駱氏，年二十三夫故，擇二子發揚、發祥入嗣，俱庠生。
李發元妻鍾氏，庠生鍾英秀女，恩貢李奉琛媳。年二十五夫故。壽八十五歲。
林冠峰妻龐氏，庠生林中桂媳。年二十九夫故。壽六十九歲。
李永青妻林氏，庠生登倫女，監生元寶媳。年二十一夫故，守節五十九載。
揭行鴻妻楊氏，歲貢揭錦媳。年二十七夫故，守節五十三載。
梁高壽妻許氏，監生炳堂母。年二十三夫故。守節五十九載。
黄秀良妻揭氏，庠生揭鈖女，千總職雲衢媳。年二十六夫故，守節五十二載。
黄郁文妻張氏，武生文光女，監生鵬齡媳。年二十二夫故，守節五十六載。

彭承恩妻林氏，恩貢瑞龍之媳。年二十五夫故，守節四十一載。

林文烽妻羅氏，年二十四夫故，遺腹一子，辛勤撫養，守節三十三載。

黄應運妻劉氏，年二十三夫故。壽七十八歲。

江渭生妻陳氏，年二十四夫故，守節三十二年卒。

劉玉珍妻周氏，年二十九夫故。壽七十一歲。

羅尚仁妻鍾氏，年二十六夫故。壽八十五歲。

簡成文妻葉氏，年二十二夫故，守節三十五載。

劉貴勛妻李氏，年二十六夫故，守節三十八載。

朱英才妻杜氏，年二十一夫故，守節三十一載。

許琩妻伍氏，年二十八夫故。壽九十一歲。

吴廣業妻黄氏，年二十五夫故，守節三十五載。

鍾士益妻佘氏，年二十七夫故，守節五十三載。

莫國安妻李氏，年二十八夫故，守節四十五載。

林城章妻李氏，年二十六夫故，守節三十一載。

黄英秀妻林氏，年二十四夫故，守節三十二載。

陳育柯妻黎氏，年二十五夫故，守節四十八年卒。

梁國通妻胡氏，年二十五夫故，守節二十七載。
林堂章妻黃氏，年二十五夫故，守節二十九載。
劉傅雄佐妻唐氏，年二十一夫故。壽八十二歲。
許俊英妻高氏，年二十五夫故，守節三十六載。
黄文成妻陸氏，年二十二夫故，守節五十六載。
許位泰妻陳氏，年二十八夫故，守節二十三年卒。
鄒環妻李氏，年二十八夫故，守節三十六年卒。
羅有逵妻黃氏，年二十八夫故，守節三十七年卒。
李廷寶妾陳氏，年二十八夫故，孀守五十四年卒。
李東進妻文氏，年二十二夫故，守節五十三年卒。
羅榮宗妻吳氏，年二十八夫故，守節四十三年卒。
鄒汝謙妻吳氏，年三十夫故，孀守二十二年卒。
羅士豪妻蕭氏，年二十八夫故，守節三十二年卒。
羅揀奇妻何氏，年二十八夫故，守節三十九年卒。
陸才國妻尤氏，年二十八夫故，守節三十六年卒。
羅崇德妻林氏，年二十六夫故，守節三十六年卒。

賴文俊妻龍氏，年二十九夫故，守節四十七年卒。
孫子綿妻劉氏，年二十八夫故，孀守三十二年卒。
孫汝倖妻彭氏，年二十三夫故，守節四十年卒。
鍾道旺妻韓氏，年二十五夫故，守節四十四年卒。
林登立妻胡氏，年二十一夫故，守節四十六年卒。
鄒文純妻陳氏，年十九夫故，守節四十六年卒。
龐士選妻劉氏，年二十七夫故，守節四十八年卒。
黄學彪妻李氏，年二十九夫故，守節五十年卒。
陳邦瑞妻羅氏，年二十五夫故，守節四十二年卒。
劉天煜妻李氏，增生劉炳日之祖母。
許格南妻揭氏，年二十九夫故，守節五十八年卒。
李樹德妻林氏，年二十六夫故，守節五十年卒。
周盛妻陳氏，年二十七夫故，守節二十七年卒。
陳紹榮妻葉氏，年二十三夫故。壽八十九歲。
劉傳德俊妻江氏，年二十夫故。壽七十八歲。
蘇法寅妻黄氏，年二十七夫故，守節五十五載。

黃國泰妻陳氏，年二十五夫故，守節六十四載。
陳邦華妻何氏，年二十四夫故，守節三十七載。
黃德超妻羅氏，年二十四夫故，守節三十六載。
黃德霖妻羅氏，年三十夫故。壽七十七歲。
庠生黃譽妻陳氏，年二十四夫故。壽七十歲。
監生江應中妻文氏，舉人文在中女。
黃志明妻羅氏，年二十四夫故。壽九十四歲。
黃學源妻鄭氏，年二十一夫故。壽七十六歲。
林中琪妻張氏，年二十九夫故，守節四十九載。
鄒偉晃妻陳氏，年二十二夫故，守節五十二載。
陳其昌妻梁氏，年三十夫故。壽六十六歲。
羅學芳妻黎氏，年三十夫故。壽六十四歲。
黃雲峰妻蘇氏，年二十八夫故，守節十八年卒。
簡寬妻易氏，年二十七夫故。壽五十七歲。
簡天瑀妻彭氏，年二十八夫故。壽六十一歲。
謝信興妻陳氏，年二十四夫故。壽六十二歲。

陳維經妻蕭氏，年二十六夫故，守節五十四歲卒。
洪敬倫妻陳氏，年二十三夫故。壽七十八歲。
黎涵聰妻鄒氏，年二十二夫故，守節三十五年卒。
冼建中妻曾氏，年三十夫故。壽七十五歲。
黃廷中妻梁氏，年二十九夫故，守節三十六載。
易得春妻黃氏，年二十九夫故。壽六十九歲。
蕭元章妻勞氏，年二十四夫故。壽七十七歲。
蕭秀文妻全氏，年三十夫故。壽七十二歲。
陳源開妻楊氏，年二十八夫故，守節四十載。
黃中慶妻陳氏，年二十九夫故，守節三十六載。
陳道淵妻龐氏，年二十八夫故。壽八十四歲。
陳維邦妻王氏，年二十四夫故，守節二十六載。
戴爕淪妻陳氏，年二十四夫故，守節三十載卒。
劉君成妻佘氏，年二十三歲夫故。壽八十七歲。
黎涵普妻伍氏，年二十三夫故，守節四十九載。
許琔妻伍氏，年二十四夫故。壽八十九歲。

曹正宗妻姚氏，年二十一夫故。壽六十六歲。

曹六宗妻莫氏，年二十八夫故，守節五十一載。

曹迎宗妻譚氏，年二十五夫故，守節五十三載。

陳昕妻葉氏，年二十九夫故。壽七十三歲。

陳允聰妻梁氏，年二十六夫故，守節。壽八十歲。

陳組文妻嚴氏，年三十夫故。壽六十二歲。

陳敬賢妻林氏，年二十五夫故。壽五十一歲。

陳高文妻詹氏，年二十九夫故。壽七十歲。

盧常崧妻張氏，年二十八夫故。壽六十八歲。

賴近光妻黃氏，年二十九夫故。壽五十四歲。

梁廷瑛妻李氏，年二十八夫故。壽七十一歲。

朱鶴海妻馮氏，年二十八夫故，守節四十載。

曹宏宗妻黃氏，年二十七夫故。壽七十六歲。

曹爾通妻李氏，年二十八夫故。壽六十五歲。

李紹華妻廖氏，年二十一夫故。壽六十五歲。

李廷有妻全氏，年二十七夫故。壽八十七歲。

宋永興妻李氏，年二十三夫故。卒年三十八。

郭永昌妻曾氏，年二十六夫故。壽六十一歲。

李東峻妻文氏，年二十一夫故，守節五十八載。

陳英妻陸氏，年三十夫故。壽六十九歲。

劉英翔妻吴氏，年二十九夫故，守節四十八載。

葉允中妻鍾氏，年二十五夫故。四十三歲卒。

李萃榮妻淩氏，年二十八夫故。壽七十三歲。

陳常光妻李氏，年二十七夫故。壽七十八歲。

劉子龍妻蘇氏，年二十六夫故。四十六歲卒。

郭富邦妻林氏，年二十八夫故。壽七十七歲。

陳憲先妻符氏，年二十四夫故。壽八十七歲。

李東軒妻梅氏，年二十夫故，守節四十六載。

文德彰妻陳氏，年二十七夫故，守節七十三歲。

高光普妻孫氏，年二十七夫故，守節六十二載。

劉傅端妻王氏，年二十五夫故。壽七十四歲。

謝家邦妻張氏，年二十夫故，守節六十一載。

林鴻勛妻周氏，年二十四夫故。卒年三十五。
周開岐妻黎氏，年二十二夫故。卒年五十三。
涂杰華妻羅氏，年二十五夫故。壽九十一歲。
黃兆揚妻高氏，年二十九夫故。壽七十八歲。
全國安妻蕭氏，年二十九夫故。五十一歲卒。
陳廉清妻蕭氏，年二十四夫故。壽七十四歲。
龍文潘妻楊氏，年二十九夫故。壽九十八歲。
楊紹秀妻羅氏，年二十二夫故。壽六十七歲。
許有滂妻張氏，年二十七夫故。四十歲卒。
凌登瀛妻林氏，年二十七夫故，守節三十七載。
林桂芳妻李氏，年二十五夫故。卒年三十七。
夏建楨妻許氏，年二十七夫故。壽七十七歲。
鍾思恩妻馮氏，年三十夫故，守節五十九載。
黃如侯妻張氏，年二十八夫故。壽九十二歲。
龐耀原妻李氏，年二十五夫故。壽七十四歲。
廖承萬妻林氏，年三十夫故。壽八十四歲。

蕭球妻宋氏，年二十九夫故。壽七十六歲。
黄學賢妻李氏，年二十五夫故，守節四十三載。
黄鳴韶妻陳氏，年二十四夫故。卒年五十。
吴瑞球妻彭氏，年二十四夫故，守節五十六載。
葉周妻謝氏，年三十夫故。壽八十七歲。
李尚妻覃氏，年二十五夫故。壽六十七歲。
譚有繹妻黄氏，年二十九夫故。壽七十六歲。
譚維光妻羅氏，年二十六夫故。壽九十一歲。
羅士芬妻黄氏，年二十四夫故。壽八十一歲。
李騰芳妻黄氏，年二十七夫故，苦守五十歲卒。
林德槐妻陳氏，年二十七夫故。壽六十六歲。
李正開妻劉氏，年二十五夫故。壽六十五歲。
蘇源基妻鄭氏，年十九夫故，守節五十四歲。
張行東妻温氏，年二十九夫故。壽七十七歲。
張廷璠妻廖氏，年二十九夫故，守節四十八載。
曹安瀾妻林氏，年二十四夫故。

已上俱旌。

烈婦監生吴德春妻黄氏，年二十二，同治元年被擄〔一〕，駡賊不屈，與其子皆遇害。

莫擬芹妻楊氏，監生春雲媳。年十九于歸，夫天閹而痴，且貧甚。翁姑竊憂之，氏毫無憎厭。翁老卧病，氏典衣裳，奉湯藥。翁瀕危，便溺不能起，氏躬親臭穢。翁女慰之，答曰：『翁存一日，得盡一日媳道。』翁卒，姑病，事亦如之。次年姑卒，氏哀毁骨立，拮据萬狀，撫侄爲嗣。夫以中年歿，氏以處女老。清白無玷，鄉鄰惜之。壽六十一歲。

訓導江政和繼妻卓氏，增生兆祥、訓導慶祥繼母，廪生麟祥母。年二十一孀守，撫愛諸孤，俱克成名。守節三十四載。

二品封典江國治妻戴氏，年二十，夫以苦學賫志歿。氏矢志不渝，勤儉端莊，撫叔子廪生家桂爲嗣，教以義方，俾克成立。壽六十歲。

增生曹孚棠妻朱氏，拔貢允禧女，附貢安洞次媳。年三十夫亡，氏事翁訓子，孝慈兼盡。長子緝熙、次子昱熙俱成名。守節二十載。

房文妻陳氏，年二十八夫故，子幼家貧。姑逼改適，氏矢志撫孤。後姑病，氏朝夕奉事，姑亦感泣。苦節清操，里黨憐之。孀守二十二載。

〔一〕『擄』，當作『擄』。

陸瑞珊妻陳氏，年十三于歸，三十而寡。遺一子，甫彌月。姑老家貧，或勸改適，氏指日自誓。飧不飽，機不停。事姑育子，艱苦萬狀。守節四十一載。

贈文林郎江敏和妻龐氏，贈貢國祥之母。年二十九夫故，守節四十載。

教諭江敦和繼妻李氏，年二十九夫故，守節二十三載。

八品頂戴江榕芳妻伍氏，年三十夫故，貧苦孀居。壽七十六歲。

布經職陳嘉振妾李氏，年十八夫故，堅心守節三十八載。

鹽大使銜張廷琦妻陳氏，督糧道元祥之媳。年二十五夫故，守節五十一載。

守備銜張渭彪妻黃氏，監生文英女，鹽大使銜廷琦媳。年二十八夫故，矢志撫孤，守節二十四載。

布經職關德柱妻許氏，年三十夫故，守節二十三載。

例貢麥瑞芃妻陳氏，年二十四夫故，無子，撫侄爲嗣。守節二十六載。

監生鍾欽光妻李氏，武生李熙蓁女。年二十九夫故，守節二十一載。

監生陳掄颺妻張氏，監生樹芝女。年二十八夫故，擇立繼嗣。守節三十三載。

庠生龍騰漢妻鍾氏，年二十七夫故，守節三十八載。

九品職劉浩勛妻林氏，年二十八夫故，守節二十三載。

庠生羅汝俊妻張氏，年二十九夫故，守節三十三載。

監生莫京猷妾陽氏，年二十八夫故，守節五十六載。

監生黄正脩妻吴氏，歲貢馨秀女。年三十夫故，守節二十載。
監生劉傅釧妻許氏，州同職劉傅禮媳。年二十九夫故，守節二十五載。
監生劉傅謙妻黄氏，州同職劉傅禮媳。年二十七夫故，守節二十三載。
武生彭廷芳妻黄氏，武生彭江媳。年二十六夫故，守節四十三載。
職員江桂芳妻謝氏，年二十三夫故。壽七十四歲。
庠生陳嘉修妾湯氏，年三十歲夫故，守節四十載卒。
監生麥瑞周妻龎氏，年二十八夫故，守節二十七載。
監生伍光宗妻陳氏，年二十九夫故，守節二十八載。
庠生揭行兆妻林氏，年二十九夫故，守節四十四載。
佾生許中行妻黄氏，年二十九夫故，守節二十四載。
鄒應岱妻劉氏，廩貢郁華女，監生偉暉媳。年二十三夫故，一子甫周歲，矢志撫孤，守節二十七載。
吴文輝妻羅氏，年十八夫故，以夫兄子爲嗣，矢志不渝，守節四十九載。
羅縫秀妻楊氏，庠生文縉之媳。年二十夫故，無子，擇侄爲嗣。矢志不貳，守節三十三載。
黄士開妻羅氏，年二十六夫故，撫侄爲嗣，守節五十四載。
巫開明妻鄧氏，年十六夫故，無子，撫侄爲嗣，守節五十二載。
涂杰東妻黄氏，年二十六夫故，無子，撫侄爲嗣，守節六十六載。

吴德敷妻劉氏，增貢資秀媳。年二十九夫故，守節二十八載。

鍾榮河妻彭氏，誥封奉政大夫友義媳。二十三歲夫故，堅心孀守。四十九歲卒。

羅士榮繼妻陳氏，年三十夫故，無子，矢志守節二十二載。

黄士元妻劉氏，年二十四夫故，子幼家貧，艱苦守節三十九載。

黄國安妻劉氏，歲貢劉景文女，武生魁邦媳。年二十六夫故，無子，撫胞侄爲繼，守節二十四載。

龐俊鈺妻崔氏，年二十七夫故，子幼家貧，矢志撫育。壽七十四歲。

龐發漢妻黄氏，年二十九夫故，一子僅周歲，且貧甚，氏捱撫孤。壽七十餘歲。

龐維泰妻羅氏，年二十九夫故，無子，撫侄爲嗣。壽七十餘歲。

龐基良妻陳氏，恩職烈焜之媳。年二十七夫故。壽八十餘歲。

龐永充妻彭氏，恩賜修職郎應貞媳。年二十七夫故，子二歲。氏矢志不貳，撫孤成立，守節三十四載。

龐焯均妻張氏，年二十八夫故，家貧無子，矢志孀守，擇侄爲嗣。壽七十歲。

龐良漢妻葉氏，年二十六夫故，子俱幼稚，苦志撫育。壽八十歲。

羅錦成妻彭氏，年二十九夫故，一子亦夭，堅貞苦志，守節二十八載。

陳士道妻李氏，年二十九夫故，一子數歲，且貧甚，茹苦守節五十六載。

陳士德妻梁氏，年二十八夫故，一子尚幼，家無宿糧，矢志不渝，清白無玷，守節五十六載。

羅尚謙妻吴氏，恩賜修職郎有定之媳。年二十夫故，子僅二歲，苦志撫孤，守節三十載。

羅尚義妻林氏，年二十九夫故，二子皆幼，耐貧撫孤，守節四十三載。

羅尚綸妻廖氏，年二十八夫故，子幼家貧，茹苦守節四十三載。

孫振茂妻黄氏，年二十九夫故，二子皆幼，苦志守節四十一載。

黄榜元妻高氏，年二十八夫故，無子，擇侄爲嗣，守節二十四載。

黄江秀妻龐氏，年二十四夫故，子僅四歲，甘貧守節三十九載。

黄紹基妻鄧氏，年二十九夫故，甘貧守節三十載。

葉正新妻李氏，年二十三夫故，子幼家貧，茹苦守節六十五載。

李森山妻連氏，年二十八夫故，子僅數歲，苦志撫育，守節三十九載。

鄧禄妻劉氏，年二十七夫故，甘貧守節三十七載。

龐應逵妻陳氏，庠生大經之媳。年二十八夫故，無子，擇侄庠生永瀛爲嗣。壽七十四歲。

江景潤妻蕭氏，年三十夫故，撫侄爲嗣，守節四十載。

蕭賓鈺妻陳氏，年二十九夫故，耐貧守節三十七載。

蕭潤珍妻陳氏，年二十四夫故，子幼家貧，兼遺孤侄。氏一體撫育，守節三十五載。

葉桂揚妻李氏，年二十五夫故，無子，擇侄爲嗣，守節二十五載。

蕭浩生妻陳氏，教職陳傳章女。年三十夫故，無子，爲夫擇嗣，苦志守節二十載。

蕭永昌妻李氏，年二十八夫故，無子，爲夫立後，守節二十三載。
蕭睿生妻黄氏，年三十夫故，無子，擇侄爲嗣，守節二十四載。
黄彩英妻陳氏，年二十四夫故，無子，爲夫擇嗣，守節二十六載。
全邦平妻許氏，年二十四夫故，無子，苦志守節二十六載。
全有貞妻胡氏，年二十九夫故，遺腹一子，貧苦撫育，守節三十九載。
全周泰妻陳氏，年二十五夫故，遺腹一子，伴姑守節二十五載。
宋開東妻陳氏，年二十五夫故，撫侄爲嗣，守節三十八載。
宋守道妻詹氏，年二十夫故，撫侄爲嗣，守節三十載。
宋燦東妻江氏，年十九夫故，無子，堅心孀守，擇侄爲嗣，守節三十一載。
全才生妻鍾氏，年二十六夫故，無子，擇侄爲嗣，守節三十三載。
陸際明妻全氏，年二十八夫故，無子，以侄爲嗣，守節五十五載。
陳紹唐妻宋氏，年二十五夫故，無子，堅心守節四十八載。
陳璟颺妻楊氏，年二十六夫故，辛勤撫孤，守節三十載。
陳源勛妻歐氏，年二十七夫故，無子，茹苦守節三十載。
吴奎光妻陳氏，年二十三夫故，撫侄爲嗣，守節四十四載。
陳宗信妻房氏，年二十五夫故，勤苦撫孤，俾克成立，守節三十四載。

陳會文妻嚴氏，貢生道澄媳。年二十一夫故。壽六十歲。

陳奇信妻黄氏，年二十九夫故，撫育遺孤，守節五十二載。

陳克惠妻羅氏，年二十六夫故，矢志撫孤，守節二十四載。

陳炳文妻魯氏，年二十五夫故，無子，甘貧苦守。五十八歲卒。

陳錦文妻林氏，年三十夫故，伴姑守節三十七載。

戴綬光妻龐氏，舉人尚禮之媳。年三十夫故，守節三十九載。

高樹楷妻謝氏，廩生文炳之媳。年十八夫故，苦志守節三十四載。

張海鵬妻鍾氏，武生富鼎女，鹽知事銜兆鳳媳。年二十一夫故，無子，撫侄爲嗣，守節五十四載。

盧敏樹妻吴氏，恩貢美仁媳。年三十夫故，無子，撫侄爲嗣，守節二十二載。

林長秀妻莫氏，年二十五夫故，堅貞苦守。五代同堂，人謂德報。守節六十四載。

曹元士妻譚氏，例貢經國媳。年二十九夫故，守節三十載。

鍾日超妻譚氏，年二十九夫故，孀守七十二年。壽百有一歲。

曹楨妻李氏，年二十九夫故，家貧，守節二十九載。

葉康生妻曹氏，年三十夫故，家貧，紡績度活，守節二十一載。

羅天春妻李氏，年二十五夫征賊陣亡。子幼，氏毁容貞守，終身縞素。夫忠婦節，庶幾二難。守節二十九載。

劉天瑞妻黃氏，年三十夫故，家貧，守節三十四載。

馬步瀛妻李氏，年二十四夫故，甘貧育子，守節二十六載。

陳士識妻何氏，年二十七夫故，家貧姑老，藜藿度活，守節二十八載。

林日杏妻賴氏，年二十八夫故，無子，撫侄爲嗣，守節二十二載。

戚均傑妻徐氏，年二十四夫故，家貧子幼，矢志守節三十三載。

羅錦茂妻鄧氏，年二十五夫游蕩不返，卒於海南。家貧，無子，紡績養姑，守節三十五載。

陳克明妻莫氏，年二十一夫故，二子稺幼，矢志撫育。既而二子又卒，偕媳曹氏守節四十二載。

羅榜元妻陳氏，年十九夫故，遺腹一子，經紀家計，艱苦異常，守節四十二載。

馬世榮妻陳氏，年二十四夫故，家貧，守節四十六載。

陳鍾賢妻蔡氏，年二十一夫故，無子，家貧，守節五十載。

何信昌妻王氏，武生漢光媳。年二十九夫故，家貧茹苦，矢志守節三十八載。

周肇興妻符氏，庠生耿經母。年二十四夫故，矢志孀守，訓子成名，守節三十五載。

陳能松妻莫氏，年二十八夫故。一子，娶媳未幾，子又卒。偕媳煢煢相依，艱苦備嘗，守節三十二載。

陳能謙妻楊氏，年二十四夫故，家貧孀守，擇侄爲嗣，守節三十載。

陳能敬妻黃氏、妾李氏，黃年三十、李年二十八夫故，撫侄爲嗣。黃四十八歲卒，李守節五十二載。

劉朝昌妻羅氏，年十七夫故，堅心孀守，爲夫立嗣，守節三十四載。

劉嵩妻李氏，年二十八夫故，擇立繼嗣，守節二十二載。

陳桂香妻潘氏，年二十一于歸，夫病瀕危，數日遂亡。氏矢志孀守，爲夫立嗣，守節四十二載。

羅天鳳妻林氏，紹興之媳。年二十六夫故，家貧，無子，擇侄爲嗣。偕姑張氏煢煢相依，守節三十一載。

許文瑞妻謝氏，年二十九夫故，甘貧孀守，清白無玷，守節二十九載。

林文齡妻曹氏，年二十二夫故，擇立繼嗣，守節五十九載。

林登仕妻陳氏，年二十一夫故，安貧撫孤，守節四十三載。

林登模妻鍾氏，年二十二夫故，擇侄爲嗣，守節四十六載。

黃慶章妻鄭氏，年二十七夫故，無子，擇侄爲嗣，守節四十二載。

黃繩祖妻朱氏，例貢斐章母。年二十二夫故，守節四十一載。

劉傅虞妻黃氏，州同劉傅朋媳。年三十夫故，守節二十四載。

鄭尚偉妻陳氏，博白武生陳鳳山女。年二十二夫故，守節四十四載。

揭行參妻黃氏，年二十二夫故，取侄爲子，守節三十七載。

黃秀桐妻劉傅氏，州同職朋之女，訓導雲祥媳。年三十夫故，守節三十八載。

廖安邦妻黃氏，年二十一夫故，無子，爲夫立嗣，守節五十八載。

劉傳能全妻吴氏，年十七夫故，無子，苦守養姑，撫侄爲嗣，守節五十九載。
劉傳成龍妻羅氏，千總職劉傳卓媳。年二十夫故，守節三十一載。
劉傳兆龍妻曾氏，千總職劉傳卓媳，年二十四夫故，守節二十六載。
彭玉滋妻李氏，庠生廷藩媳。年二十三夫故，無子，堅心守節二十八載。
彭玉佳妻劉傳氏，恩貢廷英媳。年二十六夫故，矢志撫孤，守節二十四載。
許中華妻曾氏，武生大剛女。年三十夫故，守節三十七載。
許上富妻阮氏，監生龍光母。年二十一夫故，守節五十二載。
黄懷賢妻鍾氏，武舉士琮媳。年二十九夫故，守節三十一載。
彭玉瑰妻黄氏，年十四夫故，無子，爲夫立後，守節三十六載。
蘇秀春妻吴氏，源通之媳。年二十夫故，守節三十一載。
廖呈霄妻黄氏，年二十六夫故，矢志不貳，守節二十四載。
崔瑞芳妻孔氏，年二十四夫故，守節二十六載。
全壽妻鍾氏，年三十夫故，擇侄爲嗣，守節二十六載。
謝廣仁妻何氏，年二十七夫故，守節四十載。
黄誠中妻吴氏，年二十一夫故，守節二十九載。
劉芳妻彭氏，年十九夫故，守節三十九載。

劉振旺妻羅氏，年二十九夫故，守節二十九載。
孫文煥妻張氏，年二十三夫故，守節二十八載。
葉傳盛妻高氏，年二十九夫故，守節二十三載。
陳增才妻邱氏，年二十五夫故，守節三十五載。
周文璠妻黄氏，年二十四夫故，守節二十六載。
羅義芳妻鄧氏，年二十九夫故，守節二十七載。
江燦光妻陳氏，年二十五夫故，守節五十九載。
鍾三俊妻王氏，年二十八夫故，守節三十四載。
全奇妻謝氏，年三十夫故，矢志守節三十載。
戚維業妻梁洪氏，年二十六夫故，守節三十二載。
張杰妻李氏，年二十四夫故，守節四十二載。
胡鎮亨妻林氏，年三十夫故，守節四十一載。
鄒宗有妻黄氏，年十八夫故，守節三十八載。
歐世昌妻黄氏，年二十六夫故，守節二十四載。
阮大中妻羅氏，年二十四夫故，守節四十九載。
陳海妻陸氏，年二十八夫故，守節五十載。

涂龍清妻黄氏，年二十二夫故，守節五十三載。
游江海妻梁氏，年二十六夫故，守節四十一載。
吴正寶妻黄氏，年二十九夫故，守節四十一載。
高文輝妻邱氏，年三十夫故，守節四十八載。
童子球妻黄氏，年三十夫故，守節二十四載。
潘振輝妻何氏，年三十夫故，守節三十七載。
廖昆綱妻許氏，年二十八夫故，守節四十六載。
吴樹勛妻劉氏，年二十七夫故，守節二十六載。
沈耿光妻張氏，年二十二夫故，守節三十載。
涂龍珍妻吴氏，年二十四夫故，守節五十載。
游江湖妻羅氏，年三十夫故，守節二十六載。
鍾華相妻彭氏，年二十七夫故，守節二十六載。
羅學益妻廖氏，年二十九夫故，守節三十載。
蕭初平妻全氏，年二十八夫故，守節二十二載。
鄧東揚妻陳氏，年二十九夫故，守節二十六載。
黄毓楧妻陳氏，年二十一夫故，守節五十一載。

鍾光璿妻謝氏，年二十五夫故，守節二十九載。
陳繼和妻蕭氏，年二十八夫故，守節二十二載。
羅奉義妻宋氏，年二十七夫故，守節二十五載。
黃元明妻吴氏，年二十四夫故，守節二十六載。
龐進德妻廖氏，年二十八夫故，壽六十五歲。
蕭泗生妻陳氏，年二十九夫故，守節二十二載。
梅魁春妻梁氏，年二十五夫故，守節二十五載。
鄧國庸妻馬氏，年二十九夫故，守節三十六載。
符有餘妻梁氏，年二十八夫故，守節三十五載。
羅士芳妻黃氏，年三十夫故，守節三十五載。
黃居安妻梁氏，年二十七夫故，守節二十四載。
周文鑽妻陳氏，年三十夫故，守節三十九載。
黃家齊妻陳氏，年二十六夫故，守節二十九載。
黃家政妻陳氏，年二十九夫故，守節二十四載。
黃毓貞妻謝氏，年二十六夫故，守節四十五載。
鄧安壽妻梁氏，年二十八夫故，守節三十五載。

梁國棟妻黄氏，年二十九夫故，守節二十六載。
房啓中妻李氏，年二十四夫故，守節三十八載。
全大均妻梁氏，年二十五夫故，守節四十四載。
宋廷華妻全氏，年二十七夫故，守節二十四載。
勞乃通妻梁氏，年三十夫故，守節三十九載。
全善心妻蔡氏，年二十九夫故，守節二十三載。
全家新妻李氏，年二十六夫故，守節三十九載。
宋臨東妻黄氏，年二十八夫故，守節四十六載。
宋邦壽妻全氏，年二十七夫故，守節四十三載。
高日光妻黄氏，年二十六夫故，守節二十九載。
張廷秀妻黄氏，年二十九夫故，守節三十一載。
房統妻彭氏，年二十八夫故，守節二十二載。
全仁貴妻蕭氏，年二十九夫故，守節二十四載。
全秀妻楊氏，年二十五夫故，守節三十五載。
全家蘭妻張氏，年三十夫故，守節三十二載。
全以學妻李氏，年二十九夫故，守節三十六載。

盧杞妻梁氏，年二十九夫故，守節四十一載。
全邦瑞妻黄氏，年二十九夫故，守節二十八載。
宋候光妻黄氏，年二十五夫故，守節二十九載。
勞文咸妻王氏，年二十九夫故，守節二十四載。
全敏楨妻蕭氏，年二十八夫故，守節二十四載。
全光妻竇氏，年二十二夫故，守節二十八載。
陳頌妻鄭氏，年二十九夫故，守節三十七載。
陳理文妻魯氏，年二十六夫故，守節二十六載。
陳嘉中妻詹氏，年二十六夫故，守節三十一載。
陳全書妻曹氏，年二十九夫故，守節三十四載。
盧應莘妻鄧氏，年二十七夫故，守節三十五載。
鄒宇槿妻趙氏，年二十四夫故，守節三十八載。
陳禮賢妻黄氏，年二十八夫故，守節三十四載。
劉安妻陳氏，年二十九夫故，守節三十四載。
劉傑妻李氏，年二十八夫故，苦守三十二載。
全以宏妻譚氏，年二十九夫故，守節三十五載。

全敏文妻劉氏，年二十九夫故，守節四十三載。
全美仁妻梁氏，年二十九夫故，守節二十二載。
陳道統妻戴氏，年二十七夫故。壽七十四歲。
陳盛華妻楊氏，年二十五夫故，守節四十七載。
戴成光妻龐氏，年二十七夫故，守節二十四載。
陳焕章妻黎氏，年二十五夫故，守節四十七載。
鄒建志妻蔡氏，年二十九夫故，守節二十七載。
陳啓文妻李氏，年二十六夫故，守節三十九載。
袁瑞華妻林氏，年二十八夫故，守節三十載。
袁瑞標妻吴氏，年二十四夫故，守節四十二載。
鄒祖德妻陳氏，年二十六夫故，守節三十八載。
陳源妻陸氏，年二十四夫故，守節四十九載。
李祖仁妻鍾氏，年二十九夫故，守節二十一載。
吴天順妻佘氏，年二十四夫故，守節三十五載。
黄廷耀妻陳氏，年二十四夫故，守節五十載。
陳達元妻全氏，年三十夫故，守節五十六載。

袁瑞新妻陳氏，年二十四夫故，守節三十載。
林毓純妻陳氏，年二十夫故，守節六十三載。
陳書妻謝氏，年二十九夫故，守節五十二載。
廖振绍妻黎氏，年二十八夫故，守節二十三載。
揭崇冠妻蘇氏，年二十三夫故，苦守二十八載。
劉佐邦妻凌氏，年二十九夫故，守節五十六載。
陳喬棟妻楊氏，年三十夫故，守節五十六載。
陳才達妻黎氏，年二十七夫故，守節三十載。
林隆章妻蘇氏，年二十一夫故，守節三十二載。
蘇源通妻黄氏，年二十六夫故，守節四十四載。
劉肇蓮妻鄧氏，年二十七夫故，守節二十五載。
陳永清妻張氏，年二十九夫故，守節二十九載。
袁汝秀妻陳氏，年二十八夫故，守節四十三載。
陳維裕妻葉氏，年二十七夫故，守節三十載。
陳德清妻全氏，年二十四夫故，守節四十載。
劉玉明妻譚氏，年三十夫故，守節二十載。

蔡國綅妻冯氏，年十九夫故，守節三十六載。

劉傑邦妻郭氏，年二十九夫故，守節二十一載。

譚明操妻龍氏，年二十七夫故，守節三十載。

黎灼輝妻吕氏，年二十二夫故，守節三十五載。

雷德和妻黄氏，年三十夫故，守節三十三載。

陳尚釗妻林氏，年二十八夫故，守節三十二載。

羅興國妻曹氏，年二十一夫故，守節三十七載。

林聯秀妻龍氏，年三十夫故，守節三十四載。

曹爾賢妻張氏，年二十九夫故，守節二十二載。

陳文舉妻劉氏，年二十二夫故，守節四十六載。

賴日明妻陳氏，年二十九夫故，守節三十載。

劉培淳妻楊氏，年二十七夫故，守節二十四載。

吴瑞瑚妻彭氏，年二十七夫故，守節三十六載。

嚴劉鎰妻李氏，年二十八夫故，守節二十五載。

黄德華妻葉氏，年三十夫故，守節三十五載。

許俊賢妻韓氏，年二十九夫故。壽七十三歲。

黄安中妻曹氏，年二十八夫故，守節二十八載。
詹文鐸妻張氏，年二十夫故，守節三十四載。
謝世奇妻林氏，年二十七夫故，守節四十三載。
周純經妻陳氏，年十八夫故，守節三十八載。
黎杓隆妻鄧氏，年二十八夫故，守節四十七載。
陳繼英妻楊氏，年二十七夫故，守節三十三載。
張彬妻龍氏，年二十五夫故，守節四十載。
謝漢奇妻蘇氏，年二十七夫故，守節三十四載。
戚文田妻黄氏，年二十九夫故，守節二十四載。
謝登幹妻朱氏，年二十六夫故，守節二十七載。
曹錦宗妻鄒氏，年二十八夫故，守節二十二載。
曹恒妻龍氏，年二十五夫故，守節二十五載。
譚明誕妻許氏，年二十六夫故，守節三十六載。
郭樹毅妻梁氏，年三十夫故，守節三十載。
曹棣妻温氏，年二十八夫故，守節二十二載。
黄國楨妻李氏，年二十八夫故，守節二十二載。

伍秉輝妻陳氏，年二十一夫故，守節四十三載。
李文珍妻吴氏，年二十一夫故，守節三十二載。
吴德寬妻羅氏，年二十六夫故，守節三十一載。
羅華宗妻劉氏，年二十七夫故，守節四十六載。
周應綱妻蘇氏，年二十夫故，苦守六十載。
曹開文妻黄氏，年二十七夫故，守節三十三載。
曹青妻王氏，年二十七夫故，守節五十六載。
羅德廣妻劉氏，年二十八夫故，守節二十三載。
黄明詔妻管氏，年二十九夫故，守節三十一載。
李成邦妻林氏，年二十一夫故，守節四十九載。
陳正昇妻伍氏，年二十三夫故，守節四十五載。
鄭秀興妻許氏，年二十九夫故，守節二十四載。
莫德潤妻張氏，年二十四夫故，守節二十六載。
蔡振鳳妻陳氏，年二十八夫故，守節三十四載。
葉春杰妻林氏，年二十二夫故，守節三十六載。
鄔凌震妻謝氏，年三十夫故，守節三十載。

陳棟妻黄氏，年二十二夫故，守節三十九載。
李萬昌妻陳氏，年二十八夫故，守節五十七載。
伍鎮明妻陳氏，年二十八夫故，守節三十載。
李延昉妻陳氏，年二十三夫故，守節二十七載。
鍾尚祥妻張氏，年二十四夫故，守節五十載。
鍾天章妻廖氏，年三十夫故，守節二十六載。
李有才妻林氏，年二十二夫故，守節三十一載。
毛益輝妻黎氏，年三十夫故，守節三十一載。
戚均衡妻林氏，年二十八夫故，守節三十七載。
陳乃猷妻梁氏，年三十夫故，守節二十七載。
何錫元妻梁氏，年二十八夫故，守節四十六載。
林高發妻李氏，年三十夫故，守節三十八載。
曹松妻劉氏，年二十八夫故，守節三十八載。
莫如蘭妻鄭氏，年二十二夫故，守節三十四載。
鄭秀卿妻洪氏，年二十八夫故，守節二十六載。
鍾世珍妻駱氏，年二十六夫故，守節四十六載。

吴德周妻葉氏，年二十七夫故，守節四十三載。
蔡君嗣妻羅氏，年二十八夫故，守節二十二載。
胡汝謙妻揭氏，年三十夫故，守節三十六載。
毛益謙妻潘氏，年二十一夫故。壽六十歲。
莫家璉妻賴氏，年二十九夫故，守節四十載。
何汝淑妻伍氏，年二十四夫故，守節三十載。
潘士興妻梁氏，年三十夫故，守節二十三載。
宋廷秉妻陳氏，年二十九夫故，守節二十一載。
龐敦復妻郭氏，年二十七夫故，守節三十二載。
莫嗣開妻李氏，年二十七夫故，守節四十二載。
莫振元妻王氏，年三十夫故，守節二十七載。
馬成晋妻莫氏，年二十六夫故，守節二十七載。
何清福妻鄧氏，年二十八夫故，守節二十六載。
陳國相妻巫氏，年二十一夫故，守節四十載。
劉均妻林氏，年二十九夫故，守節三十載。
梁熙朝妻羅氏，年二十四夫故，守節三十九載。

鍾汝堅妻黄氏，年二十六夫故，守節三十四載。
余德明妻林氏，年二十夫故，守節四十載。
黄義章妻謝氏，年二十一夫故，守節三十三載。
蘇德科妻馮氏，年二十四夫故，守節三十載。
黄定榮妻蘇氏，年三十夫故，守節二十載。
陳振林妻許氏，年二十三夫故，守節三十三載。
李子榮妾謝氏，年二十七夫故，守節三十四載。
何汝連妻劉氏，年二十八夫故，守節三十二載。
林世欽妻葉氏，年二十八夫故，守節五十八載。
韓文定妻李氏，年二十九夫故，守節四十二載。
陳士有妻鍾氏，年二十六夫故，守節二十八載。
李名達妻謝氏，年二十八夫故，守節四十一載。
鄭詞良妻揭氏，年二十二夫故，守節二十八載。
龍許天妻廖氏，年二十五夫故，守節二十六載。
李春芝妻黄氏，年二十四夫故，守節六十七載。
梁國煥妻黄氏，年二十九夫故，守節四十四載。

李茂山妻鍾氏，年二十九夫故，守節二十二載。
林之誠妻黄氏，年二十五夫故，守節二十九載。
韓文焕妻李氏，年二十六夫故，守節二十九載。
余福成妻關氏，年二十二夫故，守節六十六載。
黄有瓚妻曾氏，年二十二夫故，守節四十四載。
許中庸妻黄氏，年二十七夫故，守節二十七載。
黄際祺妻楊氏，年三十夫故，守節四十四載。
梁曾盛妻胡氏，年二十三夫故，守節三十五載。
黄廷和妻鄭氏，年二十八夫故，守節三十八載。
林鳳妻黄氏，年一十八夫故，守節三十三載。
阮家隆妻何氏，年二十二夫故，守節二十九載。
劉朝冠妻李氏，年二十九夫故，守節二十六載。
劉珍妻羅氏，年二十九夫故，守節二十八載。
韓文鴻妻鄭氏，年二十一夫故，守節三十七載。
黄德雲妻揭氏，年二十七夫故，苦守二十三載。
龍文葑妻李氏，年二十六夫故，守節五十三載。

廖家敬妻黄氏，年二十四夫故，守節二十八載。
謝應輝妻梁氏，年一十五夫故，守節二十六載。
黄國楨妻羅氏，年二十五夫故，守節四十載。
毛永能妻黄氏，年二十八夫故，守節二十九載。
黄協成妻吴氏，年十九夫故，守節三十二載。
黎玉琦妻楊氏，年三十夫故，守節四十五載。
梁位珠妻鍾氏，年二十七夫故，守節二十四載。
劉啓元妻彭氏，年二十八夫故，守節三十載。
鍾國璋妻楊氏，年二十六夫故，守節二十七載。
彭承紀妻蔡氏，年二十三夫故，守節三十五載。
龐正瑞妻王氏，年二十八夫故，守節二十五載。
何文郁妻羅氏，年三十夫故，守節五十二載。
林士貴妻彭氏，年二十四夫故，守節五十七載。
顔榆秀妻胡氏，年二十六夫故，守節四十載。
鍾有鈺妻林氏，年十九夫故，守節三十七歲。
劉朝鎮妻沈氏，年二十四夫故，守節二十七載。

劉三俊妻賴氏，年二十八夫故，守節四十六載。
謝家漢妻林氏，年二十七夫故，守節二十三載。
林尚棠妻文氏，年十九夫故。壽六十二歲。
何文周妻鄧氏，年二十八夫故，守節二十二載。
鍾士從妻陸氏，年二十七夫故，守節四十六載。
潘如玉妻劉氏，年三十夫故，守節四十三載。
謝廣元妻葉氏，年二十三夫故，守節二十七載。
毛崇秀妻陳氏，年二十六夫故，守節四十三載。
黄正祥妻曹氏，年二十八夫故，守節二十二載。
梁國用妻黄氏，年二十七夫故，守節二十九載。
梁培生妻廖氏，年二十八夫故，五十六歲卒。
鍾啓芳妻楊氏，年二十七夫故，守節二十五載。
鍾有福妻黄氏，年二十七夫故，守節五十三載。
彭承倫妻羅氏，年三十夫故，守節二十三載。
高岑妻謝氏，年二十一夫故，守節三十二載。
李德昌妻賴氏，年二十九夫故，守節二十三載。

羅尚統妻陳氏，年二十二夫故，守節六十四載。
羅維藩妻廖氏，年二十八夫故，守節三十三載。
全天祥妻陳氏，年二十七夫故，守節二十三載。
吴廣基妻邱氏，年二十四夫故，守節二十六載。
黄來寶妻林氏，年二十九夫故，守節三十二載。
羅紹安妻鄧氏，年十九夫故，守節三十一載。
羅動天妻廖氏，年二十一夫故，守節五十載。
沈德顯妻黄氏，年二十五夫故，守節二十五載。
夏建康妻黄氏，年二十六夫故。壽八十二歲。
宋道明妻陳氏，年二十五夫故，守節二十五載。
林世香妻陳氏，年三十夫故，守節三十三載。
羅居智妻潘氏，年二十二夫故，守節三十一載。
林中瑞妻黄氏，年三十夫故，守節六十六載。
全兆經妻陳氏，年二十七夫故，守節二十三載。
宋之英妻梁氏，年二十八夫故，守節二十二載。
羅居禮妻黄氏，年二十三夫故，守節三十四載。

羅參榮妻吴氏，年三十夫故，守節二十一載。
陳道珍妻李氏，年三十夫故，守節六十一載。
曹錩妻許氏，年二十五夫故，守節五十九載。
徐掄升妻温氏，年二十七夫故，守節二十六載。
宋廷需妻陳氏，年三十夫故，守節二十載。
已上俱光緒十四年旌。
烈婦蕭秋盛妻鍾氏，年二十二夫故，殯殮成服。越三日，自縊以殉，人咸惜之。
烈婦袁汝祥妻葉氏，庠生梯瀛之母。年二十八夫故，悲泣成服，移時自盡，與夫同穴。
陳學校妻葉氏，年二十七夫貿易瓊州，遭難横故。家甚貧，氏鬻房産爲資，往瓊控冤。罪人既得，始歸。矢志撫孤，紡績度活，鄉鄰重之。壽七十八歲。
舉人鄒宗泗妻龐氏，庠生國璞媳。年三十孀守，無子，爲夫立嗣，紡績度日。壽八十二歲。
廩貢鄒士操妾余氏，廩生國瑄媳。年二十六孀守。壽六十八歲。氏好讀書，有手輯《周易本義》四卷。
優貢周修經妻賴氏，年二十五夫故，一子尚幼，矢志撫育。五十歲卒。
監生謝德藩妻鄧氏、妾曾氏，鄧三十歲、曾二十四歲夫故，嫡庶煢煢相依，延師教子。鄧壽七十七，曾八十四卒。

庠生劉鎮邦妻羅氏、妾李氏，羅三十、李二十六夫故。李遺腹一子，矢志撫育。俱壽八十一歲。

廩生林之蘭妻郭氏，監生登治媳。年二十五夫故，無子，撫侄監生瓊樹爲嗣。壽七十四歲。

庠生龍有夔妻黄氏，歲貢龍章之女。年二十八夫故。三十九歲卒。

監生鍾榮海妻劉氏，誥封奉直大夫友義媳。年二十三夫故，堅心孀守。四十九歲卒。

職員龐清相繼妻黄氏，縣丞職龍漢媳。年二十九夫故，無子，撫侄爲嗣，守節三十二載。

布經職江國溥妻李氏，年二十二夫故，撫侄爲嗣，守節三十七歲卒。

監生全業成妻陳氏，年二十九夫故，無子，擇堂侄爲嗣。壽八十七歲。

庠生宋宗秩妻葉氏，年三十夫故，無子，擇侄爲嗣。壽九十歲。

武生陳廣義妻鍾氏，年二十九夫故。壽八十一歲。

增生陳柳妻江氏，年二十八夫故，事翁姑以媳而盡子職，訓孤孩以母而兼父道，安貧守節。壽六十一歲。

庠生陳建中妻吴氏，年二十六夫故，擇侄爲嗣，守節。五十六歲卒。

武生謝廷瑞妻林氏，庠生英元之母。年二十二孀守，五十六歲卒。

武生陳秀英妻楊氏，庠生世琦媳。年二十五夫故，無子，爲夫立嗣。

監生張樹芝妻黄氏，監生其清媳。年二十二夫故，撫侄庠生大乾爲嗣。壽七十三歲。

監生林煊妻陳氏，庠生繹昭媳。年二十三夫故。壽九十一歲。

庠生温大受妻李氏，年二十八夫故，守節。壽九十歲。

庠生陳世琦妻龐氏，武生肇綱之媳，年二十六夫故。

監生蕭汝上妻劉氏，年二十八夫故，五十九歲卒。

庠生廖家麒妻羅氏，年二十九夫故，守節四十四載。

武生陳鍾秀妻張氏，年二十八夫故，守節二十二載。

監生黄元勛妻林氏，年二十八夫故，壽六十五歲。

監生張樹槐妻黄氏，年二十八夫故，守節四十載。

庠生陳揚文妻陸氏，年三十夫故，壽六十八歲。

例貢莫含光妻黎氏，年二十八夫故，守節三十載。

監生鄧耀邦妻葉氏，年三十夫故，五十六歲卒。

職員黄德光妻周氏，年二十四歲夫故，守節三十九載。

楊朝賓妻梁氏，年二十三夫故，無子，撫侄爲嗣。壽九十六歲。

陳大興妻鄧氏，年二十一夫貿易瓊州身故，家貧無子，紡績度日，爲夫立嗣。壽六十八歲。

陳憲武妻陸氏，年二十八夫故，孀守。偕姑江氏煢煢相依，苦節五十二載。壽八十歲。

陳高試妻葉氏，年三十夫故，清操没齒，人無閑言。壽六十二歲。

楊茂興妻李氏，年二十夫故，遺一子，家貧孀守，備極勞瘁。壽八十三歲。

楊瑞樞妻童氏，年二十五夫故，茹貧孀守。壽八十九歲。

沈本鏜妻蕭氏，年二十九夫故，擇侄爲嗣。壽六十五歲。

沈景光妻李氏，年二十八夫故，無子。擇侄爲嗣，守節。五十九歲卒。

羅尚先妻葉氏，年十九夫故，無子，矢志孀守。壽六十八歲。

劉義芳妻林氏，年二十二夫故，無子，撫侄爲嗣，守節。三十八歲卒。

吴士卓妻梁氏，年二十五夫故，無子，擇侄監生振邦爲嗣。壽八十歲。

何其聰妻陳氏，庠生文錦祖母。年三十夫故，子幼，矢志孀守，撫孤成立。壽七十九歲，親見五代。

何文士妻張氏，年二十八夫故，甘貧守節，玉潔冰清。壽六十九歲。

何鼎盛妻廖氏，年二十夫故，矢志孀守，爲夫擇嗣。壽六十一歲。

何□□妻涂氏，文魁之母。年二十二夫故。壽八十歲。

廖天貴妻鄧氏，廩生宅安曾祖母。年二十八夫故，子僅四歲，矢志孀守。壽七十六歲。

吴伯均妻黄氏，庠生召祥媳。年二十六夫故，孀守。四十五歲卒。

羅升妻李氏，年二十九夫故，子幼家貧，族兄逼令改適，氏愬族老得免，艱苦撫孤。壽八十二歲。

羅子儒妻梁氏，年二十五夫故，無子，矢志不渝，守節。五十八歲卒。

龐俊秀妻梁氏，敕贈修職郎昌禮之媳。年二十八夫故，無子，撫侄爲嗣。五十三歲卒。

龐如綱妻盧氏，年二十六夫故，二子尚幼，安貧守節。壽九十三歲。

龐振亳妻黄氏，年二十九夫故，茹苦撫孤。壽六十九歲。

龐炳鳳妻梅氏，年二十九夫故，無子，擇侄爲嗣。壽七十五歲。

龐士大妻蕭氏，恩賜副榜龐振之母。年二十四夫故，子幼，苦志撫養，教誨成名。壽七十六歲。

龐思謙妻陳氏，恩賜副榜龐振之媳。年二十九夫故，一子尚幼，苦志撫孤。壽八十三歲。

龐熙民妻鍾氏，年二十八夫故，無子，撫侄爲嗣。壽七十三歲。

羅紹經妻温氏，年二十七夫故，子僅三歲，矢志不貳，撫孤成立。壽六十七歲。

黄玿妻鄧氏，年二十三夫故，無子，擇侄爲嗣。壽七十二歲。

李秀東妻盧氏，年二十四夫故，一子甫周歲，茹苦撫孤。壽八十二歲。

龐在隆妻童氏，年二十九夫故，家貧甚，苦志孀守。五十歲卒。

梁繩卓妻周氏，年二十八夫故，安貧守節。壽七十四歲。

張裕光妻陸氏，年二十五夫故，無子，取擇侄爲嗣。壽七十六歲。

江國安妻陳氏，年二十五夫故，無子，擇侄爲嗣。三十六歲卒。

龐式忠妻黄氏，年二十二夫故，茹苦孀守。壽六十四歲。

黄應銈妻陳氏，年二十八夫故，無子，擇侄爲嗣。壽六十四歲。

楊鳳陟妻陳氏，年二十二夫故，子僅周歲，家貧，辛勤撫育，堅志不渝。壽六十八歲。

黄六文妻趙氏，年二十七夫故，遺腹一子，矢志撫育。壽六十二歲。

宋軾妻陳氏，年十九夫故，一子甫逾月，茹苦撫育，堅心不貳。壽七十歲。

勞必暢妻陳氏，年二十六夫故，家貧子幼，矢志撫育。壽九十五歲。

全德明妻謝氏，庠生文春之媳。年二十九夫故，無子，擇侄爲嗣。壽八十二歲。

陸建瑞妻陳氏，年二十八夫故，二子俱幼，内無伯叔，外侮交侵。氏惟善忍，卒睦强鄰。壽七十六歲。

陸泰平妻陳氏，年二十夫故，一子僅數月，家貧甚，勤紡績，撫孤成立。壽七十八歲。

陳士珧妻龐氏，年十九夫故，無子，堅貞不貳，孀守。三十七歲卒。

陳賓齊妻葉氏，年二十三夫故，無子，撫侄爲嗣。壽八十歲。

陳紹虞妻黄氏，年二十六夫故，撫孤成立，守節。六十六歲卒。

陳顯璋妻梁氏，年二十四夫故，擇侄爲嗣。壽七十八歲。

陳文裔妻林氏，年二十六夫故，家貧孀守，撫孤成立，守節二十四載。

陳銓成妻宋氏，庠生宋存仁女，歲貢尚翔媳。年二十二夫故，貞心不貳，守節。四十六歲卒。

鄒宇定妻葉氏，年二十六夫故，無子，爲夫立嗣。四十歲卒。

陳儲書妻羅氏，監生而珍媳。年二十一夫故，無子，撫侄爲嗣。壽七十六歲。

戴御鉉妻黎氏，庠生爨泮母。年二十二夫故，遺腹一子，多勸改適，卒能全節，教子成名。壽六十歲。

陳泮妻梁氏，監生斯德之母。年三十孀守。壽六十一歲。
陳秉禄妻葉氏，年二十一夫故，無子。夫兄逼氏改適，逃之得免。後仍撫養夫兄孤孫。壽六十五歲。
林泗清妻吴氏，恩賜副榜華文媳。年十九夫故，矢志孀守，始終不貳。壽八十三歲。
鄒君輔妻陳氏，庠生士斐媳。年二十夫故，無子，矢志孀守。壽七十歲。
楊元秀妻李氏，武生山忠之媳。年二十七夫故。壽七十歲。
莫愈高妻楊氏，年三十夫故，家貧，無子，矢志孀守，艱苦備嘗。壽六十五歲。
譚勛世妻林氏，校照磨郁章女。年十九夫故，矢志不貳，孀守三十年。四十九歲卒。
雷慶妻廖氏，庠生從龍之媳。年二十三夫故，守節六十一載。
林而昌妻譚氏，庠生林煇之媳。年十八于歸，三十九日而夫故。壽七十三歲卒。
謝憲邦妻林氏，職員興芳之母。年三十夫故。壽七十三歲。
林之新妻鄭氏，庠生登元媳。年二十六夫故。壽五十三歲。
林率章妻胡氏，庠生林之芳媳。年二十五夫故，守節二十五載。
李符昔妻羅氏，廪貢李郁次媳。年二十九夫故，三十九歲卒。
胡利成妻鍾氏，庠生鍾振鐸女。年二十四夫故，五十四歲卒。
陳士鰲妻何氏，年二十六夫故，遺腹一子，矢志撫育。三十六歲卒。
馬應昌妻陳氏，年二十七夫故，無舅姑，鮮兄弟，子幼，且貧甚。勤課女紅，撫養孤兒，苦節。五十七歲卒。

許佳新妻陳氏，年二十七夫故，家貧姑老，耕織度活。壽六十四歲。

胡漢光妻黎氏，六品封職胡俊成媳。年二十三夫故。五十一歲卒。

歐秉爵妻陳氏，年二十一夫故，無子，擇侄爲嗣。壽六十九歲。

陳能肇妻劉氏，年二十四夫故，擇侄爲嗣。壽七十二歲。

莫長芬妻林氏，武生士英媳。年二十八夫故，守節。五十八歲卒。

李祖仁妻莫氏，年二十二夫故，擇侄爲嗣。壽七十八歲。

劉傅奕材妻宋氏，年二十三夫故，苦志守節二十九載。

劉瓊妻黎氏，監生肇祥母。年二十七夫故。五十歲卒。

林錫章妻黄氏，舉人之麒媳，監生殿敷母。年二十六夫故。壽六十五歲。

温大英妻林氏，年三十夫故，家貧守節。壽七十九歲。

揭行瀓妻劉氏，附貢揭鎮媳。年二十六夫故。壽七十歲。

黄重寶妻葉氏，庠生發源媳。年二十九夫故。五十九歲卒。

黄焕雲妻梁氏，年十八夫故，無子，擇侄爲嗣。壽六十四歲。

林文元妻鍾氏，年二十六夫故，艱苦備嘗，一子早逝，撫侄爲嗣。壽七十六歲。

温濟峰妻蘇氏，年二十六夫故，撫侄爲嗣，守節。五十六歲卒。

鍾廷琨妻譚氏，年二十四夫故，撫侄州同職桐秀爲嗣。壽六十二歲。

彭浚明妻莫氏，錫瓚之媳。年十八夫故，無子，擇侄爲嗣，苦守。五十四歲卒。

劉近信妻羅氏，庠生士楷媳。年二十夫故。二十七歲卒。

陳廣榮妻葉氏，年二十二夫故，悲哀成服，越月，痛夫身殉。

龍縉天妻蘇氏，庠生龍文利媳。年二十二夫故，孀守。

龍康天妻曹氏，監生龍騰霄母。年二十八夫故，孀守。

鍾華錦妻劉氏，化州同知銜劉步蟾女，千總鍾友爵媳。年二十八夫故，守節二十四載。

黄龍妻梁氏，年二十二夫故，苦守。壽八十歲。

周濟英妻李氏，年三十夫故，苦守。壽七十八歲。

陳邦紹妻邵氏，年十八夫游不歸，茹苦守節。壽九十一歲。

林登富妻鄒氏，年二十二夫故，孀居守節。壽六十歲。

黄其光妻梁氏，年二十一夫故，無子，擇侄爲嗣，孀守。五十七歲卒。

潘國錡妻賴氏，年二十二夫故，爲夫立嗣。壽九十一歲。

廖芝榮妻劉傳氏，年二十八夫故。壽八十四歲。

全本初妻歐陽氏，年二十五夫故。壽九十二歲。

劉傳振慶妻黄氏，年二十六夫故。壽七十二歲。

陳之龍妻黄氏，年二十一夫故。壽七十二歲。
羅連妻許氏，年二十夫故，孀守。壽八十三歲。
曹時妻梁氏，年二十七夫故。壽七十一歲。
楊瑞靄妻童氏，年二十五夫故。壽七十八歲。
鄧以猷妻曹氏，年二十九夫故，守節二十七載。
楊凌漢妻馬氏，年三十夫故。壽六十五歲。
江燦光妻陳氏，年二十五夫故，守節五十八載。
張其祚妻龐氏，年二十七夫故，守節二十三載。
龍瑞端妻李氏，年二十九夫故。五十歲卒。
揭崇誼妻羅氏，年二十六夫故，守節二十四載。
李祥妻鍾氏，年二十四夫故。壽六十六歲。
莫慶春妻賴氏，年二十四夫故，守節二十六載。
曹安淮妻林氏，年二十八夫故，守節三十二載。
劉嵩妻李氏，年二十八夫故，守節二十三載。
温濟風妻蘇氏，年二十一夫故。壽七十四歲。
張九升妻吕氏，年二十九夫故，守節四十四載。

揭行安妻許氏，年二十夫故。守節六十一載。
温朝瑚妻林氏，年二十一夫故，守節二十九載。
李基瑜妻馮氏，年二十四夫故。壽七十六歲。
孫愈宗妻梁氏，年二十八夫故，孀守三十三載。
吕士賢妻黄氏，年二十四夫故，守節四十四載。
許文安妻李氏，年二十二夫故，守節五十二載。
許維南妻梁氏，年二十四夫故。四十歲卒。
李濟朝妻黄氏，年二十五夫故。四十六歲卒。
廖高莊妻張氏，年三十夫故，苦守。壽八十歲。
劉安中妻黄氏，年二十一夫故。壽六十九歲。
劉成器妻朱氏，年二十六夫故，守節四十三載。
梁英觀妻王氏，年二十二夫故。壽八十一歲。
江灤和妻詹氏，年二十八夫故。壽六十三歲。
廖振鐸妻龍氏，年二十四夫故。四十八歲卒。
黎涵文妻張氏，年二十九夫故。壽六十九歲。
鍾毓華妻曹氏，年二十五夫故，守節二十五載。

李光邦妻樊氏，年三十夫故，守節二十一載。
李廣棠妻黎氏，年二十七夫故。壽六十八歲。
羅明英妻劉氏，年二十八夫故。壽六十六歲。
鍾恒清妻馮氏，年二十七夫故。壽六十七歲。
潘振强妻劉氏，年二十八夫故。壽六十歲。
鄭資貴妻張氏，年二十一夫故。四十六歲卒。
吴榮邦妻廖氏，年二十二夫故。壽七十一歲。
梁國瑞妻劉氏，年二十二夫故。壽六十八歲。
謝義興妻陳氏，年二十一夫故。壽六十一歲。
蕭綽熙妻勞氏，年二十三夫故。壽七十四歲。
羅有廣妻鍾氏，年三十夫故。壽七十三歲。
周文錦妻陳氏，年二十九夫故。壽七十三歲。
蕭芝發妻謝氏，年二十五夫故。壽七十六歲。
黎士仁妻楊氏，年二十六夫故，孀守。
高愈章妻鄧氏，年二十九夫故。壽八十五歲。
蕭蘭發妻勞氏，年二十五夫故，守節二十八載。

鄧裕進妻黄氏，年二十九夫故。壽七十四歲。

梁廷升妻邱氏，年二十六夫故。三十六歲卒。

黄國依妻陳氏，年二十八夫故。壽七十三歲。

宋傳東妻莫氏，年二十九夫故。壽六十三歲。

梁佐文妻彭氏，年二十八夫故。壽七十九歲。

宋邦政妻陳氏，年三十夫故。壽七十三歲。

李遠暢妻尤氏，年二十七夫故。壽七十歲。

許德欽妻宋氏，年二十二夫故。壽七十三歲。

黄鴻翔妻彭氏，年三十夫故，守節二十七載。

鄧宸妻陳氏，年二十九夫故。壽七十三歲。

黄文達妻龐氏，年二十八夫故。壽六十六歲。

黄毓枰妻徐氏，年二十二夫故。五十八歲卒。

梁德義妻吴氏，年二十四夫故。壽八十一歲。

宋傳堂妻文氏，年二十一夫故。壽七十一歲。

勞紹平妻謝氏，年二十九夫故。壽六十四歲。

全家和妻曾氏，年二十九夫故。壽六十三歲。

勞光盈妻謝氏，年三十夫故，甘貧孀守。

全子興妻陳氏，年二十二夫故。壽七十歲。

宋定維妻陸氏，年三十夫故。壽七十二歲。

全長仁妻宋氏，年二十八夫故。壽六十二歲。

全其文妻江氏，年二十八夫故。守節二十一載。

全安周妻陳氏，年二十二夫故。壽七十二歲。

陸際清妻全氏，年二十七夫故。五十六歲卒。

陳宇玉妻楊氏，年二十九夫故，苦守。五十歲卒。

陳文淵妻龐氏，年三十夫故。壽六十八歲。

全道坦妻黃氏，年三十夫故。壽七十四歲。

陳覺珠妻馮氏，年二十六夫故。壽六十九歲。

陳興中妻黃氏，年二十二夫故。四十四歲卒。

全維忠妻楊氏，年二十六夫故。壽六十九歲。

黎貴忠妻陳氏，年二十五夫故。四十九歲卒。

勞乃章妻趙氏，年二十九夫故。壽六十二歲。

萬盛妻林氏，年二十九夫故。壽七十八歲。

宋光典妻尹氏，年二十八夫故。壽七十五歲。
全英華妻詹氏，年二十八夫故。五十一歲卒。
陳源來妻王氏，年二十六夫故，孀守，撫侄爲嗣。
鄒登妻陳氏，年二十八夫故。壽八十一歲。
楊潤清妻李氏，年二十二夫故，四十九歲卒。
全道安妻陳氏，年二十八夫故。壽六十歲。
袁汝桂妻陳氏，年二十七夫故，守節二十五載。
全道輝妻王氏，年十九夫故。壽七十歲。
全道修妻陳氏，年二十八夫故。壽七十歲。
陳仲果妻侯氏，年二十九夫故。壽八十五歲。
陳先啓妻温氏，年二十一夫故。壽八十六歲。
陳捷魁妻鄒氏，年二十八夫故。壽八十歲。
戴耀世妻龐氏，年三十夫故。壽六十四歲。
陳明貞妻魯氏，年十九夫故。壽六十二歲。
陳國梓妻王氏，年二十四夫故。壽七十五歲。
陳文欽妻江氏，年二十六夫故。壽六十六歲。

戴建世妻吕氏，年二十八夫故，守節不渝。
陳芹妻李氏，年二十九夫故。壽六十六歲。
鄧秀鍾妻張氏，年三十夫故。壽六十二歲。
陳允中妻詹氏，年二十一夫故。壽八十七歲。
陳雲銓妻江氏，年二十七夫故。壽六十三歲。
陳錫昌妻陸氏，年二十九夫故。壽七十一卒。
陳錫哲妻黄氏，年三十夫故。壽八十一歲。
陳馨先妻陸氏，年二十九夫故。壽八十八歲。
陳冠斌妻全氏，年二十二夫故。壽六十七歲。
陳學程妻黄氏，年二十九夫故。四十二歲卒。
陳瑛妻嚴氏，年二十一夫故。壽八十四歲。
陳賢書妻席氏，年二十七夫故。壽六十九歲。
戴尚盛妻黄氏，年二十九夫故。壽七十歲。
陳學成妻龐氏，年二十九夫故。三十八歲卒。
盧常端妻龐氏，年二十二夫故。壽六十七歲。
陳聖猷妻吴氏，年二十八夫故。壽七十四歲。

黃信升妻陳氏，年二十一夫故，孀守。五十歲卒。

陳光頤妻林氏，年二十九夫故。五十歲卒。

劉必雍妻陳氏，年二十七夫故。壽六十一歲。

陳琨妻黃氏，年三十夫故。四十五歲卒。

陳上達妻全氏，年二十六夫故。壽八十一歲。

陳闈揚妻黎氏，年二十九夫故。壽七十八歲。

蘇鎮華妻林氏，年二十七夫故。壽九十歲。

林華堂妻蔡氏，年二十夫故。壽八十七歲。

賴日楨妻林氏，年三十夫故。五十四歲卒。

蔡伯光妻謝氏，年二十四夫故。三十九歲卒。

鍾培元妻李氏，年二十二夫故。五十八歲卒。

張樹德妻賴氏，年二十八夫故。壽七十三歲。

陳文燦妻全氏，年二十二夫故。壽七十二歲。

陳道元妻梁氏，年二十五夫故。壽七十八歲。

盧子耀妻楊氏，年二十七夫故。壽六十八歲。

陳通儒妻李氏，年二十八夫故。壽八十一歲。

陳光才妻李氏，年二十八夫故。壽六十七歲。

鄒其輝妻龍氏，年二十二夫故。壽八十二歲。

蘇天賜妻繆氏，監生錦棠之母。年十九夫故。

劉國顯妻李氏，年十九夫故。壽八十八歲。

林華新妻王氏，年二十二夫故。五十一歲卒。

黎有文妻鍾氏，年二十九夫故，守節三十五載。

何文盛妻張氏，年二十五夫故。五十九歲卒。

劉廷耀妻林氏，年二十八夫故。壽六十一歲。

張懷賢妻龐氏，年二十八夫故。壽七十一歲。

賴文綱妻林氏，年二十六夫故。壽八十二歲。

許俊傑妻鍾氏，年三十夫故，守節二十四載。

張紹輝妻鄧氏，年二十八夫故。壽九十四歲。

曹嗣興妻周氏，年二十九夫故。五十四歲卒。

曹鉽妻鍾氏，年二十九夫故。守節三十一載。

梁進盛妻歐氏，年二十六夫故。五十六歲卒。

揭行彰妻黄氏，年二十九夫故。壽六十五歲。

曹安滔妻陳氏，年三十夫故。壽六十三歲。

曹熾貴妻林氏，年二十夫故。三十六歲卒。

羅雲珠妻林氏，年二十一夫故。壽七十二歲。

羅嘉祥妻王氏，年二十二夫故。三十二歲卒。

黎涵俊妻龍氏，年二十八夫故。壽六十二歲。

謝正英妻孫氏，年二十八夫故。四十三歲卒。

梁貞妻廖氏，年二十七夫故。壽七十八歲。

蘇寅三繼妻李氏，年三十夫故。壽八十二歲。

張其漢妻林氏，年二十八夫故。壽六十六歲。

林蓮秀妻温氏，年二十八夫故。五十七歲卒。

郭學球妻張氏，年二十夫故。壽七十五歲。

李步華妻陳氏，年二十七夫故。壽七十六歲。

譚明東妻林氏，年二十四夫故。壽七十三歲。

李萃英妻梁氏，年二十八夫故。五十九歲卒。

李春球妻許氏，年二十一夫故。壽六十三歲。

鍾士亨妻羅氏，年二十四夫故。三十六歲卒。

黄若珖妻陳氏，年二十二夫故。壽七十二歲。
李卿富妻莫氏，年二十七夫故。壽七十三歲。
胡堅妻黄氏，年二十三夫故。壽七十一歲。
羅成忠妻莫氏，年二十七夫故。壽七十一歲。
李崑平妻龐氏，年二十八夫故。壽七十八歲。
李文生妻勞氏，年二十九夫故。壽六十二歲。
毛廷良妻洪氏，年二十六夫故。壽六十二歲。
戚光泰妻黎氏，年二十二夫故。壽八十二歲。
黄如輝妻林氏，年二十六夫故。壽七十八歲。
陳文理妻林氏，年二十三夫故。三十七歲卒。
鍾尚福妻吴氏，年二十八夫故。壽八十三歲。
鍾達章妻林氏，年二十八夫故。五十六歲卒。
李萬椿妻陳氏，年二十八夫故。壽八十一歲。
胡永盼妻鍾氏，年二十八夫故。五十一歲卒。
毛廷相妻李氏，年二十三夫故。壽七十一歲。
羅士傑妻何氏，年二十八夫故。壽七十二歲。

李秀興妻樊氏，年二十一夫故。五十三歲卒。

劉家義妻黄氏，年二十八夫故。壽六十歲。

戚元勛妻莫氏，年二十八夫故。五十七歲卒。

黄河源妻羅氏，年二十四夫故。壽七十九歲。

卜明炤妻王氏，年十八夫故。五十九歲卒。

陳秀經妻戚氏，年二十二夫故。壽七十八歲。

何士拔妻李氏，年二十七夫故。壽八十一歲。

陳學詩妻麥氏，年二十四夫故。壽六十七歲。

麥常登妻蘇氏，年二十二夫故。壽九十四歲。

張其注妻曹氏，年二十六夫故。守節二十六載。

宋福亮妻楊氏，年二十三夫故。壽六十七歲。

楊永灝妻劉氏，年二十四夫故。壽八十六歲。

陳東升妻李氏，年二十三夫故。壽七十歲。

麥秀實妻沈氏，年二十八夫故。壽八十七歲。

劉文科妻陳氏，年二十九夫故。壽六十四歲。

黄朝盛妻廖氏，年二十五夫故。壽七十四歲。

梁繩妻文氏，年二十四夫故。壽六十二歲。
李維英妻揭氏，年十九夫故。苦守二十六載。
黃成章妻葉氏，年二十九夫故。壽六十四歲。
劉保清妻馮氏，年二十八夫故。壽六十三歲。
潘成杰妻周氏，年二十夫故。守節三十二載。
陳能題妻鍾氏，年三十夫故。壽七十六歲。
張世英妻鍾氏，年二十九夫故。壽七十六歲。
林登相妻鍾氏，年二十八夫故。壽七十一歲。
鍾如棟妻李氏，年十九夫故。壽八十三歲。
鍾紹佐妻張氏，年二十四夫故。壽七十五歲。
劉世官妻羅氏，年二十二夫故。壽九十歲。
郭綿昌妻梁氏，年二十七夫故。五十三歲卒。
龍濟天妻揭氏，年二十夫故。守節三十五載。
黃尚華妻羅氏，年二十三夫故。壽七十五歲。
黃玉成妻林氏，年二十五夫故。壽七十五歲。
黃文彬妻何氏，年二十五夫故。壽八十四歲。

黄家棟妻陳氏，年二十四夫故。壽六十一歲。
黄鎮東妻陳氏，年二十九夫故。壽七十六歲。
梁高英妻何氏，年十九夫故。壽八十歲。
江毓蘭妻張氏，年二十三夫故。守節三十六載。
劉傅肇元妻黄氏，年二十五夫故。五十歲卒。
李文開妻鍾氏，年二十三夫故。五十七歲卒。
胡上清妻鄭氏，年二十五夫故。壽七十九歲。
李世寬妻邱氏，年二十七夫故。壽六十歲。
李作楫妻羅氏，年二十四夫故。壽六十三歲。
黄祖翼妻涂氏，年二十四夫故。三十九歲卒。
黄濟妻林氏，年二十九夫故。壽九十六歲。
黄甫治妻葉氏，年二十七夫故。壽七十三歲。
黄世芳妻曾氏，年二十九夫故。壽七十九歲。
温世璝妻蘇氏，年二十夫故。壽六十一歲。
劉天清妻黄氏，年二十三夫故。壽五十九歲。
鄧超宣妻劉氏，年二十九夫故。壽六十歲。

郭文開妻曾氏，年二十八夫故。壽八十三歲。

鄧國光妻張氏，年二十八夫故。壽六十歲。

李世聰妻黃氏，年二十四夫故。壽六十四歲。

廖士安妻羅氏，年二十六夫故。壽六十九歲。

楊拔芳妻黃氏，年二十九夫故，五十一歲卒。

陸廣衡妻歐氏，年十八夫故。壽六十二歲。

陳國珠妻李氏，年二十八夫故，守節二十二載。

李有仁妻鍾氏，年二十四夫故，守節四十五載。

鄧瑞彰妻林氏，年二十七夫故，守節三十載。

羅瓊芳妻林氏，年二十六夫故，守節四十八載。

全如璜妻黃氏，年二十八夫故。四十七歲卒。

陳文科妻黃氏，年二十五夫故。壽六十三歲。

張樹瀛妻鍾氏，年二十六夫故。壽七十七歲。

黃德瑞妻陳氏，年二十八夫故，守節三十五載。

李毓祥妻鍾氏，年二十八夫故，守節二十二載。

李有材妻林氏，年二十六夫故，守節二十五載。

羅士祥妻黄氏，年二十一夫故。壽七十五歲。

麥潤發妻池氏，年二十八夫故，守節四十一載。

羅胡章妻黄氏，年二十七夫故，守節二十四歲。

蕭志謙妻吴氏，年二十八夫故，守節十一載。

已上未旌。（上俱蔣《志》）

案：蔣《志》多有注現年幾歲者，今修改之。惟計當時守節年數，而不書卒。

貞婦羅志貴妻梁氏，年十六，因夫病，過門未諧花燭而夫故。擇侄爲嗣，貞守。三十二歲卒。

貞婦羅元俊妻吴氏，年十九，夫病危，迎歸數日夫故。矢志貞守。現年五十。

貞婦吴德純妻潘氏，年十二于歸，與夫同庚，所謂童養媳未合巹。十六夫故，擇侄爲嗣。壽六十四歲。

烈婦龐紹宗妻崔氏，年二十四夫故，日夜哀號。越明年，僅卒，哭後遂自縊以殉。卒年二十五。

五品軍功陸步奎妻楊氏，年二十四夫故，勤苦撫孤。三十五歲卒。已旌。

陸瑞桂妻陳氏，年二十八夫故，壽七十六歲。已旌。

江國柱妻李氏，年二十五夫故，孀守。現年六十二。已旌。

曹爾佳妻梁氏，年二十八夫亡不返，矢志事姑訓子。壽八十二歲。已旌。

教諭江式和妾馮氏，年二十七孀守撫孤。五十三歲卒。已旌。

黃景勛妻陳氏，年二十七夫故，撫孤事姑。已卒。宣統元年旌。

黃汝諒妻吴氏，年三十夫故，無子孀守。已卒。宣統元年旌。

黃錦輝妻全氏，年二十四夫故，無子苦守。已卒。宣統元年旌。

彭邦典妻黃、鍾氏，邦典初娶黃氏，叔父無子，爲之又娶鍾氏，以便兼祧。黃年十九于歸，越年，産子而殤。鍾年二十二于歸，因夫喉瘡病劇，廟見而未洞房，侍藥匝月夫故。時黃年二十，鍾年二十二，相與孀守事姑，後各擇繼一子。黃卒年三十二，鍾卒年四十五。

龐春華妻楊氏，年二十二夫故，茹苦孀守，撫侄兼承。五十六歲卒。

監生龐焯光繼妻易氏，年二十九夫故，孀守，撫侄爲嗣。現年五十二。

龐仙瀛妻黃氏，年十九夫故，苦守，撫侄兼承。三十三歲卒。

監生龐瓊相妾孫氏，年二十六孀守，撫侄爲嗣。現年六十一。

龐焯統妻黃氏，年二十一夫故，撫孤苦守。現年五十九。

龐錫爵妻鍾氏，年二十五夫故，家貧守節，撫侄爲嗣。現年五十七。

龐錫輝繼妻黃氏，年二十五夫故，家貧子幼，孀守。五十三歲卒。

庠生鍾毓妻劉傅氏，年二十一夫故。五十四歲卒。

黃剛秀妻龐氏，年二十四夫故，甘貧孀守。壽八十九歲。

中書科中書文肇岐妻龐氏，年二十六夫故，守節。現年五十二。

羅紹統妻高氏，年二十九夫故，初撫孤子志貴，旋亡，携媳梁氏，共勵清操。壽六十二歲。

麥培慶妻許氏，年二十九夫故，撫孤孀守。現年五十九。

全景華妻陳氏，年二十七夫故，撫孤孀守。現年五十一。

陳廷欽妻龐氏，年二十七夫故，撫侄爲嗣。現年五十三。

陸開茂妻陳氏，年二十八夫故，家貧，無子孀守。四十四歲卒。

陳崇經妻許氏，年二十六夫故，撫侄爲嗣。四十七歲卒。

陳崇濱妻陸氏，年二十五夫故，無子孀守。四十五歲卒。

增生陳其瓊妻黄氏，年二十八夫故，孀守撫孤。現年五十二。

李維桐妻陳氏，年二十一夫故，苦守，撫侄爲嗣。現年七十六。

胡衍彦妻林氏，年二十九夫故，孀守，撫侄爲嗣。現年五十三。

莫熾堂妻張氏，年二十一夫故，家貧，守節撫孤。現年五十。

舉人羅汝彦妾吴氏，年十八孀守，現年五十八。

蔡伯崇妻李氏，年二十六夫故，守節，撫侄爲嗣。現年六十三。

監生黄正宣妻胡氏，年二十夫故，苦節孀守。現年六十一。

林朝永妻張氏，年二十九夫故，孀守撫孤。現年六十九。

廖世楷妻吴氏，年二十二夫故，孀守，擇侄爲嗣。現年五十八。

李璸妻揭氏，于歸次年夫故，年僅十八，苦志孀守。現年六十。

揭連基妻黄氏，年十六夫故，孀守，撫侄爲嗣。現年五十七。

林之政妻龍氏，年二十九夫故，孀守，撫侄爲嗣。壽六十四歲。

劉傳成妻程氏，年二十三夫故，撫孤孀守。三十四歲卒。

劉傳錫隆妻黄氏，年二十四夫故，孀守，擇侄爲嗣。五十一歲卒。

李東祥妻吴氏，年三十夫故，守節撫孤。子死，爲子立繼。現年五十九。

李東興妻吴氏，年二十九夫故，守節撫孤。現年五十六。

廩生江廷熙妻陳氏，年二十七夫故，孀守，貧苦撫孤。現年五十。

江其中妻陳氏，年二十九夫故，苦守。現年五十一。

袁家德妻陸氏，年二十五夫故，無子孀守。五十一歲卒。

陳實秀妻蔣氏，年二十九夫故，無子守節。五十一歲卒。

黄秉璣妻王氏，年二十一夫故，無子苦守。四十一歲卒。

黄應雍妻蕭氏，年二十四夫故，家貧，撫孤孀守。現年五十。

莫猷文妻方氏，年二十六夫故，孀守，撫侄爲嗣。五十七歲卒。

莫永春妻陳氏，年二十七夫故，孀守，撫侄爲嗣。現年五十。

李光泗妻余氏，年二十二夫故，孀守撫孤，孝事翁姑。現年六十。

庠生張大乾繼妻莫氏，年二十五夫故，孀守，教子成名。現年七十三。
蘇來春妻鄭氏，年二十六夫故，孀守，撫侄爲嗣。現年六十六。
余恒達妻李氏，年二十五夫故，守節撫孤。現年五十五。
黄廷槐妻彭氏，年二十八夫故，守節，撫侄爲嗣。壽六十二歲。
羅志衍妻吴氏，年二十八夫故，孀守撫孤。現年五十五。
羅志和妻王氏，年二十六夫故，孀守，撫侄爲嗣。五十六歲卒。
羅應康妻劉氏，年二十八夫故，守節撫孤。現年五十一。
張玉光妻林氏，年二十一夫故，孀守，撫侄爲嗣。現年五十。
張炳河妻羅氏，年二十二夫故，孀守，撫侄爲嗣。四十九歲卒。
許錫齡妻黎氏，年二十四夫故，孀守，撫侄爲嗣。現年五十八。
陳永焕妻文氏，年二十四夫故，無子守節。現年五十五。
黄國綸妻張氏，年二十一夫故，孀守，撫夫兄子兼祧。五十四歲卒。
吴炳文妻謝氏，年二十四夫故，撫侄爲嗣。三十五歲卒。
監生林煊妻陳氏，年十六夫故，孀守撫孤。乾隆間卒。
林耀妻許氏，年二十夫溺於河，孀守，終其身不行慶吊，以夫兄子爲嗣。嘉慶間卒。
林啓明妻李氏，年二十二夫故，無子孀守。五十餘歲卒。

監生黃仁國妻劉氏，年二十二夫故。四十八歲卒。

胡鎮亨妻林氏，年二十夫故，苦節撫孤。現年九十五。

監生黃熙祥妻張氏，年二十八夫故。五十四歲卒。

庠生黃德徽妻葉氏，年二十八夫故，苦節孀守。五十八歲卒。

鍾錫類妻李氏，年二十一夫故，養子甫周歲，苦志守節。三十三歲卒。

監生黃道清妻梁氏，年三十夫故。四十一歲卒。

羅芝蓮妻尤氏，年二十八夫故，家貧，苦節撫孤。現年五十二。

蘇秀春妻吴氏，年二十八夫故，孀守，撫侄爲嗣。壽六十三歲。

監生蕭繼旺妻羅氏，年二十三夫故，孀守撫孤。現年六十。

庠生蕭繼春妻謝氏，年二十九夫故，孀守撫孤。現年五十六。

監生蕭日光妾陳氏，年二十孀守撫孤。現年五十一。

黃紹成妻吴氏，年二十六夫故，孀守，家貧撫孤。壽七十六歲。

張錫朋妻曹氏，年二十一夫故，孀守，撫侄爲嗣。三十三歲卒。

監生張樹蘭妻林氏，年二十三夫故，孀守，撫侄爲嗣。五十一歲卒。

庠生劉志賢妻鍾氏，年二十八夫故。五十七歲卒。

全兆宗妻葉氏，年二十一夫故，孀守，撫侄爲嗣。壽六十五歲。

李允祥妻曹氏，年二十五夫故，孀守，貧苦撫孤。現年五十。
曹咏棠妻楊氏，年二十六夫故，孤子又卒，偕媳孀守。壽六十六歲。
管憲宗妻林氏，年二十八夫故，撫孤孀守。四十三歲卒。
莫宗發妻蘇氏，年二十二夫故，撫孤守節。六十八歲卒。
佾生羅啓貴妻朱氏，年二十夫故，無子孀守。壽七十七歲。
監生黄廷位妻陳氏，年二十六夫故，貧苦撫孤。現年五十七。
許格南妻揭氏，年二十三夫故，撫侄爲嗣。現年七十。
全在治妻潘氏，年二十七夫故，孀守撫孤。現年五十。
蕭錦安妻翁氏，年十九夫故，孀守撫孤。現年五十一。
陳道韶妻黎氏，年二十六夫故，無子。四十八歲卒。
江廷勛妻陳氏，年二十九夫故，孀守。現年五十九。
温日漢妻潘氏，年二十夫故，孀守撫孤。現年七十九。
江國棨妻鄭氏，年二十九夫故，孀守。現年五十五。
江履中妻李氏，年二十九夫故，孀守。現年五十八。
賴作棠妻温氏，年二十八夫故，孀守。現年六十四。
賴作鏞妾袁氏，年二十五孀守。現年五十六。

李培發妻廖氏，年二十夫故，孀守撫孤。現年五十六。
陳崇清妻戴氏，年二十四夫故，孀守。現年五十六。
陳善昌妻吴氏，年二十九夫故，孀守。現年五十二。
陳士太妻吕氏，年二十九夫故，孀守。現年五十三。
陳纘杰妻葉氏，年二十一夫故，孀守，無子。五十歲卒。
陳浚章妻彭氏，年二十八夫故，孀守。現年五十五。
陸振琳妻黎氏，年二十六夫故，孀守。現年五十二。
黄秉珣妻蕭氏，年二十三夫故，孀守苦節。現年五十。
莫爾雄妻李氏，年二十七夫故，孀守。現年五十九。
唐廷梁妻江氏，年十八夫故，孀守苦節。現年六十七。
謝永元妻林氏，年二十三夫故，孀守。現年五十二。
黄存良妻吴氏，年二十一夫故，孀守。現年五十歲。
羅伯釗妻王氏，年二十二夫故，孀守。現年五十七。
羅華新妻鍾氏，年二十八夫故，孀守。現年五十五。
羅中寶妻林氏，年二十五夫故，孀守撫孤。壽八十二歲。
吴士維妻魏氏，年二十九夫故，孀守撫孤。壽八十三歲。

吴兆燾妻劉氏，年二十九夫故，孀守。現年六十一。
張其昌妻譚氏，年二十五夫故，孀守。現年五十一。
張培英妻賴氏，年二十八夫故，孀守。現年五十四。
張炳瑚妻李氏，年二十六夫故，孀守。現年六十三。
鍾文英妻陳氏，年二十九夫故，孀守。現年七十四。
羅禮价妻陳氏，年二十八夫故，孀守。現年五十七。
戚維華妻龐氏，年二十九夫故，孀守。現年七十三。
黄汝輝妻李氏，年二十九夫故，孀守。現年五十。
羅士餘妻李氏，年二十五夫故，孀守。現年五十七。
羅繼禧妻陳氏，年二十二夫故，孀守。現年五十六。
鍾景森妻劉氏，年二十六夫故，孀守撫孤。壽八十歲。
姚國勛妻林氏，年二十四夫故，孀守撫孤。現年五十。
全肇錦妻蕭氏，年二十三夫故，孀守撫孤。現年六十三。
全肇清妻陳氏，年二十九夫故，孀守無子。現年五十九。
全肇寬妻蕭氏，年二十八夫故，孀守無子。現年五十。
楊明光妻鄧氏，年二十三夫故，孀守撫孤。四十六歲卒。

蕭國瑞妻黎氏，年二十九夫故，撫孤孀守。壽八十三歲。
高達華妻房氏，年二十五夫故，孀守撫孤。現年五十六。
林智章妻盧氏，年二十七夫故，孀守。現年六十五。
蔡伯成妻巫氏，年二十八夫故，孀守撫孤。壽七十三歲。
蔡伯全妻謝氏，年二十八夫故，孀守撫孤。五十歲卒。
黄啓運妻揭氏，年三十夫故，孀守撫孤。壽八十八歲。
黄勤妻林氏，年二十三夫故，孀守撫孤。現年六十五。
黄廷宣妻梁氏，年二十八夫故，孀守撫孤。現年六十五。
黄廷瑞妻王氏，年二十一夫故，孀守撫孤。現年五十一。
蘇源通妻黄氏，年二十三夫故，孀守撫孤。壽八十三歲。
胡有武妻鍾氏，年二十一夫故，孀守。壽八十六歲。
李燕山妻梁氏，年二十四夫故，孀守。現年五十一。
潘裕才妻李氏，年二十四夫故，孀守。現年五十一。
蘇騰浩妻羅氏，年二十六夫故，孀守撫孤。壽八十四歲。
蘇郁昌妻鍾氏，年二十七夫故，孀守撫孤。現年五十六。
劉兆芹妻揭氏，年二十七夫故，孀守。現年五十六。

陳泮珍妻徐氏，年二十七夫故，孀守。現年五十七。

曹鈿妻譚氏，年二十八夫故，孀守撫孤。五十八歲卒。

鍾士成妻蘇氏，年二十七夫故，孀守苦節。壽七十六歲。

陳恒升妻盧氏，年二十九夫故，孀守。現年六十八。

陳喜珍妻黄氏，年二十八夫故，孀守。現年六十一。

陳克勤妻曾氏，年二十九夫故，孀守撫孤。壽七十餘歲。

謝復瑯妻梁氏，年二十四夫故，孀守。現年五十二。

謝復球妻梁氏，年二十六夫故，孀守。現年五十一。

鄭捷元妻莫氏，年二十八夫故，孀守撫孤。五十四歲卒。

李樹卿妻鄭氏，年二十八夫故，孀守。現年五十一。

鍾毓元妻孫氏，年二十九夫故。五十八歲卒。

鍾鳴琳妻彭氏，年二十二夫故。五十五歲卒。

鍾華召妻陳氏，年二十七夫故。五十五歲卒。

黄應輝妻李氏，年二十四夫故。現年六十一。

文成蘭妻黄氏，年二十八夫故。現年五十五。

梁居林妻劉氏，年二十一夫故。壽七十二歲。

鍾兆鳳妻馮氏，年二十一夫故。壽六十一歲。
鍾兆玉妻羅氏，年二十五夫故。壽六十一歲。
羅華彬妻馮氏，年二十二夫故。四十五歲卒。
梁樹棫妻李氏，年二十五夫故。三十六歲卒。
鍾琨妻梁氏，年二十九夫故。壽八十三歲。
馮鳳新妻楊氏，年二十七夫故。壽七十五歲。
龐士選妻劉氏，年二十三夫故。壽七十一歲。
龐宜中妻鍾氏，年二十八夫故。四十九歲卒。
阮紹瑞妻鍾氏，年二十九夫故。四十五歲卒。
陳廣普妻許氏，年二十夫故。三十九歲卒。
陳能宣妻鍾氏，年二十九夫故。七十九歲卒。
陳國章妻楊氏，年二十八夫故。三十八歲卒。
陳學繼妻羅氏，年十九夫故。三十二歲卒。
鍾永明妻韓氏，年十九夫故。五十九歲卒。
鍾兆賢妻劉氏，年三十夫故。五十二歲卒。
鍾永恭妻林氏，年二十六夫故。四十八歲卒。

陳能顯妻鍾氏，年三十夫故。壽七十七歲。
劉瑋妻鍾氏，年二十夫故。五十七歲卒。
劉文珠妻范氏，年二十四夫故。壽六十四歲。
劉天清妻黄氏，年二十三夫故。壽六十歲。
劉保清妻馮氏，年二十八夫故。壽六十四歲。
劉文科妻陳氏，年二十九夫故。壽六十五歲。
劉瓊妻黎氏，年二十七夫故。五十一歲卒。
劉鎮邦妻羅氏，年三十夫故。五十二歲卒。
劉鎮邦妾李氏，年二十六孀守。五十二歲卒。
梁應顯妻吴氏，年二十九夫故。壽八十九歲。
阮紹欽妻鍾氏，年二十四夫故。四十七歲卒。
陸生蕙妻鄒氏，年二十六夫故。壽七十六歲。
陸生芑妻陳氏，年三十夫故，壽六十歲。
謝後均妻蘇氏，年二十七夫故。壽六十歲。
黄釗元妻彭氏，年二十四夫故，孀守。現年五十。
江廷均妻葉氏，年二十夫客死，孀守。現年五十。

賴作梁妻莫氏，年二十二夫故。三十九歲卒。
賴復禮妻張氏，年二十夫故。壽六十二歲。
黄綱義妻廖氏，年十八夫故。四十一歲卒。
鍾絢華妻楊氏，年二十五夫故，孀守。現年五十。
李應泰妻許氏，年三十夫故，孀守。現年五十七。
李文智妻劉氏，年二十三夫故。五十九歲卒。
李子龍妻陳氏，年二十夫故。壽七十五歲。
黄成洸妻池氏，年二十八夫故。四十歲卒。
毛家有妻盧氏，年三十夫故。五十三歲卒。
陳兆桂妻李氏，年二十五夫故。壽六十九歲。
戴銓光妻梁氏，年三十夫故。壽六十一歲。
莫岐山妻方氏，年二十六夫故。壽六十三歲。
陳朝瑞妻李氏，年二十夫故，孀守。現年五十二。
陳育賢妻湯氏，年二十五夫故。壽七十歲。
陳道珍妻吕氏，年二十五夫故。壽七十二歲。
陳鍾秀妻張氏，年二十四夫故。壽六十五歲。

曹鑑宗妻揭氏，年二十夫故，孀守。現年五十七。
吴兆燕妻彭氏，年三十夫故，孀守。現年五十一。
李福妻胡氏，年二十夫故，孀守。現年五十二。
許日晶妻鄭氏，年二十八夫故，壽六十歲。
張其注妻曹氏，年二十八夫故。壽七十八歲。
張承良妻曹氏，年二十九夫故。壽七十二歲。
張宏謨妻方氏，年二十九夫故。壽七十四歲。
鍾其靈妻羅氏，年十八夫故，孀守。現年六十九。
鍾其槐妻李氏，年二十四夫故。四十四歲卒。
鍾文紳妻曹氏，年三十夫故。壽六十四歲。
戚世泰妻陳氏，年三十夫故，孀守。現年六十五。
黄培盛妻張氏，年二十八夫故。壽八十五歲。
黄居秀妻張氏，年二十夫故，孀守。現年五十。
羅家盛妻李氏，年二十八夫故。四十四歲卒。
羅元新妻劉氏，年三十夫故。四十二歲卒。
羅家瑜妻劉氏，年三十夫故。壽八十七歲。

羅士錦妻鍾氏，年二十四夫故。壽八十歲。
羅繼熊妻鍾氏，年二十夫故，孀守。現年五十二。
吴錦源妻鍾氏，年二十九夫故，孀守。現年五十。
黄紹中妻梁氏，年二十九夫故，孀守。現年五十。
梁甲華妻黄氏，年二十六夫故。壽七十六歲。
陳永泰妻李氏，年二十夫故，苦守。現年五十九。
鍾景麟妻吴氏，年二十八夫故。五十三歲卒。
鍾龍興妻李氏，年二十六夫故。五十歲卒。
黄汝儀妻蕭氏，年二十六夫故。壽六十四歲。
羅致清妻吴氏，年二十六夫故。壽八十一歲。
鄒佑德妻孫氏，年二十八夫故。四十二歲卒。
鄒學海妻全氏，年三十夫故。壽六十三歲。
鄒廷忠妻杜氏，年二十四夫故。壽七十歲。
鄒汝賢妻陳氏，年二十八夫故。壽六十歲。
李奕章妻劉氏，年二十夫故，孀守。現年五十二。
馬炳翰妻劉氏，年十九夫故，孀守。現年五十一。

羅麟昭妻宋氏，年二十夫故，孀守。現年五十。
羅元錦妻彭氏，年二十夫故。五十九歲卒。
吴懋昭妻劉氏，年二十一夫故。壽七十四歲。
吴樹榮妻黄氏，年二十夫故，孀守。現年五十二。
吴樹椿妻黄氏，年十九夫故，孀守。現年五十六。
羅其謙妻吴氏，年二十二夫故。壽六十三歲。
梁步升妻席氏，年二十夫故，孀守。現年五十四。
梁蘭華妻劉氏，年二十五夫故。壽八十三歲。
梁日升妻黎氏，年十八夫故，孀守。現年六十一。
梁應松妻鍾氏，年二十五夫故。四十一歲卒。
梁德華妻黄氏，年二十二夫故。壽七十二歲。
陳清芬妻黄氏，年二十一夫故。壽六十七歲。
鍾士宦其李氏，年二十四夫故。壽六十五歲。
劉廷鳳妻黎氏，年二十七夫故。四十八歲卒。
劉廷庚妻羅氏，年二十三夫故。三十八歲卒。
陳開蘭妻鄭氏，年二十六夫故。五十八歲卒。

全世賓妻梁氏，年二十三夫故，孀守。現年五十。

陳周仁妻全氏，年二十九夫故。四十歲卒。

陳闈標妻全氏，年二十夫故，孀守。現年六十二。

盧賢文妻陳氏，年二十五夫故。壽六十歲。

盧炳文妻梁氏，年二十夫故。壽六十七歲。

張雀書妻林氏，年二十六夫故。壽六十四歲。

李松年妻莫氏，年十七夫故，孀守。現年五十二。

李慕恒妻曹氏，年二十五夫故，孀守。現年五十。

王恩熙妻吕氏，年二十四夫故。三十五歲卒。

譚國典妻賴氏，年二十二夫故。五十歲卒。

龐堯妻張氏，年二十三夫故。三十三歲卒。

梁應宸妻羅氏，年二十一夫故。五十三歲卒。

林修章妻謝氏，年二十六夫故。六十歲卒。

（上俱采訪）

耆壽五代同堂附

林翰舉，壽百有四歲，親見七代。嘉慶三年，恩賜宣德郎，給『昇平人瑞，七葉衍祥』字樣造匾，建坊銀三十兩，加賞銀二十兩，緞二匹。

黎文魁，壽百有一歲。（上俱張《志》）

明知縣袁呈祥，壽百歲。見《貢生》，有傳。（據傳補）

李科，東蓮塘人，壽一百歲，親見五代。邑廩貢尹鼎元贈壽聯云：『派別三房三案首，堂開五代五庠生。』吴邑貢生陳聯珮題墓碑云：『燕翼溯先人，享西伯之遐齡，留三錫壽；馬鬣需次子，安東防之吉兆，崇四爲封。』生三子，長樹卓，九品，次泮芬，三泮香，俱案首增生。孫熙青，武案；熙蓁，俱武庠。曾孫培芳，武庠；培英，文庠。

職員羅翰，洞賓村人，壽百有四歲。同治七年，恩賜宣德郎，給『升平人瑞』字樣，建坊銀三十兩，加賞銀十兩，緞一匹。知縣伊贈楹聯云：『其人秉乾坤川嶽之精，鶴算松齡，盛事允宜推綽楔；閱世既三萬六千餘日，童顔兒齒，高風還擬繼彭鏗。』

縣丞職譚維藩，山脚村人。中年起家，自奉淡樸，處世優容，人稱長者。壽一百歲。

蕭朝文，高橋村人，恩職。壯年曾拾遺金，坐候失主，返之。五代同堂，子孫繁衍。壽一百歲。

龐景春，那良村人，恩職。壽百有九歲。
鍾元瑚，村仔人。
全文獻，石埇村人，恩職。五代同堂。壽百歲。
温大德，嶺仔村人。
黄明，谷倉灣村人，恩職。壽百有三歲，親見五代，子孫繁衍。報百歲在縣。
梁邦宧，金坡村人。
揭廷瑜，兩頭塘人，恩職。壽百歲。子恒宗，壽九十三。
全嗣成，山心村人。
梁日高，張公埠人。壽百有一歲，親見五代。
鄭信忠，中心洞人。
黄世章，提督仔村人。壽百歲。子富高，壽九十一。（上俱蔣《志》）
陳冠參，黄坭埇人。壽百有三歲。
何士成，東山村人，恩職。壽百歲，五代同堂。
陳永全，香山村人。壽百有六歲。
楊其芳，牛路嶺人。壽百有三歲。父文鳳，壽九十九歲。（上俱采訪）
已上俱百歲。

龍尚文，平成村人。

黎進朝，細河村人。

蕭修文，高橋村人。

陳紹儒，荔枝山人。

張其相，山營村人。（俱蔣《志》）

楊文鳳，牛路嶺人，其芳之父。

林登顯，烏坵園人。（俱采訪）

已上俱九十九歲。

龐日健，那良村人，恩職。生平恤貧濟困，人多感恩。今子孫繼世書香，皆餘德也。

監生劉傅宦，歲荒，施粥濟人。

陳朝光，西關荔枝園人。

監生黄光瑞，墩湖村人。

羅才章，陀村人，恩職。

龐烈焜，那良村人，恩職。

職員李上楷，大坡村人。

梁裕貞，官埇五里村人。

梁繩欽，大塘村人。

劉天成，梧村垌人。（俱蔣《志》）

楊萬新，塘仔山人，恩職。現存。

鍾汝琠，紅坎村人。

陳聖富，溪墩村人。（俱采訪）

已上俱九十八歲。

何其耀，鶴藪村人，恩職，賜冠帶。五代同堂。孫、曾八十餘人。

葉崇春，鴨牳塘人，恩職。

羅成綺，蕉頭湖人，恩職。

李步峻，三閣山人，恩職。五代同堂。

羅光盛，博教村人。

監生黄光中，垌村人。

張元清，燈草村人。

李廣集，龍窩村人。

職員羅成宇，黄班村人。

吴國輝，馬長鏡村人。

蘇雨福，香山村人。

林倫超，白沙村人，恩職。夫妻齊眉，五代同堂。奉賜『熙朝人瑞』匾。

吴文成，牛扼坡村人。

葉思權，鴨㸷塘村人。

李秀升，良村人。

陳秀，下洋墟人。

陳建鼎。（俱蔣《志》）

黄錦明，西儀埇人。

黄星瑞，黄竹山人。（俱采訪）

已上俱九十七歲。

明增生徐建綱，有傳。據傳補。

劉正能，馬瑙塘人，恩職。

庠生曹爾謨，瓦窑埇人。生平植品端方，終身教讀，不履公庭。

黄子泰，銅鑼埇人，恩職。親見五代。

馮士龍，黄牛坡人，恩職。

監生鍾思彰，蓮塘口人。
龐士紀，那良村人，恩職。
龐潭恩，那良村人，恩職。
陳周佫，西朗村人。
勞國壐，湍流村人。
監生羅斗緣，洞賓人。
龐德喜，水口村人。
陳依忠，香山村人。
李奇梁，鬱曹村人。
黄昇顯，大村人。
劉顯章，欖坡村人。
蘇元喬，香山村人。（俱蔣《志》）
全子諒，東橋村人。
林寶明，西洋垌人。
何士賢，下路村人。
陳士安，六格村人。

李世綱，火燒埇人。

王國香，高平村人。（俱采訪）

已上俱九十六歲。

千總武生鍾思瑞，蓮塘口人。恩賜修職郎。知縣邱以題軍需，征西匪，賜『義勇可風』匾。八十五歲重游泮水。殷學憲賜匾曰『壽卜期頤』。知縣王賜匾曰『耆英衍慶』。

鍾日茂，魚梁埠村人，恩職。妻駱氏，壽九十一。

鍾世邦，大王洞村人，恩職。

蘇振元，多浪村人，恩職。

揭敦能，珠玉城村人，恩職。

曾聖傳，安鋪墟人，恩職。

吴昌秀，豐饒村人。

陳國綸，長田村人。

勞錫山，梅港村人。

胡顯，那福村人。

劉從忠，略底村人。

黄文華，黄墩村人。

李茂青，中心塘人。
揭全，緑管埇村人。
涂作就，欖樹下村人。
謝紹佳，墩陂村人。
鄭振發，上坡仔村人。
楊如材，黄垌村人。
羅龍清，蘇洲垌村人。
蘇岑生，香山村人。（俱蔣《志》）
黄敏達，齋塘邊人。
楊高聚，上角垌人。
鍾毓麟，紅坎村人。
陳世秀，三枝樹人。
林而成，後窑村人。（俱采訪）
以上俱九十五歲。
張九城，高塹角人，恩職。子廷鎮，九十一。孫其興，九十歲。三代高壽。
蕭子常，篁竹村人，恩職。生平重學崇儒，親見子孫游泮。

陳正宗，排嶺村人。

李廷彬，霞山村人，恩職。忠厚傳家，親見五代。

黄錦，新屋村人。

胡卓英，塘雷村人。妻陳氏，九十六歲。

龐升爵，那良村人，恩職。

吴尚全，下良塘村人。

鍾常文，白水塘村人。

陳而珠，松平村人。

勞成珣，湍流村人。

勞士仲，梅港村人。

戴爨法，三角塘村人。

郭忠，窑頭村人。

林達，那良埤人，五代同堂。

例貢羅重光，西村堡人，五代同堂。

黄紹俊，黄盤山村人。

葉天昌，裏頭山村人。

蘇才三，山徑村人。

郭子和，窑頭村人。

莫士廣，譚福村人。

陳簡，秧脚地村人。

曹爾智，那腮村人。

張翰清，燈草村人。

謝佩，魚梁頭村人。

蔡球，坡鳳墪村人。

陳清琪，三合村人。

蘇鎮華，虎橋村人。

陳存義，南邊埇人。

陳元盛，東相塘村人。

謝德鳳，墪陂村人。

黄開傳，西岸村人。贈武略尉。（俱蔣《志》）

龐應任，秦勝村人。

羅玉宗，蘇州垌人。

潘金淇，那李嶺村人。

全達生，新村人。

余理，大氹村人。（俱采訪）

已上俱九十四歲。

監生何潤藻，下路村人。生平排難解紛，鄉鄰推重。親見五代。

莫斯信，譚福邊塘人。

羅明珹，石陂村人。子文昭，九十一歲。父子雙壽，五代同堂。

龐佳文，那良村人。

陳東義，石塘村人。

江璧光，岐嶺倉地村人。

蕭士昆，高橋村人。

連天文，蒙村人。

徐將泰，西瓜坡人。

黃兆楨。

（上俱恩職）

監生黃振爵，城内人。

吴輝祖，黄泥園村人。
李悦華，東蓮塘村人。
監生涂源進，蕉林村人。
鍾挺芳，清湖村人。
勞乃富，湍流村人。
監生龍鎮福，龍村人。
袁朝芳，蒲甘村人。
黄元旦，赤嶺村人。
監生劉上才，東村人。
全康祖，東橋村人。
監生鍾金聲，飄竹村人。
宋建英，米鶴村人。
龍寶，三叉村人。
楊東秀，得要村人。
曹登卓，山管村人。
曹爾堂，那腮村人。

何鼎元，山合村人。

黄友來，碗窑村人。

楊鳳東，謝鞋村人。

黎朝文，高嶺村人。

羅定安，茶山村人。

黄相治，中渡村人。

羅泮文，書房地村人。

陳國豐，禾仔田村人。

陳瓊珠，禾仔田村人。

揭恒宗，兩頭塘人。（俱蔣《志》）

監生黄瑞光，赤嶺三塊石人。

鍾卓成，牛角埇人。

曹鍈，塘尾村人。

謝世傑，大窩村人。

李秀璉，樟木根人。

鍾元德，龍口埇人。

劉秉政，深水垌人。
陳聖優，六格村人。
監生鐘思澳，石仔嶺人。
陳明偉，良田村人。（俱采訪）
已上俱九十三歲。
楊瑚，謝鞋村人，恩賜修職郎。生平持己約，待人寬。每逢年節，親鄰困乏，必多饋贈。
鄒文楷，山營村人。妻張氏壽九十九。夫婦上壽，終身歡愛。五代同堂。
曹天鏓，瓦瑶角人，五代同堂。
卜得安，蛤鳌村人，五代同堂。
劉世運，低仔浪村人。
林士觀，橋頭村人。
龐振良，那良村人。
劉興邦，那賀人。（上俱恩職）
監生鍾友稷，蓮塘口人。
吴品雲，低村人。
鍾元德，龍九埇人。

職員胡文偉，塘雷村人。
陳明偉，良田村人。
黃毓俊，碗窑村人。
鄧儒泰，大埇村人。
梁佳偉，珠江村人。
巫開聖，高垌村人。
何鼎岳，山合村人。
蕭子旭，大塘村人。
陳良明，和窗村人。
黃友冰，三角塘人。
符國有，山車村人。
朱孔會，三甲村人。
宋永顯，黃泥塘村人。
陳紹賢，東相堂村人。
鄭龍光，石灣村人。
許士振，西關人。

鄭秀，牛扼嶺村人。

廖喜鳴，黄毛嶺人。

羅世綸。

涂珍遠。

（俱蔣《志》）

龐嶽秀，那良村人。現存。

羅世成，鶴地村人。

何寶盛，陳村人。現存。

何定益，東山人。

張其蘭，環肚村人。

譚承歡，青山脚人。長子昱世，次子珍世，俱壽八十餘歲。一門壽考，洵罕有也。

羅學興，風梢村人。

陳鍾仁，鋪仔嶺人。

黄友璧，河仔村人。

袁發，靈山村人。

林邦馨，三墩村人。

監生趙玉珍，太平村人。現存。
全貴，環尾村人。（俱采訪）
以上俱九十二歲。
李和春，勒塘村人。母黃氏，子泮興，俱壽九十一歲。三代上壽，五代同堂。
陳秩，鄉賓。河村坡人。
千總職李泮興，三代上壽。汪學憲贈『遐齡嘉福』匾。
龐思敬，那良村人。
宋國蘭，蟹地村人。恩賜修職郎。樂善好施，儀型足式。
鄧宗琰，謝鍪村人。
梁廷清，荔枝江人。妻陳氏，壽九十三歲。夫妻上壽。
監生羅統綰，坡嘴村人，五代同堂。
黃守道，毛黎村人。
監生陳敏熙，西朗村人。
增貢蕭英文，大塘村人，重游泮水。
監生陳聖謨，楊梅根人。
連開任，蒙村人。

梁德參，白藤村人。
周富，堡下人。（上俱恩職）
吴彰周，良塘尾村人。
陳挺元。
庠生高達，梅黎村人。
鍾尚才，草塘仔村人。
勞世通，湍流村人。
監生吴瑜，黄泥園人。
劉世軒，東村人，親見五代。
陳敏昇，黄堂村人。親見五代，子孫繁衍。
職員李趙東，城内人。
黄元顯，赤嶺村人。
黄正文，埏埇村人。
監生林登進，老閣地人。
全如東。
全貴，俱灣尾村人。

監生鍾思玉，蓮塘口人。
宋建泰，米鶴村人。
阮國芳，竻埇口人。
監生王旦，溝尾坡人。
羅尚真，茶山村人。
吴紹璠，徐村人。
吴仁欽，竹根村人。
鍾道德，秧地坡人。
黄升，舊村鄉人。
羅有武，茶山村人。
徐漢，生鷄村人。
黄友禎，碗窑村人。
黄士宏，赤嶺村人。
黄國柱，例授文林郎。
莫國檽，老莫村人。
朱應甲，三甲村人。

勞文樞，湍流村人。
黃建邦，西岸村人。
黃天柱，鳳地村人。
鄭家福，橋頭嶺村人。
陳紹升，東蓮塘村人。
黃日祥，河仔村人。
黃雲昱，王大夫村人。
吴漢鳳，探塘村人。
鄭偉，茅坡村人。
黃士勛，坭嘴村人。
鍾炳，鹿鳴村人。
謝明輝，鏊坡村人。
葉松。
葉天新。
葉顯。
葉蓮。

（俱裏頭山村人）

黄富高，提督仔村人。

張廷鎮，高鼇角人。

羅文昭，石坡村人。（俱蔣《志》）

鍾元泰，龍冂埇人。

黄元行，黄土嶺人。

何汝文，東山村人。

職員李成智，新屋場人。

訓導江熙和，岐嶺村人。

監生黄正中，銅羅埇人。

黄儒文，揚武塘人。

陳傳章，和窗村人。

監生陳士豪，西朗村人。（俱采訪）

以上俱九十一歲。

鄉賓陳廷琠，號一可，東木埇人。貤贈文林郎。生平性剛正，敦孝友，好讀善書。爲先人謀窀穸，遂棄儒業，習形家；遞年覓穴山頭，幾於鐵鞋踏破，經手扡穴，人稱吉地。

陳瓊禄，松屏村人。有傳。

庠生周文顯，早禾垌人，品端學粹。四子俱列膠庠。

鄉賓何上保，東山村人。五代同堂。

葉永朗，塘仔村人。妻梁氏，壽九十八歲。夫妻同登上壽。

黄之球，銅羅埇人。親見五代。

鄉賓王元祥，横坡村人。

廖揚振，牛頭塘人。忠厚可風。

吴家宴，黄泥田人。

梁宜昇，白藤人。

葉天繼，裹頭山人。

楊蓁，堡下村人。

黄暢，上縣人。上俱恩職。

梁挺漢，官埇人。

文士茂，大車村人。

庠生羅名盤，茶山村人。

吴纘周，良塘尾村。

陳而英，松屏村人。
職員陳魁文，良田村人。
吴玉成，豐饒村人。
陳璧，荔枝境村人。
鍾思振，蓮塘口人。
鍾士璉，草塘村人。
監生謝正禮，水仔村人。
戴紹堯，三角塘人。
劉成秀，東村人。
監生林士國，鳳塞村人。
劉定保，鴉翠村人。
黄日高，齋塘邊村人。
監生劉清揚，東村人。
黎乾宗，石教村人。
葉天康，裏頭山村人。
監生張廷光，蒲蘇村人。

張建鳳，水尾村人。
張裔書，蒲蘇村人。
職員阮國熙，簕埇口人。
陳富，楊梅根村人。
曹元，高山村人。
監生龍瀠，黄竹垌人。
陳儒林，秧脚地村人。
涂萬盛，鴨食塘人。
增貢楊崑，堡下村人。
張萬清，燈草村人。
龍登雲，流江村人。
監生關世嵩，塘尾村人。
梁杏芳，埌仔村人。
謝智興，横坑仔村人。
監生張齡，蒲蘇村人。
廖承豪，大垌村人。

廖承巧，金魚塘村人。

劉傅爾彰，至葉塘人。

廖振茂，大垌村人。

梁盛昌，白藤村人。

楊鳳居，謝鞋村人。

李拜文，烏石村人。

楊紹山，青平墟人。

簡富源，石狗村人。

劉旺，梧村垌人。

黎士禄，垌頭村人。

謝君華，木候村人。

李名昌，龍窩村人。

楊秀崇，黃垌村人。

鍾士榮，塘甲村人。

龍雲朝，周村人，五代同堂。

葉子賢，裹頭山村人。

吴如全，柑子墩村人。
鄭資琦，茅坡村人。
張其興，高墩角人。（俱蔣《志》）
鍾道德，秧地坡人，恩職。
訓導職附貢生蕭茂墀，篁竹村人。八十一歲雙壽時，并重游泮水。妻伍氏，壽八十九歲。
候選訓導戴尚新，三角塘人。
羅丕綱，野鴨塘人。現存。
阮大茂，禄充口人。
鍾日相，魚龍埠人。
許定揚，半月壟人。
張其芳，泮埇尾人。
張其勤，山口仔人。
張廷璉，崩塘村人。
監生羅爚南，豐垌村人。
勞乃宏，湍流村人。
黄昭純，赤嶺村人。

楊其楨，牛路嶺人。

巡政廳李國範，陂頭村人。現存。

全如東，環尾人。

李源滋，三閣山人。（俱采訪）

以上俱九十歲。

女壽

黄氏，監生蕭凌碧妻，蕭潘媳，庠生黄世奇女。康熙五十八年己亥生，壽一百有一歲。生三子，季監生肖珣。（張《志》）

全氏，貤封儒林郎蕭士寶妻，壽百有一歲。光緒四年，奉賜『貞壽之門，五代同堂』字樣，并給建坊銀三十兩，加賞銀二十兩，緞二匹。五年，知縣鄒建坊於青陰橋大路邊。知縣鄒賜『康强逢吉』匾，題聯云：『聖壽祝初旬，壽國壽民留得壽星輝寶婺；部文頒粤海，文孫文子宏開文讌會瑶池。』提學吴賜『曼齡紼福』匾，題聯云：『堂開六葉，年紀六朝，恰符亥算六身甲子六百六度；禮守三從，恩承三錫，同咏壬林三爵丁男三十三人。』高廉道齊賜『澤蔭雲礽』匾，題聯云：『壽周重甲，秀起重孫，豫説樂期頤於人爲瑞；年逾百齡，祥徵百福，坤貞著柔順應地無疆。』邑舉人陳炳章題聯云：『昌聯五世，瑞紀百齡，恰欣祝葉華封多福多壽多男子；寵錫九重，徽揚四德，長此頌符天保如山如阜如岡陵。』

盧氏，庠生龐大經妻，壽百有一歲。光緒十五年，奉賜『貞壽之門，五代同堂』字樣，給發坊銀三十兩，建坊大於路墟旁。

李氏，文林郎羅翰緌妻，壽一百歲，五代同堂。長子，壽八十；次子，六十九；長媳林氏，壽九十六；次媳劉氏，壽八十四；孫媳林氏，壽九十一；孫士光，壽八十；侄媳，節孝林氏，壽九十三。孫士奇，貢舉，官教授。曾孫汝彦，登賢書。曾、玄游庠食餼者十餘人。世享大年，簪纓濟美，人共羡之。

李氏，陸誕玉妻，壽一百歲，五代同堂。夫壽八十，翁姑各壽七十七，祖母壽八十七，長子壽六十六，長媳壽八十三，次子、次媳各壽七十九，三子現年七十五，三媳現年七十一，長孫現年六十，三代重逢花燭。（俱蔣《志》）

譚氏，鍾日超妻，魚梁埠人，壽百有三歲。光緒十五年，奉賜『貞壽之門』字樣，給建坊銀三十兩。（參蔣《志》、采訪）

李氏，監生黎堂鈺妻，壽百有一歲，封安人。奉賜『五代同堂』字樣，并給建坊銀兩。

龔氏，黄義中妻，庠生錦熙祖母。壽百有二歲，五代同堂。樊學憲贈匾曰『上壽延鴻』。

詹氏，黄揚顯妻，壽一百歲。夫因烏石二海寇劫掠西村、平垌等處，奮勇擊賊，兄弟三人同時陣亡。

黄氏，鍾帝天妻，壽百有一歲，親見五代。長子涵秀，壽八十八；次涵明，壽八十七。一門壽考，亦罕覯也。

鍾氏，庠生劉士楷妻，壽一百歲，親見五代。子孫貴顯。

曹氏，廪生周正惇妻，庠生鼎英母，壽一百歲。

李氏，何廣妻，廩貢冠賢祖母。壽一百歲，親見五代。

葉氏，周榮祖妻，郡庠文顯母。壽一百歲，親見五代。

張氏，林□□妻，蔣《志》誤作林聯昌妻。采訪，實聯昌之母。

謝氏，周冠英妻，拔貢尊經祖母。壽一百歲。

王氏，許球妻，壽一百歲。

董氏，管茂成繼妻，壽一百歲。

李氏，麥秀興妻，壽百有一歲。

林氏，鍾思良妻，壽一百歲。

伍氏，梁廷國妻，壽一百有三歲。

蕭龐氏，陳秀妻，壽百有一歲。夫妻雙壽。

鍾氏，曹克達妻，壽百有一歲。

温氏，李廣榮妻，壽百有三歲。

劉氏，鄒文英妻，壽百有三歲。

陳氏，譚華傑繼妻，壽一百歲。

李氏，黄就寬妻，壽百有二歲。

何氏，薛朝東妻，壽一百歲。

楊氏，吴齡妻，壽百有四歲。
羅氏，劉士祥妻，壽一百歲。
廖氏，劉士綸妻，壽百有三歲。
吴氏，阮思卓妻，壽百有一歲。
潘氏，葉天豐妻，壽百有一歲。
賴氏，盧光妻，壽一百歲。
林氏，曹有妻，壽百有二歲。
李氏，鍾秀妻，壽一百歲。
廖氏，吴秀鳳妻，壽百有一歲。
黄氏，陳上珍妻，壽一百歲。
陳氏，張光廷妻，壽一百歲。
梁氏，葉永朗妻，壽百有一歲。
陳氏，鄒永祥妻，壽一百歲。
彭氏，何上進妻，壽百有二歲。
林氏，羅國瑞妻，壽一百歲。
張氏，鄒文楷妻，壽百有二歲。

陳氏，劉傅俊顯妻，壽百有四歲，連閏。

李氏，羅萬藻妻，壽百有一歲。

龐氏，李柱妻，壽一百歲。

宋氏，李潤德妻，壽一百歲。

楊氏，蕭順受妻，龍脛村人，壽一百歲。

劉氏，楊康妻，壽一百歲。（俱蔣《志》）

李氏，鍾棠華妻，蓮塘口人，壽百有一歲。

許氏，何寶聰妻，陳村人，壽百歲，五代同堂。

周氏，曹杭妻，山心人，親見五代，壽百歲，連閏，現存。

江氏，鍾廷琨妻，新良村人，壽百有一歲。

賴氏，劉廷緝妻，深水垌人，壽百歲，五代同堂。

何氏，葉觀相妻，花平水人，壽百歲，連閏。

李氏，黄家撝妻，赤嶺人，錦裳六世祖母，壽百歲。

黄氏，李國柱妻，三快田人，壽百歲。

彭氏，何上薦妻，東山人，壽百歲。（俱采訪）

方技

清

鄒景孫，字壯軒，小名阿乙，丹竹埇村人，士楨長孫。以文弱書生經理良垌墟無極寺及施渡租數目。有異僧求作寺祝，談次知出少林，精技術。求教，許之，乃於密室教授。初以穀米實斗中，令兩手頻插，傷皮肉，洗以藥，尋愈。繼易河沙，再易鐵沙，亦如之。指可插入火磚墻，取磚出，又以石條方五六寸，高二尺許，頂圓大於柚，令以手頻頻揸舉。久之，兩手指如鋼條。以手斬寺前大木，漸斷之，不持寸鐵也。有鐵手箍一對，形如破竹，外面起脊，如鷄胸，兩旁有小孔，可穿繩縛臂上。又令著錫靴，重十六觔，學跳，久之，去靴可跳高數丈。三年技成，僧授以傷藥，遂去。景孫家小康，性和易，自得神技，愈斂抑，不惟不與人鬥，并不輕試其技。體漸强，棄文就武。嘉慶間，應試高郡。武童與營兵起釁，集千百人，營兵尤衆而凶，武童弗敵。景孫至，隨取街上屠户肉檯竹片一截，與兵鬥，竹片所至，如掃籜葉，兵遂披靡。官長彈壓之，事乃息。一郡始知景孫神技。卒年六十九，子孫頗盛云。（采訪）

宦者

唐

楊思勗，本姓蘇，羅州石城人。爲内官楊氏所養，以閹從事内侍省。預討李多祚功，超拜銀青光禄大夫，行内常侍。思勗有膂力，殘忍好殺，從臨淄王誅韋氏，遂爲王爪士，累遷右監門衛將軍。開元初，安南首領梅元成叛，自稱『黑帝』，與林邑、真臘國通謀，陷安南府，詔思勗將兵討之。思勗至嶺表，鳩募首領、子弟兵馬十餘萬，取伏波故道以進，出其不意。元成遽聞兵至，惶惑，計無所出，竟爲官軍所擒，臨陣斬之。盡誅其黨與，積屍爲京觀而還。十三年，五溪首領覃行璋作亂。思勗復受詔率兵討之，生擒行璋，斬其黨三萬餘級，以軍功累加輔國大將軍。後從東封，又加驃騎大將軍，封虢國公。十四年，邕州賊帥梁大海擁賓、横等數州反叛，思勗又統兵討之，生擒梁大海等三千餘人，斬餘黨二萬餘級，復積屍爲京觀。十六年，瀧州首領陳行範、何游魯、馮璘等聚徒作亂，陷四十餘城。行範自稱帝，游魯稱定國大將軍，璘稱南越王，割據嶺表。詔思勗率永連道等兵及淮南弩手十萬人進討。兵至瀧州，臨陣擒游魯、馮璘，斬之。行範潛竄深州，投雲際、盤遼二洞。思勗率衆攻之，生擒行範，斬之。斬其黨六萬級，獲口馬金王〔一〕巨萬計。思勗性剛决，所得俘囚，多生剥其面，或剺髪際，掣去頭皮，將士以下望風

〔一〕『王』，當作『玉』。

上數日，乃探取其心，截去手足，割肉而啖之。其殘酷如此。二十八年卒，時年八十餘。（《舊唐書》）

釋老

天寧僧，宋時邑人，出家於雷州天寧寺。一日，至縣南十里山上，忽遇一人，拜之曰『望父恩未報，天譴來此』。後因名此山爲望恩山，亦名和尚嶺。（張《志》）

無之僧，俗姓楊，豫章新城世家子也，秉性願慤。康熙三十四年，携資來石煮海。一日，至城關帝廟，忽爾動念，遂祝髪受戒，嚴持戒律，苦行弗替。一旦，豁然有省，得曹溪正宗法。不將法眼玩世，惟以濟人爲務，遇窮苦無告者，解衣推食無少靳，世外世内類德之。越數十年，其妻兒自豫章來尋。僧聞而中止之，力拒弗見。於東聖禪林開堂説戒，四方衲子與在俗皈依者雲集。若僧者，志堅願大，清修力行，其視空談寂滅者，直相徑庭矣。（同上）

正合僧，廉州栅口人。少負不羈，有超出塵世之想。長遂棄家，祝髪爲僧。嘗雲游至縣北五十里之龍溪山，見山半石室豪光，往迹之，得銅觀音像三。因乞其地，募建華藏寺以奉祀之。僧拜佛茹素，苦行弗替。晚年嘗入石室坐禪，絶食數日亦無恙。迨將圓寂，預知其期，披袈裟，命徒扶坐竹几，端然而逝，五六日神色如生。其徒欲加金漆，以生佛事之。七日後，色始變，瘞之。是亦空門所罕覯也。（蔣《志》）

石城縣志卷八

賴斌分纂

藝文志

經部

《易經旨意》，明黎民鐸撰。（蔣《志》）

《周易一説》五卷，清鄒士操撰。

《翼經覽要》四卷，清鄒士操撰。

《學庸箋注》，清歐陽絢撰。

《四書旁瀋》一卷，清陳六徵撰，關任龍序。

關《序》：

『竊惟孔孟之書，文似布帛，味同菽粟，粗心人未能領取也。洪惟我朝，聲教四訖，天語丁寧，「四書」命題，學人勇於進取。家有洙泗，户有鄒魯，所以求不犯疑者，功在「四書」。「四書」，孔語是自然，孟語是事實。要冷看，要熟讀，子朱子顯示人以觀書之法矣。使筆抹青紅，能無一字，豈致説鈴書肆亂吠蒼黄乎？予自辛酉成進士，歸授生徒，諵諵説法，相期吾黨，每於「四書」加之意。廉江陳生六征種學績文，心游濂洛。丁卯來學，居心遠到，閑嘗所輯之書有數種。種種出人意表，足徵求學之宏。而《四書旁瀋》博極訓詁，根極理要，藍本乎先正，折衷於至當，尤不朽之盛業也。出而問世，當必紙貴洛陽，價重鷄林矣。』

《六經注疏》，清陸喬松輯。

《學庸解》，清李實輯。

《四書摘要》二十卷，清陳尚翎輯。

《五經旁注》十卷，清陳尚翔輯。

《周禮易解》二卷，清陳尚翔輯。

《周易本義輯録》四卷，清余雲馨女士輯。（俱同上）

《爾雅毛傳詁異考》一卷，清江國澄撰。（采訪）

《春秋穀梁傳條例》十卷，清江慎中撰，汪鳴鑾序，俞樾序，葉昌熾序。

汪《序》：

『《穀梁》簡質，自漢以來，其學未顯。前儒謂范注不曲從傳，優於元凱。左癖不知武子之失，正在不能盡通傳意，而好爲異同。作者所舉三十例，囊括條貫，若綱在綱，紹尹氏之微言，起劭公之廢疾。所謂好學深思，心知其意，海濱孤詣。陳覿樓後，安得不推君爲巨擘！』

俞《序》：

『《春秋》自鄒氏無師，夾氏無書，於是傳《春秋》者，惟左、公、穀。而漢博士有左氏不傳《春秋》之説，然則傳《春秋》者，惟公、穀二家矣。本朝經學昌明，超逾前代，而治《春秋》者，喜言公羊謂孔子立素王之制，托王於魯。變文從質，新周故宋，陳義甚高，立説甚辨。余初亦喜之，孰知數十年來，學術之大變即伏於此。然則經術不可不慎也。何劭公序云：「其中多非常異義可怪之論。」夫經者常也，非常異義則非經也。漢宣帝時，丞相韋賢、長信少府夏侯勝、侍中史高等，皆言《公羊》齊學，《穀梁》魯學，宜興《穀梁》。而鄭君論三傳亦曰：「《穀梁》善於經，蓋《穀梁》體例甚精，而義理甚正，無非常異義可怪之論。」故《公羊》有弊，而《穀梁》無弊。然其辭句簡古，語意深奧。又自漢以來，一奪於《公羊》，再奪於《左氏》。入國朝，又奪於《公羊》，而《穀梁》幾成絶學。百餘年來，溧水王氏、鎮江柳氏、海州許氏稍知治《穀梁》，嘉善鍾氏之書最後出，而所得爲最多。鍾氏子勤，余舊友也。書成以稿本寄示，亦采鄙説一二事。余深愧無以副其下問之意。今年孫兒升雲自京師還，又奉其師楊蓉浦先生之命，以其同鄉石城江孔德孝廉所著《穀梁傳條例》見示。余讀之，其書十卷，爲條例者凡三十，每條各引傳文若干條，而自爲説即附其下。其説始隱、桓，終獲麟。余少時作《春秋》絶筆，獲麟説頗同此意，深喜其不謀而合。其尤善者，則尊周親魯，故宋之説獨得大義。舉公羊家之非常異義，一掃而空之。若本此條例刺取范注楊疏，及國朝諸儒之説，去非存是，滙爲巨編，安知不駕鍾氏而上之哉？余衰且老，學殖荒落。往年於鍾氏書，尚不能有所匡助，於此書又何禆焉？惟念方今學術之弊，皆誤治《公羊》者，積而成之，欲救其弊，非治《穀梁》不可。故深望江君之俛焉，致力於是書，而卒成之也。」

葉《序》：

「《春秋》者，周公遺制，而魯史記之舊文也。仲尼傷獲麟之虛應，悼王者之不作，有所褒諱抑損不可書。見口授弟子，厥初傳者五家。騶氏無師，夾氏無書。公羊氏最先立漢室，承戾園之緒，平石渠之訟。穀梁之學，始置學官。哀、平以來，專尊左氏，江左中興，二傳殆絶。然何氏漢學猶存全豹，榮廣浩星稀如星鳳。范汪父子雖號專家，納糾獲拿，昌言致傳，是猶蠹生於木，還食其木。四門博士，不逮沖遠，邢昺刊正，多失原第。國朝諸儒，言公羊者，項背相望。而穀梁惟許氏、柳氏粗有條貫；嘉善鍾氏，尤爲大師。

「柳氏鈔最等諸自鄶月南所詳。惟時月日，且謂穀梁内傳，公羊外篇，秦越一家，吴楚等失。鍾氏牽合異師，時有乖剌，如帥師、内外、前後有異，稱字爲褒，公左通例并爲痟痏，有待匡飭。石城江孔德孝廉治《春秋》經，雅好穀梁，謂其書善，經清而不短。自晋以來，微言大義，没於鶩沙碓石，昏然長夜不可復旦。爰爲博采通論，析其疑滯，創爲條例都十三篇。君以經學受知於汪侍郎，師以其書，授昌熾俾讀之，裒舉始終，訖於雜辭。若天子之宰通於四海，則援翟方進之説。文無天，定無正，則援唐明經所稱，尹更始諸人之説。蒼龍大辰，上推劉向。玉英繁露，旁徵仲舒。王人書字，摭高密之遺文；嗣子稱侯，宗仙民之古訓。要皆推本，曩典異於鑿空。而且五經異義，閑詁聘眺之禮。三世傳聞，不信張大之辭。王充所謂語增範本之『所』字舛，凡『所』是正，咸有依據。又若善伊，吴語畫我魯言。有繼有顧，釋語助之，不同傳信傳疑，辨經文之。蓋闕兼甄雅訓，旁采音切，而僕所尤服膺者，則尊周親魯，故宋之説也。夫東遷雖降，非亭社之既屋。西方可懷有下泉之慨嘆，何以端門受命？悍然制法，共主守府，遽就祧列繹君言，而知黜周土魯，非聖人之意也。猗那七篇，存考父之遺什，循墻之命，溯昌平之家風。宋雖殷後，實惟祖國先河之義。亦宜内諱，何以諸儒不詳？尊祖繹君言而知新周故宋，當二王後亦非聖人之意也。是皆非常異義，後師未言，懸諸國門，一字不易。嘗謂三科九旨，原出董子。其書具在，可助墨守。賈服雖亡，亦存厓略。惟陸氏所列穀梁十家，什不存一。而君乃於百世之後，掇拾殘燼，卒使榛莽既闢，康莊共由，芳風所鼓，游塵遂息。非好學深思心知其意者，其孰能之！藏山之業，世有桓譚，昌熾不敏，敢爲喤引。」

案：江慎中先生《春秋穀梁傳條例》，初脱稿於癸巳，原止三十篇。至丁酉歲重加訂改，乃增《入世變例》《重衆貴民例》二篇。諸先生序文，皆據初稿而作，咸以三十篇言之。其增入之二篇，諸先生作序時，實未之見。

《春秋穀梁傳條指》二卷，清江慎中撰，自序。

《自序》：

『慎中年逾二十，始有志於治經，就先兄篠野先生而問業焉。先生素喜稱述魯學。嘗言申公之《詩》，大夏侯之《書》，高堂生之《禮》，瑕丘之《春秋》，皆魯學也。又言《易》無魯學，《禮》無齊學。慎中嘗記其言，爲《西漢魯學齊學家法考》。謂魯學諸經傳於今者，惟《禮》與《春秋》完善無缺。《禮》學賴有鄭氏師法不墜。鄭雖通學不守一家，然《禮》經別無異説，尚可考見魯學之遺。春秋穀梁之學，東漢已微。范氏滅裂，師法刊落，舊時致學者以《春秋》爲不備之經，視《穀梁》爲無聊之傳。然《穀梁》文義簡奥，猝不易通，當必有精義爲諸儒所未覺者。若能覃研其業，發前人未發之隱，亦一樂也。慎中感先生之言，遂專致力於《穀梁》。每私謂《穀梁》與《公羊》同出子夏，而《公羊》所傳有張三世通三統諸大義，治《穀梁》者，乃概無之。豈《公羊》之説，皆王充所謂語增者與？抑《穀梁》果爲廢疾而不可起與？斯理不明，幾至廢業。沈潛反覆，寒暑屢更，遂真有若思之，思之鬼神告之者。三十以後，疑團漸釋。而惜乎先兄已歿，不能面質之。每憶遺言，未嘗不潸然出涕也。光緒癸巳始撰《穀梁條例》三十篇。甲午携入都門，就正於當世之深於經學者，皆不以爲謬。「尊周親魯」，故宋之説，尤爲時所稱道。臨桂龍松岑先生繼棟，謂爲確解定論。而長洲葉穀裳，太史昌熾，且有「懸諸國門，一子不易」之譽。見所作序文。慎中歲媿其言，而以絶學久微，吾斯未信。獲諸君之許可，未嘗不援以自壯也。前此亡友績溪程蒲孫、太史秉釗，嘉應饒輔星、吏部軫，皆勸慎中別爲《穀梁》作注，而德清俞曲園先生樾爲作《穀梁條例序》，亦勗以俛焉。肆力於是，而卒成之。乙未下第南還，遂草創爲《穀梁傳箋》，初名《解詁》，冀就此專家孤業以副諸君之期望。然而兹事重大，未可以歲月成也。往讀桓十四年傳，有隱桓定哀遠近之語；哀七年傳有天下一國一家之文，知其指與公羊三世相近。然於臨一家之言，終未盡瞭。故訂條例時，散著其説，未敢究極言之。至是細勘隱桓二篇經傳，始悟所謂「一家」者，爲取義於家族，《春秋》特托家族主義於隱桓之世，以爲進化之初級世變之指，遂以大明，箋義告成，未知何日，欲先改訂條例，以其説入之。而詳審條例一書，又覺其體例有未安者。《春秋》所書之事，如朝聘會盟、侵伐遷滅之屬，與夫日月名地之詳略，皆可就經文而比其異同，謂之例可也。王正伯統諸大義，不盡可以文字見者，無異同之可比。而亦强名爲例，與彼參列，迴不侔矣。初訂條例時，本略仿劉逢禄氏《公羊釋例》之體，既自覺其不安，遂析諸篇而出之，合以世變之説，其類有十。竊沿《公羊科指》之名，名之曰《春秋十指》。又以條例舊體雜録，經傳理緒不清，欲變革之而未得其術。初惟隨舉隨論，略同《禮記》，稿本已粗具矣。終以未饜於心，沈吟累月，易用今體，揭十指之目而逐條詳説之。條分縷析不憚辭費，其體實爲古人未有。良以諸説，皆由創立，無所依籍。不如是不足以清眉目而窮端委也。撰次既成，題曰《春秋穀梁傳條指》。草創於丙申，變革於丁酉，大加修改於甲辰，而細爲審定於丁未，前後十有二年。中間往往牽於他業，作輟無恒。故雖寥寥數卷之書，亦多歷年所而後脱稿，蓋著述若斯之難也。條例餘篇，尚有須分析合并者，而傳箋之作，亦終當屏棄。他務畢，吾力以就之。特因《條指》之成，詳記其緣起如此。若夫著述大意，已具於前後總論，不復贅云。』

《春秋穀梁傳箋釋》二卷，清江慎中撰。

《春秋穀梁經傳解詁》四卷，清江慎中撰。

《用我法齋經説》二卷，清江慎中撰。（俱同上）

史部

《奏議》一卷，明黄充撰。（蔣《志》）

《石城縣志》，清梁之棟修，何嶠輯。（阮《通志》）

梁之棟《序》：

『嘗聞邑之有志，猶夫國之有史也。國有史，則朝聘、會同、禮樂、兵刑之典有所寄。邑有志，則山川、人物、官政、田賦之迹有所考。邑志載一邑之事，猶之國史載天下之事，皆以垂不朽也。所繫豈小小者與！

『余以不敏，承乏石邑，心勞政拙，日切飲冰，才薄學淺，媿無片善。當簿書追輸，迄無寧晷，而精神亦已敝敝焉，又安能旁及著述，爲一邑謀不朽哉？雖然文章盛衰，關乎世教，廢者有年，興亦有候，實有逼而不得不應者。因集邑中紳士而議之，以爲石邑舊固有志，第闕者莫補，斷者莫續，因循相待，夫是以愈久而愈失矣。若不慎重其舉，以之考證詳確，斯志亦猶然未備也。即欲砥世勵志，標淑慝於既往，昭勸懲於將來，庸有當乎。是用偕廣文何先生，復延孝廉黎先生，暨諸士合相參酌，重輯續補。或遠搜典籍，或近采宿耆，或仍舊而刪正其冗差，或取新而增益其未備，彙集成書，三閱月而乃告竣焉。余亟焉而知媿，媿其無功也；余竊然而志喜，喜其集竣也。然其所以得竣者，諸紳士之勞，是即諸紳士共襄之力也。能使讀是編者，其賢豪有建功樹猷之想，而閭里興士人君子之行，是又石志之幸也。余亦惟有慶厥成謀不朽，得以日爲夜思，初終不易，俯仰質於天人者，告無罪已爾，寧敢自居功而貽羞於世者！噫！石邑之志，誠由此守而勿失墜，有隨舉以至永久，司傳其所幸，又有不勝言者矣，安論誰得而誰失哉？此余之所不敢居功也。』

何嶠《序》：

『自時巡不行久矣，不聞入疆之轍，其得以島海、荒邑上陳一人之睿覽，俾遠邇咸指掌者所恃。普天之下，若都鄙、若州、若縣，夫猶各有志載，版籍存焉。爾烟火，近借郵人筆竄交長邀晅日臨。如石城去京甸八千餘里，渺杳羅州地也。於秦爲象郡，迄漢邳離侯南略若儋耳，安定高雷。歷宋、齊、陳、隋，廢置無常。及李唐後，聲教漸廣，文軫日敷，緝撫代不乏人。至明朝始，以隸粵東之高府，蓋自是而衣冠、文物行，且伯仲中州也。

『兹際梁侯臨莅厥土，公事之暇，爲徵聞見於枯木之林，爲索爐餘於兵燹之後，購求前編，纂修今志。以爲匪惟備文獻之飭，實資政事一助，將藉以鏡古昔之得失，以識治行之污隆，以資興觀，以供懲勸，使閱所紀録，而如奉天子以行入疆之鉅典，寧非述職第一義乎？爰命余參訂於其末。余竊讀之，若建置、若疆域、若年表、若人物、若祀典、若風俗、物產、食貨，以及文苑、武備、雜志所宜仍者仍之，宜刪者刪之，宜補者補之。或以傳信，或以傳疑，猶於審所著述中，不忘夏五己丑之遺意，即余亦何容贅一辭也。其志建置輿疆也，考興革而依時勢，以別利害也。其志年表、人物也，以臚一日之臧否，作九原而辨從違也。其志祀典也，有德於民，則祀之；有功於民，則祀之；能爲民禍福，則祀之。明有禮樂，幽有鬼神，祈報由辟，靡不俱舉。爲民慮者周，故爲民而敬者悉也。其於風俗有志，物產有志，食貨有志，所以釐貞淫、覈奢儉，以識政教所由施也。其於文苑有志，武備亦有志。思天下不可以馬上治則彬彬者，貴而安不忘危，經緯毋容偏廢也，其志之也。因而非襲增而非贅偶，刪削而非遺，即并存而非雜。凡以鏡得失，識污隆，資興觀，供懲勸者，於是乎在。

其以上追采謡納價之勤思，以贊皇圖能邇柔遠之迹者，於是乎在。今是書既成，梓工將畢，而又命余弁以一言。余以爲維國有史，在館供事，諸臣得而披陳之；維邑有志，合屬得而表章之，似尤司翰自外者，所不得辭也。』

《石城縣志》，清李琰修。（張《志》）

李琰《序》：

『稽古列國皆有史，所以紀事也，而政治繫焉。自孔聖筆削魯《春秋》二百四十二年，千萬世懔爲刑書，如日月之經天。厥後作史者，有傳、有志、有書，變編年而庀材亦富，殆云盛矣。而終不如各邑之志爲核而備，山川、財賦、風俗、人物，一開卷而瞭然。故蘭臺石室，無不於此借鑑焉。使踵事者，徒因循以爲補綴，稗官齊諧非譏則誣。

『余承乏石城，公餘與諸子備譚思奮，武衛必先揆文教。嘗鳩諸子課文，以寓激勸之意，諸務或可次第舉也。而猶愧未遑。今奉上臺督修縣志，因取前所修輯者，細爲翻閱，景前哲之流風而慨慕之，稽士風之好尚而損益之，於吏治之得失，不無少補。然必知山川之險易，而後經略可行。則兩粤扼要，唯三合北交陸而獰焉者。伏處雙江既會，迤邐而朝宗於海。則昔之横山堡是其要也。今遷於安鋪，置臺墩而扼海口，惟西路入廉，驛遞蕭條，路僻而民稀，緑林於此出没，按圖而思，周官野盧，氏不可不豫。至於田賦，則枵爾十一里爾而不足者，實可隱憂。其田約中中，其賦實下下，無土産資其采取，故租庸調悉取之於一片埇田，且因遷海而流離過半。近蒙聖朝開界，而哀鴻頗集，雖魚鹽尚未廣其利，而口食之鹽，亦不乏矣。使禁嚴而不擾，則資生者益大，安知今日之石城，不復爲昔日之石城也？繼富議教，俗尚乃敦，邑中四方雜處，聲氣互異，久之咸歸於樸儉。故四禮亦知遵行，朱文公乃魯史之行，何寥寥也。十室之邑，必有忠信。但人多徑情而行，而名不出閭里，是以士即不及，彼都人士亦不敢爲奇衺之行。文章雖不及先達，而志氣實可與維新。一言一行，節録而颺存之，志謹爾。余才乏三長，知史譜即治鑑也。於數者實加意云，即未暇網羅遺軼、隨將舊刻而删補之，以存徵信。是在有心世道者一裁之。謹序。』

《石城縣志》，清周宗臣、韓鏐修。（蔣《志》）

周宗臣《序》：

『地理之書，肇自《禹貢》。至於成周，又別之爲圖、爲志，各建官設屬以掌之。圖以知山川形勢之所生，則大司徒職方司險之所掌也。志以知語言、土俗、博古久遠之事，則小史、內史之所掌也。而又有土訓、誦訓之官，通圖志以詔王，其詳見於《周官》。凡皆以通天下之志，達上下之情，使無遏壅。一道德同風俗，而致天下於大順，其所繫之大如此。後世郡縣雖或有志，而不領於王官有司者，謂非吏議所急，故其爲書或苟且以應故事，其於治教所關，户口之登耗，田土之豐歉，財賦之盈縮，人才之盛衰，吏治之得失，風俗之醨[一]漓，可以昭法戒勸將來者多略而不書，則其去成周之意遠矣。

『丙寅夏，余署篆於石。到官索志，文多闕略，事亦多更，意欲以餘力增證之，匆卒未暇也。兹奉上臺督修縣志，則日慫恿之。集諸紳衿録所見聞，將削牘焉。何可自愧無文，不一言以弁其端耶？夫志者，史之一家也。昔人謂文章無關世道，竟可不作？而况石之地，固交趾之域也。其人椎魯[二]，俗多貧薄，或雨暘愆時，即東西移徙。吏斯土者，既不能家至户説，又不卒成一家言。就正於搢紳先生，俾以教於細民，令其習同仇以固圉，勤耕織以裕國，敦仁讓以厲行，是豈爲民上者哉？蓋民，子弟也；長吏，父兄也；所治之縣，長吏之家也。予雖不能以家事視民事，而於是志之，可昭法戒勸將來者，未嘗不兢兢焉。倘使石之民讀是志，而廓然自改，以合余前數者之言，則若以父兄而聞子弟之遷善喜可知也。辭雖不文，亦庶乎不爲無益之空言。從此而往，海不揚波，山無伏莽，鑄鼎象物，以貢於朝。余又將執簡而續《禹貢》成周之書矣。』

韓鏐《序》：

『宇內郡統於省，而邑列其間，星分棋布，人情異尚也，物産異宜也。建設之由來，流傳不墜，各不相侔也。是不可以無志。然而詳

[一]『醨』，當作『醇』。

[二]『魯』，當作『魯』。

略予奪，廢興增損，因乎時，當乎理，而後爲疑爲信，皆可質乎人。故志非難，而纂修釐訂之實難。余幼入江蘇，稍長游瀟湘、雲夢間，繼而歷益州、南溪之勝，必搜閱志籍。即身不履其地，目不睹其物，而已知某邑之勝爾爾也。

『今來牧石邑，會聖天子覃敷文教，合宇内之山川、風土，盡羅於志。自省而郡而縣，悉命修輯以備乙夜之觀。故石邑亦有事於纂修釐訂焉。前寅董其事，而稿已成。搢紳諸公問余序。余觀建置、疆域炳如也，年表、人物森然也，文苑、武備燦若也，風俗、祀典以迄乎食貨、物産、雜志井井有條也。身未履其地，目未睹其物，而已知石邑之勝爾爾也。獨是由前而考，簪纓閥閱固多，由後而觀，登賢書、捷珠宫者甚少。余意欲設義學於邑之東西，以興起教化。家塾、黨庠，亦猶行古之道也。無何下車纔數日，何敢預人之志焉，此余之所以歉然者也。若夫詳略予奪，廢興損益，較之舊籍，覺部署一新，壁壘改色，此諸君子之功也，余何敢與焉！』

梁繼鳴《序》：

『今天下幅員廣大，梯山航海，慕義而來。王者駕軼乎萬古，聖天子以車書行之大同，采訪直省各州縣記載，勒成一代全書，特下徵詔，甚盛舉也。夫書在一邑，僅一邑事耳。若其獻之天朝，則問民疾苦之隱憂，陳書納貢之微意，以及省耕省斂朝覲述職之鉅典。於是乎在使或敷陳未備、考核弗精，每因忌諱，致生掛漏，何以對揚天子之休命！

『石有舊《志》，前邑侯梁公修之，李公復修之，蔚然可觀。第去今一十餘年，其中事異勢殊，不無損益。在昔展界方新，流離未集，魚鹽之利待興，弦歌之聲俟化，論多感慨宜也。兹則昇平既奏，士敦詩書，民興禮讓，防制徵徭，無不酌量有經，而猶或病於土滿室磬耜懸橫經掛欙，其故何歟？幸際周侯借恂斯土，韓侯莅任新政，召杜相繼，公餘搜求舊帙，補輯新編。凡山川、人物、官政、祀典諸大綱、細目，固慎取材，而於民生、士習尤諄諄致意，非徒以潤飾美文，實體問民疾苦。陳詩納貢，省耕省斂，朝覲述職之旨，而著於是編也。書成，命余弁一言。余以苜蓿冷員，日集諸生徒課文講業，欣逢其盛。正當表章頌揚以徵太平致治，乃猶以石邑利害瀆陳，懼滋罪咎。然古人先憂後樂之懷，何能自釋？況天子以清問下民之心而采志，邑侯奉上臺布天子之命，督行以修志，余亦何得不即石邑之要務，以序石邑之志，將藉手以獻之天子也哉？石邑士民樂觀德化之成矣。是爲序。』

《石城縣志》五卷，清孫繩祖重修，康熙壬辰。

孫繩祖《序》：

『皇上誕敷文教，德洽海宇，内外臣工靡不祗承求所，以對揚休命。余受事海疆，罔敢隕越。退食之暇，間閲邑志，中多弗稱，似未足以副同文之盛。有志補輯，深慚蟻負。誠恐崇樸則易於野，尚文則易於浮，覈實則易於刻，博愛則易於濫。惟此「四易」避之實難，安得起左、馬而操觚耶！第念食禄，忠事難易，惟其所在。苟畏難而懷安，其能免素飡之譏乎！是以冰兢自矢，集邑之士大夫本以廓然。而大公物來而順應，訪故老，稽舊編，事必求信，毋爲穢史。字必求正，不爲魯魚。時或删繁就簡，要不失乎寬厚。時或泛愛兼取，亦不失乎謹嚴。猶乎結繩而寓成周之治。後進而存懷葛之風，雖不敢云已至於斯，亦嘗請事於斯。蓋爲古者今之鑑，今者後之鑑。毋使後之議今，猶今之議古也。兹由輿圖以迄雜記，編目四十八，匯爲五卷。敬付剞劂，以俟采風者達之，聖明得悉，海隅雖僻，亦竊末光而能炳耀簡編。信乎，欽明文思之光被四表也。』

《石城縣志》，清喻寶忠修，乾隆庚子。

喻寶忠《序》：

『邑之有志，述作沿自先代，修明遵乎聖訓，理無不賅，體無不備。志山川、財賦，書之《禹貢》也；志風俗、政治，詩之《國風》也；志職官、禮儀、祭祀，《周官》《周禮》之節文也。筆削本乎《春秋》，紀事、屬辭法左氏、司馬。大哉美乎！非通天地，貫古今，知禮樂之原，識文物之變，其孰能與於斯？雖然天下自省而郡、而縣皆有志，安得名公大儒，鴻裁鉅筆，遍天下而爲經緯史之志乎？是故或因陋就簡，或鋪陳勦雜，然皆名曰「志」。上之太史而不嫌其陋，其所謂泰山之高不辭土壤，河海之大不擇細流。攬圖書之全，觀同文之盛，小大不遺，取其明備也。

『吾石邑之志，在前代者不可稽。國初邑令梁公之棟、李公琰先後修之。康熙五十一年，孫公繩祖又重修之。其書有得有失，而稽文考獻，邑舍是則無徵，距今又七十餘年矣。夫日月之精華，山川之靈異，生人之才智，功名日出而日新。由前以觀，歷歷可鏡；由後以觀，遥遥可卜。而中間數十年之紛賾變化，等之塵埃之飛逝，水之流而不可溯，是誰之過也？予慨然久之。庚子之秋，乃與廣文黄君紹統，暨予友王君鳳喈，披羅討論，以次纂修。變舊《志》體例，區爲綱目，綱有一十五，目三十有九。凡七十餘年中之因革損益，統同辨異，有關利弊者，更深切著明焉。勸戒之意，反覆見之。越辛丑十月而脱稿。王君曰：是可爲邑完書矣。夫邑無名山大川，足爲天下奇觀也；邑又無奇人豪傑，峥嶸天壤，如山斗〔一〕之崇隆也，安所得掀天揭地之著作，闡奇表異，輝映於詩書史册也。予曰：不然。聽絲竹之音者，未嘗不樂黄鐘大吕也；服褐布之衣者，未嘗不樂錦綉文綺也。鼓吹休明，潤色樸陋，吾將挾此一卷，以就教於名公大儒也。』

黄紹統《序》：

『高凉隸嶺嶠之西，領州縣六。而石邑爲殿，固所稱偏陬地也。地雖偏土，人民政事必有與立。宰斯土者，其所以慎封守，撫蒼赤，審張弛，是果何道之施，詎不各守爾典，而能報政一方歟！循是説也，則布芳躅於當時，昭遺規於來許，匪志弗章諒矣。惟是建縣以來，歷唐至今千百餘年，其間陵谷變遷，人物隆替，户口登耗，風俗醇澆，匪紀載則不傳。即傳矣，而魚魯混淆，亦弗信。非蒐羅稽覈，勒成一書，其奚以信今傳後，上備輶軒之采也哉！

『石邑有志，由來已久。己丑統以司訓來此，索志循覽，中多模糊，即竊竊焉殘闕是慮。稽厥纂修時日，則出自前侯孫公，距今業七十餘載矣。故於公事謁邑大夫時，每以補輯之説爲請諸公，均有志未逴，將毋事之興廢，有詩抑亦待人而後行耶！迨乙未秋杪，心筠喻公以名進士來宰是邑，一切興革輯寧，諸善政次第舉行，即以修志之役是任。顧丁酉、戊戌兩歲，灾祲見告，公心力既瘁，又卒卒弗暇。年來歲稔人和，乃起而珥筆焉。時則有若簡亭王先生者，公姻友也，淹雅多才，與之分校，將浹期而後成書。蓋其審慎謙讓若此。統雖與參考，自慚謭陋，莫贊一詞。而分門别類，去僞存真，删繁就簡，竊有力焉。於戲石之先，椎跣錯處大都樸野，悃愊愚魯之習，亦或不免。我國家涵濡日深，聲教所訖，久已進於鄒魯。嗣公莅任，文物丕變，即楓陬茅麓鏗琅皆弦誦聲，上之化下，疾於風草，亶其然乎？此則統

〔一〕『斗』，疑當爲『川』。

目擊其盛，而志所未及載者，竊願有以補之。夫以公之經濟施於土地，土不曠矣；保此人民，民不困矣；振而政事，政不窳矣。而學問文章見於此志，特一班焉爾。公今以循卓入覲，行將藉手以獻當寧，俾知嶺嶠偏陬，其土地、人民、政事，亦有卓卓可觀若是者，顧不韙歟。」

《石城縣志》〔一〕六卷，清張大凱、周國泰重修，嘉慶己卯。（俱同上）

張大凱《序》：

「今皇上御極之二十有四年，粵東大府纂修省志，炳炳烺烺，蔚成鉅典。余於閏月之吉，承乏石邑，日奉采擇文行，深自虞見聞淺陋，不足以存十一於千百也。退而徵諸舊乘。蓋自康熙五十一年來，缺無成書矣。最後乃得喻君實忠稿本，修於乾隆四十一年，從而考獻徵文，裨殘補闕，上應列憲之勤求，下備一方之事實。較之散金碎玉，一一自拾於芳烟蔓草中者，其勞逸不迴異耶？夫作大事必以其時，石邑雖僻處一隅，聖化涵濡依然。四其民，八其政，則赤畿望緊之列，登春臺而享太平者，風教固無殊也。況一閧之市，不勝異意。十步之內，必有香草，其所以整齊之，振興之於焉，鏡得失而大觀感式人心，而維習俗亦復何限。顧忍弗鳩集長任缺如久且并此剩本㑹朽蟫斷而愈無稽矣。烏乎，可學博王君暨邑中襄事諸君子，有同志焉。事以類從，收亡集逸，提綱振領，刈楚芟蕪，五閱月而告成。蓋喻君爲其難，余適因其易，又乘奉檄搜采得爲而爲之時也。於是序而付諸剞劂氏。若夫義例之密，體裁之精，綴輯之博，而當謂斯志之成，碌碌因人，遂足著數十年之晻晻，百餘里之忞忞，則吾豈敢！」

周國泰《序》：

「嘗考《周禮·大司徒》，以天下之圖周知地域廣輪之數，而又有《職方》形方，以辨人民土訓、誦訓，以掌圖志。故其間或剛或柔，

〔一〕原書題『縣志六卷』，此補入『石城』，名曰『石城縣志』。

燥濕之不齊，或衣服器械之各異，俗尚之正變、奢淫，政治之盛衰、得失，莫不作爲詩歌貢之天子，以成省方觀民之典。而道德之一，風俗之同，可按籍以稽，此省郡州縣之有志所由昉也。

『戊寅歲，予攝篆封川，適制府阮公，因公過鏡，謞然以舉修縣志。是命予承乏下，竭蹶不遑，爰因舊《志》，蒐羅補輯，不一稔而事告藏，呈諸上臺，特加獎賞。今冬由封抵石，見其山川、景物，低徊者久之。下車之初，即詢及縣志，都人士言前令篠原張公纂修有成，將付剞劂。及觀其書，舉凡所載城郭、都鄙、山林、川澤、田舍、盧井，以及名人、古迹、里居、姓氏，一一參以余歷任所修縣志之見聞，務求折衷盡善而後已，非敢自矜創獲也。然吾抑又聞焉者，沃土之民不材，瘠土之民嚮義。石城蕞爾邑，其土瘠，其民貧，其山蜿蟺而鬱積，意必有賢人、君子出於其間。而其時之民又能變化之、愧厲之，宅爾宅，畋爾田，無從匪彝，無即慆淫，於以登和親康樂之書，而備太史輶軒之采。是則守此土者之所厚幸也。予日望之。』

《石城縣志》八卷，清蔣廷桂修，光緒壬辰。（《采訪册》）

蔣《序》：

『地志之書，秦漢以前不少，概見《山海經》，多後代附益之辭，非可盡據也。若《禹貢》所紀，職方氏所述，第詳方域、山川、風俗、物産而已。竊謂古之方志，大率類是。自《元和郡志》始述古迹，《太平寰宇記》并臚人物，閑涉藝文，踵事增華，厥體遂雜。宋元以後，作者滋繁，郡邑紀録日新月盛。核其大要，皆取詳贍、廣攬〔一〕博綜，有類史書輿地之篇。僅其一體，心同貌異，斯之謂歟。然考之《周官·小史》，實掌邦國之志。古之邦國，後之郡縣也，是即今志之椎輪已。惟是體裁既博，義恉益宏，撰述之難幾與史媲。是以方志雜陳，罕覯善本，良由詳事鋪叙弗工，裁剪則失之蕪，矜言簡貴，刊落文辭，則失之陋，袪斯二蔽，往往難之。

〔一〕『攬』，當作『攬』。

『余以光緒丁亥來宰石城，值大府有續修通志之舉，檄諸〔一〕郡縣先事爲之。前令濟寧郭君壽農經始未就，即調他邑。余承其後始舉行焉。舊《志》修於嘉慶之末，距今已六十餘年。其間政令有更革，民户有登耗，與夫宰官純〔二〕良之績，女士〔三〕節行之概，失今弗録，後將曷徵？顧以志乘之書，具體正史，自非碩才通識，慮弗能勝。特延副憲吴川陳荔秋先生主纂修之任，兼以事宜。策都人士，令之條對，擇其尤者，俾襄事焉。尋遇己丑鄉試，余以佐理闈務，調赴省垣。事竣，移宰四會，深以弗究所事爲恨。迨辛卯夏，復還石城，則志書告蕆矣。余覽其書，於舊《志》體例多所更改。舊《志》門類猥雜，輕重失御，今悉娟并，區爲八篇：一曰輿地，二曰建置，三曰經政，四曰職官，五曰選舉，六曰人物，七曰藝文，八曰紀述。子目四十有七，各條繫焉。舊《志》輿圖廣狹不明，惟盈方幅，今特按經緯之度計里開方，并仿鄒特夫先生《南海志》之例。總圖而外，分繪都甲，明劃翔實，啓册瞭如舊《志》。首列典謨，具録訓典，多有通志所不應載者。區區一邑，奚煩牽涉，義既無取，理宜從删。至若禮樂、祭祀，率土通行，殊鄉僻壤，可備觀聽。今以隸諸建置類壇廟下，亦創例之可通者也。舊《志》於賦役、刑政諸事，裁割分裂，義法懵然，今竊本通志，統以經政之名，用爲檃括。至於職官、選舉，非表不明，年經月緯，肇體遷固。舊《志》不諳此法，今改用之。又舊《志》於人物傳，區析未宜，繁猥特甚。鄉賢、忠義、孝友、齒德諸目，隨臆標舉，不顧其安，今盡汰芟，統歸列傳。至於藝文一門，例載書目。石城箸譔〔四〕，雖涉寥闃，苟有可紀，無庸缺如。其舊《志》所載詩文，悉甄附各門本條之下，用范至能《吴郡志》例也。金石一類，舊《志》所無，以搜討未富，弗能成帙，附諸紀述焉。

『全書共十卷，始自丁亥，迄於辛卯，歲閱五稔乃克成編。余幸得始終其事，私竊欣慰。然而諸君子之心力，亦云瘁矣。迹其舉綱挈目，增事媘文，删裁繁誣，刊改漏失，雖未知於古人何！若以言舊《志》，洵爲過之。蕪陋之譏，庶乎其可免也耶！抑余更有進焉者，徵

〔一〕《光緒石城縣志》作『請』。
〔二〕《光緒石城縣志》作『循』。
〔三〕《光緒石城縣志》作『士女』。
〔四〕『箸譔』，當作『著撰』。

文考獻，特士大夫之事〔一〕。若夫覽輿地，則阨塞宜明；稽建置，則城隍宜飭；考經政，則釐補宜密，而和集宜勤。讀宦績之傳，則宜念信惠之何以煦孚；披選舉之表，則宜思賢能之何以造就；觀人物之樸摯，則宜舉善行以興俗；閱藝文之盛衰，則宜倡經術以造士。參之紀述所録，灾變豐凶諸大端，前事之不忘，皆後事之良師也。推已成之迹，而濟以幹贍，勿恃鈎距，勿憚瘁癉，以上副聖天子恬冒海壖之至意，斯則守土者之責也大〔二〕。」

《鄒先生輯略》，明謝璿撰，王思賢序。（張《志》）

王《序》：

「立齋先生以言事謫石城，而尋卒於貶所。今殆且百年，其祠於石城在世廟。壬子之歲，而邑令謝君復纂其遺事，而鋟梓之。刻既竣，徵余言以弁諸首。余固不嫻於詞也，即嫻於詞，烏能爲先生增毫末哉？而謝君鋟梓之意，則有不容無述者。蓋是編之成，匪徒備遺忘，志景慕已也，穆乎有世風之思焉，其他遠者無論。余過端州，見郡人所以崇禮包待制者千載如一日。而黄雲紫水之間，白沙之故里在焉，過之未有不悚然敬者也。先生正直之氣，同符待制而闡明理學，適與白沙先生同時。若其閑關困阨，始終不渝，則又二賢之所無者。苟登先生之堂，讀先生之遺事，而漠然不知所以興起非夫也。故觀先生馬上口占之詩，而綴章句溺青紫者陋矣。觀先生分別君子小人之疏，而依阿澳涊者鄙矣。觀先生白頭青史之句，而狃目前忽遠大者委瑣矣。觀先生毅然就道之勇，而怵於禍福、利害之際者縮頸矣。觀先生窮約終身之操，而頑鈍嗜利者汗顔矣。且先生以十有六之年，而抗疏一朝，流譽千古，即蒙斥逐之辜有餘榮矣。假令緘默因循與儔伍等，豈獨嶺海之外，能速斃賢豪哉！而先生亦與草木同腐朽矣，又安能聲施後世廟食無窮耶？以斯知先生之足以風也。是歲威遠王公守兹土，觀風之暇，首謁先生之祠而俎豆之，又惟所以贊述之，其維植風教之思益可想也。余辱謝君之命，爰發其鋟梓之意，而願與共勖焉。若先生高風

〔一〕《光緒石城縣志》「事」後有「耳」字。
〔二〕《光緒石城縣志》作「夫」。

勁節有史氏在，余何用於言！」

《治石紀略》，清侯瑜撰。（同上）

子部

《静裏問答》一卷，明文成奇撰。（蔣《志》）

《江南問答》一卷，清鄒士操撰。

《講學篇》一卷，清鄒士操撰。

《性命天道篇》二卷，清鄒士操撰。

《氣運篇》四卷，清鄒士操撰。

《大小德篇》五卷，清鄒士操撰。

《倫常楷模》十卷，清江應元撰。（同上）

《聖廟通考》二十卷，清江熙和編。（《采訪册》）

學政汪鳴鑾《祝熙和八十壽序》有云：先生撰録，既宏言行足法，嘗纂《聖廟通考》二十卷，飲洙挹泗，羹墻如見之心；援古證今，海河可徵之籍。又撮録《科場勸懲録》《人生須知》《金剛演説》等書，著述等身，鈔傳十手。六丁未攝，允爲席上之珍；四海定傳，難作帳中之秘。此其著述可傳者又一也。

《鍾氏家訓》，清知縣孫繩祖代撰并序。（張《志》）

孫《序》：

『從來世家望族，群聚而州處，莫不有家約以範圍一族之人心。時有常祭，月有常會，宣家約而稽淑慝。以故子弟皆率循於祖宗之教，而犯義犯刑者鮮焉。予渡嶺以來，訪諸上廣之巨室，風猶古也。迨莅石城，祇覺奔競凌澆之氣，觸處襲人。意濱海之風殊歟？抑教化之弗彰也？及褰帷問俗，則見山陬水涯，聚族而居者，或比閭二三户，或一户村十數烟。是雖族大人繁，不能時集散處之子姓，以申先世之章程，則率其悍獷猛鷙之性，蕩檢逾閑，固其所耳。純十都鍾姓，糧近三百石，人至數百丁，蓋石邑殷富之族也。考其室廬，亦皆散居而分處，乃能獨耻習俗之異，而斤斤整飭家規之。是圖編列條款，正而明，嚴而要，切而不浮，約而能該，居然成高曾之短矱也。往者邑宰白公序之，辛巳歲，中丞彭公經過石邑，陳而觀焉，計得一字之褒，以爲弈禩遵守。詎幾務惟殷，沈置弗返，錫美等戚戚久之。今另録成書，特乞序，請印於予。予閱竟，油然而喜，詔而前曰：有是哉！爾族之能古處是尚，矩矱自閑也。慎斯以往，君子不犯義，小人不犯刑，寧僅爾族，世世之幸。將見感發，興起不一，其族所謂觀於鄉而知王道之易易者，不尤爲令之幸乎？苟有文無質，務名鮮實，而作奸犯科，猶不免勞擾我公堂，令將執三尺先糾所長，不惟爾祖宗之辱也。爾族尚慎旃哉。』

《廖氏家訓》。（同上）

孫《序》：

『世之侈族盛者，不曰紆青拖紫，則曰丁衆糧多，斯二者固云盛矣。苟聚族無禮義之教，環庭鮮仁讓之風，則亦獼猴而衣冠，麋鹿相類群。以是云盛，吾不知其可也。石邑辟〔一〕在五嶺之西陲，高第巍科，近時罕覯。惟土著之舊族，人至數百丁，糧至數百石者，不一其

〔一〕『辟』，當作『僻』。

姓。廿年以前，擾於兵戈徭役，以致分崩離析，入斯境者，如升虚邑。十數年來，哀鴻集而盈寧有象矣。第先民之著爲家訓者，類歸兵燹無存，而後生佻僿，罔知率由。於是有放辟邪侈，靡所不至者。自余莅任，勤宣上諭，又著爲淺説刊布，以使家喻户曉，莫不興起其好善惡惡之心。零星户口，互相勸勉。族大者各立家約，以嚴束其子弟，亦一時之休也。純十都鍾姓，因家規散失，另纂一帙，具呈乞序，以昭訓誡。予病其涣漫無次，爰代撰八條，并給之序。閲今數歲，恪守弗違，鮮有蕩檢逾閑，擾我公庭。余竊喜其族之能率教也。兹豐三上廖姓，亦丁糧繁盛之族也。慨然有感於鍾姓之振振，創修祠宇，積烝嘗而合子姓，慮家教之不飭也。乃從鍾姓録予所撰，以爲家規，亦乞序以垂訓不朽。予嘉其善爲取法，乃以詔鍾姓諸長之言。復詔廖氏之長曰：毋徒有文而無質，務名而鮮實。爾父兄誠循是八條，以恒課其子弟。子弟誠率教以日進於禮義仁讓之習，將見望族日隆，有不必青紫而榮顯者矣。况青紫爲世德之發祥，安知爾祖宗之靈與夫山川之靈，不惟德是輔，他日之青紫，不與此日之丁糧共盛也哉？盍其勗諸。』

集部

《汶塘詩集》一卷，清黎民鐸撰，陳爌序。（蔣《志》）

陳《序》：

『古有詩，自《斷竹》始，嗣是歌吟時見史册間。至《三百篇》，稱極備要，未有不出於中情，慷慨而不能自已也。故昔人論詩，獨以《離騷》繼《三百篇》之後，所以取之者意必有在。而凡後之人所爲，能有真詩者，亦必有在矣。然以今日而言詩，胸中磊塊，非百斛酒可澆。既不能不托於詩，而又不易托之於詩。真詩於是乎見，真詩於是乎不少概見。苟未免有情，誰能遣此唾壺口，想當缺盡耳。憶余自丙戌吾師黄文明先生完節後，同堂三十餘友，咸罷業自棄置。唯詩歌一道，未能全銷聲影，猶刻韵社、竹厱，井山諸集，遺於世後，各游四方。余亦策杖來潮陽，訪吾師舊交傅繇庚先生於黄竹山中。岩雲澗草之際，捉臂談心，以咏歌當痛哭，時流連悲感，不自知所爲何詩。而深慨慕海内之真詩，若思美人兮不見，而願懷之好音也。近流寓梅水西坡，忽石城覺於黎先生寄《汶塘集》稿，相示披卷，静覽懼然。驚嘆曰：「嗟乎！是余二十年來所欲求而不易得者，乃今日見之。今海内所爲詩歌，豈盡負吾懷者哉？」蓋先生之詩，非有意爲詩也。情有不能自己者，遇景賦物，寄意遥遠，雖江籬晦蕙，無非山榛隰苓之思。惟淵明《田居》諸咏，子美《秋興》諸章，意况差堪比似若。徒以漢魏之雄壯，擬先生之古風；以盛唐之温厚，擬先生之近體；以太白、昌齡之清妙，擬先生之絶句；以易安、少游之婉而多風，擬先生之長短調。是知先生之詩之品，而未知先生真詩之所在，猶未足以讀先生之詩也。今先生亦以《汶塘集》行於世，不盡藏其聲影矣。余願海内讀先生詩者，知先生真詩之所在。則先生之詩達於海内者，豈徒詩也哉？余固不知詩者，先生命余序，余不敢辭，援筆序之。稿就凝目注神，恍在黄竹山中。』

《汶塘填詞》一卷，清黎民鐸撰。并序。

《自序》曰：

『詩三變而及辭，大雅幾乎亡矣，乃説者名曰「詩餘」。夫詩何以有餘也？人情一感，隨物曲折，而吐其緒，故《三百篇》後詩亡而餘騷賦，騷賦變而餘樂府，樂府流而餘辭曲。詩之亡而不亡者如是。余性暗於音律，焉知譜調？每於風雨晦明之際，誦岳武穆之《滿江紅》與文丞相「枯木寒鴉」之句，悲壯凄其不覺，忽移我情。始知辭於文體各備，美人思君，蘭芷取友，得騷之精液，而紆曲以出之，匪獨周美成柳，耆卿取媚於《花間》《樽前》而已。知小秦王《楊柳枝》《清平調》等，本唐人絶句，皆可歌也。乃仄韵，則又謂之《阿那曲》。夫情之所至，用音不必太拘，即李郢《寄胡杭二從事詩》末云「知入笙歌阿那朋」，劉禹錫《夔州竹枝辭》後云「與人絃那披緑蘿」。李則變梵唄爲艷歌，劉則翻南調爲北曲，是音隨方轉也。至於《玉樓春》，則亦七言八句，面以《木蘭花》歌之，則大石調其所入之宫調不同。金針暗波，寄虚聲於喁喁嘐嘐。余曷知其然哉？依其調，填其詞，聊以自娱。中多謬戾，不暇自檢。拈出問世，已知爲篇家者所噴飯然。不如是，不足以自抒其性，自見其言也。故曰獻笑不及排此之謂詩之餘。』

《古文法概》六卷，清鄒士操撰。

《詩文六集》，清高式震撰。

《四書文集》一卷，清林遇春撰。

《麗句偷雲集》八卷，清鄒宇馨輯。并序。

《序》曰：

『語云：狐集腋而爲裘，蜂釀花而成蜜。若是乎用物宏者，取精多也。物猶如此，詩亦宜然。夫五言始於蘇、李，七字昉於《柏梁》。自漢唐以迄今，詩人所作，浩如淵海。而求其「如楓落吴江，冷爲崔信明」平生得意之句，亦卒難多覯。余自弱冠學爲詩，見詩中有佳句可喜者，輒手自抄録，投之篋笥。歷年既久，得句愈多。丙申夏日，偶取笥中所藏閲之，輒有會心，不忍釋手。爰聚古今詩集，及説詩諸書，詳加采摘，必其言之有味，令人讀之足以賞心悦目者，方爲編入。共得詩約千聯，匯成一集，釐爲八卷。取沈彬先生「麗偷雲外十洲春」之意，顔之曰「麗句偷雲」，以爲案頭清玩。無事時取而誦之，有吹竹、彈絲、敲金、擊石之妙，學者誠優游而饜飫焉，未始不可升公幹之堂，而入徐思〔一〕之室也。第載籍未博，蒐羅未廣，固陋之譏，殆所不免。亦庶乎嘗鼎一臠、見驥一毛之意云爾。』

《漁軒遺集》，清戴尚禮撰。

《沙園稿》一卷，清龐大猷撰。

《古今約選》五卷，清文在中編。并序。

〔一〕『徐思』，當作『陳思』。『公幹』，建安七子之一劉楨，與其并言者必爲陳思王曹植。

《序》曰：

『吾人生古人後，欲盡其書而讀之，則曰「力不足」，況天之生人，敏者少而鈍者多，甘於面墻無論矣。即兀兀窮年，試問生平所得，力咸茫無以應，非其泛涉而不精專故耶。故所貴於誦習古人者，非第沿其調度，襲其字句已也，必將會心於理趣、神味之間，而有以達其識而疏其氣，然後立言有本，而可以不朽。抑又有難者，苟思之未深，讀之未熟，即調度字句亦無從領取。故人病守約者之固，而我懼騖廣者之荒也。今是選古今詩文約五卷，止就平日稍究心者，摘而録之，俾兒輩更迭服焉。其難解識者，則爲之加一注釋；易摹仿者，爲之標一評語。雖指畫多竊他人，而務求的當，不敢以支離塗飾爲能，乃余區區之心也。蓋一人之身，自啓蒙至校試，不過十數年間，「四書」必得其指歸，「五經」必加之詳審，或且涉獵群書，以爲淹博之助，則既無寧晷矣。若又使服習者紛如亂絲，多見其無成。而余初學時，深中此病，今訓詁多年，始悟朱子讀書不可貪多。而射者有五斗力，且用四斗弓之説，故亟證是選使之範圍不過實，使之曲成不遺也。昔蘇文忠公謂世之言道者，或即其所見而名之，或莫之見而意之，皆求道之過，余誠不免。即所見而名之，諳己庶反覆乎此，而不致有莫見而意之失。則余所刻刻自勵，而願及門交相勖之意也夫。』

《誠齋遺稿》四卷，清文在中撰，子重光跋。

《跋》曰：

『先君生平著作頗富，第其稿隨作隨失，不自收拾。近年以來，已去十之二三。古人云：讀父書而思手澤。重光愧不能讀父書，而每翻閲舊篋，偶得一紙，未嘗不悚然如睹音容也。因念手澤尚新，不及早編輯，倘遲之又久化爲烏有，罪奚容逭？爰與先君及門諸友，褒録成帙，分爲四卷。更有散佚於他處者，俟後再編爲續集。』

《惜字軒唱和集》，清陳居邦等撰，知縣楊元藻序。

楊《序》：

『濂江〔一〕爲高凉小邑，素稱易治。士知詩書，民敦樸茂。宰是邑者，可以卧理焉。乃邇年以來，俗不古，若作吏者案牘勞形，催科乏策，猝猝無須臾之閑，遑云卧理。余於癸亥仲春，權篆茲邑，訪求治術，欲挽頹風。竊思十室之邑，必有忠信，聖化涵濡，窮鄉僻壤，無不周遍。濂雖小邑，豈無特立不群之士，伏處草茅，敬誦訓典，畏聖人之言，服先王之教者？乃匆匆數月，旋即卸事，未之見也。今愛古黄君持友人張素六《惜字詩》一卷，乞余作《惜字軒記》。張生爲濂江人，其詩乃向日與同人建「惜字庫」於馬鞍山，一時倡和，裒然成帙。給諫陳觀樓先生爲撰「惜字庫」碑文，弁於其端。茲又得城中寬閑之地，建「惜字軒」一所。上奉文昌帝君，中安焚字之爐。每歲重九，則將爐中遺灰，瘞而藏之馬鞍山之「惜字庫」。嗚呼！張生等知所惜，可謂知所畏矣。《論語》曰「君子有三畏，以畏聖人與天命、大人并稱」。蓋聖人之言，垂訓立教，字字圭臬。知其可畏則其戒謹恐懼，無不循理而守法焉。彼小人者，不能敬聖尊賢，知所當畏，則其狎尊位而不知守法，違天命而不知循理也。固宜按字典訓言，有以一句爲一言者，有以一字爲一言者。要知聖人之言，即聖人之字所著。張生等惜聖人之字，其畏聖人之言可知也。余雖未得見張生等，然竊幸濂江有斯士，足以扶世翼教。而又有合志同方者，若而人共襄斯舉，將見四方人士，聞風景慕，皆能於聖人之言，起敬起畏，是訓是行。吾烏知乎今之不古若也。吾喜張生等之首倡斯舉，有關於風教也，於是乎記。』

《環溪書屋詩草》三卷，清江應元撰。

《宋七家制義尋源集》，清陳六徵輯。并序。

《序》曰：

『制義之興，始於半山。半山之文，其體有二：或謹嚴峭勁，附題詮釋；或震蕩排奡，獨舒己見。一則時文之祖也，一則古文之遺也。

〔一〕『濂江』，當作『廉江』。以下同。

眉山「三蘇」皆有「四書」傳文，而次公獨富其意，醕其理，密經義，與半山對峙，雖趨向之殊，不嫌著作之合也。楊誠齋志節文章，獨高千古，單詞隻字，傳爲世寶。其制義雖不多，而秦漢雄勁，魏晋藻麗，合成鉅觀，後人鮮及之者。象山之學，密證心體，粗視學問，與考亭相牴牾。及觀鵝湖講論，辨明義利，聞者泣下。考亭以爲深中痼疾，而制義清空辨析，如其所學，是可傳也。陳君舉當光宗，失紀之朝，以儒生争之，雖不盡見用，而義理倫常賴以不墜。其工於文章制義，所傳最夥，以見先生所争，不負其學。而有明以來，壬午甲申之忠義，四瑠三案之氣節，削藩監國之權變，大禮國本之議論，皆原本經術，而亦君舉諸公有以倡之也。制義所系，顧不重耶！六安汪先生文而且武，忠而且智，禦元二策，雖伯顔猶爲心折，而況舉朝忠義之儔乎？傳文數首，皆感慨時事以立言，足與史傳并垂也。文山爲文，率皆忠義之言。其《正氣歌》，炳天壤，薄日月，村童宿腐都知嗜之。今經義是二是一，卓然成家，真與不真，可勿論也。何忍疑爲贋作而棄之！君子於古人一器一物，猶加愛惜，況傳人之有傳文乎？數先生爲有宋人物，亦文章鼻祖，取七家文都爲一集。竊俎豆之并以質夫世之食水知源者。」

《梧岡詩集》，清羅秀鳳撰。

《試帖箋注》二卷，清揭行源輯。

《四友軒詩集》二卷，清羅士魁撰。（俱同上）

《堂堂堂筆記》四卷，清江國澄撰。（《采訪册》）

《串珠毬》六卷，清江國澄撰。

《岐嶺八景詩》一卷，清江應霖編，朱華臨序。

朱《序》：

「人以地傳乎，地以人傳耳。自古名山巨川、幽岩秀壑，不幸不遇名流表著，致湮没於荒烟蔓草之間者，曷可勝道？輞川雖美，非右丞而境不傳，蘭亭雖佳，非右軍而名不著。此其間殆有遇合存焉。

『羊城江時齋先生，高州石邑之望族也。所居之村，山水環抱，秀麗甲於他邑。先是，其族祖本水公，以風雅之才耽林泉之趣，棄官不仕，即村莊之前後左右，搜羅勝迹，得岐嶺八景。日與友朋玩賞其間，一時題咏甚衆。其曾祖湘水公司鐸惠州時，曾續集之，刻成卷帙。嗣因年久散失，舊板無存。先生懼世澤之湮也，於殘編中搜得遺稿數什，將以宏徵博采，復謀剞劂，以承先志。庚寅春，薄宦豫章，與余同官會垣。一日，出《八景詩集》一册示予屬和。予素不工吟咏，而與山水有夙契，披讀之餘，想見岡巒峑嵂，茂樹陰翳，風濤潮涌，備極變幻。奇詭之狀，身雖未至，心嚮往之。不禁學步邯鄲，罔辭效顰之誚。先生復命爲之序。予惟世人一行作吏，嘯歌遂廢。先生官舍湫隘，薄書鞅掌。乃日撫前人之遺編，繫心故園，耽情翰墨，以視探梅之鄧尉、吟槐之崔丞，何多讓焉。袁粲所稱「風流不墜，正在江郎」者，知君家之宗風未艾也。他日先生膺卓薦，走京華，携此册入都，索名卿大夫遍題，其足增岐嶺之勝境，賞累牘之佳章，而尤徵先生之懷抱遠而世澤長也。不辭淺陋，用綴小啓，以引其端云爾。若曰作序，則吾豈敢！』

《鸞噦重賡唱和集》，清江熙和編。

《晨鐘録》，清江熹和編，林召棠序。

林《序》：

『天何言哉？而詩有帝，謂文王之詞，普善惡惡，理不可易者，即謂天。諄諄焉，命之可也。其間有不盡然，太史公《伯夷列傳》所以欷歔憑吊而不已也。要之，一日之寒，不改夏之燠；一日之燠，不改冬之寒。且一日之寒，所以釀其暑者彌甚；一日之燠，所以釀其寒者益深。人之見者，近天之視百年猶旦暮耳。其報也愈遲，其蓄而發也愈厚。養其根而俟其實，加其膏而希其光。見於詩書、史傳者，可考而知也。石城江魯岼廣文，世厚倉廩而繁簪笏，久爲遠近所景仰。一昨來晤，出所著《晨鐘録》相示，披而讀之，知廣文家世之昌熾，有由然也。先之以神明之言著之，以積善之報次之。以先哲之文章，使人讀而快之，欽而慕之，終歡欣而不能已也。以所自勉勵者，同之於人，君子莫大乎與人爲善，爲德也大而遠，其彌昌而熾者，詎能罄乎？棠老矣，不能勉於爲善。因此警戒末路，庶不爲君子之棄，而小人之歸乎，皆廣文之訓及之矣。』

《蟫庵論學私記》二卷，清江慎中撰。

《南谿文稿》二卷，清江慎中撰。

《南谿詩稿》四卷，清江慎中撰。

《雙榕山人詩稿》二卷，清梁應廱撰。

《卓亭詩文集》一卷，清梁挺觀撰。

《鑑塘詩集》一卷，清梁紹華撰。（俱同上）

附録

《立齋遺文》，明鄒智撰。（舊《志》）

《上諭淺説》，清孫繩祖撰。（張《志》）

《嶺南存稿》，清王德茂撰。（蔣《志》）

《廉江餞别詩草》一卷，清伊紹鑑編。（同上）

謹案：鄒公智、孫公繩祖、王公德茂、伊公紹鑑四書，乃經宦石城之作，不能編伍本邑諸人，故依蔣《志》附録卷末。

石城縣志卷九

江家桂分纂

紀述志上

金石

周

伯彝。

伯作彝。

右周伯彝高三寸六分，口徑四寸二分，有兩耳。第三區鶴山陳氏所藏。（采訪）

宋

蘇文忠公寫佛壽像，并題字。行書。

紹聖二年四月，佛壽日蘇軾寫，末刻圖章『東坡居士』四字。

右刻石。第三區竹坡山莊所藏。

案：漢武梁祠堂畫像紀金石者，均著録。然畫像縮本頗難精妙，故仍闕焉。（蔣《志》）

洪惟聖朝，混一區宇，薄海内外，罔不臣服。故華夷一統，凡有血氣者，莫不尊親焉。雖遐陬僻壤，窮邊極遠，亦必防徽〔一〕杜漸，設立衛所以守鎮之。所以然者，不過撫育黎元，期四方無虞，俾之各安其業，咸遂其生也。

明

創立石城碑記

高凉郡屬邑石城，曩歲被瑶獠出没，爲生民患。有司屢以故上封事，請立城池以守禦。議調雷州衛後千户所全伍官軍，以守其地。惟時歲當庚申，肇基之日，都司則委雷揮使鳳陽王公總督其事，大藩則委高凉郡通守馬公同任其勞。二公勤謹，朝夕不遑寧處。議遠邇略基址，種畚築量功命，日以稽勤怠。矧土木之功，浩繁且難。譬猶爲山，萬丈無一簣之虧；掘井九仞，有及泉之效，且周圍五百三十五丈。越三載，合設衙門，焕然一新。落成之日，厥功已就。僉曰：城池之設，非細務也，宜立碑以貽後人，庶知造城有自來矣。徽予言以記之。予案：《高凉郡志》：石城縣屬化州，去治一百一十里，以邑名言之。其地多石，四面岡阜，旋繞如城，故名其邑。故址先在江頭鋪。梁廢縣，入羅州。宋紹興間，復置縣。元皇慶間，遷縣於高峰鋪東黄村。天歷間，又遷於新和驛東，即今縣治也。洪武戊申，土人羅福率衆歸附，一屬化州，本縣仍舊焉。古無城，洪武二年，縣丞倪望督工修築土垣，周圍二百五十二丈。廢

〔一〕「徽」，當作「微」。

壞已久，舊址尚存。其所轄四鄉，路當衝要。北通於廣西，南達於交趾、瓊、廉。重譯無虛日，逢迎有餘勞。雖周圍四百餘里，民稀而地廣也。論其形勢，則雙澗曲折繞於外，重岡盤旋擁其後，層巒叠嶂揖於左，崎嶺峽山鎮其右。此山川之凝結，而縣治之所以立也。兹其城郭之完固，三門之壯麗，人物之往來，軍旅之保障，金鼓之聲聞於石屋，旌旗之影耀於望恩。形勢之壯觀，且甲於他邦，又非往日之比者。然而百役之勞，雖一時厭煩，其生民之樂業，家室之相慶，實保安於悠久也。歲當壬戌六月吉日，勒於石以紀其首末云。

右碑在城樓，今佚。（張《志》）

城隍廟鐵鐘

高州府化州石城縣典史張昂，即任以來，賴庇城隍神佑。廟宇傾頹，發心重建於天順癸未年季春吉日。蓋造已完，欲鑄華鐘，獨力難成。浼驛丞陶霖宗募告諸君，請施餘俸，隨捨□同成□造，神化昭明。謹疏把總雷州府地方，惠州衛指揮使馬政，知縣歐琳，典史張昂，教諭鍾奎，訓導程寧，千户高鵬，楊綱妻趙氏，百户馬經、高能，大使□□進，副使傅榮，大使甘宗賢，巡檢龍彰，驛丞劉興、陶霖宗、羅縉，總旗趙庸、鄒福廣，縣吏藍清、林福、黄滿、倫智，軍吏竇本、鄭景智、高瑜、陳敬，軍民黄彦賜、李鵬。

天順七年八月二十七日立。

右鐘在城隍廟。

文廟鐵鐘

提調官高州府知府曹謙，同知王昊，推官劉忠，訓導陳泮銘曰：紅爐點鐵，哲匠成形。扣之小則小應，扣之大則大鳴。嚴晨昏之□□，示升降之法程，爲賁鼓之攸配，集衆音之大成。闡斯文以名教，揚千載之休聲。我來視學，謹勒斯銘。

大明弘治元年十月吉旦。

右鐘在文廟大成殿。（同上）

鄒公祠碑記

君子之學，養氣爲先。氣惟得夫浩然，則以之立言，以之立功，以之立德。是故有以耀之，勿與蕩也；有以困之，勿與移也；有以難之，勿以懼也；有以迫之，勿與挫也。立齋鄒先生憲皇帝時，抗章詆二三大臣之短，論斥諸刑臣之弄天綱，忠讜闓諒，疏上不報，孝廟登極。坐御史湯公鼐事連及，謫石城千户所吏目。則石城其先生貶所也。邦直嘗廉得先生之德、之學，蓋自總角時，業已夢寐屈宋，追步班馬，落筆千萬言，奇字爛錯，綺文輝奕。已而弱冠，領解首第進士，官翰林，大悟元虛，益振藻麗。凡見乎文刊，陳振替僵走群視者山斗之，其陳之奏疏，有正心之功，未講及深居法宫。此心之發，一如事天之時之語，著論言人性之善。有嘗觀諸月出没乎？丹崖青壁之上容與乎？虛空空谷之間，數言真若灼見。道體齋心繕性，則又匪獨文章科第之鼎已爾。理學名臣拾餘老先生隆聲實於昭代，上以溯淵源之正，下以翊元氣之純，使世得爲頌先生之功也。其非浩然之氣，克養於立言、立功、立德之間也耶！自先生殁以迄於兹，豪夫志士，每惑天於先生，胡畀之良、胡奪之速？而時弗俎豆以風名教，爲先生恨。嘉靖辛亥冬十月，督學萊溪張公希舉試士郡邑，按石城惻然曰：『大賢君子過化之鄉，使不有祠，何以表先民、崇道化？其爲曠典莫甚。』因移檄謀守巡大參堯峰徐公禎、僉憲蘇庵劉公洵燧上其事於代巡，友山蕭公世延欣然議行。一時風神意氣，有相感乎，而欲寄素衷於瞻趨景行之外，獨表厲然哉！乃以文屬邦直，紀諸貞珉，邦直甚懼不文，而又喜附名不朽，其奚敢辭？嗚呼！塞天地爲正氣，會川嶽爲人文。宋諸儒中，程子謂張敬夫年十六七，遂有志聖賢之道。而先生年過弱冠，即巋然上與理學之芳。顧兹遐邑新祠屹立，殆與雷寇公祠、廣白沙祠并峙於乾坤。清淑之内，則先生之壽，雖止二十有六，先生之所以壽者，則壽於無窮，將百千萬祀而弗死矣。然或者謂石城去先生家鄉數千餘里，而先生之殁，去今六十餘年。祠之作，何以來先生之神？不知蘇長公序韓文公廟碑，嘗謂公之神，如水之在地中，無所往而不在然。則先生之精，其氣吐霓化爲龍文，上貫少微，正氣磅礴，何往非神，其必乘雲馭風，來歆四公之虔，永爲此邦文教之庇也！孤風遠韵，上流旁溢，其殆鼓天地之正氣，使之聞其風者，而興之勃也。名教之地，風俗道化先焉。是祠之建，所繫豈小小哉？先生姓鄒名智，字汝愚，號立齋，蜀之合州人。因修祠記之。

太僕寺少卿李邦直撰。

嘉靖三十年立。

右碑立祠内，今佚。（張《志》）

平倭亭碑記

石城治，鄰西粵，介於雷廉。邑小城痺，山半於内。而民居稀鮮，素不習兵。有警，鮮克爲王敵愾者。辛未冬，倭奴煽熾，陷電白，攻化州，而石城孤危之區，莫不累卵。視之中外懔懔，莫必其命城之携稚扶老者，累累去矣。僉憲李公亟移憲旌，會總戎張公元勛，參戎陳公豪，兼程而驅，灼文武之勇而謀者，拔之精卒。命下，士卒先登，有功者賞，不則罰之。戈矛戾止，民罔繹騷。檄所屬先守後戰。敕堅鋭之士，從閑道以援石城。倭果攻犯城下，亦不知有兵之先入也。闢門縱兵擊之，俘馘頗多，賊遂奔潰，城賴以全。公又親督戎兵，直擣於雷，旌幟所向，倭奴望風披靡，一鼓而捷於外村，再鼓而捷於調排村，三鼓而捷於那里社。復追至於廉之息安。草薙而禽蒐之，靡孑遺矣。且嚴諭所部，毋收俘獲，毋擾民財，料敵合變，制勝安民。蓋將有神武，而兵無血威，仁義兼濟。公之所以奮長策而奏凱勛者類如此。夫以倭奴縱横於淅〔一〕閩數十餘年，自督戎以至長吏，罔不匃勦蕩平之策，甚至借力他省，方以威定而成功。今公舉數千之虜而殲除之，一旦巍功峻績，詎不異而神哉！循嶺之西，暨海之北，頌公更生之賜者，永與銅柱而銘矣。石之士民，德公救城之恩，泐石志之，請予爲記。余昔家居朝夕獲安枕者，藉公賜也。兼叨年誼，乃不辭而記之。余觀召虎之征淮南，而江漢之詩以興；李愬之平淮西，而方城之雅亦頌西平。公之德意即尊翁大司馬，公典贊機務，勛著廟堂，奕爲未艾。公起而繼之，除巨寇以雪一方

〔一〕『淅』，當作『浙』。

神人之憤，拯百萬生靈之命，又將以濟美并稱功業之焕，信有自夫。矧公之汎防山海，整飭政教，功德之入人，尤非俚言所能悉記也，特因石城之請，而舉平倭之大者勒之於石。公諱材，字孟誠，别號見羅，江西豐城人也。南京刑部郎中莫天賦撰。

案：舊《志》載，亭在東門内五步。明隆慶六年，士民爲嶺西道李材立。後亭圮，移碑於郭祠。今佚。

重修鄒公祠碑記

立齋鄒公，四川人也，以言事謫石城吏目。舊有祠，於石城千户所之後，歲久漸圮不治。萬曆丁丑春，巡按德宇詹公貞吉行部高州，謁祠下，見其堂室狹隘，止有二層，且漸傾圮，憮然於懷。乃檄郡守胡君文、石城縣令唐廷燦增修之。議出費六十餘金，命所吏目梁山專督工程，建寢室以妥神。兩旁爲東西二廊，中爲堂，前爲門。其規制較舊益廣，棟梁堅美，丹雘彩畫，焕然一新。始工於二月十二日，畢工於三月十三日。事倏竣，而民不勞。既落成，咸謂斯乃盛舉，宜有言以識歲月。兹承按院屬筆於彦，予惟鄒公風節，夙所傾慕焉者，豈容以弗文辭？

鄒公諱智，字汝愚，立齋其號也。少而穎悟不凡，卓有大志。成化丙午，發解於鄉，丁未舉進士，簡庶吉士。弘治戊申，因星變上疏，極論陰陽之理。其言指斥時相，曰『某某某等三人皆小人也』。又舉尚書都御史，曰『某某某等三人皆君子也』。且曰『君子所以不進，小人所以不退者，宦官有以主之也』。其言懇切，疏入不報。己酉言事者，誣知州劉概、御史湯鼐妄言朝政。時言官畏勢，莫敢有論救者。又以時相憾智劾已諷，錦衣衛因鞫獄詞，連及之并下獄，議欲置重辟。刑部侍郎彭公韶，辭疾不肯判案。

獲免，左遷石城所吏目。其獄中有寫懷詩曰：『但願太平無一事，孤臣萬死更何悲。』一時傳誦，莫不嘉忠誠而惜其去國也。既至貶所，盡心職事，廢墜修舉，士民感化。總督都御史秦公紘重其爲人，檄遣修書，居廣城，嘗往還江門，與白沙陳先生講求聖賢之學，造詣益深。順邑尹東湖吴公廷舉，與公爲進士同年延至順德。邑民古樓堡李焕構謫仙亭以居之。公惟詩文自娱，悠然物外，亦自忘其爲謫居也。白沙先生遺以詩曰：『遷客一亭眠海濵，當時誰號謫仙人。花汀柳市無疆界，盡是乾坤一樣春。』則鄒公風度可想矣。辛亥十月卒於順德，年二十六。時廣東方伯東山劉公大夏，以公事至邑，臨其喪，乃與吴東湖公資助之，歸柩於蜀。蓋自鄒公卒後，石城縣初祀於名宦祠，既乃創爲特祀。今詹公復增修之，非惟以妥安靈神，而祠宇壯麗，永表揚孤臣，將使後之人追思而仰慕之者，宛如泰山北斗之在望矣。詹公按吾省，肅憲度，糾官邪，鋤豪强，恤民隱，爲名侍御，而斯祠之修，乃其表揚風化之大，又有出於簿書刑名之外者，其關繫豈小小哉？彦順德人也，爲士子游庠時，徑游謫仙亭，見白沙詩高榜其上，輒興懷賢之思。及鄒公卒，白沙復吊以詩曰：『兒啼母絶家何處，水宿山居路幾程。』又曰：『若將禍福論天道，顛沛如公豈理哉。』每讀此詩，弗覺潸然出涕，傷其名賢而卒於吾土也。兹以按院公屬彦執雖〔一〕筆，

〔一〕此處有語序問題，『雖』當置於『筆』之後。

未獲拜鄒公祠下，而懷感之心復戚戚焉矣。遂不揣而抆淚以記之。屬稿成，而詹公屆行未及刻。今巡按懷川龔公懋賢來按吾廣，仰哲思賢同一心也，乃以鐫石云。太僕寺卿何彥撰。

案：舊《志》載，萬曆五年鐫石，今佚。

郭侯祠碑記

侯，粵西之臨桂人，由鄉進士來令石城。三年而報政，又三年而政成，玆且升遷之永寧矣。乃石城之人謳功誦德，依依不忍釋。其博士弟子相與謀於校曰：『群吾儕而課誨之，使我朝詩書而暮禮樂者誰乎？我郭侯也。』其耕氓耆叟相與謀於野曰：『使我左食右粥，仰事而俯育者誰乎？我郭侯也。』其賈人販夫相與謀於市曰：『使我業不變，時不易，操其贏利，以活其生者誰乎？我郭侯也。』遂鳩工集材，構堂而祀之，用識不忘，以貽諸世。而余也竊在鄰邦，維侯之政耳之稔矣。祠成，耆老顏尚賢，里排黃烱、關一濟等，請紀其事。余拍掌曰：『郭侯之政一至是耶，何令人繫心乃爾？』余考侯之素悉侯之政，其衷粹白，其守廉平，其才識精明而練達。其出而試石城也，如太阿之發鉶，而事皆迎刃；如逸足之康莊，而轍無滯迹。凡所以剔弊興利，飭紀維風，肅清冒濫，斥去羨餘，以蘇此凋瘵者，不可盡述，姑舉其大。

石城之俗，樸而少文，弟子僅四十餘員已爾。侯加意名教，風勵士林，時諄諄而化誨之，不啻父兄子弟，以故士知率德於今百有餘員，彬彬然質有文焉。當時餘糧絶丁，貽累廣矣，侯惻然軫念，清審而申豁之，以故安其生，樂其業，而石壕之歌不作石城，土堅而人剛。其俗好爭而勤於訟，侯則持之以平，濟之以斷，一洗其揚沸之政，而敷之烹鮮之理。以故無情者息，而公庭之上，可設雀羅。劇賊蔡邦良倡禍於黄村，四方洶洶然不保其生。侯設計擒獲之，殲其渠魁，散其脅從。以故嶺之西、海之北，而焚燬劫掠之禍可息。夫班椽良史才也，其紀循良不過幾人，如蜀郡之興學，而彝風變渤海之理，繩而民俗清。南陽之興利，穎川之寬和，而人以富實。後之譚吏治者，往往欣艷不置。乃侯之治，殆兼數公之長，而與召伯子産相先後矣。祀法不云乎法，施於民則祀之，禦灾捍患則祀之。侯之惠石城，而享報有永也，何所不可！後之采風者，不與甘棠之咏、輿人之頌相媲美也哉！侯諱良楫，字濟卿，通川别號云。鄧宗齡撰。

案：舊《志》載，萬曆十一年立祠内。今佚。

謝侯遺愛碑

案：舊《志》載，碑在縣署大門左。明萬曆二十三年，士民爲知縣謝璿立。

祭酒黄公墓志銘

黄公，諱凱珊，字汝瑚，號冰壺，上縣人也。於大明洪武間，由明經膺薦國子監祭酒。凡遇顧問，口如懸河，天子嘉之，屢荷寵賚。兩雍咸推赤幟云。恭人生自名閨，有其懿德，内贊夫君，底於有成。公卒，謚莊明，偕配朱、陳二恭人，葬於縣治北三十里那樓第三峰。《志》載：山西道御史黄充，其子也。中憲大夫黄彦魁，奉直大夫黄彦曦、黄彦俊，貢生黄文舉，其孫也。刺史黄信，舉人黄麐，其曾孫也。生員黄啓隆、黄啓昌、黄啓榮、黄啓質、黄啓聖、黄瓊繁，其玄孫也。冠帶義宰黄宗貴，教諭黄國保，生員黄宗顔、黄宗曾、黄宗思、黄東明，其來孫也。生員黄瑀、黄珊、黄一鵬，皆其裔也。今鄉賓黄璟率族封掃其墓，均向余請銘。余仰公碩德，重公賢裔孝思之請，固不能已於言。故敬而銘之曰：『黄氏之先，閥閲簪纓。再傳於公，善繼善承。文章德行，有苾其馨。墓龍承修，宜勒新銘。』恭人墓銘曰：『思齊恭人，名閨之女，監卿之婦，豸史之母。思媚大姜，宜爾孫子，景命有僕，以禋以祀。』

敕授文林郎，知石城縣事，項汝廉頓首拜撰，萬曆二十六年歲次戊戌仲春中浣穀旦立。

右碑在那樓第三峰。（采訪）

項候〔一〕遺愛碑

案：舊《志》載，碑在縣署大門右。明萬曆二十九年，士民爲知縣項汝廉立。

鎮龍寺碑記

石城界在嶺海，山川形勢，謝護壯其祖龍，營構提其迅馳，屏連建山，襟繞羅水。自昔西關外，補缺障空，三臺列翠，時民物康阜，六桂聯芳。舄奕於永宣間，洵堪輿云，關門固鎖，則俗美文興。迄今風氣文運，視昔不逮，咸以爲係之山川關鎖未固。

歲萬曆壬寅春，予奉命出宰是邦。受事以來，夙宵惟是，無裨地方，學校滋懼。日與廣文鄧君、鄭君、張君清藉問俗，釐奸敕法，課題修祠，蘄以振起爲任。而士民僉呇西關，基傾水卸，謀以古西華地建寶刹爲祝釐之，所以障其流。具狀徵余，余咨嗟重嘆之，曰：『是予治教無狀也，於地靈何尤？且福

〔一〕『候』，當作『侯』。

利未覲，徒費財勞民，果是裨乎亡，何曾一儒生具道廣州。明興二百年來，再建浮屠以鎮水口。一時邱梁倫霍，蔚然崛起。培地紀，發天綱，以炳人文，驗若左券。茲觀音閣之建，無亦仿浮屠之遺意也。敢徼四君之靈，爲我候請，豈直一時，百年將拜明德之賜。不佞自幸得身爲下邑率，苟可爲斯文，竪前矛敢愛尺寸，不以慰爾。多士首捐俸倡之，而耆老徐建綱、龍貞等欣然義舉，醵金有差。遂鳩工掄材，鞭石陶甓。興作於壬寅季春，落成於丙午孟夏。題其匾曰『鎮龍寺』。蓋地勢之蜒蜿屈伏，游龍蟠焉。非鎮若厥，居則龍無所蟄，故曰『龍變無常，能幽能章』。君子臨之，放而霖雨，六合卷而莫施其勞，斯妙用所以不窮。茲寺鎮於西關，時偕博學諸生，睠然四顧，烺烺環拱，若几若障，扃鑰西流，是不可儲富庶康寧之祜，聚三台六桂之英乎？乃進士民而告之曰：『若知人傑地靈乎？若知地利之不如人事乎？禮義廉耻，身之鎮也；廩盈瘠羨，家之鎮也；文章德業，國之鎮也。』彼其繼邱梁倫霍而起者，非漫無鎮定，藉庇堪輿之勝，徒屈道而伸術遠人而聽神哉！則鎮龍者，又石龍高凉之西鎮，東粵之雄鎮也，關係顧不偉歟！後之君子，幸嘉與保全愛護，時修葺之，豈非士庶無疆之休哉！是爲記。知縣凌位撰。萬曆三十四年立。

鄭師垂芳碑

鄭老師振鐸，六載，其功德炳炳琅琅，在人眉睫。茲以榮擢新安，去，諸生僉謀立石以志不朽。而或者曰：『文因人重，必藉搢紳始足揄揚。』乃又有應聲起者曰：『若等獨不見月旦有評，閭巷有謠乎？老師示若等以心，若等業已心醉。即因事識心，因心紀石，尤見本色語耳。况老師自足重，奚必借人言以重耶？』於是相與頌德紀功，摘其尤者以壽諸石。夫世之多談師職者，見其才氣凌霄，雄篇倚馬，輒褎然舉最，不知所以樹望士林，而得弟子之戀戀者，則在心也。老師以明經預薦，分席石庠，其存心雅尚渾厚，獨秉仁慈，坦易寬平，儼然爲士師表。以故穎異者拔之，推魯者文之，貧素者澤之。肫肫誨愛，日在型範，此老師勵人盛心也。新奇之說，易於煽世，老師學既端矣，悟既徹矣。每進諸生，以翻經闡義，惟依教紫陽，何嘗有立異之心耶。私囊槖者，必籌自潤，而一切脡脯之瑣，置若弗計，則其不淄之心也。文廟就圮，項凌兩父母，一支筦庫，一捐己俸，而舊制卑卑欲起而新之。猶然弗給，復捐金三十，購物庀材，殫心揆度，增其址，大其居，繚以周垣，翼然傑構成焉。至於神龕、祭器，彝堂合用之物，又不吝而創修之，老師殆心存報本者矣。然具是心者仁人也，仁人不易生，由奕世載德，篤生老師及老師之身，光宗耀里，篤生賢嗣。語曰：『孔子之林無欹枝，世德之門仁義存。』如長君別駕廉郡，惠政磊磊，今晋秩朱崖，化行海外，次君翩翩，鳳毛賢書高薦，皆老師仁心所藴，崇福善之左券矣。天於仁人有厚報，諸生日在化雨中，獨不繫心者非夫也。夫師弟恩義相與，老師弟子諸生，諸生無不父兄老師也者。父兄愛弟子，未嘗不至弟子離父兄，無有弗思也。斯舉也，老師行其所固然，而著明動變之妙，不知其所以。諸生盡其所當然，而懽忻鼓舞之狀，亦不知其所出，蓋一心相契，兩無所爲也已。老師諱煒，字文明，號可傳，滇之永昌人。由歲薦授吾邑司訓云。萬曆三十四年，龍德涵撰。

案：舊《志》載，碑在儒學大門前。明萬曆三十四年立。今佚。

重修西關石橋碑記

石城群山嵽嵲，水從東北來，迤邐曲折，匯於縣南，轉而西北。山有小口，突出百步，直射河頭村與石相磯，又直回山口，始紆徐而西入江。舊南天宫鎮龍寺東門外有徒杠三座，予到任，委縣尉徐選董其事，漸次修葺。西郭舊有石橋，南北横跨，夏秋水漲，通邑藉以往來。年久不堪車輿。其下皆巉岩危石，崎嶇嵌透。蹲踞者如虎豹，森然欲搏人；偃仰者如蛟龍，潛藏於水底。或石瀨相蕩，錚然有聲；或波濤縈迴，幽然無際。行人失足淪溺，多不可救。四十三年，天旱水落，予及時鳩工。堅其根柢，塞其罅隙，鍬石橋上，砌爲鼉背，樹以華表，周以邊檻，行者樂爲坦途焉。吾聞堪輿家云：水之匯歸屬財貨，水之紆曲視文風。吾士吾民生長於斯，自兹以往，人傑地靈。民間蓋藏，如坻如京，士子譽髦，濟川題柱，斷焉可知也。知縣佴夢騮撰。萬曆四十三年立。

案：舊《志》載，碑在鎮龍橋傍。今佚。（俱同上）

佴侯功德碑

自如佴侯令石城三載，布澤宣德，口碑藉藉。邑薦紳士民懽呼，加額曰『於都哉，侯善政也』。興利除害，靡不殫力，敢以培堪輿之説進。石爲雷、廉、瓊咽喉，通往來者，悉由城。南郊以外，輒卑坎阻洳。且中道直射，形家言弗利，久議，更於西，竟未之行，願侯注念焉。西河水泄，業建鎮龍寺、文昌閣以關鍵矣。而橋爲襟帶，規制既卑，卑猶乏曲折逶護之勢，願侯更而大之。侯毅然曰：『橋梁道路，王政之一，若而議也，可旁舍而郵視乎？』遂乃相原隰，因便宜，更南路，由西鎮彝門以達地之污萊者二百六十丈，募工築土而路，疏溝而梁。又於西河岸壘巨石爲址，深厚各二丈許，采美材可堅久者。釃水爲三道橋，而榱桷碧瓦其上，左右翼以扶欄。岸西聳建高亭，顔曰『文昌』。自橋而南，凡三折乃會通衢。是舉也，糜金百七十兩，闔邑助者僅四十金，餘悉侯捐禄成之。紀其事，始於乙卯春，閱丙辰夏而竣工焉。長橋龍奮，周道蛇紆。匪直主客游咏，探寶林之盛；輿馬輻輳，壯文閣之雄。浸假而文運培、風氣厚，石之福地駸駸埒名區矣。闔邑德侯鴻伐，共謀以志不朽。即於岸之東建亭竪碑，俾過讀於兹者，知頌德而景仰焉。因以范學博余冰清也，轉徵言於余。余敬書侯之功，勒之貞珉，非爲他日甘棠地乎？侯以濟川鉅才，將漸開天下蕩平之路，使石人士難久恂借維繫遐思爾。侯諱夢騮，别號自如，尊翁舉孝廉，叔翰林豸史，滇臨世家。吉水縣知縣温皋謨撰。萬曆丙辰年秋月吉旦。

案：舊《志》載，碑在西關外，今佚。

迴龍寺鐵鐘

廣州府南海縣信士容繼宗、麥維耕、何少諒、李林芳先年前來高州府化州石城縣寓鋪生理。今見得新創立西華山鎮龍寺觀音殿宇，有宗、耕、諒、芳四名等合議，誠心各捨資財，共鑄洪鐘一口，重五百餘斤，奉入鎮龍寺宇永遠供養。專祈各信士，合家昌盛，子媳榮華，求謀遂意，萬事大吉。

萬曆□十年十月吉日立。

案：鐘在迴龍寺内。寺原額題『鎮龍』。清咸豐九年重建，改今名。（蔣《志》）

重修蘇、鄒二公祠碑記

自今朝廷邦國，以至於兒童婦孺，莫不知有蘇文忠公者。越數百年，而我明庶常鄒公繼起，庶常名位未顯；乃更無年，其聲名文物，俱遜文忠公一籌。然而實考兩先生道德文章，遭逢際遇，上下千載，其如同一轍。奇也，兩先生并蜀産，其地同；俱以少年登第，其名同；文起歷代之衰，道濟天下之溺，其學同；以讜論批人主之鱗，以危言落奸雄之魄，其忠同；乃直至道之不容於時，孤身之流離萬死，其遇同。最可異者，文忠竄嶺海，而庶常亦竄嶺海。其遷流放逐之地，更無不同。石邑於兩先生俱有專祠。其祀庶常，何以曾貶吏目於此也？文忠之有祠，則當年經臨其地，而構書院以居者也。大抵名人所至，草木都芬，有道淹留，山川增勝。彼滁陽以『醉翁』名，匡廬以『虎溪』著，鬱鬱葱葱，皆地因人而傳。況過化所及，有不聞風興起者哉？蘇祠久已傾頹，乃徙其主而合祀於鄒。已而鄒祠復就頹矣，破塊傾垣，不蔽風雨。

予代庖石篆，思有以振敝而維新之，謀之學博劉君，孝廉黎君，諸生沈子暄、謝子必晟，而劉君乃始終堅成厥任。顧是役也，或有疑焉者，曰：禮之有廟祀也，生而有功德於民，没則祀之，礬宗以明報也。而蘇、鄒二公以末僚遷客，無所短長，顧乃祠而祀之，於理安、於情順乎？曰：理也，亦情也。兩先生之德澤在人，殆更僕而未易數也。今夫撫字劬勞及身而止，善政善教及民而止。善乎，文正公之祀嚴子陵也，謂其有功於名教也。夫子陵耕山釣水，何以維名教？而文正謂其頑可廉，懦可立，固宜食其報也。然兩先生之在當時，播遷烟瘴，又可計身後之祀乎。乃思其忠誠不諒不禁，夫乾坤毁而日月慘也。

思其擯棄難容，不禁夫風雨之淒，其而烟雲之黯淡也。迄今風教所感，令人奮興。孱者起，弱者植。忠臣孝子，愈以增其懔烈之思；擔夫走卒，益以動其慨慕之情。則其振興於風化爲何如？而其爲功於名教，又何如也？或人乃輾爾曰：有是哉，子言之爍也。雖然子誠蜀人也，知有蜀而已。子其瞻青雲，仰白日，依兩先生以聲施不朽乎？是斥鷃之決起枋榆，而蠅翼之思附驥尾也。則吾豈敢。高州府通判，署石城縣知縣聶應井撰，崇楨〔一〕五年勒石。

案：舊《志》載，碑立祠内。今佚。（張《志》）

葉尉去思碑

案：舊《志》載，在東關真武廟前。崇禎戊寅年，通邑爲典史葉啓元立。（同上）

清

鼎建石城學宫碑記

上御極十有二年，文明敷於四海。臣受命敷教者，直省各一人，予以地官郎命晋粵東學使。既視事，丕宣天子右文至意，粵士無不猬奮鵲起，沐浴歌咏，以幾雅化。而吏其土者，則以學校廢興報稱殿最有司，蓋懔懔焉。石城，高六屬之一。瀕於海，去省會以稍遠，聲教猶慮弗及。明年春，往校高州石城，博士弟子員例進謁，從容彬雅，動止不愆於儀，竊心喜。迄讀其文，則典以約，無愧先型。士如是，是

〔一〕「崇楨」，當作「崇禎」。

亦足矣。非有父生師教，歲月漸摩之，能不易致也。邑子衿暨邑父老，以學宮新成，聞其道其學之所以成爲。邑令李琰治邑惟謹，問民之力而得其理，使一邑各欣然有崇儒敬道之心，則令之爲學宫地者固裕也。令爲高陽右族，於今相國公稱小阮相國，佐兩朝以襄文治，誠當代文人領袖。其爲漸摩天下者，實深且久。令能以其家學，身體力行，以漸摩乎一邑。治無論大小，其有裨於斯文者，未嘗不合也。而令猶遜謝不遑，豈非所稱德讓君子耶？夫古者建國，居民教學爲先。《易》曰：觀乎人文，以化成天下，知化之所由成，則知化之所由始。蓋學校者，王政之本，學校不興，則人倫不著。人倫不著，則民俗士行必且流爲寡廉鮮耻。規矩改錯，不離經叛道不止，此豈邑之幸歟！今一旦革故鼎新，梓材丹雘，視昔有加。則人知敬學，比户弦歌，庶幾聲名文物，霧涌雲蒸，而况砥行勵節，崇禮樂，敦教化，朝廷尤嘉賴之，李令賢乎哉！壽諸石以爲後世良有司法。

康熙歲在甲寅五月穀旦，賜進士第，奉政大夫，提督廣東通省學政按察司使僉事，加一級，前户部廣東清吏司郎中，督理各省漕儲通州坐糧廳，兵部武選司員外職方司督捕主事，己酉陝西典試副主考，斗山遲煊題。

右碑立明倫堂東壁，篆額文正書。（蔣《志》）

石城學宫碑記

粤東之有石邑，亦泰山之於邱垤也。俗近樸，乃觀其學校，則駸駸乎見文明之化，台星綴垣，雲漢章天。噫！孔子之道在焉，於小中見大矣。余奉命來治兹土時，懷祖若父遺訓。簿書之餘，延接諸士，每勗以崇德敬神諸大意，亦欲昭聖教、正人心，毋使江河日下，而赤狐黑烏徒存一獰然面目也。或謂惟古帝堯時際午會，故大道獨行於三代。夫子有志猶未逮，今戛戛乎以文易世，不幾難歟。不知治有盛衰，而聖人之道，則無時而不然。風氣不能囿，干戈不能亂。天生夫子於春秋，正以末流砥也。即以粤論，在昔尉陀椎結，今爲鄒魯縫掖矣。鴞食桑椹，慰我好音，猗歟休哉。今沖聖御極有年，宵旰憂勤，思興文治，惻惻然無非此意，寧遺一石邑耶？

余於朔望謁廟，徘徊四顧，感榱桷之微朽，欲起而更新之。因集諸弟子而議改作，咸答曰：時孔艱，仍舊修之，易爲力。又有起而言曰：地宜就下數步，移於左則吉。惟恐煩費而力不副。余曰：無慮，事誠在我。於是庀材鳩工，捐俸從事。聖宮仍照萬曆年基向，明倫堂移諸右。董其事則邑庠謝嵘、黎民止，督工則典史來民服、驛丞張名達。爰諏日，乃癸丑初冬，定之方中時也。七閲月，而工告竣。自是而觀，泰山巍巍，焕乎文明一新云。異日檜幹參天，杏枝秀日。多士有繼先達而奮興者乎。余雖不敏，願與諸弟子相與有成，始終不忘爾。預肅斯言，爰貞諸石。

康熙甲寅夏五月吉旦立，知石城縣事李琰謹撰。

右碑立明倫堂。

關帝廟鐵鐘

信士張汪虞謹發誠心，鑄造洪鐘一口，重二百餘斤，敬奉關聖帝君殿前，永遠供養，福有攸歸。時康熙十年歲次辛酉仲秋吉旦。

右鐘在城内關帝廟。

文昌廟鐵鐘

提調官高州府化州石城縣正堂劉文煥，石城縣儒學梁繼鳴、蔡叔度，督理舉人曹俊、貢生陳梓、生員陳宏猷官員升授，鄉紳衿拔貢生黄名世、李色奇、蕭作洙、陳浩、潘鑑、楊懋新、江宗堯，生員潘金、陳焕訓、潘鉎、盧殿宰、黄鈧、陳層霄、林遇春、曹佳，士子聯登銘曰：帝君赫奕，舊址鍾英。口邑賢侯，人事復興。輪奂廟貌，鐘虡成形。静則凝重，動則聲鳴。壯兹士之雅望，進斯文之美名。予在督理，勒銘永旌。時康熙丁丑年仲秋吉旦鑄。匠人吴殿高。

右鐘在城内文昌廟。（俱同上）

邑侯白公去思碑

侯名玠，陝西延安府青澗縣人。以庚戌進士出宰石邑。石殘於寇荒，民窮財殫。侯憫之，撙節愛養，事事本於真誠。比膺卓異，升雲南晋寧知州。去之日，士民攀留無計，乃建祠勒石以志去思。夫官以遷秩去，誰則無碑而特祠之。建固未易易，侯何以得此於石人哉？則惟侯之浚德於石爲特最也。石城縣訓導蔡叔度撰。（張《志》）

案：《職官表》，白玠於康熙二十二年任知縣，二十五年卸事。則立碑當在是時也。今佚。

魏太守遺愛碑

右碑在銅鼓徑蟠龍庵門首，邑紳士陳梓等同立。

案：是碑不載年次、德政。考黄《府志》，康熙三十四年，知府魏男行均役法，六邑賴之。則碑當爲此而立也。（蔣《志》）

重修鎮龍寺碑記

邑有鎮龍寺，創於前萬曆間，歲久傾圮。余未任前，有圖所以新之者。邑人以寺於羅城，興廢實關災祥。一時醵錢四百貫貯於官。迨壬午歲，余承乏是邑。邑人數以修寺請，及稽前所捐者，則已名存實亡矣。余不禁悄然曰：四百貫非少也，一文民脂也。爲民上者，將昭德塞違，以照臨四境，猶懼或失。矧以好善樂施之物，而概歸於烏有，其可乎？吾民有罪，令且引爲己愆，慝由於上，其咎更安諉耶？於是擇日鳩工，捐俸重建，爲之補罅塞竇，不忍重勞吾民，且欲有利吾民也。雖然修寺以完形勝，令之任也；而修德以迓天庥，則貴邑人之自爲任。夫父母之愛子也，詩書訓習之外，有時私禱穆卜，乞靈於不可知之地，無非願其子之吉祥善事也。若爲其子者，以父母之私禱穆卜爲足恃，不思雪案芸窗，求所以達天德而履休征，能析薪而弗克負荷，伊誰之過歟？邑人士其思盡人合天，使民康物阜，科第聯翩，將遠邁前休。庶此余不負邑人士，邑人士亦不負余矣。工始於甲申之六月初八日，竣於乙酉之八月二十一日。寺凡三進，僧房環布，規制較舊，加宏麗焉。時主持僧福東甚摩放趨事，各爲其爲，亦足以觀其用心之美也。知縣孫繩祖撰。康熙四十四年立。

右碑在迴龍寺。（采訪）

葉令遺愛碑

案：舊《志》載，碑在東關外東聖禪林側。雍正六年，通邑士民爲知縣葉思華立。（張《志》）

黄公墓志銘

黄公，諱昱，福建莆田縣東里坊人。由舉人，於元天歷元年戊辰歲來宰石城。及致仕，遂家於石。至至正十六年卒。譜謚『廉毅』，偕其配姜氏、李氏合葬於縣治東南二十里，土名『木葳林』。志載：國子監學録黄凱珊，山西道御史黄充，舉人黄膺、黄信，貢生黄鐘、黄豸、黄奇紅，皆其後也。今生員黄元程、黄熊飛、黄奇絧、黄色正、黄居正、黄著中、黄廷錫、黄世英，偕其族人。黄玺、黄如瑞等，以其狀來請曰：先世木葳林一阡，閲今四百餘年矣。雖馬鬣依然，展掃弗替，而世久年深，墓碑剥蝕，恐終湮没林莽。爰於康熙四十九年，集先人苗裔，派分於吴川、茂名、博白諸邑者，并力重修。顧墓新而無志，猶弗新也。敢乞一言，以垂不朽。予覽狀已，穆然而思黄公當日致治，必有深仁厚德以及石人，故其子孫蕃衍綿延，彌久彌昌，與石人相繫於無窮也。及觀紀載，斤斤遷治一節，餘皆無稽，爲之廢然三嘆，而致感當日載筆者之膠於私也。予生百世後，踵公創造之堂，水源木本，疇則無心而能恝然已乎？是公木葳林一阡，固與石城之山川同其悠久。官於斯，長於斯者，靡不竭其呵護之力，奚藉予言以志然。予景公遺迹，重公賢裔孝思之請，固不能已於言也。乃執筆敬志，而繫之銘。銘曰：緊維黄公，荒天一官。桐鄉在念，存殁相歡。佳城鬱鬱，集鳳栖鸞。施於孫子，族大且蕃。此木葳林，是須彌山。萬古千秋，天地同觀。石城縣知縣孫繩祖撰。

右碑在木葳林。

按：志銘，古埋壙中，非立於墓上也。考史書所載，賈昊辨識女郎，及承天辨識甄邯諸事，皆從開冢而見。又司馬温公志吕誨云：誨將死，囑爲其埋文志。張仲倩云：譔次所聞，納諸壙，此志銘藏於墓中之明證，故所作必在葬前。温公銘其兄，周卿及昭遠皆云：以葬日近，不暇請於他人，而自爲銘，以葬時所用也。今舊令黄公葬後四百餘年，孫邑侯乃爲之志銘，殊失古人規制矣。謹辨及之。

東聖禪林開山和尚碑記

縣治東里許，一山圓而秀，舊有北帝宫一間。其上，康熙丙子鼎建殿宇僧房。越二年，復構樓於後。癸未，門外作亭，鑿沼環布竹木，頗具勝概，號『東聖禪林』。釋名福乾，字無之，法力所創造也。厥先家世江右，壯齡來石，煮海貲落。一日游台嶺寺，遂師禮僧，繼修而祝髮焉。一洗豪俠之氣，露頭跣足，勤佛事，讀佛書，受戒於穀山法眼和尚。心究宗旨，頓能悟空，用紹三十三世之傳派。庚寅長至月，開講三乘，法徒如雲集。乃師世緣，尤善遠近，當路慕之。募置田塘、園地、屋場，歸立僧户，册米五石七斗八升，常住歲收佃租一百五十三石五斗。舉歲所入，與衆生共。無衣者亦衣，無食者亦食。人因奉之如佛。俗姓楊，故咸稱道楊和尚弗衰。余素爲方外交，而今宦游倦還時，造方丈無公，謂曰：老僧齒八十矣，寄此山四十載，苦修不過爾爾。願得如椽，以志顛末。余退而摭其實，付之貞珉。時乾隆元年歲次丙辰蒲月。

賜進士出身，奉直大夫，户部山西清吏司員外郎，前户部山東清吏司主事，法弟黎正拜撰。

右碑在東聖禪林。（采訪）

西嶽庵鐵鐘

乾隆三十七年壬辰歲季冬吉旦。

右鐘在城内西嶽庵。（蔣《志》）

舊令黄公墓表

縣治之東南二十里許，至木葳林，有林鬱然，有士嵬然，是爲前元石城令黄諱昱公之墓。公原籍閩之蒲田〔一〕人，由孝廉筮仕兹邑。致仕後，遂家於石。殁而偕其配姜氏、李氏兩恭人合葬於斯。其子姓浸昌、浸熾，分隸於粤西瓊南、吴川者，皆以公爲鼻祖。迄今歷數百年，鼎屢遷，而公之封樹不改，使子孫得長守墓田，歲時展祭。則公當日之愷澤及人於以保世滋大者，愈足令人景仰不置云。遡公之宰石也，一切興利除弊諸政，其軼事時見於他説。至遷治一事，當時不無格於安土重遷之説，而公則陟巘降原，披荆斬棘，度其美利而絜民以居，至今遂成樂土。嗚呼！非公心乎愛民而樂肩是艱鉅也歟。昔班孟堅傳循吏，合西漢二百餘年，僅得六人，探其本，則曰：『以經術飭吏事。』然則公所本可知已。公所阡之地，多是羅姓環居，往往藉村場以侵占墓道，久已構成案牘。余初莅斯土，其孫文學、廷振等，挾情來白。余爲按公之品階，定其界址，因立讞使樹豐碑，俾松楸藉以無恙，毋亦以遺愛在人，直道固當如是。

〔一〕『蒲田』，當作『莆田』。

况公於余爲前事之師者哉。前令孫君繩祖業志其墓，今賢裔復新厥封，樹丏言於余。是宜述公事，略表而出之。至於世系子姓，具詳於志銘，庶幾可互見云。

特調惠州府歸善縣知縣，文林郎，前知高州府石城縣事，加三級，紀録五次，林虎榜頓首拜撰。特授高州府石城縣訓導，以教諭銜管訓導事仍序選知縣，己卯科舉人，族孫紹統頓首拜書。乾隆三十七年歲次壬辰季冬望六日吉旦。

右碑在木崴林。

案：此表内有『使樹豐碑』句，考之《禮·喪大記》，君葬四綍二碑，大夫葬二綍二碑。凡封窆用綍，去碑注，樹碑於壙前，以紼繞之，用轆轤下棺也。又唐封演《聞見記》：豐碑，本天子諸侯下棺之柱。司馬温公謂：古人勛德多，勒銘鼎鐘，藏之宗廟，其葬則有豐碑以下棺耳。秦漢以來，始作文褒贊功德，刻之於石，亦謂之碑。是豐碑，本懸窆之物，與刻石之碑無涉也。林侯所云，其未考耶。（同上）

重修學宫碑記

石邑學宫，前明屢遷不一。國朝舊令李公遷復今所，枕台山而襟羅水，屹然壯觀。百餘年間，幾經修葺，規模如昨。甲午仲秋八日，颶風震發，殿廡墻宇，半就傾頹。前署令馬君與司訓黄君，集諸紳士謀，醵金以鼎新之。議未成，而馬君奉調去。乙未九月，余甫下車，入廟釋菜，惜斯役之不早就也。首倡捐俸，與黄君暨紳士復申前議，即以十月三日鳩工，基址如故。而易置名宦、鄉賢兩祠，視舊爲得所焉。工未竣，適都閫府孟公莅任，留心文教，復捐資勷事，而事遂蕆矣。是役也，董其事者黄君，襄厥成者曹璽、全朝珩、黄鐘論、黄紹興、全保，謹勒石以志不朽云。知石城縣事喻賓忠撰。乾隆四十年十二月吉旦。

右碑在學宫。（采訪）

文昌廟鐵鐘

石城縣闔邑信生，虔具洪鐘一口，敬奉奎斗星君案前，永遠敬奉。時大清乾隆四十七年歲次壬寅季冬吉旦立。

右鐘在城内文昌廟。（蔣《志》）

簕塘大村康公廟銅鼓

乾隆末年，鄉人浚井，掘地數尺，獲銅鼓，移置廟中。以今尺度之，徑二尺，高一尺五寸，作腰鼓形。擊之鏜然。

案：銅鼓均無款識，而阮《通志》已與伏波銅柱咸紀録。兹不知何朝物，謹以所得之年代編著。考屈大均《廣東新語》云：粤處處有銅鼓，多從掘地而得，其狀各異，皆伏波所瘞，以鎮蠻者。此豈其類歟。

松明書院碑記正書

邑西關外松明書院，爲東坡先生讀書舊址。嗣葺室以成義學，門臨孔道，冠蓋通焉。嗜古者就瞻遺像，慨慕前徽，輒低徊不能去。顧蘚護塵封，曠焉若廢，誰之咎歟？僕以仲春權篆斯邑，與搢紳謀復是業，多士奮然興起。先是學租八十三石，縣官爲之經理。邑之顔公祠海租九十石，多士議歸入學租，以助經費。於是計所入以權所出，酌餽脩脯，薄給膏火，立規樹碣，以垂永久。雖然租僅百數十石耳，僕於斯僅數閱月耳，用存舉而不廢之義，聊復舊規，未遑潤色，擴而充之，月異歲不同，是所望於後之莅斯土者矣。

嘉慶六年八月朔，文林郎署石城縣事山陰李澐謹撰并書。署教諭潘逢年、訓導李螢書，典史裘嘉模監刻。歲貢生全恕、李在公，廩膳生李冠林、蕭楷。

右碑立松明書院大門左。

松明書院碑記正書

黨庠術序，古之善教也，我國家文教覃敷，大都小邑皆設義學，以儲育人材，亦猶行古之道歟。嘗聞昌黎來粤，延進士趙德爲師以訓迪，邦人士咸争自濯磨，稱爲海濱鄒魯，風有自來矣。

歲癸亥，余攝乏斯土，見治西有松明書院，崇祀坡公，詩書弦誦，心竊韙之。憶宋哲宗時，命蘇學士自儋耳返廉，其教化之區，必多盛德不喧者，邑乘稍漫漶不可考。惟石地與廉接壤，《寰宇記》云：松明書院爲文忠公講學處，其在兹乎？舊址在郭外百餘里。康熙年間，邑令孫公徙附郭西，置膏火租一百三十六石。嗣後陸續加增，多士從游而掇巍科者相接踵。無如日久荒廢，茂草生焉。至嘉慶六年，縣宰李公慨議修復，撥出義學租及顔公祠租共一百八十餘石，以資樂育。每年考課而甄别之，甚盛事也。

予觀夫石城形勝，面海環山，周圍四百餘里。雙澗繞於前，三台擁於後，巒嶂倚其左，崎峽鎮其右，必有奇偉之士，蔚爲國華者生於其間。惟脩餼微薄，何以延師而鼓勵之？夫昌黎起衰式靡，爲一代大儒，乃延趙進士以爲教，毋亦文學政事有不暇相兼者歟！予於甲子春，莅考生童之日，議捐銀一百兩，將官租撥出，紳士僉請酌定章程，申詳立案并記之，以垂永久。延耆宿而增其修課，俊髦而加其餼，庶於蘇公遺教，或有嗣音耶。抑額其書院曰『松明』，或謂因其以松火燭書史也。厥後上人目松之凝結處爲松明，蓋本諸此。或又謂松膏可以繼晷，勵辛勤也。義皆有取。然長公文與行俱卓越，史乘安知其非欲養後凋之質成棟梁之器？以聲明文物者，爲邦國光哉！爰濡毫而爲之記。

嘉慶九年歲次甲子午月朔日，知石城縣事鮑春藻撰并書。

右碑在松明書院大門右。

重修文廟碑記

從來神聖功程所成，皆有數存其中，亦以人心之鼓舞爲之也。邑之文廟，在縣署之西，學宫之前。舊制規模宏廠，殿宇嚴凝至肅也。甲申之嘉平月廿七日，大殿東北角崩。余與司鐸韓照堂先生、曾祝山先生入廟。悉視之，良緣風雨瀟晦，蟲蟻嚙蝕，木料半腐朽，而前後亦多破壞焉。因嘆功程浩大，相與籌議者久之。邑人孝廉公李樸園商之兩學師，倡爲題捐之説。余以石僻邑也，職官無多，士皆寒素，縱各爲捐輸，竊恐驟難成腋。而諸紳士急公恐後，彼此勸勉，凡有志進取者，無不竭力資助。不數月，已有成數。於乙酉六月初八日興工。上自啓聖宫、大成殿，皆式廓增高，暨兩廡、欞星門、泮池、圍墻，莫不功歸實際，財不虛糜。所謂閟宫有侐，其實枚枚者此也。夫衆志之踊躍，可成事於刻期。一心之精誠，能乞靈於呵護。當大殿傾圮之時，幾於妥侑無所，諸君子竭力匡襄，克成厥功。集當群議，首爲倡舉者，見其大也。墊用支給，不自吝惜者，識其正也。鳩工庀材，不辭勞瘁者，力之果也。分段捐修，克成厥終者，志之毅也。幸觀厥成，堂基丕焕，神所憑依，亦其福汝異日者，人文蔚起，科第聯繹，皆此誠之所能，格而啓佑正無疆也。卜工於乙酉之六月，卒事於丙戌之三月，凡十月而告成。神人共慰，士庶歡騰。因爲紀其事而嘉厥成焉。是爲序。

賜進士出身授文林郎廣東省高州府石城縣知縣，前韶州府曲江縣知縣，乙酉科同考試官加三級紀録四次李憬薫沐手撰。道光丙戌年三月立石。

右碑在文廟。

創建同文書院碑

地方之風氣，視學校爲轉移。羅州自有松明書院之設，百餘年來，人文蔚起，科第不絶，駸駸盛矣。而安鋪古鎮，尤爲石邑都會，其間士食舊德，農服先疇，非不户誦家弦而登科名者無幾，以講學之無其地也。丁亥春，予篆斯土，數數過之茂才黄生彩綱、嚴劉生齡、何生漢光、陳生恭賢等，以官道旁官曠地可以倡捐修造請。予聞而大嘉賞之。即行親詣勘明，催令該生并首事等，勉力募捐。不數月，紳耆民商，樂於從善，得金若干兩。現在擇吉興工，冬臘可以草創，經營大半。而好善續捐者，仍接踵不絶，猗歟休哉。有志竟成，廉江之文運開於此，安鋪之風俗淳於此，士庶之休養生息盡基於此。予忝在守土，坐觀厥成，光莫大焉。是以爲序。

署石城縣事，加二級，紀大功三次，秦雍敬承諭題。道光七年歲次丁亥十一月上澣立。

右碑在同文書院。

新建同文書院碑記

書院之在鄉與在城一也。其在鄉者，去官司稍遠，考課之常法，修葺之瑣務，不得親爲督理，往往玩弛頹墮，至於蕩滅無存，而莫可止。石邑松明書院，舊在十一都，爲宋蘇公軾故迹。淪廢數百年，轉遷縣治西關，狹隘闃寂。區區在城者，猶在鄉之淪廢也。洎余詳定學規，增置名額，復因質肆舊址改添別院。日程月課，生童歲聚數百人。山城之書院，乃視各郡屬爲獨著。蓋荒僻之壤，久沐湛恩、釀化人士，咸有開新嚮盛之機。一旦鼓其心思所欲習，發其耳目所未經，聚業同途改觀故爲易易，是教學長善之事，誠不宜限乎方隅耳。余嘗慨然，以爲兩書院就學多附城子弟，鄉曲之遼絶者或不能遍至。議於四境之内，户口輻輳之處，考復社學古制。而時俗惑溺深固，非興無益之梵宇，則崇不經之神祠，與之言立公塾惠士林，鮮有應者。安鋪距城百里，風氣淳沕，二三傑出之士，尚義而有爲，喻於此意，捐建同文書院，次第籌置，修脯、膏火備於案牘。自丁亥迄己丑，而克蕆厥事，余故樂爲記之，將俾一鄉之書院爲四鄉倡首，且告後之莅斯土者，覈其玩馳，防其頹墮，毋以在城在鄉歧視之，而并收興學育才之效，則善矣。

授文林郎，前武英殿檢校，知石城縣事，光山王德茂撰。道光七年歲次丁亥十一月上澣立。

右碑在同文書院。

新建試場碑記

余宰石之二年，己丑孟夏，歲試及期，召闔邑文童千七百餘人，扃署舉行試事。署内規模狹隘，時則肩踵排擠，席硯搶攘。復值海邦豐歲，日有甚雨，沾衣濕卷，艱迫不可名狀。余愀然憫之，無如何也。試事既畢，因與諸紳士有肇建試場之議。以款項地基兩俱乏詘，猝莫能就。十月之初，旋自吴陽聞調去之信，亟集紳士熟籌，得城内林姓隙地，購凑成方。衆情翕動，當即捐借廉俸，擇數能事者督工起造。逮庚寅二月工竣。四月科試舉行，諸童魚貫雁行，安就號舍，免艱迫之狀，罄扗騁之力。余欣然喜之，謂諸君蕆事克敏，而石人士去窘適暇，一變傖野之習，彬彬鄒魯，指顧可期矣。完試之日，奉檄趨赴歸善，匆遽就道，未及籌悉善後修理事宜。余又歉然慮之，爲記巔末，以俟後之君子。是役也，計建坐舍二千二百號，用銀三千五十六兩。創首規畫者，戴孝廉尚禮。始終專理者，何茂才漢光、郭千總紹揚、李上舍興國也，并書之，不没其勞勩焉。

知石城縣事王德茂撰，道光十年歲次庚寅二月吉旦。

右碑在考栅。（采訪）

倡建賓興路費碑

石邑環山濱海，距省會水陸千有餘里。地土磽埆，鼓篋操觚之士，類多窶貧，無素蓄志，切觀光而斧資莫逮。大比之歲，赴者寥寥，甚非國家振興髦俊之意也。余履任之初，切切以學校人才爲念，所有修整書院，籌裕膏火等務，計日就緒。惟賓興之費，頗覺力短心長。厦難建於一椽，裘必成於衆腋。爰與諸寅好各節廉俸，爲之首倡。凡在境紳士好禮尚義者，以次量力襄助，獲有成數，妥協經理，覼縷章程，泐石紀實，垂諸無窮。將見孤寒免向隅之情，陬澨奮漸逵之轍。人文蔚起，鄉里榮施，至盛事也。創始之舉，於闔邑實厚俟焉。道光戊子陽月光山王德茂識。

右碑在大賓興館。（同上）

御史黄公路碑

黄公，諱充，字仁則，號象先，乃上縣人也。承藉乃祖知縣黄昱公、乃父國子監學録凱珊公之餘澤，箠仕登朝，爲山西道御史。予觀府縣志傳贊所載，謂公當齠齡時，便嶄然頭角。嘗讀史至朱雲折檻、史丹伏蒲諸事，不覺骯髒久之。後日居官莅治，肅憲度，糾官邪，鋤豪强，恤民隱，當時稱爲名御史。所以明德之後，必有達人。《志》載：舉人黄癊、知府黄信、揚州照磨黄鐘、拔貢黄奇紅、貢生黄豸、世英、廷振、文焯等，皆其後裔也。公葬於上縣之後背嶺，俗稱爲蟻子封。接縣龍之真脉，鍾山水之精英，四神朝拜，八將扶持，恢恢乎歐陽之大城也，浩浩乎楊曾之勝撰也。白永樂年遷葬至今，已數百年矣。因歷世久遠，再爲重修。公之裔孫黄學傳等，來請於余，托作路碑文一首。予乃喟然興嘆，曰：『御史黄公之碩德懿行，志載煌煌如此，予復何能贊一辭哉？』第仰公之遺迹，并念公裔孫孝思之請，固不能已於言也。爰聊抒所見，執筆而爲之，歌曰：『緊維黄公，御史名官。忠貞介節，照耀朝端。佳城鬱鬱，集鳳栖鸞。福庇孫子，碩大且蕃。堂堂此墓，輝映高山。千秋萬載，天地同觀。』

癸酉科拔貢，特授石城縣教諭，韓焕彝謹志，道光十三年歲次癸巳孟夏朔九日建立。

右碑在上縣村右。

重修松明書院碑記正書

城西文昌廟與松明書院相倚，廟之兩廡有學舍十餘間，以爲書院生童肄業之所，制甚善。奈歷年久遠，棟楹且圮，謀小葺無濟也。辛卯夏，星章莅任斯土，入廟瞻拜，周視殿廡，愁然有不安於心者。又思書院爲養育人才之地，星章忝任司牧，欲維民風，先振士氣，而欲使士子之久於其地，耳濡目染，以端所向，而勵其才。因之四民咸識禮教，而罔或敢違政令者，則必以勸學育才爲首務。而文昌廟與松明書院之重建，誠不可一日緩也。時韓教諭焕彝司鐸於兹，慨然以爲己任。集邑紳士而議行之。僉曰：唯命星章，因與儒學巡檢、典史各官捐廉爲倡，邑人士踴躍輸助，得二十金有奇。乃命匠人因其基址，仿其舊制而恢廓之。伐木攻石，材聚工良。經始於壬辰十月，迄癸巳三月告成。石邑地瘠民貧，風氣質樸。斯舉也，數閱月而蕆事。人不必盡紳士，家不必盡饒裕，其意皆若有捐輸恐後者。嗚呼！此足見神教之丕著，而邑人之篤學而好義，亦於此可睹也已。其始終籌畫力任其事者，則韓教諭焕彝，與紳士候選訓導江逢春、歲貢生吴賢秀、增生陳毓英、附貢生嚴劉齡也。工既竣，乃叙其始末，而爲之記。

道光十三年癸巳四月，賜進士出身知石城縣事林星章謹撰。

右碑在松明書院。

重修學宫碑記

石城縣學始自江頭鋪南，其後屢變屢遷，至我朝而經略始備。前令李公、喻公均革故而鼎新之。道光丁未秋，颶風發，侵及文廟，棟撓〔一〕榱折，瓦石俱裂。諸紳士咸惻然以爲憂。是歲臘，余攝篆是邑，見之且轉爲賀之。有問於余者曰：『家之塾〔二〕，黨之庠，術之序，國之學，綱常是賴，名教攸關，墜弗舉，是可憂也，何賀爲？』余曰：『不然。天下事不有廢，何有興？消長盈虚，古今不殊其理。今天之震動我邑者，安知非造物故爲摧折，以爲風運之一大轉機乎？』迨與語畢，欣然捐資斂財，踊躍趨事。謀之司教江君、司訓邱君，卜於戊申孟秋念二而功以始。相與循其故址，鳩工庀材，不待采山，而丈梁勁桷，合沓四集。於是結桴增棼，攻木礱石，塗塈設飾之工，争出其巧，缺者增，隘者廣。凡名宦之在門左，鄉賢之在門右，均無不焕然一新焉。雖工費浩繁，簿書旁午弗計也。是役也，董其事者，矢公矢慎。又有諸君相與交襄協贊，不數月而遹觀厥成。余乃集紳諸士，入廟瞻拜，益相對欣然，懌於心，見於色，因手筆而謹志諸石。

道光己酉二月，署石城縣事程志篚撰。

右碑在文廟。

〔一〕『撓』，當作『橈』。
〔二〕『塾』，當作『塾』。

重修縣城碑記

邑之有城，自洪武二年縣倅倪公望始。厥後易以磚石，或柘〔一〕基，或增版，作堵浚濠，志不絕書。迨道光甲午前，邑宰古畬林公倡捐修築。事竣，復捐廉千兩，分當生息。爲善後計者，至周且備。歲己酉，芷湘陳邑侯來官斯土，勤政愛民。適鄰封有盜警，亟舉團練，置器械，以固疆圉。仍慮雉堞之未盡善也。集同寅商諸紳士議，詳上憲，即取林公發當子銀，鳩工庀材，女墻六百有餘，并三城門敵樓俱增高數尺，修各窩鋪，添設炮臺十四座，城門易堅厚之，木爲之蒙以厚鐵。三閱月而崇墉仡仡，鞏固金湯。寇聞風遠遯，四境慶安堵焉。從此有備無患，户盡弦歌。陳侯之功，不與林公後先輝映也哉！是役也，董其事者，則前任海康學教諭全君志沂，前雷州府學訓導江君熙和。襄理者，則城守軍功千户周公裕寶。而分勞監工，則候補詹事府主簿江君瑞和，貢生全元愷、增生吴資秀、監生張琦、武生葉廷彰。時參末議捐錢二百千，以助工料者則余也。是爲記。

道光庚戌〔二〕年春月，石城縣訓導邱光鏞撰。

右碑在城樓。

〔一〕『柘』，當作『拓』。

〔二〕『戌』，當作『戍』。

三合墟康車廟銅鼓

道光間，鄉民掘嶺，得一銅鼓，移置廟中。大三尺，高二尺許，遍體篆文。擊之，其聲鏜然。

安鋪天后廟銅鼓

咸豐間，商人陳克信往交趾，見一銅鼓，購歸置廟中。其大二圍。擊之，中節，聲聞數里。

重修迴龍寺碑記

石邑迴龍寺，由來舊已，考所存兩碑記，創自江右凌公，修自三韓孫公。堪輿家言，護城河勢，汩汩西趨，寺以束之。庶水聚風迴，俾居民秀而文，壽而富，理或然歟，姑不具論。第孫公修後，迄今百四十年，風雨漂摇，日就傾圮。若不及時修葺，不無瓦礫之虞。又邑無龍神廟，前任敖公倡議捐建，事不果行。他如八蜡梟劉猛將軍諸祀夙亦闕，如其先農、社稷兩壇，則祠宇久傾，土基湫隘。每有祀事，皆露立更衣，拜跪於雨淋日曝之下，甚非所以妥神靈而昭祀典也。

丁巳冬，余權篆兹土，邑人士請攝松明書院講席，書院隔河即斯寺也。竹影樹陰，蔽虧迴互，追念蘇長公松明夜火，遺韵猶存。倘得稍飾勝區，亦足使肄業諸生風浴咏歸，時於此間得少佳趣。唯是履任未久，即值軍務迭興，籌餉籌兵，未遑他務。事平後，寺僧裕豐募請，稍爲葺治，以濟目前。余閑往一觀，見夫棟宇欹衺，佛容陊剥。其他有庯庩者，有庳庮、有庬者，有庴者，椴椺有追庾者，植突有埃圿者，連篠有廣廂者，垣墉有塴者，有垙者，階除有碌礤者。因慨然謂寺僧曰：是非可以補苴爲也。地爲合邑，風水攸關，不可不急謀。所以鼎新之，以爲邑之人福。顧需費甚鉅，締造維艱，况當連年兵燹之餘，民困財殫，勸募尤非易易。旋與邑紳籌度，靡不欣然樂從。要亦皆以度支爲慮。唯局紳江君温和獨極力贊成，而以勸捐督工諸事爲己任。余因首先倡捐百金，并發印簿若干本，交各鄉首事，量爲醵助。又以前任敖公移交擬建龍神廟之洋銀百元，附入斯寺，以免更張。其從前祀典所缺略未備者，悉於是乎綜其成，則所費省而成功速，是亦因時舉事之一道也。議既定，即蠲吉鳩工，其費則先爲稱貸以濟。經始於戊午季秋，不四月而工竣。蓋就寺基而更新之，較舊制爲美備焉。

寺凡三進，進各三楹，後座中奉文佛及觀音像，左右奉伽藍壽佛像，兩旁列十八阿羅尊者像。東西各建屋三間，中間爲禪堂，爲齋室，餘爲僧寮。其東北隅之耳房，爲香積厨，對座祀韋馱立像，中座設先農像位，左爲龍神廟，右爲八蜡祠。而風雲、雷雨、山川、社稷、城隍之神，及劉猛將軍諸位，粲然分列。東西亦各建屋三間如前式。東之中爲官僚行香時更衣坐憩處，西之中爲客堂，其餘房皆可爲諸僧息定之所。群廡悉繚以游廊，行雨日中無所苦。寺門左右，列金剛像四，門外蔽以屏墻，周圍築長垣亘護，煌煌乎成巨觀矣。

今春正月之吉，余與同城諸君子詣寺瞻禮，即以落成，則見廟貌莊嚴，金碧璀璨，舊時之頹垣墮瓦，頓化爲梵宇琳宫。今而後神獲憑依，人知崇奉。庶幾哉甘霖應節，年穀順成，疾疫不興，旱蝗無害，干戈永息，科第聯登，與佛門所謂法雨慈雲者，胥吾民所藉庇矣。仰左氏有言：『先成民，而後致力於神。』余莅石年餘，於所以足食足兵、加富加教者，諸多未逮，何敢言成民致力？念自下車以來，盟心自矢，天日維昭，唯恐稍拂乎民，即爲得罪於神，除害安良，殫竭心力。今幸綏豐屢慶，疆圉肅清，弦誦之聲漸盈四境，余心可質於神，而神之錫福斯民，亦若有默相感召，不知所以然而然者。玆余奉檄量移新邑，行有日矣，爰志其崖略如此。是役也，候銓貳尹、江君温和實董其成，内閣中書全君志沂總司稽核而曉夜督工。始終任勞者，則軍功國學生葉東揚、營弁麥秀枝實有力焉。其餘分勸各董事，以及衆善芳名，則别有碑記在例不備書。

翰林院庶吉士知石城縣事聶爾康撰，咸豐九年春月之吉立。

右碑在迴龍寺。（采訪）

資政大夫養齋江公墓碑銘

公諱會東，字浩然，號養齋。歸善訓導宗堯公爲大父，太學生贈雲夢知縣南榆公爲父。母陸氏，生子四人，公其季也。少能任事，繁劇立辦，知縣公欣然曰：『是能張大吾後者也。』嗣是諸昆學宦而屬公家政，因其固然而不擾孝友，雍穆而生業，倍蓰於舊公。既富厚，慨然思有濟於物，權其輕重緩急，或順而施之，或曲而致之。於是貧乏有恤，婚姻有助，凶札有賑，煢嫠有餼，獎勵學校，整飭杠梁。凡大工夫役衆，環顧不克舉者，皆助成之。而於報本之誼尤重，置嘗産建祠宇，凡捐四千金，此其大且要者，他可略也。公固慷慨，尤能籌略，爲衆倚仗。嘉慶間，海氛方熾，潮汐所至，民無安宇。公決策堅守，置閘築壘，備器械，遠偵候，經畫得宜，風鶴無警。邑有賓興之舉，當事者欲以印牘爲據，捐貲者他日子孫給焉。公曰：『裕財以齊貧，而貧者不得與，非義也。使狷介貞固之士，無以惠其後，非教也。均給之便衆韙之，立更其制。』如公議，會頒行鄉飲酒禮。邑侯上公賢能，首賓禮之，爲鄉黨楷模。州里有辯訟者，公能探其情，微言喻解之。

中丞盧公有急，公尚義之，褒公雖不仕，而力足以及物，智足以經遠，宜公之克昌厥後也。嘗讀袁徽與荀文，若書稱許文休紀綱同類，仁恕怛惻，皆有效事。而《北史》紀李參軍士謙，賑贍鄉人至數千石，頻行之不倦，誠心確然，若公者可無愧矣。卒年七十有八，以子孫貴，叠贈教諭、知縣、同知、主事，加級至資政大夫。德配陳氏，廪生宇政公女，端懿淑惠，與公協德，先公三年卒，年七十七。叠贈孺人、安人、宜人，至正二品夫人。子三人：逢春，廪貢生，知州銜，湖北雲夢縣知縣，贈朝議大夫；應元，廪貢生，靈山縣教諭，贈資政大夫；應霖，附貢生，江西按察司知事，贈資政大夫。孫十二人：瑞和，光禄寺署正銜，詹事府主簿，贈朝議大夫；熙和，廪貢生，雷州府訓導，封資政大夫；燾和，附貢生，署陵水縣教諭；式和，歲貢生，内閣中書銜，調感恩縣教諭；中和，鹽課司提舉銜；煦和，廪貢生，貴州安平縣知縣即補同知；誠和，辛酉舉人，員外郎銜，兵部主事，加八級，授資政大夫；勛和，附貢生，太常寺博士銜，歷任龍門、陵水縣教諭，借補廣州府訓導；雍和，署廣西宣化縣知縣；燕和，邑附生；鸞和、彬和，八品頂戴。曾孫三十餘人：國治，候選鹽大使，贈資政大夫；國仁，附貢生，候選郎中；國華，壬子舉人，安徽補用同知，歷署太平黟縣知縣，賞戴花翎；國芬，廪生；國藻，增生；國澄，辛酉拔貢，廣西試用同知，加六級；國濟，廪貢生，光禄寺典簿銜，候補訓導；國溥，五品頂戴，布經職銜；國均，候選通判；國瓚，增生。餘業儒。元孫十餘人。以同治三年十月十七日亥時，合葬於化州南山嶺之原。銘曰：『江陵千樹，勢比封君。匪豐其積，而豐其仁。智以經綜，義以普均。與善人交，金貞蘭芬。格言至論，義方恂恂。克懋厥德，裕乃後昆。魄妥重壤，名千永春。』

同治三年歲次甲子孟冬月吉日，賜進士及第奉政大夫韓林院修撰國史館纂修，辛卯恩科鄉試陝甘正考官加三級，吴川林召棠頓首拜撰并書。

右碑在南山嶺。（蔣《志》）

石岡嶂白雲寺銅鼓

同治四年，力古斜鄉民某墾地，獲一銅鼓。陀村人購置寺中。圍徑二尺餘，高亦如之。

松明、同文兩書院膏火碑

今夫建官必授禄，將兵務儲糧，理固然也。爲學何獨不然？余嘗見夫磊落英奇之士，往往迫於家計，因而廢其學業者。吁，此書院所以必籌膏伙也。歲甲子冬，予承乏兹土，每月課試松明、同文兩書院，見官課有膏伙，而師課獨無，惆悵者久之。適安鋪有元白茶規，舊藉兵收歸爲團練局費，日久而奉行不實。旋據零緑司巡檢陸洪稟稱：六街業有團練，此項無庸贅設，請撥入兩書院，爲士子增膏伙，余深韙之。自同治乙丑年始，即將該項改歸兩書院，爲館課獎給生童之貲。一時士心悦服，肄業日以衆，文風亦日以盛。今夏五月，諸生擬勒石以垂久遠，徵言於余。余曰：天下事難於創始，而易於圖終，雖是區區者，爲數無幾，安知繼此圖治者，不擴而充之乎？抑邑人士之樂善者，不踵而行之，毅然捐金粟置産業乎？孟子曰：『有恒産者，有恒心。』恒産之制，固有待於將來，而謹守恒心，又不能無厚望於多士云爾。是爲引。

同治五年六月吉旦，鄉進士，同知銜，知石城縣事，閩汀伊紹鑑謹序。

右碑在松明書院右廊。（俱同上）

鼎建新賓興碑記

科費之設，匪特一邑也，天下皆有之，又匪特鄉科也，小試爲尤急。石邑自垓平王前任倡捐賓興，三年大比，多士幸有所資矣。而新進印金之費闕如，仍未免有向隅之嘆。現查廣州各屬皆籌捐經費，爲新進印金之需，每名若干，酌立定章，每科由董事匯送，免致師生争執不雅。其例甚善。頃都人士進署面商，欲仿照章程籌捐，是舉甚盛事也。顧爲數頗繁，非萬餘緡不可。爰議發簿，設法簽題，俟捐有成數，擇妥紳經理生積，永作此邦新進印金經費。酌量貧富多寡之中，定爲一成不易之數。每科將三年出息，由首事照送學師，於新進一無所問，已有裨於多士不淺，即爲兩學師計，每科印金有收至數年未足者，何如經費一定免多少，催收勞費也。一舉而兼收其益，較之大比，賓興尤爲亟不容緩者。杜工部詩云：『安得廣厦千萬間，大庇天下寒士盡歡顔。』斯即廣厦萬間之意也。且多士得所培植，益知奮勉，異日扶摇直上，科第聯翩，未必非此舉肇之。願都人士踊躍從事，善始善終，以垂諸久遠。則多士幸甚，合邑幸甚。予實有厚望焉。署石城縣知縣張兆庚撰。

右碑在小賓興館。（采訪）

鼎建新賓興碑記

甲子冬，余來宰是邦。初下車，慨然有振興文教之思。於是議移文昌宫於東台，籌兩書院，師課膏火，次第舉行。逮於丁卯春二月卸篆去，於役鹿州。本春回任，則文昌宫已上棟下宇，駸駸乎功過半矣。都人士復以議捐新進印金請，余聞而色喜。乃進紳等於堂上而告之，曰：『功名有定也，境遇無常也。士人芸窗攻苦，大率富者少而貧者多。一旦謁宫墻、擷芹藻，種種需費，唯學中印金爲尤亟。而爲學師者，苜蓿一盤，亦藉以補俸入之不足。每届歲科試畫結，師若弟計較錙銖，後來催收有屢屢擻迄無清償者，甚非藝林雅觀也。諸君建議及此，所以嘉惠於後來者何窮？』因爲慫恿其事，發印簿若干，交該董事等勸捐。其各盡乃心，量乃力，以告成乃功。夫築橋梁、新廟宇，鄉黨自好者，類爲之。今兹之舉，探囊不過一時，而即爲子孫入泮計，且爲他人子孫世世入泮者計，是何如盛德事，有志者不樂爲耶？况於此而上進三載，賓興卷貲，有藉北上舟車，有費行見科甲，聯芳簪纓，濟美胥於是卜之耳。余故就張序所未及者，推廣言之，以爲濂江〔一〕諸君子勸。

同治戊辰春月，同知銜，知石城縣事，閩汀伊紹鑑謹撰。

右碑在小賓興館。

新建繩武橋碑記

昔子産聽鄭政，以乘輿濟人，孟子許其惠，而譏其不知爲政。謂夫能濟一二人，不能濟千萬人；能濟人於一時，不能濟人於久遠也。夫徒杠輿梁定制爲守士者之責，然民間好義士往往有獨力成者。如邑

〔一〕『濂江』，當作『廉江』。

城外五十里有南橋，號爲雷、廉、瓊孔道，兩岸寥闊，一水盈盈，往來行人望洋興嘆者久之。非若賦《匏葉》之章，可以深厲淺揭也。

道光庚寅間，邑紳江浩然封翁建公渡於斯，招舟子操舟濟要津。置田十餘畝，爲歲給工役計。四十年來，利濟者不知凡幾。今猶頌功德勿衰。歲同治戊辰，其嗣孫學博式和、駕部誠和席先代濟衆之基，爲一勞永逸之舉。於是易渡以橋，聚石爲柱。橋長約十八丈，横闊七尺有奇，護以石欄。又於岸旁構小亭，備石磴，爲徵鞭少憩之所。自秋末鳩工庀材，告成於逾年之春杪。程工半載，需費不下七千緡。一時雁齒横排，虹腰遠映，天光波影，相與上下。凡屨者、履者，乘車而策馬者，士農工商外，上自皇華使臣，下及輿夫走卒，舉欣欣有喜色而相告曰：『此江氏一門盛德也。無前此守候之勞，并免同舟擠擁之苦，即千秋萬里，古稱廣濟者何以加兹？』吁，二君以明經孝廉，一振鐸萬川，學足濟多士，一觀政兵部，才足濟六軍。他日躋顯仕播鴻猷，其功業且濟遠方而濟後世。區區是橋之建，特濟人一端耳，抑猶有説焉。二君繼先人志而適如其志，述前人事而變通其事。利賴無窮，淵源有自。質之祖考在天之靈，當快然無有餘憾。不知者，以爲義舉可風；其知者，以爲孝思。維則烏可以不傳歟？工將竣，索記於余，余爲次其大略，勒諸貞珉，庶人與橋并垂不朽云。

同治己巳春仲，知石城縣事伊紹鑑謹撰。甲子科優貢，新安縣訓導周朝勛謹書。

右碑在繩武橋傍緑水橋邊緑野亭。

新建繩武橋碑記 行書

石邑之南有要津，廣、肇、雷、瓊之通衢也。江君先德置義渡，招榜人備黍食。役始庚寅，屈指四十年。既以急湍危，不若平橋安，而措費不易。江君昆仲獨任之。卜吉於戊辰秋仲，成於逾年春季。旁構小亭，中列石磴，名曰『繩武橋』。長十八丈，横七尺餘，旁護以闌干。歲貢生人埔教諭江君式和、辛酉舉人兵部主事江君誠和，不惜數千緡以肩其任，爲一邑久遠利也，實承先德之志也。林召棠并書。

右碑在繩武橋傍緑水橋邊緑野亭。（俱同上）

彭墩大福堂廟銅鼓

同治八年，茶山村後石婆墳嶺崩，出銅鼓，大二尺許，高如之。周圍篆文纖麗，隱隱若八卦象。面臍突起，邊際鑄蛙四。今移置廟中。

案：《廣東新語》云：粵故多銅鼓，或謂雷廉至交趾，瀕海饒濕，革鼓多痺緩不鳴。伏波始制銅爲之，狀亦類鼓而稍卑縮，下殺周以繁紋，面上八角，皆綴以坐鼃，名爲駱越之鼓。或曰《晉書》云：諸獠然鑄銅鼓，以高大爲貴，攻殺時聲其鼓，至者雲集，號爲都老鼓。廟中銅鼓，蓋即諸峒獠所遺。是銅鼓有二種矣。此則遍體作細篆文，面列鼃蛤四，殆駱越鼓歟。

荔枝山松壽廟銅鼓

成七都沙溝村人某，在同福地嶺掘出一銅鼓，移置廟中，形制與前鼓同，但略小耳。

建新賓興碑記

事惟艱於創始，非誘掖則議尚游移，功或隳於垂成，有董勸而行乃踊躍。石城民有古風，士鮮恒産。凡新進寒儒，每以籌辦印金爲苦。歲丁卯，皖寧張曉江大尹權宰是邦。邑紳曾以此請，擬仿廣屬公捐經費例踵而行之，俾學師貧士兩有裨益。張公深韙其議，爰發簿勸捐，未及集事而解篆。戊辰春，閩汀伊曉潭明府復任，首與寅寮倡捐，并從諸紳酌增條款，遍爲示諭，事期必行。惟是平地爲山，工夫匪易。幾若道旁築室，議論從多。解囊則衆志躊躕，集腋而人懷觀望。雖有捐助，迄未舉行。

及余於辛未二月，奉檄來臨，接見諸紳，詢以地方利弊與夫興革事宜。有以此爲言者，余曰：此盛事也，惡可緩？因力爲勉勵而慫恿之。各紳民因而益奮，慷慨題捐。閲月而數成鉅款。發商生積，并詳請大憲批准，勒石以垂久遠。而其事遂行。諸紳并擬立祠，供奉捐紳之先代神牌，以垂不朽。惟艱於度地，頗費經營。適衙齋之東偏有舊倉房遺址，頽廢多年，與諸紳所受李家屋地相連。因集紳同往，履勘規畫。形勢正應縣治之東台山，毓秀鍾靈於斯爲吉。遂許另籌倉房，增此以廊祠地，衆咸喜慰。余爲之得請於上臺，從而卜築焉。落成之日，紳耆畢集，曾撰顔額楹聯以贈，愈覺歡欣鼓舞。嗣來問序於余。自維弗學，深愧不文，却之。并以此舉倡議於諸紳，得張、伊二公誘掖而贊成之。非余之力爲辭，諸紳復以終之激勵歸美於余，必求片羽以爲貞珉光。古有云：『莫爲之後，雖盛弗傳。』余固不敢以自居，然感諸紳之周全新進，并斯民好善樂施之美意，且念承乏是邑，董勸以成其美者，守士之責也，余又何敢辭？因勉從所請，聊序其事之巔末，以志前宰官嘉惠於不忘，而祝都人士科名於弗替云爾。是爲序。

同治癸酉夏月，知石城縣事，漢軍星輔氏奎成謹撰。

右碑在小賓興館。（采訪）

廣福廟銅鼓

光緒二十四年，簕塘村人某，墾地獲一銅鼓，大三尺餘，高如之。面臍突起，邊際鑄鼃六。今移置廟中。（采訪）

鋪洋石刻

右刻在鋪洋邊塘村井頭山。石卧於地，字徑尺餘，遒勁奇古，絶類秦篆。殆唐宋前刻也。下考爲『雩』字，上模糊剥落，頗難辦[一]識。謹仿原文録出，以俟博雅者考證之。（蔣《志》）

鯉魚灣石刻

泉石清音。印月亭。釣臺。

右刻在第四區沙坡村後鯉魚灣下，從泥壅中露出一石如壁，刻字，方徑七寸，正書，不知何人手筆。（采訪）

[一]『辦』，當作『辨』。

石洞山石刻

僊庽

右刻在第二區石洞山洞口，僅可俯身而下。入二三丈，内即可容數十人。四圍皆石壁，間刻『僊庽』二字，體類篆隸，極奇古。尚有文字，許多未經摹出，亦不知何人手筆。以上三石刻，俱無年月，故附於末。

梁公汝明暨德配李孺人墓志銘

公諱逵，字汝明，號鄉諭，邑良村人。行誼載邑乘。博學能文，爲嘉靖朝歲貢，司鐸瓊州，門下士海公瑞甚篤師弟義。解組歸，足不履公門，而家訓有方。子養正，補博士弟子員鄉飲酒縣舉正賓。孫有桂，萬曆間由歲貢任南通洲[一]訓導。縣志均立傳。有興有榮，亦皆游泮。公在官在鄉及燕翼貽謀，洵有足多者。德配李孺人，相夫教子，含飴弄孫，家政奉行，賢聲卓著，古鍾郝不是過焉。公壽八十有四，孺人壽八十有二，齊眉偕老，梁鴻、孟光弗如也。公裔當明清鼎革時，多散遷陸川、博白、合浦、信宜諸縣，椒聊蕃衍。其留居本邑者，有良村、黄塘、大墩頭、石嶺、大金坡、吉水、那樓等村。振振繩繩，方興未艾，非甚盛德，曷足臻此？十五世裔孫元瑛，精青烏術，以公暨孺人分殯未安，遂卜地改扦，合葬於石陂頭籮竹山之原。公裔汝槐同學請爲公作墓志，并偕謁公墓。環覽青山，四面緑水，一灣峻秀雄

〔一〕『洲』，當作『州』。

奇，殊令流連不能去。毋亦天故留此一片乾净土，爲數百年前賢夫婦之佳城歟！爰作墓志以銘之。銘曰：師儒之道，首重作人。南天振鐸，化洽群倫。門下海公，矯矯出塵。庭前訓鯉，詩禮傳薪。偃室不至，抱道自珍。儒人生長名門，夙嫻四德。閫閲弗矜，金翠弗飾。挽車忘勞，斷機是式。婦道母道，爲世之則。於戲！公與儒人，同衾同穴。石陂竹山，幸藏邦傑。銘碣峨峨，詎磨霜雪。風水維貞，蘭芽恒茁。其將利汝子孫乎？千秋萬禩兮，粢盛告潔。

宣統元年秋月，邑人鄒鶴年拜撰。（同上）

案：自來著録石刻，類隔前朝，歐趙成式也。金器上收往古薛吕舊矩也。第我邑僻處偏隅，習尚簡樸，往代碑刻無多。兹編所載，并及本朝以來，亦仿明陳暐、吴中金石新編之例，非敢自憑臆見也。（蔣《志》）

石城縣志卷十

江家桂分纂

紀述志下

事略

秦

（丁亥）始皇三十三年，略取陸梁地，爲桂林、象郡、南海。（《史記·始皇本紀》）

案：《史記》顓頊記曰：北至幽陵，南至交趾，莫不厎屬。本縣在交趾之東，與中土較近，可知五帝時已通聲教。特地處邊徼，未嘗專爲設吏治民，無事可考。至秦始置郡，隸中國版圖。本縣《事略》，應從秦起。惟蔣《志》依舊《志》紀事，自宋淳熙始，前代大事未免缺漏。今剌取古籍，補載其要者。

又案：《通典》及《輿地廣紀》〔一〕俱以本縣地屬象郡。

〔一〕『輿地廣紀』，當作『輿地廣記』。

漢

（乙未）高帝元年，南海尉趙陀擊并桂林、象郡，自立爲南越武王。（據《南越尉陀傳》）

（己巳）元鼎五年秋，遣伏波將軍路博德、樓船將軍楊僕擊南越。（同上）

（庚午）六年冬十月，平南越，置南海、蒼梧、鬱林、合浦、交趾、九真、日南、珠崖、儋耳，凡九郡。（《漢書·武帝紀》）

案：《大清一統志》、阮《通志》以本縣地屬合浦郡。

後漢

（己丑）建武五年，交趾牧鄧讓率七郡太守遣使奉貢。（《後漢書·光武紀》）

案：李善注以南海、蒼梧、鬱林、合浦、交趾、九真、日南爲七郡。又案：阮《通志》以本縣地屬合浦郡。

（己酉）建安二十五年，吴立高涼郡。（據《續議書·郡國志》）

案：《太平御覽》引沈懷文《南越志》云：高涼，本合浦縣，吴吕岱爲刺史，錢博請制，以博爲高涼西部都尉。於是置郡。事在延康元年，即建安二十五年也。

宋[一]

（丙寅）元嘉三年，鎮南將軍檀道濟築石城於陵羅江口，因置羅州，以江爲名。（《太平寰宇記》）

案：《大清一統志》、阮《通志》俱以本縣地屬高凉羅州縣。

唐

（壬午）武德五年，以高凉郡之石龍、吴川置羅州，領石龍、吴川、陵羅、龍化、羅辨、南河、石城、招義、零緑、慈廉、羅肥十一縣。（《新唐書·地理志》）

案：此石城之始。

六年，羅州徙治石城。（同上）

（壬午）天寶元年，改羅州爲招義郡，改石城爲廉江縣。（同上）

（己亥）乾元二年十一月，復招義郡爲羅州。（同上）

宋

（壬申）開寶五年，廢羅州入辯州，廢廉江、幹水、零緑入吴川。（據《宋史·地理志》）

（壬寅）咸平六年，石城縣劉誂妻一産三男。（《宋書·五行志》）

案：唐天寶元年，改石城爲廉江。宋開寶五年，又廢廉江入吴川。此時何得復有石城之名，此條

〔一〕 此爲南朝劉宋。

《府志》、舊《志》俱載，仍登之以俟考。

（丁亥）乾道三年，析吴川西鄉，置石城。（《宋史·地理志》）

廣南西路諸司言，吴川地廣民衆，乞將吴川縣所隸西鄉置石城。詔從之。（《輿地紀勝》）

（己亥）淳熙六年，廣西妖賊李接攻城，知縣毛士毅死之。（舊《志》）

案：舊《志》載是事爲乾道間，今據《宋史·孝宗紀》改正。

元

（癸丑）皇慶八年，遷縣治於高峰鋪東黄村。（參沿革、《蘇洲碑記》）

案：縣故址先在江頭鋪，至時遷於東黄村，即今上縣村。

（戊辰）天歷元年，縣尹黄昱遷縣治於新和驛東，尚無城池。（參建置、《蘇洲碑記》）

案：即今縣治。

明

（戊申）洪武元年六月，元都元帥羅福以高、雷二州歸附。（《明史·太祖紀》）

順帝至正十五年，山海賊麥伏、黄應賓、潘龍等聚徒據雷州路。十九年，福以化州路樞密院同僉領兵擊之，諸賊敗走，以功升本州都元帥。元末兵起，嶺表騷然，福遂專制其地。至是承征南將軍廖永忠檄，以高、雷二州降。（《府志》）

（己酉）二年，縣丞倪望築土城，周圍二百五十二丈。（參舊《志》、《蘇洲碑記》）

（壬子）宣德七年，廣西瑶獞從陸川入境殘掠。（《府志》）

（己未）正統四年春，蠻賊蘇觀采率黨肆掠。（同上）

（庚申）縣丞夏仲謙同通判馬文饒築磚城，周圍五百三十五丈。（參建置、《蘇洲碑記》）

裁主簿。（張《志》）

（己巳）十四年，大水。（張《志》）

（丙子）景泰七年冬，有大星自東南入於壁，有聲。（參《府志》、張《志》）

案：日月交蝕，諸星孛彗，普天所同，非一邑事也，今悉删之。若星之飛流，日之食既，則各地不同，仍舊登載。

（癸未）天順七年秋九月，廣西流賊（舊《志》云胡公威）破城，千户高鵬死之。（同上）

敕廣東總兵官歐信會廣西兵討瑶賊。信破賊於化州之馬里村，再破於石城。（《歐信傳》）

十二月初二夜，廣西龍山賊架梯登城，官軍失禦，城中被掠。致仕鹽運使李澤遇害，并掠其家男婦八口。（《府志》）

（甲申）八年，裁縣丞。（張《志》）

按：張《志·職官表》：正統四年，夏仲謙任縣丞。是年裁缺，與此異，疑有誤。

（丙戌）成化二年，地大震。（張《志》）

（丁亥）三年，有星見於西北，光芒如帚。（同上）

（戊子）四年夏，山賊馮曉寇縣境，知府孔鏞招降之。（《府志》）曉於二年寇化州，被鏞攻破巢穴，擒其妻子以歸。後仍爲無賴賊，化州西北一帶苦之。鏞知其不可以卒滅，乃厚恤其妻子。會曉寇石城，鏞持僉都御史韓雍榜文詣營諭之。賊羅拜，因詢妻子無恙，乃曰：『公恩德不可負。』遂降，得衆五百人。（參《郡國利病書》）

冬，竹實。（《張志》）

案：竹花結實，自晉元康、元興以來，史氏所書，不勝枚舉。大都如麥如稻，可充民食。占曰『歲饑』。《山海經》云：竹生花，其年便枯。竹六十年而易根，易根必經結實而枯死。實落土復生，六年還成町。今驗之，實而枯，枯而生，果然而謂六十年，則未必碻也。竹實之歲，有饑，有不饑。而物異必書，謹綴其說於此。

（己亥）十五年冬，大有年。

（己酉）弘治二年春二月，謫庶吉士鄒智爲縣千户所吏目。

（戊午）十一年秋七月初昏，有大星自東南抵西北，聲如雷。

（己巳）正德四年秋九月，地大震。

（庚午）五年春正月，大雨雹，厚二寸，地大震。

（壬申）七年，大旱，無禾，民采食薯莨。

（癸酉）八年秋八月，有大星自東方入西北，有聲。

（甲戌）九年冬十月，竻竹實。

（辛卯）嘉靖十年春三月，大雨雹，震電。

（甲辰）二十三年，有妖入人家。入夜燃燈防守，各執生竹擊之，始退。

（丁未）二十六年春三月，大旱。自五月至七月，恒雨傷稼。秋九月，隕霜殺禾，穀價騰貴，民難食。

（辛未）隆慶五年冬十二月，倭寇至。時倭寇分二隊，一趨電白，一犯縣境。有軍人林姓者，銃擊一賊。退屯東墟數日，移屯上縣村。一夜，潛登城西北角。有勁勇蔡姓者覺，擊之。前後攻城甚急。典史徐鎰輔、知縣韋俊民多方防禦，卒保孤城。至三十日，按寨徑抵雷州之張官寨村屯住。六年正月三日，破電城之倭又至，由城外過，抵外村住札。時僉憲李材、監總戎張元勛、參將陳豪督兵剿。初，豪將先鋒兵五百，違節制，幾危。張公大兵至，始大捷，斬首五十餘級，生擒一虜。餘黨奔雷，與前倭合。官兵追捕至樂民大山，盡殲之。

（辛巳）萬曆九年秋八月，行清丈法。珠賊殺永安所田千户，後討斬之。縣原於附海地方設烏兔、多（張《志》作『名』，誤）浪、龐村、三埠，以居蛋民，捕魚辦課。後爲流商所煽，造船盗珠，是年潛殺官兵。奏聞上，命擒獲爲首者斬之，餘俱發各埠散住。

（甲申）十二年冬十二月，縣城火。自西街學地起，漸延城内，東南民居及城西社學，俱同時灾。

（寅庚）十八年夏五月，有妖物入人家爲祟，月餘乃息。

（癸巳）二十一年，海寇萬廷貫劫湍流村。虜村民勞學曾。學曾男于王，年十五，以身代父，贖不及，遇害。

（乙未）二十三年夏四月，署嘉禾生。署水槽生嘉禾，一莖十穗，粒可二升許。知縣謝瓚自題聯云：『心畏四知，夜魄不來楊震宅；政修五載，嘉禾生向魯恭庭。』（俱同上）

（丙申）二十四年春，大饑，有『隻鵝衹換三升穀，斗米能求八歲兒』之謠。（張《志》）六月，大旱，無禾，米價騰貴，民多流亡。（《府志》）

夏五月，大疫。縣民及雷州流民入境，死屍橫道，數歲子女止博一飽，或易米數升。邑中不染疫者十僅一二。冬，大有年。斗米錢二十餘文。

（戊戌〔一〕）二十六年夏五月，大風雨，壞廬宇，傷禾稼。冬十月，地震，有聲，樹木摇，燈燭滅。遣中使開采縣池礦。先時民間謡言曰『好采』，曰『蹈礦』，曰『好貨遍滿城市』，至是而應。連年騷動。

（庚子）二十八年夏六月，雷震，六桂坊裂，而瓦不損。

（癸卯）三十一年，瓊州府番念山開礦采銀，縣民赴之，疫作，死者相藉。

（乙巳）三十三年夏五月，地震，六七月又震，地陷如井，數處有水涌出。馬千户庄陷七潭，今

〔一〕『戊戍』，當作『戊戌』。

存二。

（丁未）三十五年秋七月，城東半里，青蓮書舍瑞花生。

邑教諭侯官湯誥《瑞花記》：

『夫瑞不易産，産瑞亦未易也。必含精葆和，凝神聚粹，薰蒸鬱結，而不可解。故時見於天，則爲景星卿雲，爲甘露瑞雪；時見於地，則爲河清海晏，爲圖書器車；時見於物，則爲龍鳳龜麟，爲靈芝、嘉禾、瑞麥之屬。總之，因人而應。名世出，而百瑞臻臻，豈易易哉？

『城之東門外北角，土名蓮塘，一名白霧嶺，復名青蓮，境有居士龍貞之莊在焉。築茅屋數間，延庠士高子魁及諸子大經、大紳、綬、縉、維、綋，讀書其中。舍前丈餘，地偶發一幹，高三四尺許，未有枝也。榦末發蕊七顆，其色紅，瓣六出，開時異香入於書舍，旋繞四面，如寶蓋，經旬不散。時則七月十六日也，環城觀者，日無計數。百人皆知其奇，不知其名，相與笑玩，咨嗟稱羡而去。

『夫物而知名，則常品矣。栽而時發，則常種矣。根而後幹，幹而後華，一歲一復，固造物之常，及瓜而代，何足異也。惟是突地而起，無年所，無歲月，不種而生，不根而發，天不能爲之時，地不能爲之限，人不能爲之擬，蓁蓁灼灼，珠環聯絡，箭直蓋圓，色紅霞映，花六雪飛，百卉無芳，挺然獨茂，雖剪彩琢玉，描寫丹青，曾不及此。信乎，造化妙矣！啓天地不盡之秘，泄百年未有之機，兆遠近前知之報，預聖賢豪傑之符瑞哉！花蓋如此，其必有所屬也夫，其必有所屬也夫！然聞之《春秋》，書祥而不書應，欲人修德以凝之也。瑞花固不虛生，亦未擇地，或總一人，或關家邑。凡修文者，務勉力以爲之應，母〔一〕謂産於一隅而自囿云。』

（戊申）三十六年夏四月，日旁有黑氣。

（己酉）三十七年秋，大有年，斗米錢二十餘文。冬，地震。

〔一〕『母』，當作『毋』。

（庚戌）三十八年春三月，竻竹實。

（辛亥）三十九年秋，蝗傷禾稼。

（甲寅）四十二年冬，大有年。

（乙卯）四十三年秋，大有年，斗米二十餘錢。（俱同上）

（丙辰）四十四年夏五月，有大星自東北隕，有聲，光射百里。（參《府志》）

（丁巳）四十五年秋七月，颶風大作，壞房舍。（張《志》）冬十一月，地震。

（庚申）四十八年，詔天下餉遼。（俱同上）是爲增餉，畝加銀七釐。（《廉州志》）

（甲子）天啓四年夏五月，地震，六月又震。（《張志》）

（丙寅）六年冬，大有年，斗穀錢七文。

（庚寅）崇禎三年夏六月，大水溺人畜，傷禾稼。

（壬申）五年春三月，日暈。夏六月，自初九霖雨至十七，水溢縣署頭門，壞城垣、民舍，傷禾稼、人畜甚多。秋七月，颶風。

（丁丑）十年夏五月，城中有妖。或黄昏，或夜半，拋沙石擊縣署及吏目廳。

（戊寅）十一年夏五月，白梅賊劫城。賊三百餘黨，號稱西粤馬劄，黎明突入東門，劫至西街，多執竹槍、木刀，城軍竟不能禦。知縣陳惟寧登樓擊鼓，居民緣屋拋石，擲死一持飛牌者，賊懼始退。事聞，委雷、雷二參將會剿，獲賊首李初富等，斬之署所。千户朱國瑞以開門失守置法，惟寧謫戍。

（甲申）十七年秋八月，崔文灡作亂攻城，殲郎中龍大維家，大維遁。時燕京陷。吏部龍大維與庠生崔文灡因塘構隙。文灡糾黨於八月二十七日圍城攻擊，大維夜遁，其兄弟子姓四人遇害。文灡稱戈不已。守道邢委廪生林一梅授策，執殺文灡。解首後，文灡黨仍圖報復，至鼎革，兵至乃息。（俱同上）

三月朔，日有食之，天地昏暗。（《府志》）

三月朔，日食，葉中均見一眼孔，天昏地黑，慘變異常。五月，始聞京師三月十九日之變。（吴川陳舜系《亂離見聞録》）

清

（甲申）順治元年夏五月，大軍定京師。（《通鑒輯覽》）

（丁亥）四年春二月，大兵定高州。總督佟養甲、提督李成棟遣總兵官方國泰、副將趙國威、周朝等，率師徇高州，官民郊迎，全境安堵。（參《名臣傳》、黄《府志》）

秋七月，明監軍古鼐、都督孫時顯帥狼兵自粤西抵城。知縣郭祚新先棄城逃，後被執殺。（張《志》）

是年，減荒田租税，除雜餉。

（己丑）六年冬，施尚義據城，毁民房，殘城郭。（俱同上）

案：《亂離見聞録》：廣西施尚義、葉標領明太師陳邦傅永歷札，付招兵恢復，一時叛黨復萌。施、葉擁至數十萬衆，破化州，困高州。四閲月，方國泰、趙國威、周朝三鎮糧盡，殺馬食，始投降。至是陷石城。十年六月，犯吴川，執殺知縣黄應乾。海防通判劉士芳統兵追剿，乃遁去。

（庚寅）七年夏四月，冷宏傑殺明吏部侍郎洪天擢於官橋。（《府志》）

初，天擢爲海南道，駐瓊州。順治四年，李成棟渡海，天擢投環墜地不死，遂降。既而成棟歸明，天擢以與謀，擢吏部左侍郎。天擢素無宦情，又以名節不全用反正功居卿貳，悒悒不自理，恒稱疾不視事，絶葷酒，閉户誦佛書。明桂王永歷三年，天擢九乞骸骨，得請去，寓高州吴川之芉隴，常往來塘葉拔貢林瓊樹家。時高州守將李明忠驕憤無度，結給事中李用楫爲兄弟。先是用楫在瓊州議降成棟，爲天擢所逐。至是，用楫謂明忠曰：『天擢舊官海外，有異寶；爲少宰，復受多金，可襲殺之。』明忠遣冷宏傑引兵攻之。時天擢自吴川還廣西，行至石城之官橋，宏傑殺之，殲其家，童稚無免者。掠其資，不滿百金。明忠嘆曰：『給事第欲報私怨，而使我殺此窮老措大耶。』事露，用楫方與工化澄、吴貞毓比，遂無致詰者。（據《永歷實録》《亂離見聞録》修）

（辛卯）八年春二月，總兵徐有（《府志》作成）功將兵復高、雷、廉，道經石城，明總督四府李明忠逃於龍門。（參張《志》、《見聞録》）

案：《通鑒輯覽》：辛卯八年二月，我總兵徐有功克高州，行在陽秋云。辛卯（永歷正年）三月，高州提督李明忠兵潰岸口，遂遁。又《見聞録》：辛卯順治八年，靖南王出巡，直抵高、雷、廉，實爲招撫明海康伯李明忠。忠自辛卯春聞廣州失守，携眷遁牙山、龍門。靖王遣官招撫，而明忠不至。未幾，明忠就擒。靖王謂『昔與吾父有八拜交』，勸之降。忠言：『繼茂非耿老子，不可冒認汝以希生。』靖王再三勸，終不從，乃殺之。衣冠不脱而死。時壬辰六月十二日也。雷鎮中軍張鎮恩本明忠，援剿營大廳，陰買其骸，瘞雷州城内。明忠一船家口八十餘，在鄧耀之龍門，七月颶風，盡没於海。

又，舊《志》以賊將書李明忠，以西賊書施尚義。今遵《輯覽》書法，李明忠删去賊將字，施尚義删去西賊字。

（壬辰）九年秋九月，靖南王耿繼茂班師，自石城至於電白。（《府志》）

改設化吴石營參將一員，守備一員。（同上）

（癸巳）十年夏四月，穀價騰貴，斗米銀五錢。（《張志》）

化石營參將應太極禦敵至龍山，遇害。（同上）

案：《見聞録》：順治八年，應太極征化州波羅洞寇，被周金湯殺於婆墟路口。與此異。然《見聞録》乃當時目見，當確。（蔣《志》）

六月，明周金湯據城，知縣張其榮被執，失印。（張《志》）

秋七月，地震，屋宇皆動，日夜連震七次。

九月，原署縣事羅國治復任交通廉鎮，多開利竇，闔邑騷然。

（甲午）十一年春三月，明安西王李定國率騎、步兵數萬，象十二頭，由粵西突至。各官悉奔回省城。（俱同上）

先是，定國由柳州至高州。平藩標下副將陳武、李之珍，高州守將張月督兵至石城青頭營，與戰失利。之珍趨電白，月還高州，欲挽武共降。武不從，乃私先納款，武未之知也。及定國至，月遂賣武以降。定國入高州，改舊府署，僭營王殿，重征加派每米一石，納扉履及鉛鐵等物，民甚苦之。遣兵圍新會，兩次不下。冬十月，定國親至督戰。十八日，靖南將軍珠瑪喇、護軍統領敦拜統滿漢兵（舊《志》、《廉州志》作朱馬喇，《新會志》、《廣州志》俱作朱馬巴牙喇，當是翻譯異字。《新會志》《廣州志》「敦拜」作「敖拜」，誤。今依《名臣傳》《東華録》改正）同平、靖兩藩與戰於河頭，用火箭破其象陣。定國大敗遁去，結筏而渡，奔回廣西。（據《茂名志》）

案：《通鑒輯覽》：十年夏，李定國犯廣東，攻高州，陷之。時由榔聞定國軍聲大振，欲密下一敕，令統兵入衛。諭大學士吴貞毓兩次撰敕，鑄屏翰親臣金印，令林青陽使高州。定國拜受命。《紀年》與此不符。考《府志》，甲午三月，李定國入高州。《亂離見聞録》：順治甲午十一年三月二日，明安西王李定國到高州。四月，定國病便結，拘醫診治，予在數中。八月，拘予隨營任事至廣肇。十二月十四，清將軍珠瑪喇率兵過新橋，一字數千船，渡河大戰。安西所帶可望兵八千先遁，餘兵齊靡，遂大敗。與《府志》合。據陳舜系乃當時目見，的確可從。（蔣《志》）

（乙未）十二年，奉文增修平頭城，設高、雷、廉總兵官。總兵栗養志移鎮石城，詳請鑿池。將通後嶺，見血水流出，乃止。未幾，如縣王訓、典史吴斌先後卒於官。（張《志》）

（丙申）十三年春正月，總兵官栗養志剿高、雷、廉三府山賊，平之，斬其渠魁彭兆龍、曹玉、陳選。（同上）

案：《府志》云：總兵官栗養志剿茂名山賊曹玉、陳選於雲霻，大破之。曹玉遁去，後獲正法。陳選降，赦之。吴川吴宣崇《見聞録》補證云：栗總兵官剿天官閘山賊曹斌，即玉也（混名『狗虱』）。雲曇（茂名地）有山，曰『三官山』，隘曰『天官閘』，玉據爲巢。時人語曰：『天官有狗虱，高州有老栗。爾出我入，爾入我出。』後以計使其黨誘殺之，乃平。但記於康熙二年，與此異，疑有誤。（蔣《志》）

夏，均夫役。（《府志》）

（戊戌）十五年，副將江元勛屯兵於石，駐札三載，人馬多疫死。（張《志》）

秋九月，有火星降縣治。二十三夜，火起縣前，延燒多處，六桂坊被燒一角。冬，竻竹實。自是三年，竻竹皆生花、結實。穀價騰貴，民食竹實以度荒。考吴川李玉培《瑣記》云：古語相傳，竻竹六十年花實一次。食竹實者，忌食蜜。是年，有煮竹實者，以蜜和之，一家盡斃。和蔗糖者無恙也。後人宜戒之。

（己亥）十六年夏四月，寬孤丁里役。

裁訓導。

（庚子）十七年春正月，蠲十二年至十五年逋賦。

（辛丑）十八年，高、雷、廉總兵官栗養志討遂溪山寇鄭昌，平之。

鄭昌，遂溪南昌村人，從山賊王鑑在樂民山爲盜。順治十七年，受雷州參將江起龍等撫，縛鑑以獻，遂據其穴。十八年復叛，盡招鄰境之惡少，四出劫掠，驅男婦而牿之，以取贖。西南近遂溪一帶苦之。時養志奉令剿賊，乃檄舟師環其外，聲言師期。賊退守南昌，而故久稽不至。賊守益懈。南昌與縣安鋪之麻水村隔海港，爲其後户，賊於遂溪大路設栅數重。養志以一晝夜自縣城馳，從麻水渡海，入其巢穴，遂斬昌，釋所繫男婦千有奇，搜捕餘黨奸惡梟黠者，悉斬之。兩邑遺民始知有生人之樂。

（壬寅）康熙元年夏，蠲免順治十八年以前逋賦。

詔遷沿海居民於内地賑〔一〕之。（俱同上）

時鄭錦猖獗。命内大臣科爾坤、介山巡視濱海居民，令遷居内地五十里，賑〔二〕貧民不能遷者。（郝《通志》）

秋八月，颶風大作，傷禾稼。知縣李沛請賑濟。（張《志》）

（癸卯）二年夏五月，霖雨。謝建嶺裂，水流如血。秋九月，命内大臣巡海界，再遷民。免廣東遷移沿海田地無徵銀米。造建沿海炮臺。（俱同上）

案：自元年以後，大臣歲來巡界，以臺灣未平故也。四年，前總督李率遺疏請寬邊界，其略曰：臣先在粤，粤民尚有資生。近因遷移，以致漸漸死亡，十不存其八九。爲今之計，雖不復其家室，第乞邊界稍寬，則耕者自耕，漁者自漁，可以緩須臾死。瀕海民至今德之。（府《志》）

（甲辰）三年，裁教職。（張《志》）

〔一〕「賬」，當作「賑」。
〔二〕同上。

各府州大縣裁訓導，小縣裁教諭。本邑裁教諭，存訓導。

冬十月，裁化吴石營參將，改設化石營守備。（參《府志》、張《志》營制）

十二月十日，兩日交加。（《亂離見聞録》）

（乙巳）四年春正月五日巳時、十日巳時，又兩日交加。（同上）

是年，知縣梁之棟修邑志。（張《志》）

（丙午）五年夏五月，除各縣日供雜派、值月支役。

（丁未）六年春，免逋賦。

（戊申）七年冬，命内大臣展界，添設縣墩臺四所。

（己酉）八年春二月，復遷海居民舊業。（俱同上）

先是七年，巡撫王來任卒。遺疏言：『粵負山面海，疆土原不甚廣，今概於海濱之地，一遷再遷，流離數十萬之民，每年拋棄地丁錢糧三十餘萬兩。地遷矣，又在在設重兵，以守其界，内立界之所，築墩臺，樹樁柵，每年每月又用人工土木修整，動用之資，不費公家絲粟，皆出之民力。未遷之民，日苦派辦；流離之民，各無栖址，死喪頻聞。欲民生不困苦，其可得乎？臣請將原遷之界，急弛其禁，招徠遷民，復業耕種與煎曬鹽斤。將港内之河撤去其樁，聽民采捕。海内之兵盡撤，駐防沿海州、縣，以防外患，於國不無小補，而朝宗之地又不輕棄，更於民生大有裨益。如謂所遷棄之地丁雖少，而禦海之患甚大。臣思設兵以衛封疆而資戰守，今被海寇侵掠，慮百姓之賫盜糧，不見安攘上策，乃縮地遷民，棄其門户而守堂奥，臣未之前聞也。臣撫粤二年有餘，亦未聞海大逆侵掠之事。所有者，仍是内地被遷，逃海之民相聚爲盗。今若展其界邊，即此盗亦賣刀買犢矣。舍此不講，徒聚議以求民瘼，皆泛言也。』御史楊雍建條奏，亦以爲言。詔可之。（《廣州志》）

詔蠲康熙元、二、三年逋欠。（張《志》）

化州山賊草鞋三寇縣境。沿鄉焚殺甚衆，民無寧處。至十二年，合化州官兵擒獲，解省。

（庚戌）九年，知縣李琰修邑志。

（辛亥）十年冬十月，免康熙四、五、六年逋賦。（俱同上）

（癸丑）十二年春二月，修沿海各汛墩臺。（《府志》）春三月，大雨雹。（張《志》）冬九月，地大震。

（甲寅）十三年春三月，有紅黑氣掩日。秋，大有年，斗米二十餘錢。（俱同上）

（乙卯）十四年春三月六日辰時，天有二暈交加，一紅一白，紅大白小，日在二暈交加之中，暈外生二小圈，似耳。（《見聞録》）

案：吴川毛《志》云：日之有黑子、白暈，兩日相鬥，三日并出也，非日之變也，地氣變也。地氣上騰，人在氣中，與日彭相映，聚則爲黑子，散則爲白暈，鬱結之極，則映成兩日三日。氣動則相鬥，氣静則并出。故其變，有天下皆見，有一州一縣獨見者。地將亂，氣必先見，故交蝕。孛彗不書，暈氣則必書。

夏六月，高州總兵官祖澤清叛。（《府志》）

先是十三年，吴三桂叛，潮州總兵劉進忠應之，勢張甚。至是，平藩徵祖澤清協剿。澤清心憚，進忠遂據高州叛。時雷州兵駐札石城。六月二十二日閉門擄掠劫庫，脅知縣、典史往雷州。七月，賊首鄭應奇領受僞札，統賊數千，經石往廉劫掠。八月，逆藩吴三桂勾西逆馬雄，糾黨李廷棟、董重民、郭義稱將軍，率寇數萬從廉入石，驅民開通西路，强勒夫役解運米糧，民不聊生。（參《府志》、張《志》）

案：《亂離見聞録》：十四年六月十九日，祖逆上威信將軍任。二十二日，高州兵下石城，搶遂溪。《見聞録》補證《郡志》云：祖逆之變，僞授閩人陳炯宏爲糧捕通判，催督夫役糧米。有力疲而不足於供者，宏謂其敲撲無益也，截竹爲筒，舂艾於内，置尻骨燒之，痛苦難堪。時呼『艾火陳』。（蔣《志》）

（丁巳）十六年春三月，大雨雹。（張《志》）夏五月，祖澤清歸正，石城始安。（《府志》）澤清殺海賊謝厥扶贖罪，許之。

（戊午）十七年春三月，地震。（張《志》）閏二月，祖澤清内遷鑾儀衛，疑懼，復據高州叛。（《府志》）

案：張《志》云：據張王山叛。考張王山近廣西，屬合浦，乃澤清西遁後被擒之處，非據叛之地也。

夏四月，官兵進剿，澤清奔廣西，官兵道經石城。

（己未）十八年八月（張《志》作十七年八月，誤）廣西總兵佟（張《志》作『修』，誤）國璽擒祖澤清於張王山，檻車由石城送京師伏誅。

案：《亂離見聞録》云：十四年六月，吴三桂差人送諭帖并信威將軍印與高鎮祖澤清。望日，高營兵遂反。十六年，澤清歸正。十七年四月，又反，雷、廉從之。五月望，尚公爺額將軍等大兵到，大破高、雷諸營。各官奔廣西，滿城男婦走西岸，溺死無算。初，三桂之叛也，潮州總兵劉猴子（即「進忠」）應之，勢張甚。乙卯五月，平南征澤清標下協剿，弁兵畏猴子如虎，不欲往，移炮逼澤清應三桂。澤清不能制，遂叛。丁巳五月，僞靖海將軍謝厥扶欲侯[一]馬雄於雷白過高州，祖逆計殺之。朝廷許以自新。戊午正月，升鑾儀衛，使心疑懼，復據高州叛，請助於廣西，不應，以其殺厥扶也。我師至討，破之於電白，祖逆遁。是年八月，高鎮馬雲程帶兵征廉州張王大山，擒祖逆父子，解京棄市。《見聞録補證·逆臣傳》云：十八年八月，官兵搜山，獲澤清及其子良梗，送京師。十九年二月，澤清、良梗俱磔死，諸子家口籍没。《廉州志》云：十八年秋七月，廉州總兵佟國璽追叛鎮祖澤清於張王山，獲之，并其子，檻送京師正法。又，李符清《古文》曰：邑張王墟多大岡複嶺，地幽阻。案：張王墟在合浦城北百二十里。黄《府志》謂：張王山在廣西，未碻。《見聞録》謂馬雲程擒之，亦不符。（俱同上）

八月，海寇冼大鼻、鄧正奇、謝昌等沿海肆掠，剿平之。（張《志》）

海寇楊二與冼、謝等結黨，連年劫掠，民間男婦按丁勒贖，濱海一帶逃竄殆盡。後水師進剿滅之，居民始安。

（庚申）十九年秋，大旱，無禾。（俱同上）

〔一〕「侯」，當作「候」。

（壬戌）二十一年，復教諭。（《府志》、張《志》作十七年，均誤）

夏五月，有蝶數百萬，自西北來，從東北去，三日乃盡。（張《志》）

冬十月，地震。

（癸亥）二十二年，命展元年遷界。欽差大臣杜臻會同總督吴興祚、巡撫李士楨開界，准民采捕。

冬，大有年。

三歲皆大熟，斗穀錢五文。（參《府志》、張《志》）

（甲子）二十三年，復廩膳三分之一。（《府志》）

（丙寅）二十五年，知縣周宗臣續修邑志。（張《志》）

（丁卯）二十六年夏五月，詔免新加雜税。詔免歲貢赴京廷試。

（戊辰）二十七年，海寇劫凌禄等處，千總翟際亨被害。（俱同上）

詔賞耆民有差。（《府志》）

天下軍民，七十以上，免一子雜派、差役。侍養八十以上，給帛一匹、綿一觔、肉一觔、米一石。

九十以上倍之。

（己巳）二十八年秋九月，颶風。（張《志》）

詔免高州屬縣逋賦。（《府志》）

（庚午）二十九年，置常平倉。遇蠲免錢糧，業户免七分，佃户免三分。（張《志》）

（壬申）三十一年秋，大旱。

（癸酉）三十二年冬，大有年。（俱同上）

（乙亥）三十四年，知府魏男行均役法。（黄《府志》）

柏鄉魏男《嗟高凉詞》：

『嗟高凉之困苦兮，余睹之而心傷。斯民其何辜兮，乃咸饑餒而不揚。無襦無袴兮裸形，有室有家兮悽愴。竹籬茅舍，紙被竹床。豈無田疇？豈無稻粱？胡爲至此，僉曰硬當。穀一石而值八九十文兮，終歲所入幾何？米一石而徵二三十貫兮，雜派之出靡量。吏胥承票，如虎如狼；剥骨吸髓，剜肉醫瘡。賣男鬻女，血淚沾裳。長吏不顧，專事桁楊。誰作此孽，其人既亡。問其子孫，子孫不昌。余痛之而力除其弊，民安之而惟恐不常。吁嗟乎百姓，余豈能終守此一方。乃有似親非親，似故非故。若愛予，若憎予，揖予而言曰：子之意則厚矣，不曰莫形彼短，靡恃己長。焉知子之是，而人之非。安在子獨明，而人皆盲。恐怨將叢於子，子不如無言而相忘。余應之曰：否，否，余非好爲此也。余恐後之人不鑒，亦如造此者身夭而嗣殤。同此身軀，同此肝腸，胡爲乎竭他人之脂膏，盈自己之私囊。不顯父母，不報皇王，忠孝兩虧，喪此心良。十目十手，三界三光，君即不加誅兮，天亦必降之以殃。迨全財歸烏有，身入北邙，一邱黄土，數株白楊，牧童樵子，談笑道旁。指而目之曰：此某某也，彼當日者，實甚愛乎孔方。噫！盗跖正首邱，夷齊餓首陽。報施果何如，天道渺茫茫。詎知蒿蓬生亦臭，蘭蕙死猶香。鴟鴞雖云鳥，敢曰比鳳凰。後賢如有待，聊留此數行。』

詔免康熙三十三年以前積欠，又帶徵未完銀米。（俱同上）

（丁丑）三十六年秋七月，螟。（張《志》）

（己卯）三十八年，裁驛丞。

案：《職官表》載，康熙四十九年，奉裁。紀年不符，疑有誤。

（庚辰）三十九年秋，螟。次年，又螟。

御制訓飭士子文頒到。（俱同上）

（癸未）四十二年，停里役。（《府志》）給老人粟帛。（張《志》）

（乙酉）四十四年，竻竹實，冬大有年。

（丙戌）四十五年春正月，地震，竹實。（俱同上）

（丁亥）四十六年，免四十三年逋賦。（《府志》）秋九月，大雨。（張《志》）

（己丑）四十八年夏，給老人粟帛。（同上）

（辛卯）五十年，免廣東全省地丁錢糧及四十八年以前逋賦。（《府志》）

（壬辰）五十一年，知縣孫繩祖重修邑志。（張《志》作四十一年，誤。今據喻實忠《志》序更正）

（癸巳）五十二年，詔免地丁錢糧及逋欠，賞老人。（張《志》）

自五十年編審丁數，定爲常額，續生人丁，永不加賦，仍造報盛世滋生户口册。

知縣田發詳免供鹿。

郡城春秋丁祭，向派石城辦鹿供應。皆殷户往廣西陸、博等邑山林網羅。不獲，則重價市之獵家。每鹿一頭，動需銀十餘兩，計到縣與到郡之役費，需銀二十餘兩。而鹿性狂躁，往往解送中途倒斃，既苦殷户賠價，又累夫役懲責。知縣田發深悉其弊，詳請免供。時高雷道靳公批云：『石邑既不産鹿，豈可累及里民？如詳准免，嗣後另於産鹿處所采賣〔一〕。即或一時缺乏，以羊代祭可也。』夙年積弊，一旦獲除，仁人之言，其利薄哉。

（丙申）五十五年，命廣東丁銀配入地畝徵收。

（庚子）五十九年秋七月，地震。

（癸卯）雍正元年秋，蝗，大荒。賞老人墾田。舉行鄉飲酒禮。

（甲辰）二年，頒到《聖諭廣訓》。詔行便民社倉。（俱同上）

命歲舉老農一人，給以八品冠帶。三年復定，三年一舉，著爲令。

詔建忠義、孝弟、節孝祠。（《府志》）

凡忠義、孝弟祠，樹石碑一，刊前後忠義孝弟之人姓名於其上。已故者，設位於其中。節孝祠，建坊一，標前後節孝婦女姓名於其上。已故者，設位於其中。俱春秋致祭，務令窮鄉寒苦，皆得表彰。（《肇慶府志》）

饑，斗米錢六百餘。（張《志》）

（乙巳）三年，詔令存倉米石易穀。（《府志》）夏，疫。（張《志》）

（丙午）四年，詔建先農壇，行耕藉禮。（同上）

〔一〕『賣』，當作『買』。

自五年爲始，通行藉田禮。正印官秉耒佐貳執青箱播種。（《府志》）

（戊申）六年，民間買産，許給布政司契尾。（張《志》）

禁用黄銅器。（《府志》）民間不得擅用黄銅器皿，舊存者繳官給價。

（己酉）七年春正月，詔免四年以前舊糧。（張《志》）

定養廉銀。題定各官養廉銀數，本縣知縣每年六百兩，完糧火耗，額定每兩加一錢六分九釐。（參《府志》）

定易制錢例，每銀一兩易大制錢一千文。（張《志》）

秋八月，詔免廣東庚戌年地丁錢糧四十萬兩。

冬十月，設約正。大鄉村中設立講約。於舉貢生員内選舉老成有學行者充約正，復選樸願謹守者三四人充值月。每月朔望宣講《聖諭廣訓》。一年之内能化導愚民者，給匾獎之。三年之内著有成效，遴其最優者送部引見。年衰不能赴部，舉人給以六品冠帶，貢生給以八品，耆老給以九品。（參張《志》）

十一月，大雪。（張《志》）

（庚戌）八年六月，增化石營弁兵。秋七月，大水壞沿河民舍。

（壬子）十年，改碙洲、化石營守備爲都司。

（乙卯）十三年，大有年，斗米錢五十文。清丈地畝。

（丙辰）乾隆元年罷清丈，報溢加税。（俱同上）賞耆民。（《府志》）秋，大風拔木破屋。（張《志》）

（乙未）四年春二月，換縣印。因年久模糊，知縣張恕具文請換。於一月十一日新印到，即日開用。

（甲子）九年夏五月，地震。（俱同上）

（丙寅）十一年，上以廣東高、雷、廉三府荒地磽瘠居多，令該地民人墾種者，概免升科，并爲世業。（《皇朝通典》）

（丁卯）十二年，蠲免地丁錢糧。（張《志》）

（庚午）十五年，賞耆老。（《府志》）

（癸酉）十八年秋九月，大風雨，壞城民舍百餘間。（張《志》）

（丙子）二十一年秋，邑純八、純十、豐三上下四都欠收，奉詔蠲免地丁錢糧。

（丁丑）二十二年，大饑。

知縣顔煌通詳賑濟，倡捐米一百四十石，衆紳士共捐米四百七十九石，分石嶺、太平店、銅鼓徑三廠散給，每人給米四合。石嶺、太平店二處自五月初八日賑起，至六月初日止。銅鼓徑自五月十八日賑起，至六月初四日止。時貢生羅天賜、林璋兆，考職縣丞曹璽，各捐穀百石，以詳奉上，督撫給匾獎。主簿職鄒士楨、貢生陳徽文、鍾應暕、監生揭子昂，各捐穀五十石，詳奉藩司給匾獎。耆民譚高、監生羅芬，各捐穀四十石，本府給匾獎。貢生鄒君寵、鄒遇，監生揭端風，生員揭振風，各捐穀二十石，本縣給匾獎。餘與獎例未符者，均開姓名榜示。

（己卯）二十三年春夏，疫。（俱同上）

（壬申）二十七年，免二十二年至二十五年民欠。（《廣州志》）

（甲申）二十九年秋八月，有星自東流，大如斗，長數尺，小星隨之，西隕，有聲。（張《志》）

（庚寅）三十五年，蠲免地丁錢糧。

（辛卯）三十六年春三月，雨，至八月始霽。冬，饑。

（壬辰）三十七年夏，饑。

（癸巳）三十八年夏六月，大風雨，拔木，毁民房。

（甲午）三十九年秋八月，颶風。（俱同上）

（乙未）四十年，知縣喻寶忠重修城池。（參《建置》）

（丁酉）四十二年秋，大旱，蝗。

（戊戌）四十三年春，大饑，賑濟。

四十二年秋，大旱。知縣喻寶忠戒，城厢耆庶潔齋拜禱三日，得雨，秋種乃播。七月，寶忠奉檄赴省闈分校。九月撤棘後，聞邑中大旱，白院司馳回。時四郊如焚，斗米銀三錢有奇。乃以凶荒情形備告，請來春賑糶兼行。四十三年正月示期，於正月十五日開賑。寶忠倡捐米四百石，邑中各殷户捐一千八百四十二石。時藩司姚成烈捐廉銀一百兩，巡道李廷揚、知府殷長立各捐廉銀二百兩，發縣買米助賑。乃於四路分設八廠：本城、銅鼓徑、石嶺、太平店、横山、吉水、青平、長山，俱以二、五、八爲期，大口五合，小口三合。各廠人數每日均以千計散米，自十數石至二十餘石不等。自正月二十五日至三月十八日，共賑米二千六百二十七石八斗。隨又奉總督楊景素、巡撫李質潁以高、廉兩郡民饑，捐發賑銀六千兩，以石尤甚，分發銀二千二百五十兩。長賑時米價每斗銀五錢有奇，以銀易米，僅得四百石。李廷揚請助倉穀碾米二千二百五十石，於秋後定價五錢一石，買穀還倉，一轉移間得米數倍。議以大口給米五斗，小口五升，作一次大賑，於三月二十八日八廠同給，計男婦大小二萬七千三百八十八丁口，給過米二千二百五十五石。時銅鼓徑、太平店、青平三廠與化、吴、遂、博毗近，饑民亦雜入領米，不能區别。竇忠乃於門外復捐米，設一粥廠，俾無歸來往就食者赴廠受粥。自三月初五日至四月初十日止，計捐米五十石。有貧生不能領賑者，牒學開報名數，各給穀一石，計捐穀八十石。又，自三月十八日開倉平糶，案照户册丁口，多者買穀一斗，次者五升，又次三升，亦分八廠平糶。至五月二十八日止，共糶穀一萬二千九百石有奇。社正、副管理社穀，令赴倉具領耔種，耕租多者給種二石，少者一石，或數斗，計借過耔種穀一千五百四十六石。六月早禾熟，糧價漸平，勸諭各鄉鄰族，共敦任恤，凡春間未耕荒田，借用牛、種，俾各補種秋禾。至秋，鄉民因多食雜物，疾病者衆。復捐制菩提藥丸發給，久之乃止。

紳民助賑，捐穀百石以上者，耆民胡展鳳、張世昌；五十石以上者，縣丞職曹璽，例貢朱爾德、鍾道熙，武生鄒君宰，監生吴瑜，里民劉日炳，節婦張羅氏等；二三十石者，拔貢黄友珍，例貢鄒文泮、陳光伍，耆民張黄等。是時賑捐者尚不止此，因志稿不全，又無卷可稽，故闕之。

秋八月，地大震。

冬，大有年。（俱同上）

（庚子）四十五年，免地丁錢糧。（黄《府志》）

知縣喻實忠重修邑志。（張《志》作四十二年，誤，今據原序更正）

（庚戌）五十五年，免地丁錢糧。（張《志》）

（癸丑）五十八年夏六月，大水。秋八月，洋匪登岸，劫龍頭沙炮臺，殺兵丁三名。（俱同上）

（甲寅）五十九年春正月，總督覺羅長齡示禁需索漁船陋規。（蔣《志》）

有碑竪安鋪天後宮。

（乙卯）六十年，詔普免積欠錢糧。（張《志》）

（丙辰）嘉慶元年春正月，賞老人粟帛。（黄《府志》）

（戊午）三年夏，饑，穀價騰貴，斗穀錢四百文。（張《志》）

（己未）四年，免乾隆六十年以前積逋。（黄《府志》）

（辛酉）六年，海寇劫兩家灘。（張《志》）秋八月，颶風大作，竻竹實。

（癸亥）八年夏五月，海寇今古養劫青平、横山等墟，鄉勇擊却之。今古養率匪數百，於五月初二夜劫青平墟。鄉勇圍擊，獲賊譚承貴、張光倫等二十一人。又於初八夜由三墩港上岸，劫横山墟，被典鋪炮斃數賊。昧爽，貢生李安率鄉勇追捕，安鋪鄉勇半途協攻，殺賊二十餘人，生擒二十餘人。追及賊艘，被賊炮斃安鋪鄉宋廷貴一名。初，武生何文寶被海寇擄去，毒施鞭撻，幸潛逃。至是，文寶奮勇率衆，會同各勇力攻，卒奪匪船三艘。典鋪給賞，殺賊首級每名銀十圓，生擒每名銀二十圓，奪賊船每隻銀五十圓。共殺、獲匪四十餘人，奪匪船三號，均交李安解案，經知縣鮑春藻詳辦。

冬十二月，海寇劫梅廣村，全姓獲賊六名。

（己巳）十四年秋，大雨，多壞房舍。

（庚午）十五年春三月，穀價騰貴。夏五月，海寇平。

先是寇魁張保與麥有金（即烏石二）分道劫掠。張保在廣州各港，麥有金在高、雷、瓊各港，縣西南一帶苦之。總督百齡遣人招撫，許張保以不死，且賞以官。保先降，有金不奉命。百齡遂命官兵捕剿，親至雷州督戰。使張保計，擒有金與其兄有貴（即烏石大），磔之，餘黨或赦或誅，濱海居民始安。（俱同上）

總督百齡示禁衙役陋規。（蔣《志》）

有碑豎賓興館。

（乙亥）二十年冬，大雪。（張《志》）

（己卯）二十四年，免二十二年以前積逋。賞老人粟帛。

知縣張大凱重修邑志。

（辛巳）道光元年，免地丁錢糧。（蔣《志》）

賞老人粟帛。（同上）

（癸未）三年春，兵備道葉申萬督修府城，六屬各照段落分築。（黄《府志》）本邑向係管修城垣七十丈，遞年縣主出保固結，詳上憲。（蔣《志》）

（丁亥）七年，知縣王德茂建安鋪同文書院。（據《建置》修）

（己丑）九年，知縣王德茂建考棚。（同上）

（甲午）十四年，免十年以前民欠錢糧。（蔣《志》）

知縣林星章重修城池，周圍五百七十三丈九尺。（參《建置》）

（戊戌）十八年秋，大旱。（蔣《志》）

（己亥）十九年，禁洋烟。（楊《府志》）夏五月，頒《鴉片新例》。

案：《夷艘寇海記》云：鴉片烟在康熙初，以藥材納税。乾隆三十年以前，每年不過一百箱。嘉慶元年，以嗜者日衆，始禁之。嘉慶末，每年私鬻至三四千箱。始積澳門，繼移黃浦。道光初，嚴禁，復移於零丁洋之躉船。洋舶至，皆先以鴉片烟寄躉船，始以貨入口。凡閩、浙、江蘇商船買烟者，從外洋販運，粵人則在口内議價，而後運入。始躉船不過五艘，其烟不過四五千箱，迨增至二十五艘，烟二萬箱，則在道光六年總督設巡船之後。前此定例，互市以貨易貨，不准紋銀出洋，每歲英商補内地貨價銀錢四五萬圓。其後英商求准，貨船洋銀餘剩者帶回十之三，於是銀之出洋者無算。十二年，總督盧坤裁巡船，而水師積習已不可挽。十七年，總督鄧廷楨復設巡船，水師副將韓肇慶專以護鴉片烟漁利，而每年入口者遂至四五萬箱。大理寺卿許乃濟曾任廣東道，奏請鴉片烟照藥材收税。十八年，鴻臚寺卿黄爵滋奏請嚴禁鴉片烟，以防紋銀出洋。於是，欽差湖廣總督林則徐赴廣東查辦。十九年正月抵粵，英人查頓聞風先竄，顛地隨其領事義律由澳門至省城夷館，林則徐遣兵役圍守之，令繳零丁洋所泊二十五船之烟土。義律具禀遵繳，其往各洋之烟船亦回粤，共繳鴉片烟二萬二百八十三箱。林則徐、鄧廷楨往虎門驗收，每箱賞茶葉五觔。奏入，詔令烟土解京。則徐力言其弊，始諭令即在海口銷毀，毋庸解京。則徐會同督撫於虎門監視銷毀，就海灘高處開池浸滷，投以石灰，頃刻騰沸，夕啓滷洞，隨潮出海矣。

賞老人粟帛。冬，大有年。

（辛丑）二十一年二月，英吉利擾省會，海疆戒嚴。（俱同上）

（甲辰）二十四年，免二十年以前民欠錢糧。（蔣《志》）

（丙午）二十六年秋，蟲傷禾稼，大饑。

（丁未）二十七年，大風雨，壞民房舍，高岸有變爲谷者。

江姓捐資，請建石門、永安各炮臺，并置炮位。後已請奬。

（庚戌）三十年，知縣陳開沅重修城垣，增高女牆。（參《建置》）

竻竹實。大旱。

春，化石營兵鄒應龍等禦賊於靈山，邑人鍾汝廣禦賊於長樂，俱失利死之。

賊目劉八寇靈山，奉調化石營兵五十名協剿。馬兵鄒應龍、曾福等禀請，奮勇當先，力戰，衆寡不敵，應龍、曾福與步兵張鴻韜、楊培光、楊正光、曾瑞麟六人同時陣亡。賊由是漸擾至合浦。邑人鍾汝廣素有膽略，驍勇能戰，亦奉調帶勇剿賊，戰於合浦之長樂墟。廣先陷陣，後隊不繼，遂遇害。卒後，廉州府挽聯云：『志探深穴生擒虎，奮鼓前鋒死化狼。』鄒應龍六人，總兵官楊□□請准奬恤，各給銀五十兩，祀百花亭内昭忠祠。鍾汝廣祀石嶺義勇祠。

冬十一月，西匪劉八寇青平。

是月二十四日，匪首劉八率黨數千，由白沙入寇，踞青平。防禦兵勇失利，陣亡兵丁駱有芬一名。賊勢猖獗，衆至數萬，流劫四鄉。時太平日久，一旦被寇，人心恇怯，奔竄流離。十二月十八日，賊分股劫石嶺，沿途焚殺，大肆擄掠。知縣邱在濂諭邑紳江熙和、戴尚游詣府乞師。二十四日，千總方源帶潮勇九百名到城。

（辛亥）咸豐元年，免道光三十年以前民欠。夏五月，官軍追剿劉八，於沙河擒誅之。

正月初五日，方源由城進兵，於堡下村後舊營嶺駐札。初八日擊賊，大勝之，殺數百名，生擒數百名，獲槍炮器械無算。賊遁，兵勇乘勝追剿，其黨漸散。五月，圍擊於沙河（在博白），全股撲滅，擒劉八，解郡梟首示衆。

（癸丑）三年，竹實。大雨雹，草木、雜稼多傷。

秋，蝗飛蔽日，傷禾稼。縣主懸賞捕之。鄉民鳴鑼擊鼓，驅逐數日，飛適別境。

七月，西匪朱十四寇境，知縣張書璽督師剿，敗之。

十一日，博白匪首朱十四率黨數千，踞石角，流劫三合等墟。知縣張書璽請兵。高廉道伊霖調守備陳瑞麟督兵勇進剿，失利，潮勇吴昌、李臣、林雄陣亡。八月二十二日，賊至急水、石嶺等墟，大肆焚掠。九月初，兵勇進營合江，又失利。初八日，賊踞青平。伊霖再撥兵勇，合邑紳羅汝翼募廉勇一千名。

初十日，書璽督師圍青平，四面協攻，大勝，擒斬甚衆。賊遁西地後被地方官撲滅，拿匪首誅之。

八月，西匪朱德安寇青平，練勇擊走之。

二十七日，博白賊目朱德安糾黨千餘，竄踞青平，流劫白路嶺。羅姓練勇截擊失利，被害十餘人。

九月初三日，廩生李郁督帶廉勇進剿，殺賊多名。賊奔回西地而散。

冬十月，西匪寇安鋪，鄉勇擊敗之。

二十五日，西匪糾黨數千，由仰塘入寇安鋪。抵墟旁，新安船勇數十人禦敵，仗神威，西風助勢，大勝之，賊潰遁。逾日，鄉民猶陸續拿獲，誅之。

（甲寅）四年秋，西匪黃十一寇境，官兵協剿，破之。

賊目黃十一，由化州中洞竄入石角、太平店，流劫四鄉。知縣張書璽、都司楊紹能、潮勇隊長方源督軍進剿。七月初九日，戰於丹竹水，我軍失利，傷斃兵勇謝欽彪、殷得勝、李應保、陳啓明、李振英、林春榮六名，潮勇亦有損折，方源被擄勒贖。再調欽州營參將廖達章，督勇協攻，大敗之。賊由平定竄回西地。

（乙卯）五年春二月，洋匪李快寇兩家灘。李快入兩家灘港，焚江聯興當，劫陳泰來當，并擄人勒贖。

（丙辰）六年春三月，西匪陳國章寇榕木鋪，練勇擊退之。博白賊目陳國章率黨千餘，竄踞榕木鋪。武生羅揚武等帶練勇進擊，賊潰走。

夏，大風雨。初，有大黑鳥飛墜署前，須臾斃，衙役齎棄北城角。後三日，風雨大作，即從棄鳥處圮堞十餘所，并壞民舍甚多。

（丁巳）七月春夏，饑，穀價騰貴。斗穀錢四百餘。

夏四月，西匪徐十五等寇禾寮塘，官軍擊走之。初九日，西匪徐十五大、謝八大、邱大等（凡曰『大』、曰『晚』，皆會匪頭目之號）率黨數千，踞禾寮塘、新屋埸等處，大肆擄掠。二十三日，竄入石博交界之丹兜、那納、環里、大鵝根等村焚劫，練勇截擊失利，隊長武生彭玉瑞、郭文光、光子郭阿九、練丁陳觀養、陳十三等陣亡。二十八日，知縣敖翊臣督勇進剿，殲賊數百名，斬首五十二級，割耳、辮無算，生擒三十五名。賊懼，奔回西地。後綫拿匪首謝八大，解省正法。

（戊午）八年春正月，西匪朱亮七等寇坡禾地，鄉勇擊之，失利。二月再戰，勝之，賊走散。

博白賊首朱亮七、朱十九等踞坡禾地，殺防勇管阿六、管阿二。知縣聶汝康調練長武生羅崇齡帶練丁五百名剿之，失利，羅崇齡、羅楊武、羅天春、羅天佐、羅士文、羅念宗、羅阿光、羅天章、羅天賜、羅天周、羅炳忠、羅炳信、羅汝章、羅汝茂、羅汝熙十五人同時遇害。賊竄方埇村，再調軍功六品吴德安帶勇二百名剿之，又失利，陣亡隊目吴大方、炮手吴勸孫、吴譚出、吴德福、吴劉彰五名。又調縣丞江温和帶勇八百名，二月初十日進剿，仍不利，陣亡兵丁陳尚安、黄尚仁、梁元祥，鄉勇彭邦隆、彭阿六等。乃調大直保安勇三百名，添募潮直、新安各勇，連前凡二千六百人，十七日力戰，大勝之，殺賊多名。賊奔合浦之山口墟，追擊連勝。賊潰回西地而散。

夏四月，西匪朱十一等寇石灣村，鄉勇擊走之。是月初間，西匪朱十一、李六等率黨寇石灣村。十七日，竄擾蒙村等處。二十三日，知縣聶汝康調附貢黃選青帶勇進剿，大勝，傷斃練丁黄福五一名。次日，進駐石嶺墟。二十五日，鏖戰，斃賊甚多，李六被傷，賊竄塘蓬墟。再調廪生陳兆玉督勇協擊，賊退回陰橋（廣西界）。五月，復掠平山，竄踞合浦之山口墟。兵勇四面圍擊，賊奔西地而散。

奉行保甲。

地震。

（庚申）十年春正月初三日，地震，屋宇搔動有聲。

秋，蝗飛蔽日，食禾稼，數日去。

（壬戌）同治元年，免舊欠錢糧。

冬十二月，匪首劉超寇太平店，知縣敖翊臣督軍剿破之。先年二月，陳金釭據信宜，迭擾鄰縣。至是，匪首劉超稱爲陳黨，由化州入寇太平店、石角、吉水等墟，擄掠焚殺，逼近縣治三十餘里。知縣敖翊臣、都司張瑞清督兵進剿，并調都司銜盧振綱帶德義勇一千名，駐札太平店。十七、八連日大戰，勇目潘浩，勇丁黎麟、周財、朱亮、張庚、曾福、盧能陣亡，兵勇大勝，擒斬甚衆，賊遂竄。

（癸亥）二年春二月，西匪朱二十八寇長山，兵勇擊敗之。賊目朱二十八率黨數千，劫長山、李村等處。初六日，練兵進剿。炮斃練丁張玉仁一名。旋被官兵圍攻，殺賊多名，生擒十餘名。賊潰散。

夏四月，賊黨流劫山底村。練紳劉傅芬禦賊，死之。賊黨分掠山底村。初十日，鄉勇防禦失利，生員劉傳芬，練丁劉茂生、劉傳統、劉時高、劉阿裕等陣亡。賊匪亦多傷斃，遂竄，不復來。

穀價騰貴，民難食。

冬十一月，潮勇梯城劫鋪，兵勇追捕，獲賊誅之。二十九夜，潮州散勇逾城，劫掠城内正豐號，傷鋪伴四人，内斃岑瑞侯一名。旋經局紳羅士奇、羅汝彦懸賞授策，兵勇追至化州，拿獲創匪吴强、方孔、方良、吴有光、方阿太、謝阿秋、郭阿意、鍾耀茂、周點、陳晚等解案，就地正法。

十二月，彭兆標密約匪黨襲城。初九日，事泄，捉獲匪首彭兆標、黄二十九等正法，并拿賊匪數人，其黨遂散。

（甲子）三年春，大雨雪，傷雜稼。秋八月，大風。冬十月朔夜，有星隕於南方，光芒如斗。

十一月，西匪夜劫馬樓埇，鄉兵邀擊，獲之。初八夜，西匪劫馬樓埇，鄭姓拒捕傷主。局紳羅汝彦偵賊歸路，使鄉兵截擊，獲匪二十四名，解案正法。

（戊辰）七年秋七月，大雨。初七八，連日大雨。平地水深數尺，沿河壞民房舍，城厢内外尤甚。有蛟隨水下，長數丈，頭角浮現，鄉民多見之。

改河。通縣禀請改河，由松明書院前，出牙鷹石，過與二橋合流，至圓嶺仔合舊河。

（己巳）八年秋，蟲傷稼。（俱同上）

分插客民於各墟。（黄《府志》）

五年，廣東巡撫蔣益澧三次遣恩平、開平客民四千餘往瓊州，亦有安插高屬者。至是，又有分插於石城各墟者。

（庚午）九年夏五月，蟲傷稼。（蔣《志》）

蟲大如指，傷秧苗。鄉人撲殺之，數日即盡。

訛言法夷以神仙粉毒人，井水生蟲。（蔣《志》作十三年，誤）

秋九月望，颶風暴雨，壞民舍甚多，拔大木數十本。

（辛未）冬十月朔，雨雹，傷禾稼。

（壬申）十一年，詔免六年以前民欠錢糧。秋七月，大風雨，壞民舍，文廟欞星門墜落。

（癸酉）十二年夏四月，地震。秋九月，又震。冬十二月二十三日，大雨雹。

（乙亥）光緒元年，免同治十年以前民欠錢糧。

（丙子）二年，巡道何應祺示禁，强贖搶割。

有碑竪府城隍廟内東壁。

（丁丑）三年夏五月，知府張聯桂示禁，漏税重罰。

有碑竪安鋪武廟。

（戊寅）四年春三月，有羊角風自較場起，旋至城東南隅，吹圮城堞數丈。

（庚辰）六年秋，淫雨，大水，沿江民居多圮。

（辛巳）七年，免五年以前民欠。

重建龍頭沙炮臺。奉行保甲。

（癸未）九年春二月，獲會匪唐玉墀於安鋪，解省懲辦。先年十二月，茂名會匪莫毓林圖襲郡城，事泄，四散。其黨唐玉墀逃在安鋪，監生陳鳳翔拿獲，解省，與莫逆同戮之。

（乙酉）十一年，改復舊河。前兩次改河，形家咸言其不利，故仍改復自林宅前出，過荔枝園尾，至圓嶺仔合舊河。

知縣郭樹榕修城内街道。

冬十月二十夜，星鬥。衆星戰於西北，往來閃爍，光焰異常。

歲荒，官禁造酒耗米，穀價平減。（俱同上）

越南、法國構兵，海疆戒嚴，辦團練。（楊《府志》）

（丙戌）十二年春三月，地震。（蔣《志》）

夏，饑，穀價騰貴。邑紳發義倉穀，并采買洋米，分設本城、安鋪、良垌、石嶺、太平店、塘蓬、青平七廠平糶賑濟。

奉行盗會鬥匪就地正法新章。

（丁亥）十三年秋八月，颶風，初五日又颶，初九日又颶。（參楊《府志》、蔣《志》）

知縣蔣廷桂重修縣志。（采訪）

設電報局於縣城及岸步。電綫由岸步經石城、化州至高州，綫長二百四十里。（楊《府志》）

（戊子）十四年，改化石營都司爲石城營都司，隸北海鎮轄。（采訪）

（己丑）十五年夏四月，雨雹。（蔣《志》）

冬，大有年，斗米錢一百八十文。（楊《府志》）

十一月，大修府城。（蔣《志》）

本縣管修城垣，照舊派定段落七十丈，仍自三百九十八個垛子起，至四百七十七個垛子止。（縣册、茂名縣交代册）其中原無城樓炮臺，此次管修，内增建炮臺一座。

十二月，營兵張瑞良妻羅氏一産三男。

（庚寅）十六年夏五月，巡撫游智開示禁賄賣。案首有碑，竪考棚内。

秋七月十五日酉刻，地大震，有聲如雷，屋宇顛簸，牛馬狂奔。八九月，大旱，縣坊尤甚。

冬，賞老人粟帛。（俱同上）

十一月二十三日未刻，地復震。（采訪）

十二月，天雨黑米，豐一、二都坡地間有之。（蔣《志》）

（辛卯）十七年春，大疫，城厢及安鋪尤甚。斃七百餘人，俱先疫鼠，而人隨之。（參楊《府志》、蔣《志》）

夏四月十五日午刻，怪風。

城南四十餘里狐狸窟嶺陡起黑氣，隨風旋轉，忽白氣一道從東北來衝，又有黑雲自空降，合旋繞。

一時天昏地暗，風勢愈烈。經過處，樹木多拔。至荷木坑村，袁姓十餘家屋宇盡圮，人亦壓傷，幸不殞命，鷄犬豬牛十無存一。餘及白塘、水鋪、掃桿埆等村，亦多被害。時有牧童二人、牛四頭，旋起半空，越數嶺始墜。人幸無恙，牛則裂肚而斃。（同上）

秋，仰塘墟一禾數穗。（采訪）

冬，大有年。（同上）

（壬辰）十八年夏六月，巡道李有棻示禁差役僭妄。有碑竪賓興祠。（蔣《志》）

冬十一月二十五日，大雨雹。二十九日，安鋪東南大雪，傷雜糧，民難食。（采訪）

造門牌册籍。

（癸巳）十九年冬十一月，大雨雹。

（乙未）二十一年春三月至六月，吉水墟一帶不雨，早稻失收。

冬大旱，穀價騰貴。

邑紳發義倉穀，并采買洋米，分設本城、安鋪、良垌、石嶺、太平店、塘蓬、青平七廠，平糶賑濟。

（丙申）二十二年夏四月初三日，地震。六月，大風雨，拔樹木，民房多傾。

早稻豐收，斗穀錢九十文。秋七月至九月，吉水墟一帶不雨，晚稻失收。

（丁酉）二十三年春三月，匪首劉吉六寇横山、安鋪，官兵剿平之。吉六客籍安鋪，聚黨萬餘人，在鶴塘嶺拜會，率僞號鎮北王羅壽南、鎮南王余國光、大王温大文等，流劫四鄉，攻横山團局，殺斃勇目黄錦燦一名。又圍攻安鋪靖江炮臺，殺斃勇目毛其勉一名。知縣王壽培告急，奉調瓊州鎮總公武萬才統兵剿辦，擒獲吉六并黨羽四百餘人，皆伏誅，賊遂平。

夏疫，竻竹實。歲饑，民多食竹實以充饑。

（戊戌）二十四年夏六月，土匪劉永發攻占江頭堡，官兵剿破之。三十日，匪首劉永發糾黨數百，攻占吉水之江頭堡，擄人勒贖。都司關在田率兵剿滅之。

秋七月，大疫，城厢尤甚。

（己亥）二十五年夏五月，雨雹。六月，疫。秋，大旱，饑。

（庚子）二十六年，奉行糧捐法。每歲額賦銀一兩，加徵三成。奉行房捐法。本縣祇抽捐祠宇。冬，大有年。

（辛丑）二十七年春正月，承發房賭博，縣勇索規，槍斃蕭輝光一名，經拿凶手陳元才正法。

秋，蟲傷禾稼。

罷武科叔士〔一〕。

裁化石營右哨把總，留左哨把總。

（壬寅）二十八年春正月十九夜，監犯逃獄。

〔一〕『叔士』，當作『取士』。

監犯蔡桂春糾率各匪犯越獄，趨總局劫軍械，復回攻縣署。儀門勇伏守，槍斃蔡桂春、黄阿二、張元發、李阿木等四名，餘犯由西門逃遁。

夏四月，大風，吹圮東門城堞垛子十五個。

冬九月，大旱，民多饑斃。石角市斗穀錢七百餘文。

設郵政於縣城及安鋪，由商店代理。

（癸卯）二十九年，大有年。

知縣薛銓忠會邑紳遵章籌辦學堂，拆考棚，建築校舍。

（甲辰）三十年，大風雨，壞民房舍，水浸南門較場坡。

開辦縣城巡警。

奉行改税契法。

裁教諭，留訓導。

冬十一月，匪首陳大隻章糾黨百餘，劫翁村，殺斃村民十三名。知縣黄雲飛會武營拿辦。

（乙巳）三十一年，縣官立高等小學堂成。先辦速成師範講習所，繼招學生兩班教授。

秋八月初四日，詔罷科舉取士。

改石城營都司，復爲化石營都司，隸高州鎮轄。

（丙午）三十二年夏六月，大風雨，壞民房，溺人畜。初四、五日，連雨。初五夜，雨更大，水泛，入城都司署，水深四尺，西街水深五尺，較場坡水深八尺，溺斃男女一十九名口。初六卯刻，水浸龍灣；巳刻，水浸安鋪、洋田一帶，盡成澤國，壞房屋無算，圍基崩圮大半。詳奉省憲發庫銀三千兩，廣濟、愛育善堂共助銀一千九百兩，回縣交局紳散賑。

秋八月初三日，颶風。是日巳刻風起，至未刻息。倒塌城堞垛子六十七個，壞衙署、民房，傷禾稼，崩圍基。詳奉省憲發庫款，回縣賑濟。

奉行印花税。

設勸學所。

發糴義倉穀儲錢，待穀價平糴補還倉。

（丁未）三十三年秋八月，大風雨。

（己酉）宣統元年，知縣葛肇蘭稟准省憲，開糴常平倉穀，得錢發當生息，俟豐年糴穀還倉。

（庚戌）二年，設農務分會及地方自治研究所。

（辛亥）三年夏，孫壽屏來赤坎運動革命，邑民入會者衆。

秋十月，星鬥。兩星戰於東方，光焰異常，數十分鐘始滅。

秋九月十九日，武昌黎元洪起義，全國響應。

冬十二月，宣統帝遜位。（俱同上）

雜録

宋開寶間，羅州陷。舊《志》：相傳州出白牛，摩城數日，官令縶之，竟無覓主，遂令剥焉。越日，雨水暴溢，州東北數十家陷爲一湖。一巡檢與焉。後旁居民祭社，每見形，稱巡官。又，湖中或流出前朝瓦器。今天旱，禱雨取水於此，往往有驗云。（張《志》）

案：此即龍湖。張《志》羅州釋疑所載，誤以爲清湖。今考清湖有村無湖，距龍湖數里。此湖側有龍湖村，其後山舊城址尚存，墻崩餘高約五六尺，厚約四五尺，斷續延長約百餘丈。但外爲樹木遮蔽，必入内始見耳。然則州陷爲湖，諒非誕也。

海島洞天，在縣西海島。其中山多欖木，海波環流。相傳舊有漁人泛舟至此，見花果長春，若有心挾帶，則迷其途。或著意往尋，則失其處。真海外神仙窟宅也。（同上）

靈岩，在安鋪天后宫前。相傳有漁者捕魚於河，至深處遇一竅，其光閃閃。漁者隨光處進，約在神殿之下，内有一洞，輝煌如畫，怪石雜立。少頃，波濤汹涌，如風雨至。漁者驚駭，迷前途。倏見一大魚摇尾，隨而出之。（蔣《志》）

七家潭，俗名七姑潭，在縣西沙𠟗墟北八七里許。廣數畝，深莫測。相傳有七家陷其處，故名。漁人嘗網得瓦器，非時下物。道光間，龍從潭起二次，近鄉人畜無淹没者，亦靈區也。（蔣《志》）

明守道冒起宗《石城所山海圖説》：『本所隸石城縣治。洪武年間，奉調雷州衛後千户所官軍鎮守，以邑在山峒間，瑶獠編氓錯壤雜居，且使節絡繹，商賈徵逐，爲四郡之通衢故也。城之北，雉堞繞建於山巔。東百里抵化州，西百里抵樂安所，南七十里抵遂溪，北一百二十里抵廣西之博白縣，東北九十里抵陸川縣，東南一百五十里抵吴川縣，西北一百五十里抵廣西之舊林曹村，西北百餘里抵樂民所。所雖附縣，官軍以隔屬相推諉，刁疲散漫，城守空虚，故西賊時時突擾，截禦罔聞。其東北六十里有曰三合堡者，地接博白、陸川之邊界，瑶狼賊盗更番騷動。曾設官兵防守，旋復掣回，遂致乘瑕擣虚，歲無寧日，非仍復堡兵無以杜鴟張也。

『其正西六十里曰横山堡，當廉路之衝，邃谷叢林，逃亡恃爲淵海。又西一百二十里曰吴浦墩，近博白縣之邊界，狼瑶逼處，地方土賊構之出劫。此皆西隅原守之險要，亦有原守之軍兵，核實而整頓之，則石城之畛固矣。此外，若東南之梁家灘，壤連遂溪雙舡灣泊，縣西之凌禄司，近枕珠池，尤劇盗横鶩之地，因并及之。』（《郡國利病書》）

清順治六年，李明忠踞高州開考，應試者不論文字，捐穀三十石，准作秀才一名。（茂名王《志》）

知府戴錫綸《致知縣張大凱論修志職官書》：

『《周禮·春官》：小史掌邦國之志。志，記也，積記其事也。志法本史，史家記首大事。漢司馬遷有《大事記》。一邑令長，實主神人事匪細矣。唐杜佑《通典·職官志》特列一門。其應正署備書，昭職守也，重曠官也。此志家所宜積記，而無所用其去取者也。前閲《茂名新志·職官》門，皆有實除，而無署任，余求其義不得。乃今《石城新志》亦然，惑滋甚焉，竊不能已於言。乾隆六十年以前，余不知之矣。後此，若汪君泩、鮑君春藻，現權潮守之李司馬澐，知化州鄭牧域輪，胥石城署任也，而舉不書及。閱學校門至書院、田租，則余所知之李、鮑、鄭，并乾隆六年之署縣李某，三十八年之知縣趙謙德，咸叙列事迹，而職官不具姓名，主客易位，本末倒置。此其未諭一也。

『夫官之有署久矣，曰「權」，曰「攝」，曰「同」，曰「行」，曰「檢校官」，官之名或殊，其所以官無異也。昭代功令署事人員姓名、履歷、任卸日期，均須咨部以專責成。蓋有地方，則有政事；有政事，則有職官；無日無政事，即無日無職官。催科撫字，考課從同，保障繭絲，司存猶是。朝廷制無曠官，志職官者，顧從而曠之。此其未諭二也。

『記載有據實直書，勸懲之義不與，而賢否因之以見者，如《史記》立功臣、王子侯等表。職官有志，何以異是？姓字歸職官之門，建豎屬名宦之傳。體例各别，黑白自分，不待黜陟之私，默假筆削之柄。况大府方纂修通志，采輯開報，自邑而省，業極詳備矣。而縣志反從簡略。同時同事，上下兩岐。此未諭三也。

『奉職則養廉半給，既非代理之暫據印床。當官則父母斯民，更非流寓之偶然浪迹。公孫述著兼攝之縣張京兆傳五日之名，數典而乾侯之義可推，言情而桐鄉之民足效。若謂舊《志》，署縣周宗臣入名宦而不入職官，然前人裁制少疏者，又未嘗不許後人之補而正之也。都無失實之虞，不在闕疑之列。願閣下轉致分纂諸君，一再酌之可也。』

知府黄安濤《擬修府志條例》，其略云：

『修橋、路，美舉也，然或傍舍近村，意原便已，不必登人物。賑饑，美舉也，然或迫於勢，不得登人物。解紛難，美舉也，然或武斷，不得登人物。科第，美事也，然已有專門，不得濫登人物。訓士，美事也，然貧士藉資館穀，事半自謀，妄書名士，多出其門，究竟名十爲誰，苟無實指，不得登人物。廉吏，美名也，然實政若何，不得概以不名一錢便登人物。孝弟，美行也，然實事若何，不得概以孺慕友于便登人物。』（林召棠《心亭亭居筆記》）

知縣王德茂《主講松明書院詩》：

『鉅手文壇鼎獨扛，章皇模範衆心降（謂戴愚軒先生）。大羅部曲知稱首（謂羅生士奇，時縣試冠軍），小謝芝蘭更競雙（謂謝生龍光昆季）。每到興來舟訪戴（謂戴生尚游），還從夢後筆傳江（謂江生熙和）。斐然狂簡裁成遍，記取聲名達上邦。』（采訪）

知縣蔣廷桂《和邑紳江熙和重游泮水詩》：

『回首琴堂倏五秋，下車孟博幸重游（桂於庚辰冬攝篆石邑，壬午調内簾交卸，今夏以補授又履斯任）。巋然耆宿靈光在，蕞爾弦歌治譜羞。天爲傳經鍾耇老，我求同濟仗良籌。泮宫佳話徵文獻，祖硯親承侍杖鳩。』『新詞脱手不曾停，韋氏傳家衹一經。入座蒼顔招四皓，干霄彩筆羡雙丁（令侄慎中、令孫家桂皆蔚然著作才）。香山社結詩吟白，朝邑書成簡汗青（時方修邑志，公爲總理，令孫家桂任分纂）。事事輸公清福占，竹坡晨夕醉翁醒。』

知縣郭樹榕《和邑紳江熙和重游泮水詩》：

『八十封翁丁亥秋，携孫重到泮宫游。梓桑恭敬斗山望，龍馬精神猿鶴羞。我愧別來增老境，公真健者冠同儔（石邑同事多高年碩德，公冠其首）。使星筵設壽星宴（簪賞曰學使爲公筵宴内院），尤愛介眉群獻鳩。』『石邑登科記久停，今年喜有佛名經（令侄慎中爲榕縣試所得士，今科既貢優行，後領鄉薦）。還期公族開黄甲，共羡德門無白丁。膝下都曾袍曳紫（詰嗣一官廣西同知，一官儋州學正），頷前又説佩留青（令孫家桂又食餼矣）。恩膏更沐黄封賜（聞公又有欽錫之喜），可許分甘十日醒。』

光緒甲午年七月，丹竹埇村鄒鶴年家穀倉内産芝草，一幹兩枝兩葉。存一葉，圓徑二寸有奇。幹高四寸，形似掌扇，今尚存。鶴年有《芝草紀事詩》：『甲午孟蘭月，槐花黄盛時。棘闈將鏖戰，偕弟行遲遲。離家甫匝旬，倉箱生一芝。初幹被童折，旋生葉芳蕤。形類檐蝙蝠，昂頭復似獅。圓大僅盈寸，亦被童折之。後復萌一幹，又見一葉滋。游子遠歸來，娱親偕弄兒。聞道倉箱物，神往步自移。細觀幹與葉，不類凡物姿。囑咐家中人，愛惜兼扶持。日新復月異，豈待雨露施。葉面黄赤色，縷紋如織絲。葉背黑如漆，斕斑光陸離。背西面東向，四時迎朝曦（適爲天閶日影所照）。葉圓如掌大，幹高四寸奇。葉邊微有暈，恍似縫綾絁。厥幹色純黑，中通堅外皮。堅本異金石，聲隱隱如斯。乙未端陽後，將届月一期（自甲午七月迄乙未五月，凡閱十一個月）。薄言歌采彼，潔不雜塵緇。酷肖團扇形，巧樣新剪葵。爾果靈芝否？我實不爾知。驗之格物者，始信而不疑。芝爲延年草，古人豈我欺。願爾壽吾君，率土祝皇釐。願爾壽吾親，重闈享期頤。願爾壽吾家，伯仲吹塤篪。願爾壽吾世，息兵賡清夷（時有中東戰事）。用是一揮毫，紀以五言詩。』

光緒間，那福村民胡清貞妻鍾氏，一産三男，一面紅，一面黑，一面白。白者名考輝，娶温氏，後生一子，出世已有門齒二枚。

猪頭鋪村民黎阿生，露宿生食，目赤膚黑，遍體生毛，形狀怪異，有人而獸之奇。（俱同上）

石城縣志卷末

祠墓附

案：舊《志》本無『宗祠』一門，即『塋墓』亦衹列名墓數人。惟此次緣籌資起見，故仿鄰邑志例，各祠墓照章捐錢者，均采登殿卷。即於『祠墓』下注明某村某姓名之祖，俾案志稽查，瞭如示掌，而百世後可使有憑也。謹照繳錢先後以爲序列。（蔣《志》）

舊《志》宗祠

明南京水軍總府陳剛正公大宗祠，在馬跳村下沙鏡塘，坐丑兼癸，横七間，直三座。孫歲貢陳楫、訓導陳梓，協力合九房鼎建。松屏、石塘、馬跳村太始祖。

明處士陳秀峰公大宗祠，在西朗村，坐乾向巽兼成辰，一連四間，左邊副屋一帶，鶴山、東西朗、東木埇等村開基祖。

陳啓緒公祠，在松屏村正中，坐戌兼辛，一連三座。庠生常德、開赤，增生堯功等始祖。

陳寬綬世亮公祠，在石塘村正中，坐艮向坤。廩生弼余，庠生國仕、錫山等一世祖。

陳梅堂公祠，在鶴山村，坐丑兼癸。經十二世孫廣西補用道道鴻、舉人炳章等重建。

陳用胡公祠，在鶴山村下巷，坐卯兼乙。經裔孫陳和、陳蘭、陳珠，庠生昌廉等重建。

明温州府知府蕭文衡公祠，在高橋村，坐亥兼乾。龍塘、水陰坑、高橋、荔枝坑、大塘等村八世祖。

謝本正公祠，在老鴉塘村，坐辛兼酉。魚梁頭、横坑仔、老鴉塘、軍屯等村太始祖。

元縣尹勞祐榮公祠，在湍流村，坐甲兼卯。勞姓太始祖。

鄒月山公東祠，在神山村左，坐戌兼辛。庠生沃洙、監生宇藩、廩生鶴年等三世祖。

鄒南沼公西祠，在神山村右，坐乾兼亥。庠生沃洙、監生宇藩、廩生鶴年等四世祖。

陸百成公大宗祠，在盛村下坡嘴，坐艮兼丑。盛村、水口江、白石垌等村始祖。經裔孫庠生作逵、應松、樹滋等重建。

宋進士誥封銀青光禄大夫全正奏公祠，在東橋村，坐壬兼亥。上下兩座，横七間，過左右二廊及西邊附屋一廊。東橋、梅港等村始祖。

吴子陽公祠，在豐三下高嶺頭，坐丑向未兼艮坤。歲貢生吴馨秀等五世遷居祖。

貤贈徵仕郎劉傅萬金公祠，在豐三下山底村，坐癸向丁兼丑未。横五間，直三座，兩廊。

增生劉傅忠公祠，在豐三下山背村，坐甲向庚兼卯酉。横五間，直二座，兩廊。

馮鵬公祠，在豐三下豐滿垌樟木根村，二座兩廊，坐戌辰兼乾巽。廩生馮開泰等始祖。

李位榮公祠，在豐三上大旺垌村正中，癸丁兼子午。

羅永達公祠，在豐三下垌濱村，坐亥向己，羅姓創基祖。

廖萬三郎祠，在豐三下大王竹坑村，坐亥向己。廖姓創基祖。

恩賜登仕郎鍾醇正公祠，在寧十三都球瑞嶺村正中，坐艮向坤兼丑未。鍾姓八世祖。

明舉人清遠教諭黃海公祠，在鋪洋村，坐壬向丙。鋪洋、峥角溪等村黃姓開基祖。

歲貢生李東英公祠，在浪塘村，坐乙向辛。浪塘、三閣山、大路邊等村二世祖。

鄧盛福公祠，在成七都五甲塘底村，坐甲向庚兼寅申。二座、六間，祠前有池塘一口。鄧廣濟等祖。

莫温正公祠，在譚福村，坐南向北。千總職長菁，生員昌蘭、登瀛等始祖，廩生昌桂等始祖。

胡翼榮公祠，在成四都塘雷村，坐辰向戌加巽乾。增生景成等三世祖。

何氏大宗祠，在安鋪墟同文書院左，坐南向北。下路、長山仔、黎頭插、歐家、凉仔下、楊柑、東山、急水等村何姓始祖。

明歲貢、瓊州府教授葉良長公祠，在下洋墟東，癸丁兼子午。裔孫廩貢冠賢、監生汝翼、庠生之瀛等鼎建。

李利貞公祠，在成四都簕子平，癸丁兼子午。正昌等始祖。

曹鄉諭公大宗祠，在寧十三都下洋墟左東頭村，癸山向丁。初來石，居住舊址，後分與附貢曹倫名下。至伊孫遷居，將此業斷賣與天能公爲嘗，遂率合族同建。現有印契㘰照。

曹日昌公祠，在南衙嶺，坐卯向酉加甲庚。

明舉人江念公祠，在岐嶺村，坐丑向未兼癸丁。一品封典會東、二品封典發璧等太始祖。

奉直大夫江南榆公祠，在岐嶺村長徑嶺，坐丑向未兼癸丁。花翎二品封典熙和、兵部主事舉人誠和、安徽同知舉人國華等八世祖。

明歲貢、瓊州府教授宋起明公祠，在城南田心村，坐艮向坤。光緒丙戌重建。

袁雲墅公祠，在會垌村，壬丙兼子午。

陳集成公祠，在米貫村東，坐乾向巽兼亥巳。前經國濟、國隆、國仕、陳寧等捐積創建。

明庫使蕭祥甫公祠，在豐二都大塘村，坐戌兼辛。蕭姓始祖。

鍾氏宗祠，在純十都六甲那包垌村，酉卯兼辛乙。内祀法輔公，下逮三、四世祖。同治戊辰年，裔孫監生賢秀等重修。

明户部郎中歲貢周普公祠，在純十都徐村龍門坡，卯酉兼乙辛。裔孫拔貢尊經、武舉恒德等合建。

明黄法通公祠，在豐三下上垌村，坐乙向辛。咸豐庚申，裔孫監生徽璋、職員正富等重修。祠右設立義學二座。

蘇氏太祖祠，在波羅埠村正中，坐壬向丙。内祀宋端明殿大學士東坡公，下逮列祖，前有餘地并塘一口。坡仔、虎橋、波羅埠等村合建。

梁汝清公祠，在官埇老村，坐甲向庚兼卯酉。梁姓始祖。

明孝廉黎覺于公祠，在城内縣前西，坐壬向丙。經八世孫廪生純鈺、國學生嘉鈺等重修。

黄五通公祠，在赤嶺村中間，坐癸向丁。黄族太始祖。

貤贈文林郎黄福庵公祠，在赤嶺村前金鐘嶺，坐癸向丁。赤嶺村東房五世祖。

鄧調、鑑公祠，在上井村右邊嶺，坐亥向己。鄧姓四世祖。

監生楊振泮公祠，在平垌村正中，酉卯兼辛乙。庠生綸光，監生瑞光、紹震等二世祖。

劉法興公祠，在石嶺墟，坐北向南。劉族太始祖。

陳高景公祠，在江背村，坐北向南，一連三座。監生陳正蘭、可鑣，武生觀光等祖。

明庠生吴戚公祠，清初建於坡脊村，一連三座，亥巳兼壬丙。監生文郁、生員炳南、州同瑞邦等始祖。

明庠生吴天略公祠，道光間建於坡脊村，一連二座，亥巳兼壬丙。州同瑞邦、都司職錫瓊等六世祖。

謝世正公祠，在河仔背，乙辛兼卯酉。墩坡村廩生玉光、增生謙光等太祖。

譚文邦公祠，在龍潭老村西，一連三進，坐乾向巽。裔孫世昌、安良、世德等祖。

庠生郭藩亭公祠，在窑頭村西邊，坐癸向丁兼子午。相連二進，照壁下空地一段。州判學文四房等祖。

賴念公祠，在縣西七十里成七都同福地村，未丑兼坤艮。二座，五間過。例貢謙光、生員作霖等始祖祠。

劉廷金公祠，在東村，坐壬向丙兼亥巳。增貢英文、增生炳日等始祖。

晋新吴侯涂欽公祠，光緒初建於三合墟下，庚甲兼申寅。廩生奪秋、武舉龍高等太始祖。

明庠生涂泰公祠，在那烈大山脚下，甲庚兼寅申。廪生奪秋、武舉龍高等開基祖。

羅文顯公祠，在陀村中間，直四座、横三間，外有照墻，壬丙兼亥巳。陀村、那登等村羅族始祖。

羅廷卓公祠，在陀村上村中，二座、三間，祠外厨房二間，坐北向南。陀村羅姓五世祖。

贈文林郎羅兆華公祠，在茶山村中，乾巽兼戌辰。後寢二間，正祠兩座，附屋五間。羅族四世祖。

林騰芳公祠，在純十都羅村，坐戌向辰。光緒壬午年建。

蘇文英公祠，在城南香山村，距城四十五里，坐辛向乙兼酉卯。

林簡素公祠，在純十都新屋村，坐午向子。裔孫文新、文星、秀章、之富等建。

文宗聖公祠，在大車村左，坐子向午兼壬丙。文姓五世祖。

元石城縣尹劉聰公祠，在梧村垌村中間，一連三座，丙壬兼巳亥。

宋顔遠公祠，道光間建，在建安坡村南，寅申兼甲庚。

宋瑄公祠，同治間建，在黄坭塘村西，午子兼丙壬。

黄義超公祠，在新屋仔村，乙辛兼卯酉。三座、兩廊，左右前面皆有空地，石墻爲界。

揭開勛公祠，在南教堂村左，寅申兼甲庚。

明劉海公祠，在江頭老村，壬丙兼亥巳。一連三進，共十五間。江頭村劉姓太始祖。

龍宗義公祠，在馬鞍山，卯酉兼乙辛。光緒間武生龍遇春等重修。

鍾氏宗祠，在蒙山村正中，戌辰兼乾巽。一連二座，右有附屋，門前有大地面到塘。

鄭氏宗祠，在西蓮塘，亥巳兼乾巽。一連二座，前有大地面至鍾屋，滴水爲界。

陳梅軒公祠，在良田村，辛乙兼酉卯。

宋進士瓊州府知府陳智明公祠，在良田村，辛丁兼戌辰。

歲貢林遇春公祠，在城内聖宫青雲路右，上至學署照墻，下至塘，兩座，三間，坐北向南。道光二年建。

元廩生龐朝朗公祠，在城内東台下，壬丙兼子午。上下二座，右附屋一路零一座，兩手并門首空地，祠後二房一廳。那良龐姓開基祖。

黄永欽公祠，在豐三下馬子塘村，二座、三間，卯山酉向。同治庚午，裔孫監生俊璋、例貢徽璋等重修。

貤贈中憲大夫張賢進公祠，在成七都山口仔村，甲山庚向加卯酉。

誥封奉直大夫張石泉公祠，在十一都草塘村，壬山丙向加亥巳。

明舉人李鳳公祠，在横山村，二座，兩廊，横五間過，癸丁兼子午。裔孫生員登瀛、監生玉珍等祖。

恩賜宣德郎林翰舉公祠，在長山墟塘碑村，辰山戌向。縣丞職重光之祖。

明進士瓊州府知府伍萬成公祠，在洋下村，坐丁向癸兼未丑。上村、洋下、牛郎坡、田螺塘、橋頭啓等村太始祖。

黄氏大宗祠，在純八都塘蓬村，座列四級，内祀追本牌位并禮富、文康、文深、文通、仲璽公，巳亥兼丙壬。

黄金公祠，在純十都平山村，乾山巽向。塘蓬、平山黄姓始祖。明縣丞黄以曉公祠，在純八都石律村，坐壬向丙兼亥巳。内祀五世及六世六祖，因六世原有七房，此祠乃次房以下六房後裔合建。

黄氏報恩祠，在塘蓬村，祀外祖范通公與妣林孺人。因范公乃本邑廩生黄仲璽之岳父也，前蒙恩予塘蓬屋場，後食德不忘，立祠以祀之。

附載書院會館

蓬山書院，在純八都塘蓬村左，辰戌兼巽乾。一連三座，并講堂一座，周圍學舍。上座三龕，祀捐資列祖。塘蓬黄姓合建。

廣州會館，内奉天后元君，道光二十一年建，在安鋪墟永寧街。坐南向北，前有空地。

茂名會館，内奉關聖帝君，道光二十三年，江從珠、林可蓁等倡捐。同治九年，江裔玉亮善繼父志鼎建。在横山墟鹹魚街。坐未向丑，後有空地一段。

舊《志》塋墓

陳岩泰公墓，吴川縣黄坡村人，康熙間葬在石城西街嶺，壬丙兼亥巳。光緒七年，經來孫都察院左副都御史蘭彬等重修。灰墳，有碑。

陳秀峰公墓，配李氏合葬西朗村西里許，土名高山，坐乾向巽兼亥巳。灰墳，有碑。鶴山、東西朗、東木埇等村始祖。

陳梅堂公墓，配馮氏合葬在城南鶴山村東北二里許，土名角埇山，壬丙兼子午。與東泉公配陸氏、寅日公配劉氏同塋。灰墳，有碑。東木埇、鶴山、五稔根、塘貢嶺等村二、三、四世祖。

陳俸日公墓，配利氏合葬在城南鶴山村東半里，土名高壑山，甲庚兼寅申。灰墳。東木埇、鶴山、五稔根、塘貢嶺等村四世祖。

庠生陳國玉公墓，葬在城南鶴山村東半里，土名高壑山。俸日公墓左，甲庚兼寅申。與玄德公配梁氏同塋，灰墳。東木埇、鶴山、五稔根、塘貢嶺等村五世祖。

陳嗣萬公墓，東木埇人，配江氏合葬城南鶴山村下，土名鶴山坡，壬丙兼子午。舉人炳章等六世祖。

陳昌禄公墓，配梁氏合葬在城南鶴山村東二里，土名荒埇嶺，乾巽兼亥巳。與子輔公配全氏、孫敏怡仝塋，品字三珠。鶴山村候選道道鴻等之祖。

陳斯沼公墓，東木埇人，葬在本村面前嶺，土名塋山，乙辛兼卯酉。庠生尚友、歲貢尚翔等七世祖。

陳輝東公墓，東木埇人，配李氏合葬在城南南橋坡口下嶺，俗名蟹地，亥巳兼壬丙。灰壙，有碑。道光間，曾孫庠生尚友、歲貢尚翔等重修。

陳劉氏墓，東木埇陳輝東公元配，葬本村前嶺右，土名土地公山，酉卯兼庚甲。舉人炳章等八世祖妣。

陳袁氏墓，鶴山村敏怡公元配，葬城南白沙村東南里許山鷄埇，坐乙向辛。與曾孫贊珍同塋，灰珠。

陳豐民公墓，鶴山村人，配葉氏、麥氏合葬在吴邑放山大嶺西北暗江河左，土名大松山，亥巳兼乾巽。同治間，經曾孫候補道道鴻等重修。灰壙，有碑。

陳諭世公墓，東木埇人，葬在赤嶺村西五里，土名黄垠嶺，巳亥兼巽乾。光緒丙戌，孫欽堯、曾孫庠生炳樞等重修。灰壙，有碑。

贈資政大夫陳三佑公墓，鶴山村人，配詹氏夫人合葬在城南米學村西南二里，土名貴山嶺，艮坤兼丑未。道光間，經男國學朝珍等重修。灰壙，有碑。

陳三泰公墓，鶴山村人，配龐氏合葬城南五稔根村東北里許，土名魚仔潺嶺，乾巽兼亥巳。光緒乙酉，孫庠生蔚文重修，灰珠。

贈榮禄大夫國學生陳朝珍公墓，鶴山村人，葬在城南白沙村西北三、四里，土名那蘇嶺，卯酉兼乙辛。咸豐間，經男貢生道澄等重修。灰壙，有碑。

贈一品夫人陳盧氏墓，鶴山村朝珍公原配，葬在吴川梅港村西南二里，土名狗睡嶺，戌辰兼辛乙。男貢生道澄等重修。

歲貢陳尚翔公墓，東木埇人，葬在城南東埇村對面嶺，土名高嶺，第三胎，未丑兼丁癸。灰墳。光緒初，經男職員炳猷、舉人炳章等重修。

贈太孺人陳蕭氏墓，東木埇歲貢陳公尚翔德配，葬在城南兩家灘墟東二里石坎村對面，土名高嶺，壬丙兼亥巳。灰墳，有碑。光緒初，男監生炳元、職員炳猷、舉人炳章等重修。

贈榮禄大夫廣西補用道陳道鴻公墓，鶴山村人，葬在城南江邊墟上，土名海中山，庚甲兼酉卯。灰墳，有封誥碑。經孫庠生汝霖、汝霈重修。

貤贈宜人陳李氏墓，鶴山村道鴻公側室，葬城南石門左二里，土名金鷄嶺，甲庚兼寅申。同治辛未重修，灰墳，有碑。

贈孺人陳招氏墓，新興村舉人陳炳章原配，葬在城南急水仔墟西二里遂地境界，土名大困嶺，乙辛兼卯酉。灰墳，有碑。

贈八品孺人陳蕭氏墓，新興村分發訓導廩貢陳永榮原配，葬在城南平坡村南里許，土名羊角坑青蚨嶺，卯酉兼乙辛。灰墳，有碑。

貤贈通奉大夫監生陳理文公墓，鶴山村人，葬在城南大潮村東南二、三里，土名黄坭大嶺，丙壬兼巳亥。同治間重修，灰墳，有碑。

庠生陳御世公墓，配黄氏合葬在城北樟村仔後背謝建嶺，坐酉兼辛。草墳，有碑。鶴山村毓賢等曾祖。

陳鄒氏墓，米貫村成威公原配，葬在良垌墟東河仔口，土名大王公嶺巔，甲庚兼卯酉。監生經正、繼謨，庠生繼馮祖妣。

陳彭氏墓，東朗村陳海晏原配，乾隆間葬在大眼山村南里許，土名黄坡山，别名大王嶺。亥巳兼乾巽。與十世孫敬秀、安秀公同塋。

陳芳旭公墓，東朗村人，配葉氏合葬高坡仔村右，土名生路嶺。庚甲兼酉卯。灰墳，有碑。光緒丙戌重修。

陳歐氏墓，城南鶴山村庠生國玉公元配，葬在鶴山古埇西一里，土名黄埠塘，又名富帽堂。丑未兼癸丁。灰珠。鶴山、東木埇、五稔根等村五世祖妣。

袁肇朝公墓，會垌村人，葬在城南林姓紅田仔村前一里，土名金牛嶺。未丑兼坤艮。土墳，有碑。

陳毅静公墓，化州山華村人，葬縣東二十餘里，土名大水文筆嶺。坐乾向巽。與配周氏、左右輔葬二子同塋。灰墳，有碑。

明南京水軍總府陳剛正公墓，配康氏宜人，合葬在大榦嶺。坐庚向甲。灰墳，有碑。松屏、石塘、馬跳等村太始祖妣。

陳黄氏墓，啓緒公原配，葬沙鏡塘。坐壬兼子。灰墳，有碑。松屏村庠生常智、增生捷登、庠生策書等始祖妣。

陳雪梅公墓，配粱氏合葬石井後背屋頭埇。坐壬兼亥。松屏村廪生旭靈、庠生捷旌、增生簡書一世祖。

陳南軒公墓，配謝氏，合葬在特底坡東邊。坐壬向丙。與邑庠屏山公配黄氏并懿伯公同塋。松屏村庠生開美、廪生大書等一世祖。

陳月池公墓，配黎氏合葬大頭軍。坐壬向丙。灰墳，有碑。松屏村庠生師相、堯郁、堯敷，廪生紹倫一世祖。

陳雪松公墓，配黎氏合葬角塘坑紗帽嶺。坐亥兼乾。灰墳。松屏村歲貢若欽，庠生錫勛、培東等一世祖。

陳黎氏墓，陳懿伯公原配，葬在特底坡。坐壬兼亥。與廪生瀛閣公妣劉氏同塋。松屏村恩貢英南、庠生焕章等三世祖妣。

陳蘭閣公墓，葬特底坡，坐壬向丙。與庠生開赤公同塋。松屏村庠生策書、職員和書、庠生焕章四世祖。

陳臺閣公墓，配宋氏合葬在高田嶺。坐丑兼癸。與開選公同妣陸氏，又開昇公妣鄒氏及秀虎公同塋。松屏恩職而寬、教職國文等四世祖。

陳泗濱公墓，配羅氏合葬在外嶺，坐己向亥。灰墳。松屏村廪生儒書、同知職榮昌等五世祖。

歲貢陳楫公墓，與至齋公、利齋公合葬在東界嶺，坐寅向申。灰墳，有碑。松屏村庠生建中、揚文、景岐，廩生廷華六世祖。

陳凝雲公墓，配楊氏合葬吴川那黄，土名朶蓮山，坐申兼坤。灰墳。松屏廩生大書、恩貢英南六世祖。

陳挺彝公墓，葬良垌墟大河西北，土名欖根嶺，坐亥兼乾。灰墳，有碑。陳屋地村光宇、例貢德初六世祖。

陳以義公墓，與配全氏并邑庠士科公、光姚公合葬在穀園嶺，坐辛向乙。灰墳，有碑。囤穀村增生東魯，沙劉村監生明健、鴻徽祖妣。

陳統理公墓，與配鄒氏合葬黄桐村分流山，今名石仔嶺。坐乾兼亥。灰墳。沙劉村監生明德、明健祖妣。

贈徵仕郎陳正軒公墓，葬在石門東北三里許，土名新屋嶺，坐子兼癸。灰墳，有碑。與獻書公同塋。松屏村廩生大書、職員中書、恩貢英南之父。

贈孺人陳張氏墓，陳正軒公原配，葬東埇大嶺，坐丁兼未。灰墳，有碑。松屏村廩生大書、恩貢英南母。

陳宋氏墓，陳而瑆公原配，葬在石城六官堂，坐子兼癸。灰墳，有碑。松屏村同知職榮昌、廩生廷華、州同壽椿之祖妣。

陳廖氏墓，陳懷璣公原配，葬在瓦瓮山白蓮庵大石之右，坐壬兼子。馬跳村監生鴻疇母，府經肇華祖母。

陳日恒公墓，葬在長塘嶺，坐乙兼辰。灰墳。陳屋地光宇、監生光宙、例貢德初之祖。

陳翰公墓，葬在黎屋瑚琳嶺，坐坤兼申。上坡村監生成修、道修、文修、慎修等之祖。

陳葉氏墓，陳立羨公原配，葬在那壘村後塘嶺，坐乙兼卯。灰墳。禮詩堂監生朝斌之母。

貤贈奉政大夫陳述書公墓，葬在荒朗嶺，坐巽兼辰。灰墳。松屏村同知職榮昌之祖。

贈奉政大夫陳瑞文公墓，葬在梅子嶺，坐坤兼申。灰墳，有碑。松屏村同知職榮昌之父。

贈宜人陳譚氏墓，瑞文公原配，葬吴川那黄，土名圓頭嶺，坐酉兼庚。灰墳，有碑。松屏村同知職榮昌之母。

陳吴氏墓，陳至文公原配，葬在米鶴村右邊，土名牛角坑嶺，坐巽兼辰。灰墳。松屏村紹昌之母。

陳陸氏墓，陳華書公原配，葬在白墳山，坐乙兼辰。松屏村熙文之母。

陳詹氏墓，監生陳文修公原配，葬白石垌村後背，土名三了㕯嶺，坐午兼丁。灰墳，有碑。上坡村熾基之母。

劉龍泉公墓，葬在馬鞍山後背嶺，坐辰向戌。灰墳。鴉菜村定萬、劉俊、劉謙等開基祖。

林榮祥公墓，葬林屋地後背亞公坑，坐艮兼丑。灰墳。白沙村增生茂植、廩生茂材、庠生翰甲四世祖。

廩生盧桂公墓，葬在江岸山，坐午兼丁。與廩生元凱公、梅蘭公同塋。黄茅村拔貢殿宰、恩貢誕敷、庠生名器之祖。

盧宇閏公墓，配葉氏合葬化州大垌村左邊，土名羅江尾，坐子兼癸。黄茅村監生建中、應標、應霖之祖。

莫之球公墓，葬在歐仔山村後善垌山子嶺，坐甲兼寅。灰墳，有碑。譚福村例貢芳春，庠生昌蘭、繼春八世祖。

莫車佑公墓，葬乾案村後嶺車蓬塘，坐壬兼亥。灰墳，有碑。譚福村例貢芳春，庠生青春、昌蘭十二世祖。

莫梁氏墓，汝加公原配，葬遂溪四九墟面前利嶺仔，坐乾兼亥。灰墳，有碑。譚福村庠生昌蘭、昌桂祖母。

監生莫青春公墓，葬在大欖根村後嶺，土名大窩坪，坐午兼丙。灰墳，有碑。譚福村庠生昌蘭、昌桂之父。

庠生葉正乾公墓，葬在樟坡嶺，坐辛向乙。草墳。化州柑村庠生尚參、歲貢瑞光之祖。

葉安國公墓，葬在獅子嶺，坐申向寅。灰墳，有碑。化州柑村恩貢鍾華、教職鍾泮、歲貢瑞光之祖。

葉贊君公墓，葬牛頭營墟西南雙嶺仔，坐亥向已。灰墳，有碑。化州柑村監生特秀，庠生向高、懋章祖。

葉建屏公墓，葬在排九嶺盡脉沙錞嶺，坐乾兼亥。灰墳，有碑。化州柑村庠生向高、懋章，監生達尊之祖。

葉士真公墓，配林氏合葬竹朗烏龜坑，坐未兼丁。灰墳，有碑。化州官田村監生名源、名渚、炳文、耀文祖。

葉秀岩公墓，葬在蓮塘仔，坐辛兼戌。灰墳，有碑。化州官田村監生名源、名渚、炳文、耀文之祖。

陳成仕公墓，米貫人，葬在石門上鹿膽嶺，坐艮兼丑。與陳鳳公妣鄧氏，又陳門喻氏，并經科公同塋。道光間，孫匡邦等重修。

陳國仕公墓，配柳氏、詹氏合葬在石屏上南黄泥大嶺，坐亥兼壬。有碑。米貫村監生經正等重修。

陳世隆公墓，西朗村人，配謝氏合葬鶴山村後一里，土名黄埠塘嶺，坐子向午兼壬丙。與三世祖碧崖公同塋。東西朗、古埇等村二世祖。

明徵仕郎陳仕維公墓，萬曆間葬西朗村左一里牛牳嶺，坐西向卯兼辛乙。西朗村二世祖。

陳易公墓，西朗村人，與配黄氏葬村西二里許，土名大頭埇嶺，坐丁向癸兼午子。

陳宇旺公墓，東朗村人，葬在遂溪城北關塘村後，土名中間塘山，坐坤向艮兼申寅。

州判職陳毓川公墓，東朗村人，葬化州城南筲橋墟東八里藹塘山，丑未兼艮坤。監生廷颺父。

武生陳徽仕公墓，西朗村人，與妣黄氏同葬在西朗東二里，土名園界嶺，坐寅向申兼甲庚。

誥贈奉政大夫晉贈通奉大夫武生陳廷寶公墓，西朗村人，與配繆氏同葬西朗西四里，土名俊嶺山，坐庚向甲兼酉卯。與嘉樹公同塋。

賴光德公墓，西街人，嘉慶初葬城東南五里木拱橋上，土名垌田嶺，癸山丁向兼丑未。布經職兆清等四世祖。

賴藍氏墓，光德公原配，嘉慶間葬縣治初關水口鯉魚嶺，壬山丙向兼亥巳。磚墳，有碑。

貤贈儒林郎賴宗武公墓，西街人，道光初葬城西二十五里羊角嶺下暗江河上，土名香仔埇鶴地嶺脚，坤山艮向兼申寅。土墳，有印契。布經職兆清等五世祖。

貤贈安人賴温氏墓，宗武公元配，葬城南三里南屯村前，土名垌心墩，癸丁兼子午。土墳，有碑。

贈儒林郎賴金賢公墓，西街人，葬城西五里深水垌村後嶺頂，坐亥向巳兼乾巽。土墳，塋外有灰圈。

贈安人賴林氏墓，金賢公元配，葬城西南三里水尾村東，土名鷄頭嶺，坐戌向辰兼乾巽。塋外有圈爲界。布經職兆清、監生兆秀、中書職兆志等父。

賴陳氏墓，德輝公原配，葬合浦縣獨山窖椅嶺，庚甲兼卯酉。職員學經太母。

賴文俊公墓，葬縣西百三十里沙田仔大高嶺，坤艮正針。得要村職員學經父。

賴學能公墓，葬縣西自〔一〕三十里沙田仔大高嶺，坐丁向癸兼午子。得要村職員學經兄。

〔一〕據上文，『自』當作『百』。

賴憲義公墓，葬縣西十六里成七都附近賴龍潭祖墳左塔塘嶺，坐亥向已。百豐山村廷禮叔父。

布政司經歷黄秉章公墓，與妣伍安人合葬城南石頭嶺村後嶺左邊王字龍第一畫嶺大路上，坐丑向未兼艮坤水出已。城内庠生熙中、生員明中父母。

黄桂品公墓，與配劉氏雍正間同葬城南老鴉塘鋪仔馬蹄嶺，俗名將軍抱印，坐已向亥。城内布政司經歷秉章祖考妣。

黄梁氏墓，城内監生黄振爵公配，乾隆間葬成七都距三角山里許龜仔嶺，辛乙兼戌辰。布經秉章祖妣。

張李氏墓，兆鯉公元配，葬城西二十五里那盤埛右邊埇嶺仔，乙辛兼辰戌。城内啓禄之祖。

許文彩公墓，安鋪廣福村人，葬紅路嶺，卯酉兼甲庚。相才等祖。

許上志公墓，安鋪廣福村人，葬坡貞塘村嶺，午子兼丁癸。相才等祖。

文鄒、劉氏墓，鄒氏，武生文喜公配；劉氏，監生文煒公配。同葬豐三上白石江細嶺，亥巳兼乾巽。

文黄氏墓，武生夢熊公原配，葬豐三上狗竇溢塘面嶺，壬丙兼亥巳。

贈朝議大夫郡庠生陳嘉修公墓，西朗村人，葬在茅平村右半里，土名大山，坐庚向甲兼申寅。

翰林院待詔職陳文祥公墓，西朗村人，葬在江邊墟南，土名裏頭埇嶺，坐庚向甲兼申寅。

全珏公墓，與允盛公、勞、黄二妣合葬城南五十里東橋下村仔，坐亥兼壬。灰墳。沙田仔道旺等祖。

全日學公墓，與配黎氏合葬在城南五十里，土名塘鷄嶺，坐辛兼酉。灰墳。沙田仔道楨、道旺等之祖。

陳鼎東公墓，東朗村人，葬在兩家灘東騎龍嶺，坐癸向丁。灰墳。

陳葉氏墓，東朗村鼎東公原配，葬在兩家灘西邊坑嶺，坐艮向坤。灰墳，有碑。

邑庠蕭斗陽公墓，葬在遂溪坑口村後嶺，坐辛向乙兼戌辰。灰墳，有碑。仁山村郡庠充史等祖。

蕭懷亨、仕明公同墓，葬在大石版嶺仔，坐寅兼甲。灰墳，有碑。大崇山監生士冠等十二、十三世祖。

蕭王氏墓，元興公元配，葬在六角嶺，坐庚向甲兼酉卯。灰墳，有碑。大崇監生士彦十五世祖妣。

蕭桓公墓，葬在遂邑石坑嶺，坐庚兼申。灰墳，有碑。大崇山監生錫麟十六世祖。

武生周維綱公墓，葬在碑山嶺，坐辛向乙。灰墳，有碑。山頭村武生朝揚等祖。

明陸百成公墓，與配梁氏合葬石船村後背，土名蜜嘴山，坐子兼癸。盛村、水口江、白石垌等村始祖。

陸陳氏墓，與子天縱公合葬於六角山，午子兼丁癸。灰墳。盛村瑞龍等祖妣。

明陸汝昌公墓，與配黄氏合葬在水口江村西，土名長尾山，坐辛兼酉。水口江庠生作逵、職員作輝二世祖。

陸大畏公墓，與配陳氏合葬在米鶴村後，土名田多嶺，坐卯兼乙。灰墳，有碑。水口江庠生作逵之祖。

陸彤公墓，與配陳氏合葬在五稔根村後了腿嶺，坐辛兼酉。灰墳，有碑。水口江庠生作逵之祖。

陳建勛公墓，與配林氏、毛氏合葬在水口江村對面高山，坐巳兼丙。灰墳，有碑。水口江庠生作逵之祖。

職員陸啓平公墓，水口江人，葬在紗帽堂村對面高山，坐巳兼丙。灰墳，有碑。男庠生作逵、孫開鑾修。

陸尹氏墓，與子建端公合葬在兩家灘禾倉村後塘仔尾山，坐辛兼酉。水口江職員華平、作輝，庠生樹滋等祖母。

陸秀旺公墓，與配陳氏合葬在水口江村對面高山，坐丙兼午。

陸鍾、龔氏墓，陸君嗣公之配，與媳陳氏合葬在山心村對谷圍山，坐辛兼戌。灰墳，有碑。

陸福平公墓，與侄日强公合葬在水口江村對面曲軛山，坐乙兼辰。灰墳，有碑。

蕭鋭公墓，與禎公、祺公合葬在大石版嶺，坐寅兼艮。篁竹監生邦瑞等六世祖。

蕭邦統公墓，葬在遂溪水龍嶺，坐卯兼乙。篁竹武生元平等八世祖。

蕭偉芝公墓，葬在遂溪篁竹灣嶺，坐戌兼辛。監生邦瑞等十三世祖。

蕭滋公墓，葬在遂溪新墟灘嶺，坐辛兼戌。武生元平等十世祖。

蕭勞氏墓，葬篁竹坡水口大福坡嶺，坐己兼巽。蘆塘監生蕭斯珍十五世祖妣。

蕭偉奕公墓，配陳氏并十五世孟生公配陳氏合葬黄坭村南滏埇嶺，坐未向丑。竇田村興鳳等祖妣。

莫國士公墓，石雲村人，葬載坡村後白茅溪仔下邊蜂藪地，坐坤向艮兼未丑。灰墳。昌德之祖。

明宋德華公墓，葬城南五十五里大潮村邊，土名鵝屎屙嶺，坐坤向艮。三大漢村二世祖。

明宋孔明公墓，葬在城南五十五里大潮村邊，土名鵝嚅嶺，坐甲向庚。與子汝蘊公同葬二珠。

宋清公墓，原配羅氏合葬在城南六十五里，土名下垌南木窩嶺，坐南向北。

宋進士誥封銀青光禄大夫左僕射全正奏公墓，配洪氏夫人合葬在三合村下，土名鯉魚墩，坐壬兼亥。灰墳，有碑。

宋國子監司事全教諭公墓，配孺人合葬城南白鴿港埤前，土名四方嶺，坐甲向庚。灰墳，有碑。

全温公墓，配陳氏合葬東橋村左，土名嶺頭山，坐艮兼寅。灰墳，有碑。

全京兆公墓，葬雹白縣水東埠五里高堂村左，土名那甄嶺仔，坐酉兼辛。灰墳，有碑。

全天集公墓，配□氏合葬城南那梭墟西，土名馬鞍山，坐丙兼午。灰墳，有碑。

全士興公墓，葬城南灣尾村前，土名埠頭嶺，坐壬向丙。灰墳，有碑。

恩賜登仕郎全止敬公墓，配謝氏合葬城南大坡村後，土名陽光嶺，坐壬兼亥。灰墳，有碑。

全廣用公墓，葬城南五十里，土名崩坎後嶺西邊，坐丑兼艮。灰墳，有碑。

恩賜登仕郎壽百齡全嗣成公墓，配周氏合葬城南五十五里，土名山心水口圓山仔。坐艮兼丑。灰墳，有碑。

萬梅山公墓，配蔣氏合葬城南六十里，土名打鐵洋嶺嘴，坐乾兼戌。灰墳，有碑。

萬廷秀公墓，配蔣氏并三世祖懷存公配黎氏，合葬城南七十里，土名寶鴨嶺，坐卯兼乙。同塋品字三珠，灰墳，有碑。

鄒元聖公墓，葬鯉魚嶺，土墳，坐辛向乙。

鄒月山公墓，葬牛車案，坐癸向丁，灰墳。

鄒何氏墓，廩生世奇公原配，葬石板堂山，坐乙兼卯，灰墳。

鄒南沼公墓，配何氏與廩生世奇公合葬白石坑嶺，坐乾向巽兼亥巳。灰墳。

明監軍僉事鄒子元公墓，配盧氏合葬蛾子坑，坐巽兼己。灰墳。

廩貢鄒士操公墓，葬高剗嶺坐乾兼戌。灰墳。

鄒肖南公墓，葬石門嶺，坐艮兼寅。平田村之祖。

鄒應詔公墓，葬木村後背茶山林嶺，坐丙向壬。木西村之祖。

鄒吴氏墓，葬蒲蘇大窩山，坐南向北。平田村祖妣。

鄒陸氏墓，恒中公原配，葬下垌村附近，土名三角嶺，坐乙加卯。

元縣尹勞祐榮公墓，與配林氏葬城南五十里海中間，土名鷄籠山，坐向子。與明文林郎觀印公同塋，

湍流村勞姓大始祖、三世祖。

職員勞權公墓，配何氏合葬梅港村邊，土名勞梅港坡，坐癸加丑。與子璵公、孫桂林公配文氏同塋，

湍流村四、五、六世祖。

勞文集公墓，葬石門北鹿膽嶺，坐寅向申。與子德通公配黃氏同塋，附近宋姓里九村、湍流村八、九世祖。

勞于賢公墓，葬那丁北西朗嶺，坐申加坤。與經宇、經魁公同塋附近那丁村前，湍流村十世、十二世祖。

勞全氏墓，葬石門北蔴籃頭嶺，坐壬向丙加子午。并墓下有祖妣附葬附近梁姓鴨竇村前。梅港勞姓十三世祖妣。

勞助國公墓，配楊氏合葬石門東紅墳欒道嶺，酉卯加辛乙。湍流村十七世祖。

莫奇清公墓，葬博邑波羅嶺，坐丙向壬。滋山村莫道隆等祖。

胡有信公墓，葬圓嶺仔卣菜塘嶺，亥巳兼壬丙。那福村等祖。

蕭瓏公墓，葬東邊嶺村下，土名文頭嶺，坤艮兼申寅。灰墳。荔枝坑村十四世祖。

蕭錦文公墓，乾隆間葬本村右穀場嶺，壬丙兼亥巳。灰墳。荔枝坑村士賢、士賓之父。

貤贈儒林郎蕭士賓公墓，荔枝坑村人，葬紅塘村右嶺，坐乾向巽。灰墳，立封誥碑。例貢平章，監生聖章、成章之父。

旌表百齡貤贈安人蕭全氏墓，荔枝坑村蕭士賓原配，葬高嶺村後，土名屋隙嶺，坐戌兼辛。平章、聖章、成章之母。

儒林郎例貢生蕭平章公墓，荔枝坑村人，葬篁竹水口嶺，土名大福坡，坐丙兼己。灰墳，有碑。布經職日溱、監生日涝之父。

贈安人蕭許氏墓，平章公原配，葬鷄頭嶺村右元嶺仔，坐庚向甲。灰墳，立浩封碑。荔枝坑布經職日溱、日涝之母。

封安人蕭黄氏墓，聖章公原配，葬鴉菜根左，土名弓箭嶺，乾巽兼亥巳。荔枝坑布經職日清，守備職武生日泰，監生日俊、日濱之母。

監生蕭繼旺公墓，葬遂溪合水村右隔河，土名燕子嶺仔，乾巽兼亥巳。荔枝坑村永培之父。

楊黎氏墓，夏棠村楊智公原配，葬在飛鵝嶺，酉卯兼庚甲。

鮑榮惠公墓，明萬曆間葬東橋埠頭下，土名斧頭石嶺，乾巽兼戌辰。軍屯村鮑龍等二世祖。

謝本正公墓，葬城東羅官塘，坐癸兼子。灰墳。横坑仔、魚梁頭、軍屯等村之祖。

恩賜修職郎謝德張公墓，葬湴坑嶺，乾巽兼亥巳。横坑仔等村之祖。

楊程氏墓，東山公原配，與思則公配王氏合葬石坑嶺仔，丙壬兼午子。夏塘村祖妣。

楊景則公墓，與際豪、際傑公合葬統坑大路嶺，坐壬丙兼子午。夏塘村之祖

庠生蕭繼春公墓，荔枝坑人，葬河潭水口木廪嶺，坐乾向巽兼亥巳。嗣男永祐。

廖文揚公墓，與配李氏合葬城南十八里官嶺，坐壬兼亥。灰墳，有碑。大垌村廖姓七世祖。

廖廣仕公墓，大垌村人，葬茂名西北番鬼局馬蹄大嶺，坐子兼癸。灰墳，有碑。武生尊光、庠生聯槐曾祖。

鍾譽公墓，秋風江人，葬純十都新屋村西北芋地窩，俗名仙人仰睡嶺，坐乾向巽。

例貢廖承豪公墓，大垌村人，葬化州新安墟南，土名謝半嶂，坐艮兼丑。灰墳，有碑。武生尊光、庠生聯槐等祖。

廖黎氏墓，登倫公原配，葬老鴉塘村後，土名月嶺，坐巽兼己。附近長山埤。灰墳，有埤。

贈文林郎葉崑公墓，龍窩江人，葬山塘尾嶺，坐乙兼卯。灰墳，有碑。按經職東揚之父。

贈孺人葉陳氏墓，葉崑公原配，葬宿老嶺，坐寅兼甲。附近鶴嶺村，龍窩江按經職東揚之母。

謝莫氏墓，興業公原配，葬那良埤東青窩，土名饅頭嶺，坐丁兼午。灰墳，有碑。山祖村祖妣。

謝廣元公墓，山祖村人，葬豐三上，土名臥酒筒。坐庚兼申。附近茅坡、蒼脚、下垌等村。

陳凱日公墓，東朗人，與配李氏合葬城南楊梅启山，坐乾向巽，并次房玄則公配文氏同塋。灰墳，有碑。

陳斯永公墓，東朗人，與配顔氏合葬城南潭葛嶺，坐己向亥。灰墳，有碑。

庠監生陳可五、陳可澄公同墓，東朗村人，葬鷄籠山之東馬鞍嶺，坐南向北。灰墳，有碑。

楊華色公墓，大坡启村人，葬沙井村後山，坐南向北。

陳炳焕公墓，沙田坡村人，與配李氏合葬黄坡山，坐亥向己。灰墳，有碑。

陳士熙公墓，沙田坡村人，葬在化州蓮花塘山，坐壬向丙。灰墳，有碑。

陳葉氏墓，士熙公原配，葬狗子嶺，坐亥向己。灰墳，有碑。

陳文寬公墓，沙田坡村人，與配羅氏合葬狐利茀山，坐庚向甲。灰墳，有碑。

陳宇皞公墓，東朗村人，葬車田山，坐卯向酉。灰墳，有碑。

陳彭氏墓，東朗村宇皞公原配，葬大蒲山，坐亥向己。灰墳，有碑。

陳李氏墓，東朗村宇皞公繼配，葬化州上妙高山，坐丙向壬。灰墳，有碑。

歲貢歸善訓導江宗堯公墓，與配龐氏、黄氏同葬於遂溪蒲蘆嶺，辛乙兼戌辰。灰墳，有碑。岐嶺村

誥封夫人江陳氏墓，歲貢、任教諭候選内閣中書、通奉大夫古隅公原配，葬東埇嶺，坤艮兼未丑。

二品封典熙和、舉人誠和高祖。

岐嶺村選用道國仁之母。

贈七品孺人簡黄氏墓，貤贈七品孺人，葬黄桐埇山，辛乙兼戌辰。按經職振常十二世祖妣。

簡維樂公墓，葬桃根石村右大石山，艮坤兼寅申。富潤等之父。

簡富炳公墓，葬三塊石村左大嶺，午子兼丁癸。綽書之父。

晋贈一品夫人江陳氏、江白氏同墓，贈榮禄大夫岐嶺雨人公原配，葬三合山，壬丙兼子午。

晋贈榮禄大夫舉人江誠和公墓，葬牛臂嶺，艮坤兼寅申。岐嶺村郎中敏中、舉人慎中之父。

廩生黄衮色公墓，與配陳氏合葬高橋村左，土名圓岡嶺，艮坤兼寅申。碗窑村黄姓七世祖妣。

鍾裕奕公墓，清湖村人，葬鶴地村後嶺，壬丙兼亥巳。例貢伯棠等二世祖。

鍾玉珍公墓，清湖村人，葬風樹壩前，與配藍氏并四世繼湖公，五世見龍、見鳳公同塋，寅申兼艮

坤。例貢伯棠三世祖。

鍾陳氏墓，葬横岡村後，土名富田嶺，與三世配鍾鄧氏合葬。例貢伯棠等二世祖妣。

監生吴瑜公墓，與配高氏合葬長垌面前合江口嶺，辛乙兼酉卯。風梢村增生郁秀，歲貢馨秀、杰秀之祖。

列授〔一〕登仕郎儲贈修職郎吴玉成公墓，風梢村人，葬化州，土名石塘茶子墩嶺，辛乙兼酉卯。增生郁秀，歲貢馨秀、傑秀等之父。

庠生吴召祥公墓，葬牛欄窩嶺，坐乙向辛。鼓樓坡監生伯棠之父。

庠生吴信公墓，葬象牯嶺，辰戌兼巽乾。良垌尾武生三才等之祖。

劉世光公墓，與配梁氏合葬春花墩面前，土名白石埇嶺，庚甲兼酉卯。監生英華等九世祖。

化邑廖楊氏、陳唐氏墓，同葬城東三合墟之卧酒筒嶺，丁癸兼午子。灰墳，有碑。

吴召彪公墓，鼓樓坡村人，葬化州南門外，土名鳳凰嶺，亥巳兼乾巽。監生雨田等之父。

吴鍾氏墓，葬蚨蜞塘圓嶺仔附近新歷村左，甲庚兼寅申。監生德新之母。

吴國富公墓，低村人，葬木棉渡對面窩嶺，癸丁兼丑未。開元等之祖。

明鍾玉珊公墓，配羅氏合葬鐵爐口嶺，辛乙兼酉卯。榮光、士英等之祖。

〔一〕『列授』，當作『例授』。

州同鍾集五公墓，葬勒垌子，土名石鼓嶂，丑未兼癸丁。鍾榮鼎、榮光等之祖。

明鍾沛公墓，配陳氏葬三合河口大頭嶺，坐戌向辰。參光之母。

劉宗仁公墓，配藍氏合葬鬼吊坑横江水口下坡仔面嶺，寅申兼艮坤。灰墳。監生銘釗等之祖。

羅鳴公墓，配黄氏、胡氏合葬椒頭湖面嶺，壬丙兼子午。灰墳，有碑。監生超禄、向宗等祖考妣。

羅李、羅盧氏墓，葬在化石兼界，土名衆人塘，又名榕樹塘嶺，巳亥兼巽乾。灰墳，有碑。向宗、向清祖考妣。

鍾國通公墓，與文清公同葬城東一百里豐三上横石坑背庵嶺頂，午子兼丁癸。監生運開、運章，禦所千總榮輝等四、五世祖。

鍾日佐公墓，葬豐三下象牯坑門口墩，丑未兼癸丁。監生運開、運章、運高，州同榮昌等十一世祖。恩職鍾紹信公墓，葬豐三上山角高嶺頭，丁癸兼午子。灰墳，有碑。禦所千總榮輝、例貢榮麟等之父。

鍾曾氏、葉謝氏同墓，葬豐三填壩庵堂嘴嶺，辛乙兼酉卯。禦所千總鍾榮輝等十二世祖妣，葉樹生祖妣。

鍾楊氏墓，葬在豐三上園山高嶺嘴，辛乙兼酉卯。例貢榮麟繼母。

陳文彬、鍾富公同墓，葬豐三上流水垌黄眼塘嶺，癸丁兼丑未。鍾成英之父，陳士隆之父。

劉傳鳴鳳公墓，山底村人，葬城東雙橋塋戊子嶺窩，寅申兼甲庚。訓導劉傳安等始祖。

劉傳杜氏墓，山底村鳴鳳公元配，葬豐三下新安坡，壬丙兼子午。三世孫媳蕭氏附葬塋内。
劉傳王氏墓，恩貢生美公原配，葬城東黄桐窩，乾巽兼亥巳。
恩賜登仕郎劉傳紹儒公墓，與配陳氏合葬豐三下豐滿垌太平嶺，甲庚兼卯酉。廩生鵠等九世祖。
貤贈武略騎尉劉傳惠川公墓，與配彭安人同葬城東茶子頭嶺，乙辛兼卯酉。
劉傳紹孟公墓，與配張氏合葬豐三下潭活嶺。卯酉兼乙辛。
馮朝桂公墓，葬樟山，丑未兼艮坤。豐滿垌村廩生開泰等三世祖。
馮捷程公墓，與配曾氏、林氏同葬豐三上門紅白墳窩，丑未兼癸丁。豐滿垌廩生開泰始祖。
明劉傳權公墓，與胞弟劉傳舉、劉傳俊同葬椒埇嶺，乾巽兼戌辰。
明劉傳彭氏墓，劉傳權原配，葬豐三下山塘仔，甲庚兼卯酉。
明劉傳范氏墓，劉傳權繼配，葬豐三下梅子角。甲庚兼卯酉。
劉傳闕氏墓，劉傳舉公原配，與繼配吴氏同葬豐三下白墳窩，卯酉兼辛乙。訓導安等五世祖妣。
龐鄧氏墓，那良村元輝公原配，康熙間葬官山嶂，乙辛兼辰戌。灰墳，有碑。監生在卿等祖妣。
劉傳雲亭公墓，山底村人，葬豐三下茶子塘。山底村廩生鵠等六世祖。
劉傳黄氏、陳氏、池氏上下兩墓，雲亭公配，葬豐三下茶子塘，壬丙兼子午。山底村廩生鵠等祖妣。
馮周、馮鍾氏同墓，豐滿村馮朝桂公配，葬豐三下樟山，丑未兼艮坤。廩生開泰、庠生椿標祖妣。
黄劉氏墓，和昌閣村宗正公原配，葬純八都桐村左寨子印嶺。坐丙向壬。

劉傳三公墓，山底村人，葬象牯坑人子田嶺，艮坤兼寅申。贈儒林郎繩九世祖。

劉傳文郁公墓，葬城東塘子窩，癸丁兼子午。山底村儒林郎儀等八世祖。

劉雲錦公墓，葬樟山窩莨種嶺，寅申兼甲庚。良岸村文義等九世祖。

明冠帶大賓龐日健公墓，與配楊氏、庶黄氏合葬城東四十餘里帽子山，坐甲向庚，仝塋二珠。灰墳，有碑。那良舉人顯公曾祖。

六品封職龐英相公墓，葬城北四十餘里銅鼓嶂下長嶺，坐北向南。灰墳，有碑。光緒乙酉重修。那良監生焯球之父。

龐歐陽氏墓，洪友公原配，葬白藤塘下三里樣禮埇嶺，壬丙兼子午。土墳。

監生龐培槐公墓，與配黄氏合葬簕竹魚水口大嶺，庚甲兼申寅。離城三十餘里。

龐安邦公墓，葬豐三下蚒仔墩村門首貓仔嶺，巳亥兼巽乾。土墳。

李龐氏墓，與申、盧氏同葬純八都急水埧牛脚樹下牽牛嶺，戌辰兼乾巽。灰墳，有碑。廷燊修。

李陳氏墓，葬龜仔嶺，戌辰兼乾巽。灰墳，有碑。廷芬修。

監生李若楷公墓，葬曲村二里許横嶺，亥巳兼壬丙。灰墳。紹棠修。

元化州路都元帥忠義羅福公墓，與羅萬、羅圭、羅榮、羅纓、羅賢敬同葬豐三上月照嶺，坐申向寅，有碑。

案：羅福公墓據黄《府志》『冢墓』一門載，『在邑洋下獅子嶺』，此云與諸公『同葬豐三上月照嶺』，未碻。

劉林氏墓，深水垌廷耀公副配，葬鹿耳墩村前墩仔嶺，丙壬兼午子，有碑。監生培祺祖母。

廖萬三郎墓，葬豐三下太平店墟一里，土名洗猪湖石結墳嶺，甲庚兼寅申。灰墳，有碑。德盛等太始祖。

廖千二郎墓，葬豐三下寨背水口大嶺，酉卯兼庚甲。十世慶全公附葬塋内。

高鎮千總羅廷儒公墓，葬豐三下圓洞嶺，坐東向西，有碑。羅姓六世祖。

即用訓導鍾元之公墓，吴川縣久有村人。葬縣南朱屋嶺，丁癸兼未丑。離坡頭墟三、四里。

沈錦光公墓，城内西台人，葬西街嶺中，亥巳兼壬丙。灰墳，有碑。職員德緯、德富、德華、德明等之父。

王羅氏墓，世旻公原配，葬豐三上那烈村對面石牙嘴嶺，坐辛向乙。灰墳，有碑。化州監生乾元等七世祖妣。

王羅氏墓，一傑公原配，葬豐三下拱墳下平嶺子，坐乙向辛。化州監生炳焚等九世祖妣。

王應琮公墓，葬豐三下冰灣坡嶺，丙山壬向。化州監生熙焚等十三世祖。

邱朱武公墓，原配羅氏同葬豐三下蔓頭嶺村蟹鉗壅。未丑兼丁癸，斷受劉族田壅安葬。監生炳光等十二世祖。

羅陳氏墓，葬豐三下老虎地嶺，坐申向寅，子德新配張氏附葬塋内。監生必成三、四世祖妣。

羅應乾公墓，與配姚氏同葬豐三上那烈狗卵根嶺，癸丁兼子午。必榮等八世祖。

羅朱氏墓，葬豐三上棗子埇嶺，坐寅向申。羅鄧氏附葬塋内。必榮等十世、十一世祖妣。

拔貢黄乂明公墓，葬豐三下蕉坡七星扁嶺，坐丙向壬，有碑。監生士元創基祖。

羅劉氏墓，葬豐三上水橋塘嶺，午子兼丙壬。庠生咀華繼母。

姜子瑜公墓，與正國公同葬純八都大欖根松樹嶺，坐甲向庚。茂崇等之祖。

姜懷譚〔一〕，與永發公同葬豐三上竹根下村街珠塘嶺，坐酉向卯，灰墳。監生茂崇等之祖。

羅林氏墓，葬豐三下石埤頭老墳壁，乾巽兼亥巳。監生瑞仁等之母。

梁葉氏墓，桂義公原配，葬石仔嶺，乙山辛向。

曹景揚公墓，與配王氏合葬沙田仔薯糧埇，寅申加艮坤。

曹六宗公墓，葬沙井仔大嶺頭，坐寅向申。

曹陳氏墓，國康公原配，葬獅子嶺首，甲庚兼卯酉。灰墳，有碑。

曹黄氏墓，全貴公原配，葬獅子嶺腰，乙辛兼辰戌。灰墳，有碑。

曹廷珠公墓，葬金菁嶺，戌辰兼乾巽。灰墳，有碑。

曹子夫公墓，葬鷄冠山，艮坤兼寅申。與子士奇公仝塋。灰墳，有碑。

〔一〕此處有闕文。

曹陳氏墓，子夫公原配，葬水剗埇，坐酉向卯。灰墳，有碑。

贈武德將軍曹天能公墓，葬寧十三都，土名大埇，亥山已向。灰墳，有碑。配嚴氏宜人仝塋，庶配黄氏附塋左。

贈儒林郎曹爾勷公墓，孫安洞扦葬高州掛榜嶺脚下官荒，土名南湖塘，丁山加午。灰墳，有碑。嶺下二廟，各捐香油，又撥租十二石送大平橋外小觀山天后宫，立碑廟内，經印碑文禀茂名縣存案。

曹李氏、曹黄氏同墓，天能公庶配，合葬十三都，土名大埇村左，巽山乾向。灰墳，有碑。與天能公墓對面。

贈安人曹黄氏墓，州同職曹鉦公原配，葬縣西合江青草嶺，亥山巳向。灰墳，竪碑。男附貢中書職安洞扦穴。

贈儒人曹譚氏墓，附貢中書職安洞公原配，葬縣西排九嶺後牛腿嶺。辰山戌向。灰墳，竪碑。男廪生衍棠捍穴。

曹善信壽基〔一〕，在十三都，土名長坤，卯山酉向。擬修，石磚竪碑，曹安洞自卜。

曹銘公墓，葬在石灘村邊，土名虎嶺，乙辛兼卯酉。嘉慶間重修，州同職敬棠之祖。

詹佐相公墓，與配陳氏仝葬寧十一都，土名沙理垌，坐巽向乾兼巳亥。

〔一〕『基』，當作『墓』。

曹朝輝公墓，葬提启仔，土名鬣壳嶺，坐辰向戌兼乙辛。灰墳，有碑。

鄒裔烜公墓，博白人，與配陳氏合葬平山崗亞孃窩，坐艮向坤兼丑未。灰墳，有碑。男庠生鄒思和重修。

明鍾朝龍公墓，秋風江人，配傅氏、楊氏同葬縣坊白石塡水口嶺，坐東向西。

曹富公墓，化州人，葬豐三下，土名鹿仔塡嶺，坐艮向坤。左國鳳公、右國棟公附葬同塋。化州丫角山村安耀、翰華等之祖。

劉朝開公墓，禄旺村人，葬城西火燒瑶大嶺，庚甲兼申寅。裔孫監生劉復坤重修。灰墳，有碑。

劉藍氏墓，禄旺村朝開公原配，葬城西牛角樹大嶺，丁癸兼午子。裔孫監生復禮重修。灰墳，有碑。

劉孔惠公墓，禄旺村人，葬城西那岩陂子角嶺，坐丑向未。裔孫監生復坤、武庠耿光重修。灰墳，有碑。

誥封淑人張莫氏墓，葬城七都大猪母嶺，坐丁向癸兼午子。

光禄寺署正銜林時公墓，合浦人，葬洗米河中間嶺，坐甲向庚，灰墳。福建縣丞林益翰等祖。

鄭藍氏、黄氏、董氏仝墓，龐西垌村人，葬純十都漂竹塘嶺，坐庚向甲兼酉卯。灰墳，有碑。監生惇光等祖。

劉曹氏墓，葬城西，土名李村石角潭大嶺，坐壬向丙。博白河浪坡村監生劉蕃昌等祖妣。

黄成金公墓，白湖村人，葬本村水口，土名石灘大嶺，坐壬向丙。監生黄正基之祖。

登仕郎黎士貞公墓，大嶺汶水塘村人，葬大垌村前二里，土名田螺嶺，乙山辛向。祀男監生嘉鈺修。
例贈騎尉沈傳三郎墓，文河村人，與妣劉妙慈仝葬楓門塘細耳環嶺，戌山辰向。
監生黎嘉鈺公墓，繼配姚氏合葬在魚笱門銅鼓嶺，坤山艮向加未丑。祀男監生黎源貴修。
庠生林承禄公墓，與配吕氏仝葬溢山仔村右邊，寅山申向，灰墳。徵仕郎耀栢之父母，庠生仲熊等祖考妣。
監生林正昌公墓，與配許氏同葬溢山仔，土名車埤塡，艮山坤向，灰墳。祀男監生邦瑚、邦琮等修。
林陳氏墓，庠生希曾公原配，葬沙㘱墟三里，土名冷水埇中間嶺，坐癸向丁加丑未。男之鵲等五房同祀。
林特森公墓，葬水流埇後背嶺，坐西南向東北。而欣等五房同祀。
林李氏墓，而旺公元配，葬城西將軍埤長標嶺，巳亥加巽乾。男昇秀、韶秀、彬秀同祀。
吴日鴻公墓，葬老墟油行墩，坐乾向巽。居賢之父。
張潘氏墓，德盛公原配，葬荔枝灣嶺牛眠地，酉卯兼庚甲。
張陳氏墓，可倫公原配，葬沙埠江嶺近沙田仔村，酉卯兼庚甲。
貤贈恭人張李氏墓，貤贈中憲大夫、監生張賢進公繼配，葬合浦屬讀山嶺，甲庚兼卯酉。
監生張煐公墓，葬十一都九圍嶺，申寅兼坤艮。
張林氏墓，鹽知事銜、監生兆鳳公繼配，葬十一都鷓哥墩嶺，乾巽兼戌辰。

羅可泉公墓，葬鴨㹀嶺近塘笪村，坐亥向己。
羅經萬公墓，葬獅子嶺近塘笪赤嶺村，坐壬向丙。
節孝張方氏墓，文敏公元配，葬成七長山仔村社山後，癸丁加子午。
監生劉國基公墓，葬十三都，土名馬嶺，卯酉兼乙辛。監生炳堃十二世祖。
劉江氏墓，葬十三都響水灘公過嶺，寅申兼甲庚。炳堃十二世祖妣。
劉祖述公墓，葬成四都魚門笋嶺，乙山辛向。庠生燦光十二世祖。
劉興賢、劉興能公同墓，葬珍珠角嶺，坐壬向丙。裔孫建義等同祀。
劉龍氏墓，葬成四都荔枝林公打嶺，壬丙兼亥巳。裔孫洙光、泌海等同祀。
李觀璉公墓，葬城南馬腰嶺，甲庚兼卯酉。遂溪下洋村李姓之祖。
恩賜文林郎徐將泰公墓，配嚴氏合葬排九嶺後，土名牛腿嶺。坐東北向西南，有碑。西瓜坡村監生文光等祖。
監生劉允升公墓，葬遂溪鯽魚塘村右，土名圓珠嶺，戌辰兼乾巽。深水垌村劉姓之祖。
劉陳氏墓，葬大路邊鋪仔圓田墩，乙辛兼卯酉。深水垌村劉姓祖妣。
劉黃氏墓，葬張公碑山塘上猪血嶺，丙壬兼巳亥。深水垌村劉姓祖妣。
例封安人朱周氏墓，葬城西孝順村後大門嶺，巽乾兼巳亥。蟠龍垌村朱姓祖妣。
朱寶公墓，葬木垌嶺，巳亥兼巽乾。蟠龍垌村朱姓之祖。

劉葉氏、劉彭氏墓，葬橋頭村左，土名老虎墳，巽乾兼辰戌。深水垌村劉姓祖妣。

附貢劉誠齋公墓，葬急水仔紅坎嶺，亥巳兼乾巽。深水垌村監生鴻勛等祖。

劉鋏公墓，葬城西三里，土名湴井鵝笪嶺，坐卯向酉兼乙辛。深水垌村監生劉秉政等祖。

從九品劉浩勛公墓，葬城西六里，土名山頭嶺。坐丑向未兼癸丁。深水垌村監生劉培祺之父。

明徐泰公墓，葬城南東橋村對面，土名老虎塘，坐東向西。元配羅氏并二世祖附葬左右，三世祖附葬穴前，六珠同塋。西瓜坡徐姓之祖。

徐中清公墓，坡笪村人，葬城西十里，土名沙井村石頭嶺，坐寅向申兼艮坤。徐姓之祖。

陳兆邦公墓，葬平山岡哨牛嶺，坐卯向酉。廣西博邑龍虎塘村陳國猷之父。

鍾法輔公墓，配陳氏合葬純十都大山口甲彩門山樟樹嶺，艮坤兼丑未。光緒戊子，監生賢秀等重修。那凌村始祖。

鍾鑑公墓，配梁氏合葬純十都山子埇嶺，甲山庚向。經裔孫監生賢秀等重修。那凌村三世祖。

鍾大桂公墓，配林氏，合葬純十都凌垌禿下嶺，坤艮兼未丑。監生賢秀等重修。灰墳，有碑。那凌村四世祖。

鍾鉉公墓，配温氏合葬純八都簕塘甲鹿蒙後横直三台嶺，庚甲兼申寅。監生賢秀重修。那凌村五世祖。

封儒林郎鍾天吉公墓，配葉氏安人合葬純十都三日湖青岡嶺，丙壬兼巳亥。監生賢秀等重修。那凌村六世祖。

邑庠鍾靈成公墓，庶配阮氏合葬純十都灌蔭塘大番坡嶺，乾巽兼亥巳。監生賢秀等重修。灰壙，有碑。那凌村七世祖。

鍾許氏墓，靈成公元配，葬純十都高鷄山，子午兼癸丁。同治間監生賢秀等重修。灰壙，有碑。

監生鍾國印公墓，葬純十都圓山子嶺，丁癸兼未丑。道光間，裔孫監生賢秀等重修。灰壙，有碑。那凌村十世祖。

監生鍾國祥公墓，葬純十都銀子凹嶂熊家壢嶺，子午兼壬丙。監生德賢等築。灰〔一〕，有碑。

明廩生鍾朝欽公墓，秋風江人，葬純八都桐村水蚜嶺，坐庚向甲。

儒林郎增生鍾觀成公墓，配李氏安人仝葬純十都三星嶂前嶺，亥巳兼乾巽。武生覺明重修。灰壙，有碑。那岩村七世祖。

鍾雷氏墓，那岩觀成公次配，葬博邑龍潭堡富陽禄益下垌嶺，壬丙兼亥巳。覺明重修。灰壙，有碑。

鍾許氏墓，毛果山鍾翹成公配，葬在寧十三都毛果山石角潭蚌母湖面，寅申兼艮坤。乾隆甲午重修。

鄭士拔、自瑄公墓，中心垌人，同葬純由子山屋埸嶺，丙壬兼巳亥。監生錦光重修。

彭興公墓，葬爐含嶺，坐辰向戌兼巽乾。光緒元年，重修立碑。新屋分流水村庠生玉池等三世祖。

〔一〕『灰』下脱『壙』字。

彭羅氏墓，葬豐三上李山尾亞婆嶺，庚甲兼卯酉。重修立碑。新屋分流水村三世祖妣。

武舉彭魁公墓，葬純八都馬嶺，坐酉向卯。重修立碑。新屋場監生承綱、承熾等祖。

增生彭元公墓，新屋埸村人，葬豐三上廣朗塘垌高山嶺，坐丁向癸兼未丑。光緒丙戌，重修立碑。恩貢瑞龍之父。

彭錫穀公墓，新屋埸村人，葬豐三上門紅洋堪墳嶺，坐丑向未。與門紅村馮姓祖骸同塋。

林天祥公墓，那良埤人，葬蝦公窩嶺，子午兼壬丙。灰墳，有碑。那良埤國潤等之七世祖。

鍾朝亮公墓，陸鳳村人，葬純八都西埇水口硃子浪嶺，丑未兼艮坤。咸豐乙卯，重修立碑。

彭蘇氏墓，葬成四都黄名水白墳嶺，甲庚兼寅申。有碑。

林萬青公墓，與配鐘氏仝葬城東彭村龍耳塘嶺，坐乙向辛兼卯酉。灰墳，有碑。

林省乾公墓，與配嚴氏仝葬城北馬臍嶺，辛乙兼酉卯。灰墳，有碑。士覾等修。

林姚氏墓，葬城北馬臍嶺，辛乙兼酉卯。灰墳，有碑。士覾等重修。

揭廖氏、揭葉氏墓，明鄉耆揭從英之原、繼配，合葬純十饅頭墩右雙乳穴之左乳，壬丙兼亥巳，有碑。南教堂村人。

監生鍾益壽公墓，秋楓江人，葬純十都緑坭坑水口圓垌嶺，坐戌向辰。

揭吴氏墓，揭人瑞繼配，葬博白陳埇尾村左大嶺，坐丙向壬兼午子，有碑。南教堂村人。

揭子治公墓，葬純十都那盤禿村下馬頭嶺，坐丁向癸兼未丑。歲貢大浦縣儒學男權風附葬塋内。高嶺頭村人。

揭胡氏墓，揭泗宗元配，葬純十都桂子嶺村水口大山頭嶺，坐午向子，有碑。兩頭塘村人。

揭道修公墓，葬純十都下畚村左萬口田下畚嶺，巳亥兼壬丙，有碑。樟樹山村人。

李舜仁公墓，坡頭村人，葬博邑龍潭堡牛頭墳三槎塘嶺，午子兼丁癸。花翎分府維恩修。

李文茂公墓，與配關氏合葬博邑龍潭堡特牛崗白牛嶺，申寅兼坤艮。有碑，監生培榮修。

李培棠公墓，羅拔塘村人，葬在藍靛大嶺後更鼓地前社下山，亥巳兼壬丙。灰墳，有碑。歲貢即用廉州府訓導旦敷重修。

李區氏墓，培棠公原配，葬博白龍潭堡後觀音嶂前鐵帽嶺，癸丁兼丑未。灰墳，有碑。監生旦元重修。

監生李如寶公墓，葬博白亭子堡秀龍崗嶺左大墳頂右犁楝嶺，巽乾兼辰戌。灰墳，有碑。男州同旦芬重修。

周鼎臣公墓，葬純十都高嶺，子午兼壬丙。灰墳，有碑。附近大頭竹村厚貴重修。

周廖氏、周龍氏墓，周魯公之配，合葬純十都藍靛山，庚甲兼申寅。左更鼓坡右高嶺夾。灰墳，有碑。職員宗啓修。

吴駱氏墓，昊考公原配，葬荔枝頸村後大山，丁癸兼子午。灰墳，有碑。監生冠英等修。

吴鍾氏墓，吴宗旺公原配，葬純十魚梁灘，巽乾兼辰戌。灰墳，有碑。監生冠英重修。

吴夏氏墓，吴任仕公原配，葬純十大爐村前鯉牳湖大嶺，乾巽兼戌辰。灰墳，有碑。監生冠英修。

李法清公墓，與天官公合葬鷄母帶子嶺，距青平墟三里許，坤艮兼寅申。灰墳，有碑。監生培榮修。

區美玉公墓，葬那良大路墟書房嶺嘴，距城十八里，酉卯兼辛乙。灰墳，有碑。千總廷英修。

區許氏墓，美玉公原配，葬大塘肚前嶺，乙辛兼卯酉。灰墳，有碑。監生秉均等修。

李叢公墓，與汝安公合葬蔴地脚嶺，距谷邦村一里，寅申兼甲庚。灰墳，有碑。孫李祥等修。

明關賴氏墓，近祝公配，葬純十烏石門首嶺，巽山乾向。灰墳，有碑。監生道邦等始祖妣。

明關徐氏墓，西岩公原配，葬石板大嶺，未山丑向。灰墳，有碑。監生道邦等祖妣。

明關杜氏墓，近祝公原配，葬純八水背花心嶺，午山子向。灰墳，有碑。監生道邦等祖妣。

關仕魁公墓，葬甲磨埤長塘大嶺，坤艮兼未丑，土墳。監生德漢等七世祖。

明江金星公墓，葬水口白墳嶺，酉山卯向，賴旺公附葬塋内。灰墳，有碑。成章等始祖。

余鍾氏墓，高利等九世祖妣，葬石坑村塴角大嶺，壬丙兼子午，十一世祖妣王氏附葬塋内。灰墳，有碑。

鍾梁氏墓，低山村有天公原配，葬城北鹿子埧村門首，土名茄子嶺，辛乙兼戌辰。

廉州營把總李蘭公墓，水湖村人，葬化州倒流灣角嶺。甲庚兼卯酉。監生泮馨等曾祖。

郭元公墓，膏田村人，配黎氏仝葬山塥村書房嶺，乙辛兼卯酉，子紹興附葬塋内。郡庠基南等修。

龐成文公墓，水口村人，與配繆氏同葬大車尖峰北高房地嶺，坐午向子。監生允猷等祖。

鄭伯元公墓，大河村人，葬茅尾西黄坭窩狗睡嶺，坐辛向乙。監生士猷等祖。

連秀洪公墓，蒙村人，葬南蛇江嶺，坐己向亥，土墳。

連成章公墓，蒙村人，葬新屋塲高山嶺，未山丑向，土墳。

連天文公墓，蒙村人，葬下垌村墩頂嶺，坐西向東，土墳。

林成日公墓，葬純八九曲水鬼叫坑石頸窩，俗名獅子地，乾巽兼戌辰。灰墳，有碑。彰新等之父。

明黄富公墓，葬武陵墟和順垌中心嶺，又名廟嶺，戌辰兼乾巽。孫黄參附葬塋内，灰墳。振相等祖。

明黄顯公墓，葬武陵墟鳩子嶺，癸丁兼丑未。男日榮附葬塋内，灰墳。振相等祖。

明林天標公墓，配盧、賴氏同葬純八西埇尾馬猴練嶺，乙辛兼卯酉。灰墳，有碑。輝日等之父。

明林法選公墓，葬成四香園下黄毛嶺，申寅兼庚甲。汝桂等祖。

林國寧公墓，葬純八旱埇禾捍塘，俗名猪腰地，辛乙兼酉卯。灰墳，有碑。芳槐等祖。

羅大瑞公墓，配陳氏同葬博教村北，俗名七星地，坐南向北。灰墳，有碑。博教村合族祖。

羅國彰公墓，葬長坡垌中間墩頭，坐西向東。油柑埇監生日漢等之祖。

羅明問公墓，葬凹掘嶺，坐南向北。灰墳，有碑。博教村庠生毓藻等之祖。

羅仕佐公墓，葬飛鵝地嶺頂，坐南向北。灰墳，有碑。博教村羅姓之祖。

黎温氏墓，公正配葬婆垌巴嶺狀元窩尾，壬丙兼子午。玉璇祖妣。

林陳氏墓，楓樹角林秀嶧公原配，葬江西嶺，坐北向南。

鄒周氏墓，前任化石營總司榮貴公原配，葬城西二橋坡，坐艮向坤。坭墳，灰圈。監生應元等始祖妣。

明鍾聰五郎墓，秋風江人，與姚吴妙仙同葬青平墟瓦瑶牌門首嶺，申山寅向。

韓良璽公墓，葬山口角村東北，乙辛兼辰戌。武庠文光等五世祖。

黄尚彬公墓，配梁氏，合葬壬嶺，俗名飛雌地，申寅兼庚甲。灰墳，有碑。邊塘大灣二村十世祖。

黄世貴公墓，鋪洋村人，葬七星嶺村東北三里許，土名圍頭嶺墟仔上，癸丁兼子午，有碑。

黄陳氏墓，鋪洋村黄世朝公元配，葬流經村西南，土名清鏡嶺，丙壬兼已亥。

黄何氏墓，鋪洋村黄色焕公元配，葬火灰塘鋪仔北，土名打虎山，乙辛兼卯酉。灰墳，有碑。

黄鄭氏墓，鋪洋村黄吉祥元配，葬獅子嶺老公灣，坐癸向丁，灰墳，黄培芬之母。

黄槐元公墓，與配李氏合葬猪哥嶺北，土名湴埇老虎嶺，丁癸兼未丑。鍾南村世顯等重修。灰墳，有碑。

龍思潭、龍雲行公同墓，葬雙良村後掃捍嶺，坤艮兼未丑。白花埇村三世、四世祖。

吴李氏墓，葬城東八里白墳墩，俗名老虎墳，艮山坤向，道光間重修。石陂、烏牛垌等村始祖妣。

廖瑞龍公墓，與配陳氏合葬安鋪後坎嶺下鐮鈎坑，未丑兼坤艮，有碑。桂茂等之父。

廖文祥、廖德祥公同墓，葬面前坡水口赤橉樹嶺，坐乾向巽，有碑。桂茂等祖。

馬裕顯公墓，葬安鋪墟一里許官塘仔嶺，甲庚加卯酉，灰墳。廪生步青、郡庠兆龍等之祖。

黄茂佳公墓，茂邑人，與配何氏同葬博教村蓮花嶺，子午加癸丁。灰墳，有碑。監生重豪之祖。

許朝棟公墓，葬安鋪墟南後坎嶺尾，申寅加庚甲。許相才之父。

蘇錦茂公墓，葬縣治西龍頸口何姓村仔墩，巳亥兼丙壬。監生蘇澤培之祖。

李秀公墓，葬西村前孔姓嶺，土名朗山，酉卯兼辛乙。監生李星輝高祖。

李培德公墓，葬牛角埇外，土名打鐵佬嶺，辛乙兼戌辰。監生李星輝曾祖。

監生黄文英公墓，葬縣坊泥塘尾瓦窑嶺，艮坤兼丑未。監生黄居正之父。

黄梁氏墓，漢昇公原配，葬吴川石角嘴嶺，離石門埠五里，壬丙兼亥巳。

貤贈徵仕郎陳允居公墓，葬安鋪後坎嶺，巳亥兼巽乾。州判洪疇，岸生陳琪、陳珍等之祖。

贈徵仕郎陳恭秀公墓，葬泠水㞧嶺，辛乙兼戌辰，有碑。州判洪疇等之父。

黄王氏墓，監生黄文郁公元配，葬龜仔嶺，離三角山五里，坤艮兼申寅。築灰，有碑。

陳伍氏墓，監生輝隆公之配，葬中山村左鷄雉嶺，戌辰兼乾巽，有碑。乾案長山村職員增祺之母。

李樹彬公墓，茂邑田心村人，葬安鋪墟右糖房村後嶺，辰戌加乙辛。裔孫茂松、庠生茂桐等重修。

許周氏、許王氏墓，許上志公元配，同葬山狗棚村前大嶺，丙壬兼巳亥。相才等祖妣。

明監生孫敬軒公墓，吴邑唐基村人，葬石城縣北九里唐山村謝建嶺，辛乙兼戌辰，有碑。

監生孫蕭庵、孫淡庵二公墓，吴川塘基村人，同葬豐二都，土名屋地山，又名獨壽嶺，辛乙兼酉卯。舉人大焜、大經重修，有碑。

陳邦選公墓，與配蘇氏同葬青平北十里，土名蜻蜓嶺，庚甲兼卯酉。裔孫廩生一心、庠生士華重修。

陳朝禄公墓，與繼配鄺氏同葬邑西八十里沙刻墟。坐酉向東。嗣孫歲貢六徵、廩生一心修灰。

陳尤氏墓，邦德公正配，葬青平西新營坑，坐丙向壬。裔孫武生六經、監生繼宗修灰。

雷應顯公墓，葬邑西白馬嶺村，土名路尾窩，乾巽兼戌辰。裔孫守禦所千總顯璋、監生英華同修。

雷龍氏墓，葬邑西木廟山村，俗名蝦地嶺，坤艮兼申寅。灰墳，有碑。裔孫守禦所千總顯璋、監生英華修。

明登仕郎黄金福、黄金鼎公同墓，和昌閣人，葬純八都十明塘牛扼嶺，坐辰向戌。

黄楊氏墓，黄儒堅公元配，葬邑西南衙村後尾嶺，酉山卯向。嗣孫軍職育和、監生正中同修。磚墳，有碑。

楊汝蕡公墓，葬青平南五里河尾嶺，丁山癸向。同治間男職員希賢、監生日清等修。

楊陳禮公墓，葬青平北，土名月光嶺，坐辰向戌。侄孫職員喜杭、監生日清等修。

廩生羅漢章公墓，配李氏合葬邑西洗米河東，土名山肚碑嶺，巽乾兼辰戌。博教村禮俊、禮傑等之祖。

監生羅澄清公墓，葬邑西息安墟南，土名鶴頭嶺，卯酉兼甲庚。博教村禮俊、禮傑之父。

羅明路公墓，配許氏、李氏，合葬邑西九十里龍潭飛鵝嶺，丁癸兼午子。博教村庠生成傑、廩生漢章之祖。

陳儒型公墓，配麥氏合葬遂邑山塘嶺，巳亥兼巽乾。麻水村廩生士鑾等之祖。

陳楊氏墓，監生洪範公元配，葬邑西龍面嶺，癸丁兼丑未。麻水村廩生士鑾之母。

鍾大受公墓，魚梁埠人，葬瓦屋山嶺，坤艮兼丑未。灰墳，有碑。裔孫文欽重修。

鍾羅氏墓，魚梁埠鍾朝佳公原配，葬石鼓河村上鑊蓋嶺，戌辰兼辛乙。庠生書鴻祖妣。

明進士、瓊州府知府伍萬成公墓，葬名教高山嶺，癸丁兼子午。灰墳，無碑。洋下等村始祖。

伍陽公墓，葬潭關塘嶺，坐亥向巳兼乾巽。灰墳，無碑。洋下等村二世祖。

伍文舉公墓，葬清水單堤嶺，丁癸兼未丑。洋下牛郎坡橋頭𡲬等村三世祖。

伍陳氏墓，建先公原配，葬山口閣八閣塘嶺，坐戌向辰。灰墳，有碑。洋下、牛郎坡等村六世祖妣。

恩賜登仕郎伍倫公墓，配許、黃二氏合葬山口閣八閣塘嶺，坐戌向辰。灰墳，有碑。洋下、牛郎坡等村七世祖。

伍周氏墓，位行公原配，葬湴埇嶺，坐巽向乾。監生伍天祥等八世祖妣。

伍尤氏墓，者魁公原配，葬龜嶺口，坐巽向乾。監生伍天祥等十一世祖妣。

伍孔伸公墓，葬牛梔嶺，癸丁兼丑未。田螺塘等村九世祖。

伍王氏墓，成芳公原配，葬排嶺後挖村谷地，坐辰向戌。伍文美等十三世祖。

伍士達公墓，配楊氏合葬西洋垌嶺，壬丙兼亥巳。田螺塘等村十世祖妣。

伍廷旺公墓，葬七星嶺，丁癸兼未丑。洋下、橋頭𡲬等村五世祖，灰墳。

伍建薦公墓，葬七星嶺，乙辛兼辰戌。洋下橋頭叾等村六世祖，灰墳。

明安義縣知縣舉人陳光祖公墓，葬上墩苞嶺，子午兼壬丙，有碑。排嶺陳姓始祖。

明定安教諭歲進士陳學仕公墓，葬上坡大灣嶺，巽乾加辰戌，有碑。排嶺陳姓二世祖。

庠生陳美玉公墓，葬成七都合流嶺，巽乾加辰戌，有碑。排嶺後塘仔村十一世祖。

陳正昌公墓，葬成七都猪公嶺尾，辛乙加卯酉。立碑，有契。排嶺後塘仔村十二世祖。

歲貢李東英公墓，配陳氏合葬吴川文翁嶺左，坐北向南。灰墳，有碑。三閣山村二世祖。

明歲貢李邦基公墓，配陳氏合葬村前泥幹蜂嶺，丙山壬向。灰墳，有碑。三閣山十世祖。

明歲貢德化知縣李清公墓，配卜氏合葬中伙山朱砂塘上，坐乙向辛。灰墳，有碑。三閣山五世祖。

李廷華公墓，配莫氏合葬平塘蝦公嶺，坐卯向酉。灰墳，有碑。三閣山村十一世祖。

庠生李源宗、李海宗公同墓，同葬遂溪鳳凰岡白腊水嶺，坐艮向坤。灰墳，有碑。三閣山村四世祖。

庠生李步騰公墓，葬碑九嶺青龍砂，坐艮向坤。三閣山村十八世祖。

監生李奇選公墓，配陳氏合葬外村左大嶺，坐東向西。灰墳，有碑。三閣山村十三世祖。

廩生李應薰公墓，配鄭氏合葬急水秋風江嶺，坐□向□。灰墳，有碑。三閣山村十四世祖。

李文秀公墓，配劉氏合葬村前檳榔客嶺背大嶺，坐北向南。灰墳，有碑。三閣山村十五世祖。

李維朝公墓，配周氏合葬高街簕仔山嶺，巽山乾向。浪塘村十世祖。

李博環公墓，配林氏合葬水溝嶺，坐癸向丁，有碑。浪塘村九世祖。

李長善公墓，葬三叉灣鯉魚嶺，坐西向東。灰墳，有碑。男元江公附葬塋右。下山村九世祖。

李正倫公墓，葬龍狗塘坭鰍嶺，坐辛向乙。牛路塘村十世祖。

李攀輝公墓，配黎氏合葬坭幹蜂嶺，坐西向東。牛路塘村十世祖。

李文炳公墓，葬後村山龍潭嶺，坐西向東。牛路塘村十世祖。

明武舉譚伯榮公墓，配李氏合葬凌禄馬草嶺，寅申兼甲庚。光緒丙子年重修。灰墳，有碑。

明譚景昇公墓，葬蚺蛇江嶺，坐亥向巳。灰墳，有碑。

明附貢譚天然公墓，葬茅坡嶺，坐巽向乾兼辰戌。

明監生譚殿賡公墓，配揭氏同葬茅坡嶺，丙壬兼巳亥。灰墳，有碑，城西一百二十里。

明譚氏墓，葬松柏根嶺，坐南向北，五墓仝塋。俱山脚村監生譚滋世等之祖。

蔡邠氏墓，葬城南狗母塘大嶺，丑未兼癸丁，與媳宋氏、黎氏同塋。蔡屋箔、齊翁塘二村太始祖母。

蔡景耀公墓，葬城南大白塘村前東，土名西邊灣蟾蜍堀，巳亥兼丙壬。翁塘村始祖。

蔡景明公墓，葬城南大白塘村門前，土名中間嶺左，未丑兼丁癸。屋箔村始祖。

蔡尚泰公墓，與配楊氏同葬遂地白臘溝嶺，壬丙兼亥巳。恩賜舉人發祥曾祖。

蔡萬光公墓，葬村左，土名雷公塘嶺，巳亥兼巽乾。恩賜舉人發祥之祖。

蔡正安公墓，葬遂地，土名圍沙場村前嶺，乙辛兼卯酉。恩賜舉人發祥之父。

周鍾氏墓，葬頭灣嶺，辰山戌向。灰墳，有碑。庠生耿經、職員經華等始祖妣。

莫若珠公墓，配孫氏合葬安鋪墟邊山狗坪嶺，巽山乾向。灰墳，有碑。武庠猷光等之祖。

莫温正公墓，譚福村人，葬柑子盆嶺，丁癸兼午子。灰墳，有碑。千總職武生長菁，生員登瀛、昌蘭等始祖。

莫鋅公墓，配黄氏同葬柑子盆嶺，丁癸兼午子。灰墳，有碑。譚福村長菁、登瀛、召棠等三世祖。

莫易縉公墓，葬柑子盆嶺，丁癸兼午子。灰墳有碑。譚福村武生長菁、召棠等之祖。

莫陳氏、莫方氏墓，易縉公原配，同葬兩頭透村後蜈公鉗嶺，壬丙兼子午。灰墳，有碑。武生長菁、召棠等祖妣。

武生千總職莫士英公墓，譚福村人，葬六格埇口嶺，巽乾兼巳亥。灰墳，有碑。譚福村武生長菁之父。

莫鍾氏墓，士英公配，葬七星嶺，甲庚兼卯酉。灰墳，有碑。譚福村武生長菁之母。

佾生莫長芬公墓，葬張公碑嶺，巽乾兼己亥。譚福村武生長菁之兄。

莫光朝公墓，譚福村人，葬蜈公鉗嶺丑未兼癸丁。灰墳，有碑。

監生莫應魁公墓，譚福村人，葬譚福村左圓嶺仔，巽乾兼辰戌。武生錦春之祖。

莫葉氏墓，子寬公原配，葬清鏡嶺，亥巳兼乾巽。譚福村例貢芳春之母。

莫汝文公墓，譚福村人，葬本村左圓嶺仔，巽乾加辰戌。職員如秀之祖。

龍瑞端公墓，配李氏同葬城西二十里排狗嶺鴨脚埇龍頭嘴，壬山丙向。

明孝廉何源公墓，下路村人，葬城西名教高山嶺，丑山未向，灰壙。廩貢冠賢、監生汝翼等始祖。

何陳氏墓，孝廉何源公原配，葬城西名教高山嶺，壬山丙向，灰壙。廩貢冠賢等始祖妣。

何張氏墓，明孝廉何琦公原配，葬城西橫山村後嶺，寅申兼甲庚。下路村庠生兆熊等祖妣。

恩職何文利公墓，葬城西排九嶺赤魚灣，寅申兼甲庚。孫錦章等之祖。

何中陵公墓，與妣伍氏合葬城西譚村大嶺脚，申山寅向，灰壙。下路村監生汝庠等之祖。

明陳祈壽公墓，葬紗帽嶺村右黄蚌嶺，坐丙向壬，土壙。多奥鳳山村六世祖。

明陳楊氏墓，祈壽公元配，葬平坡村後嶺，辛乙兼酉卯。土壙，有碑。

明陳古山公墓，與配何氏、鄭氏同葬紗帽嶺左黄蟮埤嶺。坐丙向壬，灰壙。多奥鳳山村七世祖。

監生陳嘉檀公墓，葬尖峰脚王字龍下禾鈎嶺，坐卯向酉，土壙。陳國華之父。

蕭宗文公墓，葬盤龍塘右河邊嶺，坐酉向卯，土壙。蕭進鳳等五世祖。

徐韓氏墓，官賓公原配，葬排九嶺鴨脚埇中間嶺，坐艮向坤。徐廷秀祖母。

胡子奇公墓，葬芋地窩嶺，乾巽加戌辰，二世伯祖天錦、三世叔祖翼國附葬塋内。胡翼輔等始祖。

胡天錫公墓，葬滿河村右茅峯嶺，坤艮加未丑。翼輔等二世祖。

胡吴氏墓，葬成四都山鐩埇右雙嶂嶺，乙辛加辰戌。翼輔等二世祖妣。

胡黄氏墓，葬墳子村後石壁嶺，亥巳加乾巽。增生文泰等三世祖妣。

胡翼華公墓，與配黎氏葬寨子下村右大番嶺，艮坤加丑未。鎮信等三世祖。

胡卓修公墓，與妣羅氏葬山營村新塘嶺，亥山巳向。志堯等五世祖。

胡卓佶公墓，與妣揭氏葬新陂尾村楊葉嶺，壬丙加亥巳。志賢等五世祖。

胡卓英公墓，與妣陳氏葬西山垌瓦子墩嶺，癸丁加子午。監生紹統等五世祖。

胡賴氏、胡鄧氏墓，葬成四陂尾嶺，辛山乙向。尚綱等始祖妣。

胡千公墓，葬成四鹿子田嶺，壬山丙向。尚綱等二世祖。

李甘氏墓，葬成七都蓮花嶺，丁癸加未丑。文科等之母。

李泰一公墓，與妣江氏葬成四都塘雷村右老屋場嶺，卯山酉向。世茂等二世祖。

胡其純公墓，葬成四都蒲竹頭對面河背嶺，乾山巽向。監生芝盛等六世祖。

明歲貢瓊州府教授葉良長公墓，下洋墟村人，與妣陳氏同葬上埠嶺，甲庚兼卯酉。

明葉仁政公墓，下洋墟村人，與妣王氏葬會衆嶺，乙辛兼辰戌。

明葉仕昌公墓，下洋墟村人，與妣蘇氏葬羅傘嶺，卯山酉向，孫國廪附葬塋内。

葉秀公墓，頭山村人，葬牛欄垌村後嶺，巳亥兼丙壬。

葉周公墓，裏頭山村人，葬石碧村後嶺，辛乙兼辰。

葉鍾氏墓，下洋墟村允中公元配，葬沙坡陂鯉魚嶺，丁癸兼午子。

葉蘇氏墓，塘子村楷林公元配，葬長埠絞地嶺，庚甲兼卯酉。

明蘇積廣公墓，與二世祖世榮、世勤公同葬缸瓦窑村前，酉卯兼庚甲。

蘇第一公墓，山徑村人，葬鷄公臺嶺後，壬丙兼子午。
蘇挺高公墓，山徑村人，葬高山嶺，庚甲兼酉卯。
李如穀公墓，與懷穀公仝葬下山垌村前垌中間小墩，俗名蓮花地，丁癸兼未丑。
李左氏墓，懷穀公原配，葬窑仔嶺，乾巽兼亥巳。
李次觀公墓，三快田人，葬大角村隔江爐含嶺。坐東南向西北。
李國香公墓，三快田人，葬荔枝根南門城嶺，艮坤兼丑未。
廖法誠公墓，葬石、博交界龜嶺仔，丙壬加巳亥，灰墳。庠生振勛等三世祖。
廖良佐公墓，與三世祖元公同塋，葬博白燕子灣，午子兼丁癸，灰墳。廖德齊等之祖。
李成秩公墓，葬成四都黄蟮陂龜仔嶺，壬丙兼亥巳，灰墳。監生丹成等始祖。
鄒仁恩公墓，葬石頭窩村，俗名蝦地，丁癸兼午子，灰墳。德敷等七世祖。
江廷廣公墓，葬成四都大塘埧村後嶺，坐艮向坤。監生賚東等三世祖。
鍾廣偉公墓，與妣羅氏葬村後石坑嶺，巳亥兼乾巽，灰墳。毓瑞第八世祖。
鍾楊氏墓，大超公元配，葬紅坎村後石坑仔大嶺，巽乾兼亥巳。汝禮等七世祖妣。
吳宗志公墓，葬紅坎村後石坑仔大嶺，巽乾兼亥巳，灰墳。德彰等五世祖。
教授李桂公墓，與妣謝氏葬那盤垌猪尾嶺，乾山巽向，灰墳。家仁等二世祖妣。
李賴氏墓，廩生天奇公原配，葬城東羅官堂嶺，坐寅向申，灰墳。家仁等三世祖妣。

李兆慶公墓，葬那角村門首社山嶺，坐丁向癸。家仁等四世祖。

李羅氏墓，兆慶公原配，葬那角村上荒垻嶺。坐丑向未，灰墳。家仁等四世祖妣。

李江氏墓，培香公原配，葬十三都大路邊村上細嶺仔，甲庚兼卯酉。楨成等十世祖妣。

李璘生公墓，葬陂垻嶺夾壢，坐乾向巽。世華等祖。

連蔡氏墓，逢春公原配，葬獨石村合山塘嶺，巽乾兼巳亥。灰墳，有碑。日椿等之祖。

盧必亨公墓，葬下垌村夾壢嶺，丁癸兼午子。灰墳，有碑。翰風等之祖。

明廩生李景公墓，與妣程、彭、羅氏同葬成七都五甲青水村後鶴仔嶺，巳亥加丙壬，有碑。

明庠生李洪謨公墓，與妣王氏同葬十三都石岩塘後蟻仔山，巳亥加巽乾，有碑。

庠生梁正璋公墓，官埇村人，葬城南五里村下，土名狗仔嶺，坐子向午。灰墳，有碑。道光間，嗣孫廩貢徐聞訓導挺觀等重修。

普寧訓導歲貢生梁邦安公墓，官埇村人，葬本村南四里許，土名福山嶺，坐亥向巳兼乾巽，灰墳。道光間男廩貢徐聞訓導挺觀等重修。

梁聶氏墓，官埇村恩職文燦公原配，葬本村東北二里許，土名白墳嶺仔，酉卯兼辛乙。灰墳，有碑。

貤贈安人梁朱氏墓，官埇村貤贈武略騎尉巨俊公原配，葬坡梅嶺村境主廟右，辰戌兼巽乾，灰墳。

貤贈安人梁陳氏墓，巨俊公繼室，葬本村西三里許，土名三角田頭嶺，甲庚兼卯酉，灰墳。

梁天會公墓，官埇村人，葬本村西二里許，土名鯉魚嶺。與父必昌公、祖一旺公同塋，横列三珠，會公居中，草壙。

梁符氏墓，官埇村天會公原配，葬舊屋村後，土名弓箭嶺，亥巳兼巽乾，灰壙。

監生梁邦光公墓，官埇村人，葬大路塘村對面高嶺，坐乾向巽。孫監生恩棠、武生應任重修。灰壙，有碑。

誥封宜人梁江氏墓，官埇村同知銜匡和公元配，葬城南大路邊村月嶺仔，坐丙向壬。草壙，有五品誥碑。

貤贈安人梁龐氏墓，官埇村貤贈武略騎尉梁榮公元配，葬城東麗水村東鵝公嶺，子午兼壬丙。

梁德富公墓，春花墩人，與配葉氏葬城南三角山川馬槽坑，坐丙向壬。草壙，雙珠。

郡庠梁正棟公墓，官埇村人，與配陳氏葬城南舊屋村後弓箭嶺，乾巽兼亥巳。

梁秀隆公墓，官埇村人，葬城南沙牯塘村背，俗名三脚壙。丑未兼癸丁。

梁孔公墓，官埇村人，與配魏氏、何氏合葬官埇村西三里，土名三角田頭嶺，辛乙兼酉卯，灰壙。

例授修職郎梁紳公墓，灰木垌人，與配李氏葬兩家灘山車埇，坐酉向卯。孫邦仁重修。灰珠，有碑。

胡碧泉公墓，長釵村人，配陳氏合葬遂溪縣前合河嶺，未山丑向，四子附葬墓旁。灰壙，有碑。崇讓始祖。

恩賜登仕郎梁邦存公墓，灰木垌人，葬烏石頭村左龜仔嶺，坐辛向乙。男監生紹元重修。灰壙，有碑。

明朱明道、朱明貴公同墓，新田垻仔村人，葬黄坭坎後嶺，坐艮向坤。

監生梁邦鳳公墓，官埇村人，葬城南江珠嶺村下半里，土名鯉魚嶺仔，坐坤向艮兼申寅。

誥贈奉政大夫監生梁挺青公墓，官埇村人，葬本村水口大横嶺，坐甲向庚兼寅申。

恩賜九品黄之球公墓，銅鑼埇人，與配祝氏葬兩家灘欖東渡頭嶺，癸丁兼子午。灰墳，有碑。

楊士鐸公墓，東頭山人，與配李氏葬本村後塘山，坐艮向坤。道光間，經孫監生尚春等重修。灰墳，有碑。

梁敬敱堂壽墓，在城東三胎嶺中胎，坐乾向巽，有碑。

梁戴氏墓，官埇里塘村天信公原配，乾隆間葬中間坑村下里許，土名牛角塘嶺口，巳亥兼丙壬。

明梁文鳳公墓，萬曆間葬木頭垌嶺，壬丙兼亥巳。

梁龐氏墓，巨福公原配，乾隆間葬牛墟仔南二里許，土名胡屋村，坐癸向丁。

貤封儒林郎監生彭世卿公墓，化州山西村人，葬城東三十里白藤塘之南，土名簕竹兒高山頂上，申寅兼庚甲。同治間重修。灰墳，有碑。

黄雲座公墓，三塊石村人，葬本村面前，土名白石仔嶺，坐巳向亥兼巽乾。

誥贈宜人梁李氏墓，官埇村國學生、誥贈奉政大夫挺青公原配，葬村南三里乾埇窪，壬丙兼亥巳。

庠生梁邦榮公墓，官埇村人，葬兩家灘三甲村下半里，土名大王嶺，乾巽兼亥巳。

明孝廉黎民鐸公墓，字覺于，配劉氏，合葬城東二十五里竹朗村右馬鞍嶺，壬丙兼亥巳。與子庠生沐郎配龍氏同塋。曾孫進士正等重修。灰墳三珠，有碑。

明黃仰鳳公墓，配譚氏萬曆間同葬豐一都河村正統山，癸丁兼丑未。赤嶺東房三世祖考妣。

明黃前唐公墓，配陳氏崇禎間同葬豐一都大坡塘嶺，坐申向寅兼坤艮。赤嶺西房三世祖考妣。

明黃楊氏墓，貤贈文林郎福庵公元配，崇禎間葬遂溪龍子岡飛鵝嶺，坐申向寅。赤嶺五世祖妣。

贈文林郎庠生黃詔球公墓，與配賴氏仝葬豐一都竹朗村後嶺，坐申向寅兼坤艮。赤嶺六世祖考妣。

明庠生黃衮燦公墓，與配梁氏葬純八都桐村長坑嶺，坐癸向丁兼子午。赤嶺七世考妣。

建安知縣黃衮裳公墓，配蕭、鄒、王、韓四孺人同葬博白石牛嶂牛欄窩嶺，坐壬向丙。赤嶺七世祖。

廩生黃輔公墓，配楊氏同葬豐一都大水村天堂嶺，坐亥向巳兼壬丙。赤嶺八世考妣。

武生黃居仲公墓，配高氏同葬化州夾徑嶺，坐丑向未。赤嶺八世祖考妣。

黃文氏墓，黃連公元配，葬豐一都大番嶺，坐丑向未兼癸丁。赤嶺八世祖妣。

黃林氏墓，監生如珍公元配，葬豐一都高坡仔村，土名牛路嶺，坐庚向甲兼酉卯。赤嶺十二世祖妣。

廩生黃龍翔公墓，葬豐一都，土名獅子嶺，坐酉向卯兼辛乙。赤嶺十三世祖。

庠生黃天錦公墓，配陳氏同葬豐二都良村後嶺，坐庚向甲兼酉卯。茅垌村八世考妣。

鄉賓鄧紹賓公塋，葬豐二都蓮塘坡，坐亥向巳。芝稠嘴村十五世祖。

鄧譚氏墓，芝稠嘴村紹賓公元配，葬豐二都荒埇村尾，坐癸向丁。

鄧杜氏墓，芝稠嘴村鄧安公元配，葬豐一都魚奥嶺，坐艮向坤。

歐陽陳氏、欧阳李氏墓，坡尾村歐陽姓太始祖啓成公、三世祖式珍公元配，同葬石板水口墨硯嘴嶺，坐己兼丙。

歐陽朝修公墓，配李氏同葬豐一都石山嶺頂，坐癸向丁兼丑未。坡尾村六世考妣。

歐陽纘修公墓，配李氏同葬豐一都石山嶺脚，坐癸向丁兼子午。坡尾村六世考妣。

歐陽文彬公墓，葬縣坊都簕竹魚蛇地仔嶺，坐丑向未兼艮坤。坡尾村七世祖。

黄衍明公墓，配蕭氏同葬豐二都大坑嶺，坐癸向丁兼丑未。赤嶺十世考妣。

黄陳氏墓，廷瑄公元配，葬豐一都槌木底嶺，坐丑向未兼艮坤。三塊石村十三世祖妣。

黄經文公墓，葬豐二都長嶺村左，土名圓嶺，坐辰向戌兼巽乾。赤嶺十二世祖。

黄全氏墓，日高公原配，葬豐二都青羌村右，土名大凹嶺，坐寅向申。齋塘邊村十二世祖妣。

庠生黄鳳儀公墓，赤嶺村人，與配吴氏合葬豐二都火燒山，坐亥向巳兼壬丙。灰墳，有碑。

庠生黄流公墓，赤嶺村人，與配王氏合葬鷄龍塘村前，土名鹿仔坑嶺，坐坤向艮兼申寅。灰墳，有碑。

蕭暐公墓，蘆塘村人，葬黄桐嶺下橋頭上，坐巽向乾兼辰戌。監生蕭斯珍之父。

楊苞公墓，豐埇村人，葬十三都花石嶺，坐壬向丙。經男監生嵩華、俊華、建華等重修。灰墳，有碑。

楊崳公墓，葬十三都大河邊大嶺，甲庚兼寅申。灰墳，有碑。權光、茗光等祖。

監生曹正士公墓，葬博白龍潭堡，土名龍灣嶺附近石牛嶂，癸山丁向。監生安全等祖。

蘇文芳公墓，葬成四都桂子嶺村，土名荷包嶺，坐辛向乙，有碑。虎橋村蘇姓八世祖。

蘇清公墓，與配□氏仝葬純八都安和墟，土名那钹蒂嶺，坐丁向癸，有碑。石路村蘇姓六世祖考妣。

李景公墓，與配何氏葬純八全村教馬垌左龍山，坐坤向艮，有碑。李村李姓始祖。

黄玉環公墓，葬純十都石能村龍頸嶺，坐乙向辛，有碑。桐村黄姓始祖。

蘇羅氏墓，葬統〔一〕八都江永平村黄牛山，坐丑向未，有碑。龍山背村蘇姓十一世祖妣。

蔡馬氏墓，葬成七都龍家山村左嶺，坐巳向亥，有碑。探塘蔡姓十二世祖妣。

蔡揭氏、蔡繆氏同墓，葬縣坊羊角嶺村右邊嶺，坐寅向申，有碑。探塘蔡姓十一世祖妣。

蔡鍾氏墓，葬成七都黄鶯灣杯筶嶺，坐巳向亥，有碑。探塘蔡姓十一世祖妣。

蔡侯氏墓，葬純十都大路村仙峰嶺，坐子向午，有碑。探塘蔡姓十世祖妣。

監生蔡國蕃公墓，葬成四都李村後豐門塘嶺，坐辛向乙，有碑。探塘蔡姓十一世祖。

例貢楊仍秀公墓，葬十三都亞穰窩，艮坤兼丑未。灰墳，有碑。監生水光之父。

監生楊振泮公墓，平垌村人，葬十三都黄麖埇，艮坤兼丑未。灰墳，有碑。

羅覃氏墓，葬博白地，土名馬鞍嶺，壬丙兼子午。灰墳，有碑。金花營村夫弟世英、世華重修。

〔一〕『統』，當作『純』。

監生詹庭襲公墓，與配方氏合葬亞婆潭，丑山未向兼癸丁。詹姓二世祖考妣。
職員詹起明公墓，與配戚氏仝葬獅子嶺，辰山戌向兼乾巽。詹姓四世祖考妣。
增生曹孚棠公墓，葬高橋左，土名紗帽岡，酉山卯向。灰墳，竪碑。庠生緝熙、昱熙等之父。
鄔周氏、鄔黄氏同墓，周氏，鳳高公原配；黄氏，鳳聰公元配。同葬石壁村石脅砂，坐申向寅。
鄔鍾氏墓，鸞科公原配，葬龍埠下砂，土名龍窖，坐巳向亥加丙壬。
曹譚氏墓，普春公元配，葬孔子坤右嶺，坐乙向辛。
梁方氏墓，歷然公元配，葬下垌仔村前松柏林嶺，坐辛向乙兼酉卯。
梁會堯公墓，與配李氏合葬荔枝龍燈盞嶺，坐巽向乾加巳亥。
江發祥公墓，葬豐二都四潮嶺，巽乾兼辰戌。道光間重修，有碑。訓導廷傑高祖。
江廷呆、江廷杏公同墓，葩竹村人，葬本村前高街塘山，卯酉兼甲庚。灰墳，有碑。經兄訓導廷杰修。
江士鑑公墓，葩竹村人，葬石門上鴨窩村前，土名麻籃頭嶺，子午兼壬丙。灰墳，有碑。經訓導廷杰重修。
李伍氏墓，三角山步蟾公原配，葬獅子嶺北邊球，坐丙向壬。廪生紹芳嫡母。
陳嘉猷、陳文忠公同墓，葬石岩塘椅仔槽，坐乾向巽。土墳，有碑。横山墟監生光秀三世、四世祖。
盧標公墓，與配鄧氏仝葬排九嶺青龍，土名百銀地，卯酉兼乙辛。平山村恩貢美仁等始祖考妣。

蘇源通公墓，思義垌人，葬沙埧徑光西斜嶺，坐丁向癸。

盧廷瑚公墓，配陳氏同葬新嶺村後銅鑼圈，坐壬向丙兼亥巳，雙珠。平山村恩貢美仁等二世祖考妣。

張連清公墓，配龐氏合葬三升米塘牙窖嶺，坐艮向坤兼寅申，土墳。堂局仔村應楠等六世祖考妣。

楊李氏墓，汝章公元配，葬石埤肚，土名圓嶺仔，坐申向寅兼坤艮。角蒲垌村文林等祖妣。

楊陳氏墓，汝章公繼配，葬嶺脚村東二里，土名圓嶺仔，坐辛向乙兼酉卯。角蒲垌村文林等祖妣。

楊張氏、楊麥氏同墓，楊瑚公之配，合葬兩家灘，土名渡頭嶺，癸丁兼丑未。謝鞋村日輝、文輝等祖妣。

楊國公墓，葬嶺脚村西，俗名秀才嶺下邊，壬丙兼子午，有碑。南山灣例貢凌雲、恩貢學英等八世祖。

楊世昌公墓，與配高氏合葬野鴨塘村西山瑶角嶺窩，庚甲兼酉卯。和順垌村楊林等考妣。

楊志公墓，葬勒垌禾坪嶺，甲庚兼寅申。黄垌村楊菁等之祖。

楊黄氏墓，楊柱公元配，葬白墳窩羊葉地，丑未兼艮坤。灰墳，有碑。黄垌村楊菁等祖妣。

楊廷璋公墓，葬高坡墩村左嶺，戌辰兼辛乙。灰墳，有碑。黄垌村楊菁之祖。

楊廷瑄公墓，葬高嶺，坐亥向巳兼壬丙。黄垌村楊苑之祖。

楊涂氏墓，喬霖公元配，葬牛脚樹下面前嶺，子午兼丙壬。黄村楊苑祖妣。

楊吴氏墓，如朝公原配，葬麻竹頭村門首，土名撻食嶺，癸丁兼丑未。黄垌村楊芳祖妣。

李紹芳公墓，城内人，葬石埤肚茅垌嶺頂，子午兼癸丁。生員應華等之父。灰墳，有碑。

蘇林氏墓，順達公原配，與六世妣古氏、七世祖□公同葬坡仔村前合嶺狗睡地，坐南向北。灰墳，有碑。庠生秀霖、錦泉等祖妣。

蘇法寅公墓，葬魚梁坡嶺，坐巳向亥。坡仔村監生潤芳、庠生秀霖等之祖。

蘇正興公墓，葬樟材營大嶺嘴，坐甲向庚。坡仔村監生春榮、汝翼等之祖。

毛文興公墓，葬安鋪墟右，土名宋屋村嶺，甲庚兼卯酉。北坡仔村生員毛詩之祖。

毛符氏墓，文興公元配，葬麻水村水口嶺，寅申兼甲庚。北坡仔村生員毛詩祖妣。

莫士禄公墓，葬蛤沃塘嶺，子午兼癸丁。灰墳，有碑。譚福村如明之父。

廣州永念堂祭墓，在安鋪文昌廟後嶺，坐西向東。

李莫氏墓，一鳳公原配，葬排里嶺，庚甲兼申寅。黄垌村生員登瀛等十一世祖妣。

廩生李輸東公墓，葬排里嶺，庚甲兼申寅。生員登瀛之祖。

廩生李藩公墓，葬排里筊筟嶺，酉卯兼庚甲。生員登瀛之祖。

莫之健公墓，葬後寨嶺，甲庚兼卯酉。灰墳，有碑。譚福村子裕等之祖。

方何氏墓，世爵公元配，葬潭關塘尾二里許，土名芥菜嶺，坐丑向未。新興村德元十二世祖妣。

方王氏墓，世爵公繼配，葬三角山村右四里許，土名上水嶺，坐丑向未。

陳華國公墓，葬吉水將軍嶺，坐乾向巽。横山墟監生光秀等之祖。

莫王氏墓，光祥公繼配，葬關塘嶺北，坐坤向艮。橫山墟若英、若蓁等祖妣。
王李氏墓，朝瑞公元配，葬那崗嶺，乾巽兼戌辰。灰墳，有碑。高平村武生國楷等祖妣。
楊福興公墓，與配鄭氏合葬大根石嶺，坐南向北。灰墳，有碑。博邑馬仔塘村德剛等考妣。
朱應富公墓，葬安鋪墟下中間嶺，未丑兼丁癸。安鋪墟監生宜南之祖。
即用訓導李公輔公墓，吴川嶺頭村人，葬沙田村關刀嶺，坐卯向酉。歲貢銓用訓導聖基之父。
八品孺人李陳氏墓，公輔公元配，與男鍾岳次媳易氏同葬三角塘村陳化嶺，申寅兼庚甲。
陳觀選、陳聖朝公同墓，葬高橋嶺，坐西向東，附近高橋汛。灰墳，有碑。監生正蘭、武生觀光等之祖。
林范氏墓，桑南公元配，葬高橋楊梅嶺，坐辛向乙。灰墳，有碑。合浦山口墟林秉祖妣。
林文華公墓，合浦山口墟人，葬掃竿坡，坐坤向艮。刑部郎中林曉高祖。
誥贈夫人林莫氏墓，葬高嶺園，坐西向東。刑部郎中林曉祖妣。
明庠生吴廷光公墓，與配凌氏，孫生員宗璉、宗旋公合葬江頭墟豬腰金嶺，乾巽兼亥巳，灰墳。坡脊村監生文郁、生員炳南等三世、五世祖。
明吴謝氏墓，庠生顯璘公元配，葬學地牛脚嶺，乾巽兼亥巳，灰墳。坡脊村監生文郁等四世祖妣。
明庠生吴天略公墓，配何氏合葬木棉渡青山嶺，坐甲向庚，灰墳。坡脊村州同職瑞邦等六世祖考妣。
監生吴勛伯公墓，與子自如合葬柑山嶺，乾巽兼戌辰，灰墳。武生輝光、監生士偉等九世祖。

吴貞仕公墓，與配宋氏合葬學地高嶺頸，申寅兼庚甲。監生文郁、生員炳南八世祖。灰墳，有碑。職員吴士賢、吴士秀公同墓，葬蟻立村鋸齒嶺，亥巳兼乾巽。灰墳，有碑。州同職瑞邦、監生錫杰祖父。

布經職吴秀崧公墓，葬周德塘鳳尾埇大嶺，甲庚兼寅申，灰墳。坡脊村庠生文瀾、監生文楷之父。

吴黄氏墓，布經秀崧公元配，葬斜樓嶺後大石嶺，丙壬兼巳亥，灰墳。生員文瀾、文耀等之母。

吴劉氏墓，布經秀崧公繼配，葬學城魚梁嘴大嶺，丑未兼癸丁，灰墳。生員文瀾、文森等之母。

吴何氏墓，監生繩東公元配，葬學地筆架嶂羅傘嶺，坐午向子。生員文瀾、千總榮華等祖妣。

明鄭張氏墓，葬白石嶺，丁癸子兼午子。灰墳，有碑。邦有、邦升二世祖妣。

謝鍾氏墓，葬斑魚嶺，乙辛兼辰戌。監生樹清等祖妣。

謝吴氏墓，葬龍子窩，艮坤兼丑未。監生樹清之母。

謝吴氏墓，監生樹清元配，葬合江青草嶺，乾巽兼戌辰。

鍾遷二郎墓，葬合江河口林廖家後嶺，戌辰兼乾巽。灰墳，有碑。

楊定茂公墓，葬鬼叫坑林家村右金瓜嶺，壬丙兼子午。灰墳，有碑。文玉、易菁、松菁等八世祖。

鄭邱氏、鄭沈氏墓，葬金貓伏鼠嶺，坤艮兼未丑。茅坡村邦有等祖妣。

鄭本通公墓，葬仙人石水口茅斜角嶺，乙辛兼卯酉。茅坡村邦有等祖。

劉貴公墓，葬城東南長腰坡。丑未兼艮坤。灰墳，有碑。監生永華之父。

劉黃氏、謝吳氏同墓，合葬城西源金坡，巽乾兼辰戌。灰壙，有碑。劉永華、謝樹清等祖妣。

贈安人吳劉傅氏墓，坡脊村繩東公繼配，葬碗廠芳牌嶺，坐癸向丁。州同職文中、文郁等祖妣。

鍾劉氏墓，國學生友櫺公元配，葬猪尾塘，卯酉兼乙辛。蓮塘口監生華佳之母。

謝元恩公墓，山祖村人，葬河埌環嶺，甲庚兼卯酉。監生興才、興賢之父。

謝劉氏墓，山祖村謝傑公原配，葬白石江嶺，亥巳兼乾巽。興業、興基等祖妣。

謝竟蘭公墓，山祖村人，葬矮嶺，乙辛兼卯酉。灰壙，有碑。光緒間男廣麟、廣賢等重修。

吳玠如、吳相如公同墓，坡脊村人，葬學地村後大嶺，辛乙兼戌辰，灰壙。監生秀梁、文溶等祖。

庠生吳國高公墓，土地山村人，葬狗坳頸蛇子嶺，坐乾向巽。灰壙，有碑。文益、文崇等之祖。

吳昌品、林大公公同墓，葬新村後龍嶺，辛乙兼戌辰。灰壙，有碑。土地山村吳文益、新村仔村林上鳳等同祀。

吳馬氏墓，車勝公元配，葬齋堂嶺後背嶺，辛乙兼戌辰。灰壙，有碑。土地山村清章、文益等祖妣。

吳益俊公墓，與配嚴氏、姚氏、譚氏合葬燈草大羅徑嶺，己山亥向。土地山村清章、文益等考妣。

邱鍾氏墓，葬城西牛臂嶺，坐丑兼艮，灰壙。化州監生培霖等重修。

賴泰公墓，與配温氏葬縣西曲塘坡魚地，又名猪母地，坤艮兼申寅。例貢謙光等三世祖。

賴仕祥公墓，葬縣西，土名西埇㞮，甲庚兼寅申，有碑。百豐山村例貢謙光等四世祖。

賴劉氏墓，仕祥公繼配，葬縣西曲塘坡魚地，又名猪母地，酉卯兼辛乙。灰壙，有碑。例貢謙光等四世祖妣。

賴薛氏、賴張氏墓，薛氏，仕祥公元配；張氏，應迪公元配。合葬曲塘坡魚地，坐西向東。例貢謙光等四世、五世祖妣。

鍾孟武公墓，葬紅螺塘嶺，甲庚兼卯酉，灰墳。裔孫六風村有能、有魁、有鼎等捐墓錢十千文，赤竹山東村嶂下士仁、有義、秀岐等捐墓錢五千文。

賴予化公墓，與配崔氏、戚氏合葬牛牯嶺，巳亥兼丙壬。灰墳，有碑。那錦村庠生作霖等七世祖考妣。

賴予贊公墓，與配黄氏合葬縣西高山蟹地嶺，甲庚兼卯酉。新山仔村庠生文光等七世祖考妣。

賴枚公墓，葬縣西祥其塘上嶺仔，子午兼壬丙。例貢謙光等六世祖。

賴鍾氏墓，德升公原配，葬縣西附近根竹嶺後枕平坡大主嶺，卯山酉向。百豐山村恒光等之母。

謝錫澳公墓，葬高山村左，土名荔枝壟嶺，辰戌兼巽乾。謝登翰、登泮等七世祖。

謝家邦公墓，墩陂村人，葬南垌村左，土名大路埇，壬丙兼亥巳。恩貢玉光嗣父。

林劉氏墓，邑庠之鳳公元配，葬埤灣嶺，丑未兼癸丁。西洋垌村修文等祖妣。

謝曹氏墓，謝佳公元配，葬牛筋坡，又名四角塘，未丑兼坤艮。水仔村正禮等祖妣。

謝孫氏墓，正英公元配，葬南埇水口嶺，坤艮兼申寅。墩陂村廣法等十三世祖妣。

蔡蘇氏墓，重貴公元配，葬六井溝仙人吊卵嶺，辛乙兼戌辰。水口江村春秀、春元等四世祖妣。

蔡羅氏墓，文德公元配，葬花瓶水軟坨嶺，丙壬兼午子。水口江村春華、春林等五世祖妣。

登仕郎曹鍠公墓，與繼配朱氏仝葬鷄冠山包嶺，坐癸向丁。貢生安滄、庠生仰棠等之祖。

監生曹克讓公墓，葬秧地坡後嶺頂，亥巳加壬丙。村仔村曹鏡之祖。

謝宗信公墓，與配關氏、阮氏同葬大塘嶺，辛乙加戌辰。灰墳，有碑。烏木垌村監生錫光八世祖考妣。

監生曹爾來公墓，葬石頭嶺，坤山艮向，近白坭田村。布經職榮昌、貢生安滄十世祖。灰墳，有碑。

黎楊氏、謝莫氏同墓，楊氏，奏奎公元配；莫氏，正兼公元配。葬息安墟荷木山村，土名牛眠塘，巳亥加巽乾。近息安墟黎涵曉、墩陂增生謝謙光同祀。

謝德藩公墓，墩陂村人，葬沙帽嶺，甲庚加寅申。附近絲茅嶺村增生謙光之祖。

劉翰興公墓，葬珍珠角中間嶺，坐辛向乙。廣泰等之祖。

劉紹興、劉紹旺公同墓，與二妣同葬石龜板大嶺嘴，坐南向北。劉欽、劉斌等祖考妣。

劉仁台公墓，葬塘溝中間嶺，坐亥向巳。劉欽、成輝等之祖。

謝李氏、謝劉氏同墓，葬那賀岐嶺仔，丙壬兼巳亥。白坭田村親光、禮光等祖妣。

謝明輝公墓，墩陂村人，葬魚梁圳，乙辛兼卯酉。增生謙光、禮光等祖。

謝文標公墓，白坭田村人，葬牛欄山大嶺，癸山丁向。家榮等之祖。

謝陳氏墓，永斌公元配，葬水流埇燕仔嶺，巽乾兼辰戌。錫光、榮祥等祖妣。

化石營守備謝天恩公墓，與配林氏、葉氏巳葬石坑嶺，乾巽兼戌辰。灰墳，有碑。州同職鼎臣等考妣。

曹吴氏墓，監生爾來公元配，與媳陳氏同葬曹屋税嶺，近山槞埇。布經榮昌、貢生安滄祖妣。灰墳，有碑。

曹鋑公墓，葬絲茅嶺村右禁嶺，戌辰加辛乙。布經榮昌、監生曹楠之祖。灰墳，有碑。

監生陳中亭公墓，與配徐氏合葬魚笱門，乙山辛向。乾案村歲貢國球、武舉家珍等太始祖。

陳良資公墓，乾案村人，葬三上都，土名雙橋營，乙辛兼辰戌。庠生之璋、勝楚等九世祖。

陳龐氏墓，良資公元配，葬塘底村北白扶小嶺，辰戌兼乙辛，灰墳。新塘村歲貢繹治、庠生繹昭九世祖妣。

陳謝氏墓，文壯公元配，葬朗塘村右，土名神壇嶺，丙壬兼午子，灰墳。祀孫庠生之綱、職員之平等重修。

監生陳自省公墓，與配黄氏同葬上嶺，乾巽兼戌辰，灰墳。歲貢繹治、監生道升等三世祖考妣。

陳繹珍公墓，與配李氏葬後塘村後嶺，土名蛤堈嶺，丁癸兼未丑。泚埇挖村陳詳、陳謙等十五世祖考妣。

陳德政公墓，與配黄氏同葬東館坡嶺白水塘邊，坐午向子。長山村庠生錫光、增謨等考妣。

許梁氏、許阮氏同墓，廩生温良公之配，合葬鄧屋港鷄冠山，甲庚兼寅申。灰墳，有碑。監生許中祖妣。

庠生許尚德公墓，與配陳氏合葬平塘穩江月嶺，坤艮兼未丑。灰墳，有碑。監生許中考妣。

庠生許斌公墓，與配李、莫二氏合葬息安墟下，土名鶴頭嶺，甲庚兼卯酉。灰墳，有碑。監生許和考妣。

庠生許登先公墓，與配黄氏合葬合江溪西，土名鹿鳴嶺，坐艮向坤。灰墳，有碑。監生許章等考妣。

黎昌公墓，葬洋青市，土名蛇肚嶺，丑未兼癸丁。職員泰鈺、監生涵濤等之祖。

明戚安祥、戚貴卿公同墓，合葬獅子嶺，離仰塘墟八里，壬丙兼亥巳，灰墳。庠生麟賓、麟光等之祖。

明廩生黎民懷公墓，與配陳氏合葬蓮塘村南，土名傲古嶺，巳亥兼丙壬。監生涵熙、杓正等考妣。

廩生黎是公墓，與配謝氏葬白藤山村南，土名高嶺，辛乙兼酉卯。監生涵熙、庠生杓光等考妣。

黎廷鈺公墓，葬楊村坡南，土名嶺仔，乙辛兼卯酉。杓焕、杓瑛等之祖。

黎劉氏墓，葬山口村南，土名高嶺仔，壬丙兼亥巳。監生涵熙、庠生杓光等祖妣。

戚相才公墓，葬鹿埇嶺，酉卯兼辛乙。監生戚聯泰等之祖。

黎權公墓，與配馬氏合葬湴埇尾排仔嶺，坐寅兼艮。黎奏奎考妣。

黎道熱公墓，與配楊氏合葬排嶺村後埇嶺，坐丁兼午。黎奏奎考妣。

黎克湘公墓，與配梁氏合葬於高山，辰戌兼巽乾。黎奏奎考妣。

明黎敬公墓，順治初，葬鷄籠塘村東本主小嶺仔，坐東向西。灰墳，有碑。康熙間孫進士正重修。

明黎民熙公墓，與配胡氏合葬新村仔右嶺，坐辰兼巽。黎昌等祖妣。

賴日明公墓，葬溋子嶺，離仰塘墟八里，坐坤向艮。進球之父。

羅李氏墓，陀村監生正章公元配，葬大塘嶺，亥巳兼壬丙。宗成之母。

監生鄧大昌公墓，茂邑德華嶺村人，與配陳氏合葬鴨脚埇螃蠏地，壬丙兼子午，有碑。

譚玜公墓，與配林氏并二世禄公合葬香爐嶺，俗名蝦地，辰山戌向，灰墳。山脚、覃村、橋頭、深水田、陵禄、杯窖嶺等村始祖。

譚玉珪公墓，與配曹氏同葬牛欄垌金狗嶺，乙辛兼卯酉。灰墳，有碑。山脚村州同明善等三世祖。

譚試公墓，山脚村人，葬大坡村後馬鳳嶺，子午兼壬丙，灰墳。州同明善、增生國光等十二世祖。

譚羅氏墓，山脚村維藩公元配，葬冷水局狗頭嶺，辛乙兼酉卯。灰墳，有碑。庠生崇忠、州同明善等祖妣。

涂周氏墓，葬本村西南兩博石嶺頂，申寅加坤艮。蕉林村武生龍昭、監生運開之母。

涂陳氏墓，庠生涂泰公元配，葬野鴨塘蜂子地嶺，乾巽兼亥巳。灰墳，有碑。廩生奪秋、武舉龍高等祖妣。

涂昌佐公墓，葬純八都狗尾垌火燒斜嶺，艮坤兼丑未。灰墳，有碑。監生宗光、建成、尚賢等七世祖。

涂黃氏墓，昌佐公元配，葬狗尾垌火燒斜嶺，甲山庚向。灰墳，有碑。監生建成、步雲、尚賢等七世祖妣。

涂席璋公墓，與配黃氏同葬純八都白牛埇虎嶺，乾巽兼戌辰。灰墳，有碑。志光、志來等八世祖考妣。

涂耀里公墓，葬豐三上都長笞樟木頭嶺，丑未兼艮坤。昌逢、昌壽等六世祖。

涂黃氏墓，恒遠公元配，葬略地山塘尾嶺頂，癸丁兼子午。灰墳，有碑。監生龍瑄、武生錫源等十世祖妣。

涂羅氏墓，源升公元配，葬北京塘嶺，子午兼癸丁。武舉龍高、武生繼昌等十一世祖妣。

羅太衡公墓，與配巫氏葬赤竹山老鴉埤楊梅嶺，庚甲兼酉卯。中間村廣富、廣才、廣成等八世祖考妣。

羅旭公墓，葬黃坭艮屋場坡地，戌辰兼辛乙。中間村尚綸之父。

何承清公墓，葬鹿子塘村左沙嶺嘴，乙辛兼卯酉。陸軸村庠生士升、文錦，武生紹廉等三世祖。

何雷氏墓，與媳鍾氏、羅氏同葬吊天燭後高嶺，戌山辰向。陸軸村庠生士升等二世、三世祖妣。有碑。

陳隱禺公墓，葬西朗下垌村右老虎塘嶺，辰山戌向。灰墳，有碑。那烈環里村宗連、文俊、士升等太始祖。

陳俞氏墓，日高公元配，葬西朗村後高山脚嶺，乾巽兼戌辰。灰墳，有碑。那烈環里村陳姓祖妣。

陳羅氏墓，一典公元配，葬竹寨猪屎樧嶺，丑未兼癸丁。灰墳，有碑。那烈環里村宗連等九世祖妣。

陳涂氏、陳林氏、陳阮氏、陳李氏同墓，同葬於石博交界七子垌中心嶺，坤艮兼未丑。灰墳，有碑。那烈環里村六世、七世祖妣。

葉張氏墓，德海公繼配，葬葉屋塘田螺地嶺，乾巽兼亥巳。灰墳，有碑。陸川北豆村增生世衡等四世祖妣。

葉景發公墓，葬葉屋塘田螺地嶺，乾巽兼亥巳。灰墳，有碑。陸川北豆村歲貢世英等五世祖。

羅元德公墓，石雲村人，與羅凰公同葬城西横嶺村竹山嶺，寅申兼甲庚。庠生羅維等始祖。

鄧廖氏墓，龍迴村萬富公元配，葬本村後人頭嶺右，坐辰向戌兼乙辛。灰墳，有碑。監生正彰等祖妣。

監生羅士經公墓，陀村人，葬蟻壢村左屋場坡嶺，坐午向子兼丙壬。灰墳，有碑。監生汝弼之父。

羅色寬公墓，陀村人，與日慶公仝葬馬貜埇村左，坐子向午兼癸丁。灰墳，有碑。監生維宗等六世祖。

羅喜章公墓，陀村人，葬排九嶺之中間嶺，坐艮向坤、正針。灰墳，有碑。監生汝恒之父。

羅其綸公墓，陀村人，與配饒氏同葬南埇嶺，坐甲向庚兼卯酉。灰墳，有碑。舉人秀鳳等三世祖妣。

羅萬善公墓，陀村人，葬太平填嶺，寅申兼艮坤。灰墳，有碑。歲貢國安等四世祖。

羅廷卓公墓，陀村人，葬江東白水塘嶺，癸丁兼丑未。灰墳，有碑。增生福昌等五世祖。

廩生羅元黃公墓，陀村人，與配李氏仝葬欽州城西四十里三亭嶂後三亭嶺，坐辰向戌。灰墳，有碑。舉人士奇等六世祖考妣。

貤贈文林郎羅翰翎公墓，陀村人，葬盤龍塘嶺，寅申兼甲庚。灰墳，有碑。歲貢國安等之父。

貤贈中議大夫監生羅國瑞公墓，陀村人，葬兩家灘三巘石嶺，乾巽兼戌辰。灰墳，有碑。監生士謙之父。

贈徵仕郎貢生羅士貴公墓，陀村人，葬白墳墳黃鶴嶺，巽乾兼辰戌。灰墳，有碑。廩生汝庠之父。

贈中議大夫監生羅士賢公墓，陀村人，葬兩家灘三巘石下嶺，甲庚兼寅申。灰墳，有碑。舉人汝彥父。

庠生羅士華公墓，陀村人，葬龜地村後嶺，坐壬向丙。灰墳，有碑。監生汝敏之父。

羅溫氏墓，陀村世官公元配，葬老鴉湴嶺，坐南向北。灰墳，有碑。舉人士奇等曾祖妣。

羅李氏墓，陀村翰翎公元配，葬那賀黃果嶺，壬丙兼亥巳。灰墳，有碑。增貢士魁等祖妣。

誥贈淑人羅林氏墓，陀村國瑞公元配，葬石子嶺，戌辰兼乾巽。灰墳，有碑。布經汝翼等祖妣。

例封孺人羅劉氏墓，陀村歲貢國安公元配，葬黃鷲塘，巳亥兼丙壬。庠生士華之母。

羅念宗公墓，陀村人，葬大王嶺，坐午向子兼壬丙。天福之父。

增生羅士昇公墓，上那登村人，葬塘甲村打羅角嶺，卯酉兼乙辛。庠生汝俊之父。

羅經智公墓，石雲村人，與配嚴氏、黃氏同葬銅鑼灣樟樹嶺，坐壬向丙。灰墳，有碑。庠生羅維等考妣。

羅文顯公墓，陀村人，葬本村西馬屋山。坐庚向甲兼申寅。灰墳，有碑。陀村羅族始祖。

羅鍾氏塋，文顯公元配，葬冬葉山，庚甲兼酉卯。與媳劉氏、何氏同塋。灰墳，有碑。陀村羅族始祖妣。

羅克珠、羅克玉公同墓，陀村人，葬冬葉山，庚甲兼酉卯。灰墳，有碑。陀村羅族二世祖。

同知銜羅士光公墓，陀村人，葬新屋仔後嶺，坐丁向癸兼子午。郎中汝典之父。

羅林氏墓，廷卓公元配，葬莫山村右烏木塘嶺，庚甲兼酉卯。舉人秀鳳等祖妣。

贈孺人羅黎氏墓，陀村秀龍公元配，葬欽州城西二十餘里二由子垌心嶺，坐癸向丁。增生福昌之母。

贈孺人羅林氏墓，陀村增生福昌公元配，合葬江白石壩村左賴屋墳嶺，巽乾兼辰戌。孫媳鄧氏附葬塋内。灰墳，有碑，有契。歲貢汝蘭祖妣。

鄭嘉棟公墓，茅狹塘村人，葬牛肝埇嶺，坐壬向丙。樹勛等之祖。

鍾光宇公墓，塘合村人，葬猪母壢嶺，子午兼癸丁。灰墳，有碑。世宏之祖。

鍾許氏墓，葬高棬嶺，申寅兼坤艮。塘合村世宏等祖妣。

羅蘇氏墓，仕貫公元配，葬横頭子狗眠嶺，午子兼丁癸。博教村羅姓祖妣。

監生羅汝賢公墓，那登村人，葬三了村烏石角嶺，癸丁兼丑未。監生德周之父。

鄧文伯公墓，龍迴村人，與配羅氏同葬石壁嶺，申寅兼庚甲。灰壙，有碑。監生正彰等始祖妣。

鄧祖珂公墓，葬龍迴嶂頂，壬丙兼子午。龍迴村士彰等之祖。

監生徐光秀公墓，墩梅村人，葬高嶺鼇魚嶺，坐北向南。灰壙，有碑。監生達道之父。

羅生公墓，配黄氏仝葬城東塘埧村蛇地坡，巳亥兼丙壬。灰壙，有碑。茶山羅族始祖。

羅德真公墓，葬牛牯地嶺，寅申兼甲庚，與四世兆華公及妣陳氏同塋。灰壙，有碑。茶山羅族二世祖。

羅葉氏墓，德真公元配，葬城東茶山埇尾坡，丑未兼癸丁，與三世祖文海公及妣連、周、邱三氏同塋。灰壙，有碑。茶山羅族二世祖妣。

庠生羅萬靈公墓，茶山人，與妣郭氏同葬城東豐筲村前嶺，坐子向午，灰壙。郡庠炳禮等五世祖考妣。

庠生羅萬珍公墓，茶山人，與妣童、鍾二氏葬城東塘埧湴田角嶺，申寅兼艮坤。灰壙，有碑。廩生邦彦、士泰等五世祖考妣。

庠生羅萬儒公墓，茶山人，與妣涂氏同葬城東蛤眼坡，寅申兼甲庚。灰壙，有碑。監生紹官等五世祖。

羅劉氏墓，茶山羅裔公元配，葬城東簕竹儀八了塘口嶺，卯酉兼乙辛。灰壙，有碑。監生奉琳等七世祖妣。

羅黄氏、羅吴氏墓，茶山維明公之配，葬城東鷄企埇嶺，亥巳兼乾巽，灰墳。監生葵芳等六世祖妣。

羅大佑公墓，茶山人，與妣李氏仝葬城東湴河角大殯磊嶺，亥巳兼壬丙。監生士芬等八世祖考妣。

監生羅紹勛公墓，茶山人，葬城西北龍子窩後埤仔冽嶺，坐丙向壬。灰墳，有碑。監生士昌等十世祖。

羅鍾氏墓，茶山紹勛公元配，葬城東大水村竹篙嶺，壬丙兼亥巳。灰墳，有碑。監生士耀、布經士真等祖妣。

羅陳氏墓，茶山增貢葵向公繼配，葬化州筆架嶂北樟樹背後嶺頂，坐卯向酉。灰碑，有墳。廩生士泰之母。

羅全興公墓，茶山人。葬於化州西北刀坑嶂花心嶺，乾巽兼亥巳。灰墳，有碑。監生奉琨之父。

羅名鐸公墓，茶山人。葬那良村後桐油嶺，乙辛兼辰戌。灰墳，有碑。學仁之祖。

羅繩祖公墓，茶山人，與妣李氏仝葬化州分界嶺，丑未兼艮坤。灰墳，有碑。監生尚德之祖。

羅紹經公墓，茶山人。葬城東窩鋪嶺，辛乙兼戌辰。傅芳之祖。

羅張氏墓，茶山定安公元配，葬城東蚜子墩天鵝藪嶺，坐酉向卯。灰墳，有碑。

羅林民〔一〕墓，茶山羅瀛公元配，葬城東北鷄腸山銅鑼嶺，亥巳兼壬丙，灰墳，有碑。庠生炳禮祖妣。

〔一〕『民』，當作『氏』。

羅龐氏墓，茶山大經公元配，葬城東尋佛藪墩仔，乙辛兼卯酉。監生家肇、家榮、煥章祖妣。

陳羅氏墓，大石埇廷廣公元配，葬城北江頭村後嶺柯木灣三塊田窩尖嘴口，酉卯兼庚甲。

羅大綸公墓，茶山人，與繼配馮氏同葬城北鬼吊坑鷂婆嶺，卯酉兼乙辛。灰墳，有碑。監生學遜之祖。

羅林氏墓，茶山承興公元配，葬化州西北石塘嶺，坐丁向癸。尚樞祖母。

羅有逵公墓，茶山人，葬大頭蛤嶺，坐北向南。監生耀南之父。

羅名華公墓，茶山人，與妣陳氏仝葬城東長垌荷蒙嶺，坐丁向癸。職員尚雲曾祖。

監生羅應階公墓，茶山人，葬大塘埇鵓鳩嶺，乾巽兼戌辰。監生尚椿之父。

周維新公墓，與配胡氏并始祖妣余氏合葬平垌村東南，土名平垌中間嶺，坤艮兼申寅。早禾垌優貢修經、拔貢尊經四世祖。灰墳，有碑。

郡庠周文顯公墓，配楊氏合葬鐵靈洞村水口外，土名斬狗帘，甲庚兼卯酉。早禾垌優貢修經等高祖。灰墳，有碑。

貤贈修職郎周榮祖公墓，配葉氏合葬大嶺脚村東南，土名羊頭珠，巳亥兼丙壬。早禾垌優貢修經等五世祖。灰墳，有碑。

邑庠周正泰公墓，早禾垌人，葬李村，亥巳兼壬丙。優貢修經、拔貢尊經等曾祖。灰墳，有碑。

贈孺人周謝氏墓，冠英公元配，葬龍窩中間山，巳亥兼丙壬。優貢修經，拔貢尊經等祖母。磚墳，有碑。

贈徵仕郎監生周應昭公墓，配劉氏合葬鷄籠村北里許禾塘嶺，亥巳兼乾巽。灰墳，有碑。拔貢尊經之父母。

郭林氏墓，紹敬公元配，葬十一都十塊田後嶺，乙辛兼卯酉。灰墳，有碑。州判學文等前母。

張廣進公墓，與配梁氏同葬高嶺頭左，土名大嶺，坐西北向東南。大馬埔炳麟等考妣。

監生張德祥公墓，山口仔村人，葬田螺湖嶺，坐東向西。州同職其教、庠生承齡五房等之祖。

張黄氏墓，德祥公元配，葬黄果嶺，坐北向南。州同職其教、庠生承齡等祖妣。

張行東公墓，葬豪木村後嶺，坐西北向東南。州同職其教、庠生承齡五房等曾祖。

職員張炳元公墓，葬亞婆角嶺，坐東南向西北。州同職其教之父。

張陳氏墓，炳元公原配，葬龍潭角村前嶺下龍田面上，坐北向南。州同職其教之母。

監生張熇東公墓，葬大嶺脚村，土名老虎嶺，申寅兼庚甲。灰墳，有碑。附貢治琴、武生廷璠等之祖。

張日榮公墓，葬荔枝壟蛤㹀地左肋嶺，辰戍兼巽乾。監生其準之弟。

張有公墓，葬百豐山尾賴家分溪嶺，坐南向北。德乾、德新等四房祖。

張陳氏墓，書朝公元配，葬長坡子龍田面墩，坐西北向東南。培新、培高等祖妣。

吕陳氏墓，成龍公元配，葬龍閑山燈盞嶺，巽乾兼辰戍。士賢、學賢之祖。

監生鍾士超公墓，葬上岡嶺，坐北向南。錦堂、登堂之父。

鍾麥氏墓，士超公元配，葬高山嶺，坐東南向西北。錦堂、登堂之母。

張彭氏墓，其溥公元配，葬三角山村掛榜嶺，壬丙兼亥巳。山口仔村樹鼎、樹榜等前母。

王巨金公墓，配司氏合葵[一]沙坡村鯉魚地，坐午向子。塘灶村庠生培賢曾祖妣。

職員戚相舉公墓，大欖田村人，葬埤灣嶺，辛乙兼酉卯。

戚秀美公墓，大欖田村人，與妣陳氏弟子美仝葬蛇地嶺仔，坐亥向巳。例貢維倫之祖。

戚德公墓，葬松柏大坡上嶺，坐壬向丙。

李榮宗公墓，三塊田村人，葬缸瓦窑村前，坐乾向巽。庠生李檝、監生李楷等之祖。

李莫氏墓，葬成四都七甲水流埇嶺，酉山卯向。李上蓮祖妣。

宣積舉公墓，山角村人，葬獨石李村山仔埇尾嶺，丑未兼癸丁。

宣李氏墓，葬那賀蘆箕角河仔背嶺，癸山丁向加丑未。

宣季通公墓，葬成四七甲那賀白墳嶺，丑山未向兼癸丁。

陳燦東公墓，白塘村人，與妣仝葬坑仔尾水口鷄屎坡，坐坤向艮。二世祖永智、永政、永聰、永豪、永祐附葬塋内。灰墳，有碑。

〔一〕『葵』，當作『葬』。

陳梁氏墓，葬茅坡黑石埇，坐丙向壬。白塘村陳姓祖妣。

許梁氏、許馮氏同墓，明歲貢會昌知縣許庸公之配，合葬老鴉塘對面，坐甲向庚。灰墳，有碑。西山村庠生高泰、錫昭、宗蓮等祖妣。

許陳氏墓，西山村玉環公元配，葬猪宗塘中間嶺，坐巽向乾。灰墳，有碑。監生有濟、武生錫昭等祖妣。

許玉瑛公墓，西山村人，葬青塘嶺，坐坤向艮。灰墳，有碑。武生宗蓮、監生祥光等之祖。

許德旺公墓，西山村人，葬黃垌村前東邊嶺，坐壬向丙。灰墳，有碑。監生有濟、庠生錫昭之祖。

許孫氏、許陳氏同墓，孫氏，德旺公元配；陳氏，邦翰公元配。姑媳同葬排里北，土名鷓鴣埇中間嶺，坐午向子。西山村監生有濟、武生錫昭等祖妣。

許馮氏、許李氏同墓，馮氏，許彪公元配；李氏，茂新公元配。姑媳同葬企嶺，坐坤向艮。西山村例貢作棟等祖妣。

梁景雲公墓，蛇坡村人，葬後窩嶺，壬丙兼亥巳，灰墳。監生啓賢之祖。

職員李廣信公墓，縣坊都白石村人，葬文頭嶺，坐東向西，灰墳。光裕等祖。

職員李明朝公墓，縣坊都大坡村人，葬低山田子嶺，坐東向西，灰墳。光裕等祖。

張九垟公墓，葬博白瑶羅塘汛龍狗埇嶺，申寅兼庚甲，灰墳，有封誥碑。

監生張其漢公墓，葬三帶埇社壇嶺，坐乾向巽。

周百良公墓，廣西博白縣人，葬純八徐村築塞塘嶺，酉山卯向。
歲貢陸喬松公墓，與陸貴、陸安公合葬大眼山，乙辛兼辰戌。嘉慶重修，光緒間孫鴻秀等三修。
梁仁厚公墓，與配劉氏合葬赤坎東山村大圓窩，戌辰兼辛乙。
李清林公墓，東蓮塘人，與配龐氏合葬縣坊呵婆嶺，坐巳向亥兼巽乾。
李梁氏墓，東蓮塘歲生熙青公元配，葬城東白藤官墳嶺，坐癸向丁。
誥贈宜人彭龐氏、彭羅氏同墓，合葬欄塘村北竹根仔嶺，坐午向子，光緒間重修，有碑。
誥封恭人彭黄氏墓，化州候補府加道銜應鯉公元配，葬城西二里豬笠嶺，巳亥兼丙壬，光緒五年修。
李吳氏、李戚氏、李梁氏同墓，雲騰公之配，葬大水村掃帚嶺，乾巽加亥巳，同治間重修，灰墳，有碑。
明劉法旺公墓，與劉千公合葬三合墟東，土名吊天燭嶺，辛乙兼酉卯。乾隆間重修，灰墳，有碑。
河村監生文光等始祖、三世祖。
明鄭法緣公墓，與配羿氏合葬三合墟南，土名米鷄石嶺，癸丁加丑未。嘉慶間重修，灰墳，有碑。
明劉德達公墓，木漆垌村人，葬純八龍窩村東北金鷄拔翼嶺，庚甲兼申寅，灰墳。監生維綱等之祖。
劉統綱公墓，木漆垌村人，葬石坡尾村西北，土名盡禿陂杓母嶺，乾巽兼戌辰。劉郁等之祖。
郭馮氏墓，窑頭村郭炳公元配，葬大金釵嶺，坐壬向丙兼亥巳。灰墳，有碑。學勇、士安等祖妣。
劉羅氏、劉楊氏同墓，羅氏，應元公原配；楊氏，劉顯公元配。姑媳同葬羊蹄埇村東北，土名大鑼嶺，巽乾兼巳亥。道光間重修，灰墳，有碑。東村增貢英文等四世、五世祖妣。

監生劉清華公墓，東村人，葬温湯庵鎮東寺左，土名天弓嶺，巽乾兼巳亥。灰墳，有碑。歲貢紹向等之祖。

監生劉士安公墓，與配張氏合葬沙鋩埇村右石頭嶺，酉卯加庚甲。灰墳，有碑。武生必開、秀開考妣。

劉崔氏墓，本哲公元配，與二世妣陸氏、姚氏、唐氏，三世妣周氏，合葬城西南鷄頭嶺，酉卯加庚甲，仝塋五珠。新屋村永華等一、二、三世祖妣。灰墳，有碑。

葉悠章、陳新恩公同墓，葉公，化州柑村人，拔貢殷光、歲貢方生高祖；陳公，石城東木埇人，其璵等高祖。乾隆間合葬鶴山村南一里江岸嶺，亥巳兼壬丙，同塋兩珠。灰墳，有碑。

誥封宜人晋贈淑人羅吴氏墓，舉人汝彦公元配，葬成七都三甲橋頭山，坐午子兼丙壬。灰墳，有碑。郎中加三級啓迪之母。

鄭有禮公墓，遂邑潭尾村人，葬安鋪墟西南，土名雙塘嶺，子午兼癸丁。灰墳，有碑。家福之父。

夏赤明公墓，葬長山碑嶺嘴，癸丁兼丑未。建隆之祖。

劉羅氏墓，葬城東羅官塘東頭嶺腰，庚甲兼申寅。士英、士富等祖妣。

黄周氏墓，葬坑口村白墳嶺，乾巽兼戌辰，灰墳。建中等祖妣。

全元禧公墓，葬城南鴨埤村案嶺外馬環嶺，午子兼丁癸。灰墳，有碑。例貢全瑜之父。

蘇蘭芳公墓，葬沙田埇門僕嶺，壬丙兼亥巳。城東街禄壽、佐壽之父。

林爾昌公墓，葬橋頭嶺頂，坐卯向酉。中和之祖。

李成琳、李成富公同墓，葬勒垌村後横嶺，坐辰向戌兼巽乾。元華之祖。

黄李氏墓，清初葬馬鞍埇水尾，土名田螺坵大嶺，寅申兼甲庚。楓樹牌村如吉、如新、如周等祖妣。

明國子監學録黄凱珊公墓，配朱、陳二恭人，正德間同葬李姓村後那樓三峰，壬山丙向。上縣村黄姓祖考妣。

明庠生黄宗思公墓，配陳氏與長子庠生一鵬公同葬鷄公塘嶺仔，南向。灰墳，有碑。上縣村黄姓祖考妣。

明庠生黄一鴻公墓，配蕭氏萬曆間合葬麗水鵝公嶂，子午加癸丁。子繼皋、孫星台附葬塋内。灰墳，有碑。上縣村黄姓祖考妣。

黄調理公墓，配鄧氏合葬蓮塘肚嶺，乙辛兼甲庚。灰墳，有碑。上縣村黄姓祖考妣。

黄玺公墓，配李氏同葬石埤頭右老墳壁嶺，乾巽加戌辰。灰墳，有碑。上縣村黄姓祖考妣。

庠生黄廷亮公墓，配龍氏合葬滿笠村後銅鼓嶂，壬丙加亥巳。灰墳，有碑。上縣監生黄祥年十三世祖。

黄許氏、黄陳氏墓，奇泰公之配，葬青陰橋嶺，未丑加坤艮。灰墳，有碑。上縣村黄姓祖妣。

庠生黄金公墓，温山村人，葬蓮塘肚嶺，壬山丙向。配陳氏同穴，灰墳，有碑。

黄宏仁、黄宏德公同墓，乾隆間葬縣西尖刀水嶺，卯酉加甲庚。灰壙，有碑。男歲貢文焯、孫歲貢學傳重修。

黄啓昌公墓，新屋仔村人，康熙間葬龍湖白水塘嶺，乙辛加卯酉。灰壙，有碑。

黄金珠公墓，新屋仔村人，葬高垌仔獅子嶺，乙辛加卯酉。配宋氏、李氏、陳氏附葬塋内。

黄耀階公墓，上縣村人，葬湴埇挖嶺，丙壬兼午子。配陳氏附葬，光緒十一年重修。灰壙，有碑。

誥封奉直大夫庠生黄梅庵公墓，配劉氏合葬城東崩塘嶺，坐癸向丁。灰壙，有碑。西岸村庠生其中、監生建彪之祖。

黄羅氏墓，西岸村如璉公元配，葬城東木拱橋村北天梯嶺，坐庚向甲。灰屏〔一〕，有碑。監生建彪、建賢等祖妣。

黄南山公墓，葬那樓尖三峰，酉山卯向兼庚甲。灰壙，有碑。

黄調璣公墓，菜村人，與配陳氏合葬高峰北鴨仔塘村西横岡嶺，丙壬加午子，灰壙。

黄邱氏墓，新屋仔村玉彰公元配，葬城東南那頂白石嶺，癸山丁向。灰壙，有碑。武生魁邦、職員永祥重修。

黄如瓊公墓，配黎氏合葬城北十里魚堝村背長均壁，亥巳兼乾巽，灰壙。西岸村庠生其中之祖。

〔一〕據上文，「屏」，當作「壙」。

黃立德公墓，配羅氏合葬羊桃山村後新塘尾嶺，辰戌兼乙辛。汝華、汝典之父。

千總職黃光華壽基，上縣人，在城西紅頭嶺，乾巽兼亥巳。灰珠，有碑。

彭卓侍公墓，配高氏同葬城南那頂村狗仔嶺，巳亥兼巽乾。灰墳，有碑。廩生錫金、庠生肇修等之祖。

梅楊氏墓，葬略底村右，土名大湴嶺，卯酉兼乙辛，灰墳。

例授修職郎歲貢生黎克浚公墓，城內人，進士户部員外郎正之父，葬城西白藤山村二里，土名老鴉山，又名石架嶺，壬丙兼亥巳。經孫拔貢道炳重修。灰墳，有碑。

例封孺人黎陳氏墓，克浚公元配，進士正之母，葬城東赤嶺村距八里，土名梅子嶺，乾巽兼亥巳。與正公元配謝宜人、拔貢道炳公元配蕭孺人同塋。灰墳，有碑。

吴邱氏墓，吴戚公配，葬城南羊角大王潭，土名龜山仔，坐艮向坤。

童楊氏、童譚氏同墓，葬斗門井頭嶺頂，坐酉向卯，灰墳。文賢等祖妣。

登仕郎李步濟公墓，三角山村人，葬鷄旦嶺，坐酉向卯。男布經光琳等重修，灰墳。

增生林發公墓，墨曲村人，葬長山墟，土名馬路頭嶺，坐寅向申。

歲貢林遇春公墓，葬十三都墩子嶺，坐辛向乙。庠生之越、尚經等之祖。

林郭氏墓，葬純十都鰲頭嶺高嶂，辰戌兼乙辛。羅村林姓祖妣。

林綉公墓，葬純十都龍口石嶺，坐丙向壬兼午子。

林吴氏墓，葬白雲前門首大嶺，坐丑向未。

宣世昌公墓，葬平地坡西龍陂嶺，中間一穴，坐坤向艮。雙良村宗琄、宗勛、宗孟等祖。

宣必賡公墓，葬坡坪後山，土名核子嶺，坐乾向巽。

貤贈修職佐郎龍瑋公墓，葬仰塘墟里許，土名平山，坐乾向巽，與儿堂公仝塋。灰墳，有碑。黄竹岡村庠生登元十世祖。

職員葉尚秀公墓，城東關人，葬縣坊文筆嶺鷄笠墩，坐丙向壬兼午子。監生子青之父。

彭德人公墓，化州人，配陳氏，與鳳誥公配張氏、儀廷公配鍾氏，并教亭公、豐邑公同葬縣梁王垌村門首右，庚甲兼申寅，灰墳。波欏垌村恩貢乃安之祖。

監生梁進明公墓，城内人，葬船地村背，土名案山，子午兼壬丙。灰墳，有碑。

監生梁天榮公墓，城内人，配李氏合葬官嶺後三節龍班鳩〔一〕嶺，壬丙兼子午。灰墳，有碑。千總文光曾祖。

張弘寧公墓，城北新塘平村人，葬草塘嶺，申寅兼坤艮。同治間修灰。上雲等之祖。

張朝綱公墓，城北新塘平村人，乾隆間葬新塘嶺，辛乙兼酉卯，灰墳。上福等之祖。

林宗昌公墓，城北東傲村人，配邱氏合葬本村後背垌圓嶺仔墩，酉卯兼辛乙。有芳等之祖。

〔一〕「班鳩」，當作「斑鳩」。

温鍾氏墓，城西蓮塘村人，葬白水塘大嶺，坐乙向辛。灰墳，有碑。日用等祖妣。

王魏氏墓，良塘村世雍公元配，葬大王嶂二峰頂黎竹塥尾，坐辛向乙兼酉卯。

陳悦山公墓，大垌高嶺人，配李氏合葬江頭村三里，土名鶴地嶺，丙壬兼午子。與欒野公仝塋，三珠。灰墳，有碑。培舉、毓秀等祖妣。

陳荆璧公墓，大垌村人，葬大水齋堂嶺，戌乾兼辰巽，灰墳。毓秀等之祖。

陳梁氏墓，大垌村嘉典公元配，葬紅田仔齋長嶺，辛乙兼戌辰。毓秀等祖妣。

沈鄧氏墓，城内南街鴻勛公元配，葬城東羅官堂嶺腰，坐壬向丙兼亥巳。土墳，有碑。監生朝光等祖妣。

沈李氏、沈廖氏墓，城内南街南英公之配，同葬飛鼠田嶺，俗名蜻蜓地，申寅兼坤艮。乾隆間重修。灰墳，有碑。

沈屏公墓，城内南街人，與配梁氏同葬城南水尾村後鷄頭嶺，丙壬兼巳亥，灰墳。監生朝光等之祖。

羅黄氏墓，茶山萬秀公元配，葬城東良埇村前獅子嶺，丙壬兼午子。灰墳，有碑。監生俊光等祖妣。

黄上裕、龐昌齡公墓，博白那亭大晏村人，同葬純八都鳳山下豪珠嶺，丑山未向。咸豐間重修。灰墳，有碑。監生運光、其光、世章等祖。

孫仁昌公墓，配楊氏，合葬豐三都寨背鋪仔嶺，癸丁兼丑未。灰墳，有碑。田寮村振信等祖。

孫玠顒公墓，配高氏乾隆間合葬豺狗嶺白銀地，辰戌兼乙辛。灰墳，有碑。田寮村振信等祖。

廪生黄文中公墓，配李氏合葬城東銀盞田村東三角園嶺，坐己向亥。

李森菁公墓，垌心村人，葬雙橋營上枕頭嶺，乙辛兼辰戌。土墳，有碑。秀琛、紹青等祖。

張劉氏墓，城内彦俊公元配，乾隆間葬城西九里許羊屎橋，乾巽兼戌辰。啓禄等祖妣。

王鄧氏墓，化州龍秀嘴村鼎幾公元配，葬沙塘尾水口山，寅申兼甲庚。灰墳，有碑。監生遇安高祖妣。

沈沖斗公墓，城内南街人，葬城南韭菜園河邊，乙辛兼卯酉。土墳，有碑。監生朝光等祖妣。

沈梁氏墓，本榮公元配，葬城南老鴉塘鋪仔湴塘嶺，巽乾兼辰戌。土墳，有碑。監生朝光等祖妣。

鄭德朝公墓，山墩頭村人，葬孔子埠右坑嶺，亥巳兼壬丙。和新等之祖。

童金充公、本欽公、陳氏妣同墓，童屋地塘背村人，合葬本村南田螺嶺，丑未兼艮坤。灰墳，有碑。

文賢等祖考妣。

童本通公墓，童屋地塘背村人，葬本村南里許花廳嶺，乾巽兼亥巳。同治間文賢等重修。灰墳，有碑。

林適性公墓，葬純十都學樹嶺，未丑兼丁癸。秀章、之珩、經熙等祖。

林劉氏墓，大田村三德公元配，葬山背村門首嶺，乾巽兼亥巳。

贈徵仕郎沈本欽公墓，城内人，葬城南丫塘嶺，丑未正針。灰墳，有碑。光緒間子賓光重修。

貤贈徵仕郎沈昌南公墓，城内人，葬西街嶺腰，壬丙兼亥巳，有碑。賓光等祖。

庠生吴升秀公墓，鼓樓坡村人，葬第一區低村後背觀音窩，坐癸向丁。庠生炳昭、炳琛、國琛等曾祖。

張景亮公墓，城北新塘平村人，葬坡屋地石仔坵田面，坐坤向艮兼未丑。灰墳，有碑。

教諭職廩貢生陳肯堂公墓，化州山華村人，同治間葬城南五十里倉底嶺，寅申兼艮坤。

劉恒斯公墓，葬遂溪南坑嶺，坐南向北。與子昌運公仝塋。監生大椿之祖。

鍾階升公墓，葬茫埧後背大嶺，坐申向寅。石墩下村嘉隆、兆安等祖。

崔宗亮公墓，下田仔人，葬大車尖峰之東二峰嶺脚，亥巳兼丙壬，灰墳。監生瑞義之祖。

童黄氏墓，童屋地塘背村本欽公元配，葬碌嶺，乾巽兼亥巳。灰墳，有碑。祀孫文賢等重修。

温龍氏墓，蛇龍村義章公元配，葬成四都風門大嶺板，亥巳兼乾巽。灰墳，有碑。例貢温萃祖妣。

李進輝公墓，道光間葬山狗棚嶺，巳亥兼巽乾。廩貢生色朱之祖，增生闞櫨曾祖。

童吴氏墓，塘背村文獻公元配，葬本村西石井嶺，坐東南向西北，灰墳。文賢等祖妣。

贈儒林郎布經宋朝綱公墓，葬烏石頭村右沙墳嶺頂，辛乙兼戌辰。監生德榮、德華之祖。有誥碑。

劉學勛公墓，配張氏合葬石璧馬嶺，乙辛兼辰戌。灰墳，有碑。布經士端、監生尚光之祖。

劉曾氏、劉温氏同墓，曾氏，一雀公元配。温氏，大理公元配。合葬吉水觀音廟後埇仔白土坭嶺，原向巳亥兼巽乾，今改辰戌加巽乾。梧村垌劉子蘭等九世、十世祖妣。灰墳，有碑。

宋楊氏、宋林氏、宋鄭氏同墓，合葬梧村垌東邊兔子嶺雙墳仔右，坐寅申向艮坤。

宋金奇公墓，葬大窩嶺嘴，壬丙兼亥巳，俗名錢串地。灰墳，有碑。

宋球公墓，葬鴨仔塘村西白墳嶺，己亥兼巽乾。監生有芝、有蘭曾祖。

贈安人宋吴氏墓，葬黄坭塘村西南糞箕窊嶺，丙壬兼己亥。武生維邦等祖。有誥碑。

儒林郎監生宋有芝公墓，葬縣後塘山嶺，子午兼壬丙。監生德榮、武生維邦、布經德華、例貢德芳之父，庠生濂光、武生觀光之祖。有誥碑。

封安人宋劉氏墓，有芝公元配，葬建嶺後高山下村門首屋場坡，巳亥兼巽乾。

贈儒林郎增生劉國榮公墓，葬確坎堝嶺，未丑加坤艮。灰墳，有碑。監生尚光、廩生尚先曾祖。

明宋瑄公墓，與四世祥盛公合葬梧村垌兒子嶺，丑未兼艮坤。國昇、國秀、國隆等三世祖。

陳其俊公墓，葬横崗嶺仔尾，坐西南向東北。烏石頭村士文、士芬等祖。

劉鄭氏墓，世置公元配，葬山垌竹子嶺，巳亥兼丙壬。監生文琨之母。

宋龍氏墓，葬獨田坡村右石頭塘嶺，乙辛兼辰戌。監生有芝、有蘭曾祖母。

陳邱氏墓，明球公元配，葬梧村垌大塘尾圓嶺仔，坐東北向西南。烏石頭村監生士文、士芬祖妣。

宋顔遠公墓，葬烏石頭村西獅子嶺頂，壬丙兼子午。宋瑄等之祖。

宋金鑽公墓，葬獨田坡村右石頭塘嶺頂，丙壬兼巳亥。宋瑄之父，祥盛等之祖。

宋必贊公墓，在樟村仔後東邊山塘面塘山嶂脚，癸丁兼子午。必振、必拔之兄。

元石城縣縣尹劉聰公墓，配蔣氏、吴氏合葬由祖白墳嶺，丑未加癸丁。與弟寧守公同塋。灰墳，有碑。梧村垌劉姓太始祖。

劉黄氏墓，日啓公元配，葬低村左白牛山禾地仔嶺，未丑兼坤艮，灰壙。尚振等祖妣。

劉子成公墓，葬梧村垌東齋堂山，壬丙兼子午。灰壙，有碑。例貢劉瑢之父。

劉日鵬公墓，配黄氏合葬梁山村後朱羅咈埇牛欄頭嶺，辛乙兼酉卯。梧村垌子德曾祖。

嚴敬公墓，與仕貞公同葬大堝口，坐乾向巽兼亥巳。國道、國德、國泰等高祖。

宋何氏墓，葬平坡下山仔嶺嘴，巽乾兼辰戌。德隆之母。

宋璦公墓，配黄氏合葬大嶺堝启，坐亥向巳。監生有瑞曾祖，增生佐邦高祖。

恩賜登仕郎宋朝權公墓，葬墩仔大堝口中間嶺嘴，戌辰兼乾巽。監生有瑞之父，增生佐邦之祖。

龍仲才公墓，配曾氏、陳氏合葬下埇仔，申寅加坤艮。光緒庚辰重修。灰壙，有碑。

陳九齡公墓，葬那交嶺，子午加癸丁。光緒己卯重修。灰壙，有碑。上馬山村士蘭等祖。

龍興觀公墓，葬寨子矮嶺，甲庚加寅申。灰壙，有碑。道光戊戌重修。平成村武生遇春等祖。

龍龐氏墓，武生遇春元配，葬圓嶺仔，亥巳兼乾巽。光緒乙酉修，灰〔一〕，有碑。

龍黄氏墓，現圖公元配，葬嶺背垌老馬路下大嶺，午子兼丁癸。

賴趙氏墓，河背村賴淹公元配，葬下低坑，乾巽兼戌辰。灰壙，有碑。

〔一〕『灰』下脱『壙』字。

賴李氏墓，河背村作榮公元配，葬猴高角田墩，甲庚加卯酉，灰墳。

龍喜雲公墓，平成村人，葬黄桐樹打夾頸，卯酉兼乙辛。致天等祖。

阮世封公墓，簕埇口人，與配黄氏同葬合江下大頭嶺，坐乙向辛。

阮世發公墓，山艮村人，葬九曲水横嶺仔，坐卯向酉。灰墳，有碑。

阮羅氏墓，山艮村大中公元配，葬九曲水上崩壁嶺，坐酉向卯。

阮鄭氏墓，山艮村家禄公元配，葬將軍嶺，坐乾向巽。

梁斗南公墓，那樓村人，葬文峰之南，土名梁山塘，丑未加艮坤。灰墳，有碑。

歲貢梁逵公墓，良村人，與配李氏葬文峰之東，土名石埤頭籮竹山嶺，乾巽兼戌辰。灰墳，有碑。

梁謝氏墓，周埇村宏芬公元配，葬吉水鋩鈲嶺邱羅莊墳脚，亥巳兼乾巽。白墳，有碑。建生八世祖妣。

梁黄氏、梁羅氏墓，周埇村梁端公元配，葬吉水楊梧埤白墳嶺，艮坤兼寅申。灰墳，有碑。建生十世祖妣。

職員黄鳳來、黄有琮公同墓，禾倉角人，葬豐三都石埤肚嚮水灘細猪腰嶺，中寅兼庚甲。

阮國楨、阮康壽公同墓，山艮村人，葬文峰東山猪窩獅子望樓嶺，丁癸兼未丑。

梁景升公墓，配馮氏同葬將軍嶺，辛乙兼戌辰。那樓村兆龍等考妣。

劉海公墓，與叔祖汝賢公妣郭氏，三世祖國興公、四世祖書明公合葬饅頭峽村北牛牯地，庚甲兼卯西。灰墳，有碑。江頭村劉族始祖。

劉潘氏墓，劉海公元配，與二世祖妣廖氏、三世叔祖妣毛氏合葬蓮塘口村後鵓鳩埇，艮坤兼寅申。灰墳，有碑。江頭村劉族始祖妣。

劉鍾氏墓，興國公元配，與四世祖妣童氏、四世叔祖書昌公外祖妣郭氏合葬草塘仔村後龍湖尾，寅申兼艮坤。灰墳，有碑。江頭村劉族三世祖妣。

劉德賢公墓，與五世祖芳潤公、歲貢芳聲公、芳儒公合葬龍湖面鷓子地，坤艮兼未丑。灰墳，有碑。江頭村劉族二世、五世祖。

劉國仲公墓，葬鷓子地德賢公墓左脇，相距數丈，庚甲兼酉卯。灰墳，有碑。江頭村劉族三世叔祖。

劉國振公墓，葬鷓子地德賢公右脇，相距數丈，未丑兼坤艮。灰珠。江頭村劉族三世叔祖。

監生劉侃公墓，江頭村人，葬村後鳳凰嶺，午子兼丙壬。灰墳，有碑。高坡頂村增生兆藜等七世祖。

監生劉天榮公墓，葬城北烏石頭村西北梳齒嶺，辛乙兼酉卯。灰墳，有碑。增生兆藜八世祖。

劉賴氏墓，高坡頂村登仕郎世鋐公元配，葬本村門首黃垌墩，壬丙兼子午。灰墳，有碑。

庠生劉士楷公墓，葬城北上垻村後過水塘鳳崗嶺，午子兼丙壬。灰墳，有碑。增生兆藜曾祖。

庠生劉近光公墓，高坡頂村人，葬江頭村後牛路坑猛虎嶺，癸丁兼丑未。灰墳，有碑。例貢朝堪之父。

劉胡氏墓，近光公元配，葬城北菜仔埌渡頭北福鼠嶺，坐戌向辰，灰墳。

劉羅氏墓，江頭村監生朝瑄公元配，葬燈心塘對上獨嶺，坐酉向卯。
登仕郎劉世昭公墓，配黄氏合葬兩家灘東南石墳仔嶺，乾巽兼戌辰。灰墳，有碑。州同三捷等曾祖。
職員劉士通公墓，葬兩家灘西北舊墟園，酉卯兼庚甲，灰墳。江頭村州同三捷等祖。
劉黄氏墓，江頭村職員士通公元配，葬城北蟻冽村門首銅鼓嶂，乾巽兼亥巳。灰墳，有碑。
楊綱公墓，石嶺墟人，葬墟東南二里許石仔塘嶺，坐艮向坤。茂春、茂生等祖。灰墳，有碑。
龐士美公墓，配李氏同葬謝建嶂西嶺仔，已亥兼丙壬。那良村基慶等考妣。
黄雲明公墓，葬塘蓬西眉埇村門首嶺仔，乙辛兼辰戌。灰墳，有碑。鹿信村啓賢等祖。
陳斯朗公墓，葬大路底村前深水墩，午子兼丙壬。黄堂村廩生敬昌等七世祖。
陳敏昇公墓，葬大路底村前荔枝墩，巽乾兼已亥。廩生敬昌等八世祖。
陳正善公墓，葬吉水北鷂婆嶺下九曲水上白墳窩嶺，酉卯兼辛乙。灰墳，有碑。廩生敬昌之父。
陳日輝公墓，葬定主墩村，癸丁兼丑未。灰墳，有碑。路拆村陳姓開基祖。
陳敏知公墓，葬塘村門首埇白墳墩，壬丙兼子午。黄塘村廣亮等八世祖。
韓文海公墓，葬磨刀水村東鯉魚坡，坤艮兼未丑。土墳，有碑。白石脚澤縱等父。
邱瑞珠公墓，與籮粧福德公同葬蟻冽村左先鋒壇前籮粧嶺，亥巳兼乾巽。灰墳，有碑。磨刀灣三世祖。
陳景儀公墓，葬吉水北鶴地嶺鶴眼，甲庚兼卯酉。灰墳，有碑。

陳朝約公墓，配歐、薛二氏同葬鶴地嶺鶴胴，甲庚兼卯酉。灰墳，有碑。

陳能長公墓，葬城南牙鷹石村側，戌辰兼辛乙，土墳。荔枝鵶村國範之祖。

陳日祥公墓，與配凌氏仝葬吉水北石埤頭上猪腰金嶺，庚甲兼申寅。吉水墟廷榮等太高祖。

陳許氏墓，陳金公元配，葬吉水東北石埤頭下茶山嶺仔，壬丙兼子午。廷榮祖母。

陳廖氏墓，文立公元配，葬吉水墟北東敖村左公徑嶺，壬丙兼亥巳。黄堂村廣聚之母。

李樹茂公墓，葬吉水墟北龍窩村前右邊垌田墩仔，乾巽兼戌辰。監生滋青曾祖。

楊建選公墓，葬城北鴨嶺村後長岡嶺，坐丙向壬。塘村世發、文餘等祖。

陳龐氏墓，日康公元配，葬城北鴨嶺西南，土名番車嶺，丁癸兼午子。黄堂村廣亮十一世祖妣。

蘇顯宗公墓，葬大欖根村東北，土名蛇頸嶺，辛乙兼卯酉。山斜仔日盛之祖。

鍾羅氏墓，葬吉水墟西三公垠流塘嶺，坤艮兼申寅。佛頭埇村鍾英、鍾瑞等祖母。

陳占元公墓，葬吉水墟北長嶺仔，戌辰兼乾巽。荔枝頸村玉書之祖。

鍾魏氏墓，道德公元配，葬石山寨九里坑上齋公嶺頸，乙辛兼辰戌。秧地坡村軍職龍光等母。

楊秀芳公墓，葬城北鴨嶺村後嶺早禾埇尾，丁癸兼未丑。塘村文光、監生士英等太高祖。

陳世德公墓，荔枝頸村人，葬本村前水口大嶺，子午兼壬丙。灰墳，有碑。貢生學仕、監生學博等祖。

鍾大鎰公墓，配羅氏同葬西蓮塘水口嶺，戌辰兼乾巽。灰墳，有碑。秧地坡鍾姓七世祖考妣。

林廖氏墓，日英公元配，葬老虎含下營盆嶺上中間嶺，艮坤兼丑未。土墳，有碑。磨刀灣培章等祖妣。

鍾鄭氏墓，兆振公元配，葬犁壁塘村對面豕猳嶺，丁癸兼未丑。西蓮塘村毓賢等七世祖。

陳鼎相公墓，葬吉水墟東新村仔後嶺，癸丁兼丑未。廷榮等曾祖。

陳雲龍公墓，葬吉水墟北九條蛇上，土名帽嶺，坐丑向未。大欽之父。

劉日啓公墓，配廖氏仝葬高崗南糧甲陳屋白墳嶺，寅申兼艮坤。監生尚振之祖。

州同黄定治公墓，葬塘蓬墟西三里烏鴉嶺，戌辰加巽乾。灰墳，有碑。

例封安人黄温氏墓，州同定治公配，葬塘蓬墟北四里屋背埇石頭嶺，俗呼天鵝嶺，辰山戌向。灰墳，有碑。

黄雲旭公墓，羊母塘人，妣林氏合葬成七都壇頭鷄籠嶺，丑未兼癸丁。

黄羅氏墓，州同定治公庶配，葬塘蓬墟南十里垌尾塘矮嶺，未山丑向。灰墳，有碑。

許文志公墓，葬塘蓬墟西六里陳垌嶺，亥巳兼乾巽，灰墳。武生容光等祖。

林高濟公墓，葬禾寮塘墟南三里白蓮塘嶺，酉卯兼庚甲。嘉慶重修，立碑。大垌村清政等祖。

蘇謝氏、蘇黄氏、蘇張氏同墓，謝氏，始祖元配；黄氏，二世大成公元配；張氏，四世法集公元配。同葬仙人嶂灰木坪養公地，酉卯加辛乙。嘉慶丙寅重修。

監生黄文深公墓，葬塘蓬黄坭岡嶺，坐乙向辛。庠生德楷等祖。

黄文猶公墓，配李氏合葬帽埤嶺，丁山癸向。正青之祖考妣。

黄仲芊公墓，配吴氏合葬烏石嶺，乙辛兼卯酉。玉貝之祖考妣。

温念三郎墓，葬純十都温湯嶺，巳亥兼巽乾。性光之祖。

温法蓬公墓，葬塘蓬葛麻山，辛乙兼戌辰。

監生温正光公墓，葬竹仔山蛇地嶺，坐艮向坤。

卜黑奇公墓，葬純八都塘蓬葛麻山，庚山甲向。

張朝南公墓，配馮氏合葬那飄石板嶺，丁癸兼未丑。

張周氏墓，正壽公元配，葬純八都鹿儀埌下嶺，庚甲加酉卯。

明許文舉公墓，葬博邑六務堡馬樓灣嶺，坐乙向辛。

明許世英、許迪有公同墓，萬曆間葬下傘白墳嶺，坐酉向卯。

許允登公墓，葬純十都文頭墩，一名雙乳，坐□向□，左右并無他穴。

許濟公墓，葬純十都譚村前文頭墩，俗名蛇地，坐未向丑。

許之朝公墓，葬純十都鹿墳嶺下坡仔，坐丑向未。

許温氏、許龍氏墓，温氏，許敬公配。龍氏，法鸞公配。合葬純十都三星嶂，子午兼壬丙。嘉慶五年重修。

庠生揭科風公墓，配鍾氏同葬櫑木坑鶴子角嶺，戌辰兼乾巽。嘉慶戊寅扦葬，築灰，立碑。

明庠生鄭維厚公墓，配謝氏同葬龍湖面昴天螺嶺，丙壬兼午子。道光初重修。灰墳，有碑。

謝開廣、謝國禮公同墓，葬純十都大木埇石帽嶺，丑山未向。灰墳，有碑。

贈安人謝邱氏墓，儒林郎春園公元配，葬豐三上庵堂嶂三了嶺，巳亥兼丙壬。灰墳，有碑。

監生揭鋕公墓，葬純十都狗鉗嶺，未丑兼坤艮。同治丁卯重修。灰墳，有碑。

毛色昐公墓，葬排九嶺，坐北向南。車田村毛姓之祖。

毛永璋公墓，葬太平嶺，坐北向南。車田村毛姓之祖。

毛色寬公墓，馬教垌村人，葬高嶺下村大嶺，坐北向南。

毛鄧氏墓，葬湖背窩，坐西北向東南。馬教垌村毛姓祖妣。

毛崇秀公墓，葬標嶺，坐西向東。馬教垌村毛姓之祖。

毛揭氏墓，葬猪子塘油埇嶺，坐東北向西南。車田村毛姓祖妣。

黃文康公墓，配官氏合葬塘蓬村南一里石湖禿，乙山辛向。灰墳，有碑。塘蓬黃姓三世祖。

明廩生黃仲璽公墓，塘蓬人，葬墟西北黃羌武村對面鼇魚嶺，辰山戌向。灰墳，有碑。黃姓四世祖。

明縣丞職黃以曉公墓，葬塘蓬墟北二里水低岸村對面，土名飈蝶嶺，乙山辛向。灰墳，有碑。

黃陳氏、黃廖氏墓，以曉公配，乾隆間合葬塘蓬墟西十里銅鼓嶂下交椅嶺，亥巳加乾巽。光緒間重修。灰墳，有碑。

贈安人黃林氏墓，贈儒林郎國學生永泰公元配，葬塘蓬墟東八里牛石嶺，辛乙加戌辰。灰紋，有碑。

州同職華旼等母。

黄許氏墓，監生英齡公副配，葬塘蓬墟東石律村對面水口塘嶺，坐巽向乾，灰壙。監生挺蔚、挺堅等祖妣。

黄林氏、黄林氏墓，德耀公元繼配，雍正年同葬息安墟西上鋪村，丑未加艮坤。同治初監生寶文、寶華等重修。

監生黄華暵公墓，葬塘蓬墟北六里石澗埇嶺，俗名鱟地，未丑兼艮坤。灰壙，有碑。

黄一資公墓，配温氏合葬塘蓬墟東二里埇塘嶂，丑未加癸丁，灰壙。監生福麟、中正等祖。

黄漢憲公墓，配蘇氏合葬塘蓬墟西十二里石角潭嶺，坤艮加申寅。灰壙。

黄華俊、黄宗儒公墓，合葬塘蓬墟南二里新村後背白墳嶺，壬丙兼亥巳。灰壙。

黄劉氏墓，金冠公元配，葬長沙垌村門首水尾嶺，艮坤加丑未。灰壙。

黄鄭氏墓，黄雲公元配，葬長沙村門首圓龍山，午子加丁癸。灰壙。

莫其偉公墓，葬坭浪村螺墩嶺，壬丙兼子午。博邑黨充村監生如德、釗萃等父。

明贈文林郎文楫公墓，葬豐三上都江頭村後猪腰嶺，坐亥兼乾。與長子淶水知縣成章公媳陳孺人同塋。配黄太孺人附於右。大車村開基祖。灰壙，有碑。

明徵仕郎歲貢生文成奇公墓，葬城西合江嶺，土名鷂地，癸山丁向，大車村二世祖。灰壙，有碑。

明例封孺人文涂氏墓，成奇公元配，葬成奇公塋下，坐東向西。兩穴相距四五丈。灰壙。

贈安人文吴氏墓，封職易良公元配，葬高村猪子塘塘墩嶺，子山兼癸。

贈宣德郎監生文有行公墓，葬純八都文峰嶺，寅申兼甲庚。

監生劉傅德毅公墓，葬純八都奮樓尖嘴嶺，甲庚正針。灰墳，有碑。廩生教、庠生仁七世祖。

劉傅馮氏、劉傅廖氏同墓，合葬城北永平鄉長脚埇嶺，乾巽兼戌辰。灰墳，有碑。廩生教、庠生仁七世祖妣。

監生劉傅杰公墓，葬城北永平鄉白牛埇官嶺，子午兼壬丙。灰墳，有碑。廩生教、例貢青八世祖。

黎林氏墓，葬城北永平鄉大窩由子塘嶺，巳亥加丙壬。灰墳，有碑。嵩宇、嵩伯二世祖妣。

張魏氏墓，仲壐公元配，葬大塘埇桂皮嶺頂，巳亥加巽乾。灰墳，有碑。博邑例貢憲璵、守備憲武等祖妣。

林楊氏墓，白沙茂松公元配，葬城南挨山村背埇尾頭嶺，辰戌兼乙辛，有碑。廩生崙山，庠生居材等祖妣。

林莫氏墓，鳳寨村士傑公元配，葬本村門首山塘墩嶺，申寅兼庚甲。職員居梧祖母。

武信騎尉鄒廷顯公墓，葬木拱橋蛇地嶺，乾巽兼亥巳。城内庠生應南等祖。

莫國瑞公墓，配李氏仝葬城西南九曲水飛鷹大嶺，甲庚兼寅申。灰墳，有碑。沙古塘村若錦、若純等祖考妣。

劉天澄公墓，李村人，葬博邑六務堡單竹埇，午子兼丁癸。嘉慶間重修。繼霖、繼芳等祖。

梁京揚公墓，埌子村人，葬蟻蜡石峰嶺，亥巳兼乾巽。灰墳，有碑。毓隆等祖。

梁紹興公墓，配黄氏，合葬山祖嶂南九曲水北，土名鈎頭垌嶺，辛乙兼戌辰。灰墳，有碑。兆龍等祖考妣。

梁維亨公墓，配鍾氏合葬吉水東瓦窑塘村邊，坐丙向壬。英宗等祖考妣。

贈儒林郎監生吴琴川公墓，坡脊村人，葬丹竹水大嶺，甲庚兼寅申。灰墳，有碑，州同職元熙，千總職榮華等祖。

贈宣德郎州同職文學博公墓，葬豐三上都石峰嶺頂，癸丁兼子午。

胡張氏墓，高嶺下村人，紹統公元配，葬豐三上大江口雙珠嶺，坐甲向庚。灰墳，有碑。

龔興寶公墓，楊傘樹下村人，葬成四下嶂背村三界嶺，坐庚向甲。灰墳，有碑。

陳裔揚公墓，妣侯氏、楊氏同葬川教山，坐艮向坤兼寅申。咸豐間監生其秀、其勛等重修。

劉康邦公墓，普下山人，葬成四都打竹渡頭鄧屋嶺嘴，卯山酉向。汝梅、汝樹等祖。

陳協舜公墓，松屏村人，葬高頭馬嶺，坐庚兼酉。灰珠。鼎元之父。

嚴正順公墓，獺草村人，葬豐三上牛牯嶺，坐南向北。國道、國德等祖。

賴日禎公墓，葬縣西七十里銀村仔鶴地嶺，庚甲兼酉卯。新山村進鵬等父。

賴馮氏墓，邑增生清友公原配，葬成四都白水塘大蛇嶺，午子兼丁癸。百豐山村例貢謙光等曾祖妣。

賴理公墓，葬縣酉〔一〕七十里鶴背村後嶺，坤艮兼申寅，灰墳。百豐山村例貢謙光等高伯祖。

賴道政公墓，葬縣西八十里坑尾頭村後嶺，丁癸兼未丑。百豐山村例貢謙光等祖父。

監生賴重光公墓，葬縣西六十里成四都成嶺，辰戌兼巽乾。百豐山村鹽知事作鏐之父。

賴曹氏墓，監生重光公原配，葬成四都糯子埇後黄帝塘嶺，辛乙兼酉卯。鹽知事作鏐之母。

例貢賴仁光公墓，葬成四都大湖脣村前圓嶺仔，亥巳兼乾巽。灰墳，有碑。百豐山村晰義之父。

監生賴德輝公墓，葬廣西博邑牛埧石艮嶺，丙壬正針。得要村職員學經祖父。

劉金氏墓，葬城西縣坊都離城十里新屋村門首龍眼墩，艮坤兼丑未。灰墳，有碑。永華之母。

譚羅氏墓，監生述中公元配，葬平山岡，癸丁兼子午，灰墳。横坑村監生承恩祖妣。

譚揭氏墓，庠生相瑛公元配，葬鄧屋港象母嶺，巳亥兼丙壬，灰墳。横坑村監生昌世祖妣。

監生譚承璧公墓，横坑村人，葬下洞仔社壇嶺，辛乙兼酉卯。灰墳，有碑。職員應榮之父。

譚張氏墓，庠生承泮公元配，葬博邑龍潭堡石牛障肚龍灣嶺，寅申兼甲庚，灰墳。横坑村監生輝世之母。

曹德盛公墓，長湖埧村人，葬鶉子塘嶺，庚甲兼酉卯，灰墳。監生其芬之祖。

曹明尉公墓，青平人，葬大頭田嶺，丙壬兼午子。監生其芬之父。

〔一〕『酉』，當作『西』。

關古石公墓，葬化州新安墟後嶺，癸丁兼子午。灰墳，有碑。尚元始祖。

關安平公墓，葬化州新安墟野芋境沙田嶺，辛乙兼酉卯。灰墳，有碑。尚元等二世祖。

關邱氏墓，與羅氏同葬十三都横椏埇村前北邊旱塘嶺，坐西北向東南。尚元祖妣。

關龍氏墓，與古氏同葬十一都官莊村大金嶺扝攘嶺，巽乾兼辰戌，磚墳。尚元之祖。

監生郭紹敬公墓，窑頭村人，葬金釵村旁一里大金釵嶺，丑未兼艮坤。灰墳，有碑。州判學文等父。

譚陳氏墓，景科公元配，葬糯子埇村左，戌辰兼乾巽。灰墳，有碑。監生德章、文逋祖妣。

曹安源公墓，與配譚氏、吴氏葬九良田村曹鋑公嘗嶺，坐卯向酉。灰墳，有碑。山心村懋隆等祖考妣。

張謝氏墓，熇東公原配，葬大埇中間嶺，丙壬兼午子。附貢治琴等祖妣。

監生張雲祥公墓，葬博邑沙坭崗村後澗埇嶺，甲庚兼寅申。附貢治琴之父。灰墳，有碑。

張李氏墓，雲祥公元配，葬鷄公台嶺，子午兼壬丙。附貢治琴之母。灰墳，有碑。

張德集公墓，葬錢爐嶺，坐北向南，監生韶琴等祖。

千總張鳴琴公墓，葬牛眠地虎嶺，丁癸兼午子。監生承光之父。

張仕興公墓，葬那角下沙嶺，乙山辛向，德全等祖。

張廣文公墓，葬爐含地，長山戌向。水貞、宰仁等之祖。

張振鉅公墓，葬黄盆埇尾嶺，坐東北向西南。德亮等四房祖。

劉應樂公墓，葬成七都青塘嶺，丙山壬向。漢秀等祖。

劉廷瑞公墓，葬成四都崩塘缺黃泥溝嶺，子午兼壬丙。汝喜等祖。

李秀桓公墓，葬成四都附南埇尾大路山嶺，甲山庚向。李尚錦等祖。

誥封淑人張胡氏墓，其恕公元配，葬成七都大金燈盞嶺，巽乾兼辰戌。灰墳，有封誥碑。

黃羅氏墓，天鸞公元配，葬成四都莫山村大塘尾嶺，卯酉兼甲庚。

黃邱氏墓，景赤公元配，葬成四都烏石村後嶺，乙辛兼卯酉。

黃吴氏墓，色傑元配，孫時仙附葬塋内，在十三都根竹山下掷鼓嶺。丁癸兼未丑。

黃龍貴公墓，配劉氏同葬十一都博教突窟嶺村後，癸山丁向。

羅世榮公墓，城内人，葬城西南老鴉塘村後狗圈嶺，申寅兼庚甲。灰墳，有碑。建勛之祖。

鄭魁第公墓，茅挾塘村人，葬葛蕪嶺中間嶺，乙辛兼卯酉。灰墳，有碑。作和等祖。

鄭黃氏墓，葬蕪籮塘嶺，乙辛兼卯酉，草墳。茅挾塘村樹勛祖妣。

鍾禮正公墓，與配劉氏同葬石頭坡林姓村前東邊嶺白墳埇，坐巳向亥。蒙山村祖妣。

林陸氏墓，翰佐公元配，葬合江寶蓮寺左甘雲塘嶺，巽乾兼巳亥，有碑。鳳寨村附貢朝棟等祖妣。

邱朱武、賴守瑩公墓，同葬豐三上都白石江大嶺，土墳，一珠，坐乾向巽。嶺脾村邱尚智、化州荔枝塘賴達仁等祖。

誥封宜人馬梅氏墓，葬沙帽岡，卯酉兼甲庚。灰墳，有碑。山口墟馬文瑞祖妣。

宋永興公墓，葬獨田坡村東石頭塘圓嶺仔，丁癸兼未丑。布經德華等曾祖。
宋李氏墓，永興公元配，葬黄坭塘村西石板嶺，丁癸兼午子。監生德榮等曾祖妣。
李攀雲公墓，葬獅子嶺，坐甲向庚。灰墳，有碑。横山村恩貢特秀之父。
監生李大綬公墓，横山村人，葬排九龍頭嶺，寅申兼艮坤。監生玉珍之父。
李莫氏墓，攀雲公元配，葬坑龍姆仔塘嶺，坐未向丑。灰墳，有碑。横山村恩貢特秀之母。
增生李進之、李王會、李正開公同墓，葬鬬塘嶺，坐丙向壬。灰墳，有碑。横山村歲貢李安之祖。
監生李屏國公墓，葬樟村營對面伍家嶺，坐西南向東北，灰墳。横山村監生大綬之祖考。
李鈔公墓，配林氏仝葬刀相塘村南邊嶺，坐東向西。良村仔例貢文煥之祖考。
文林氏墓，監生少開公繼配，葬純八都圓湖壁嶺，乾巽兼戌辰。
文吴氏墓，大車村附貢生治岐公元配，葬成七都塘底垌長埇坡，坐已向亥。
文黄氏墓，封職實君公元配，葬純十都稔子角村旱塘尾嶺，午子兼丁癸。
賴方氏、鍾林氏同墓，合葬矮嶺仔，丑未兼艮坤。道光二十一年重修。
文羅氏墓，監生粹軒公元配，葬純八都，土名牛軛嶺，辰戌兼乙辛。
鄒任富公墓，山營村人，與廷遠、廷輝、廷光公合葬塘蓬墟右紅面垌，甲庚兼卯酉。邑庠秉鈞始祖。
宋進士特授瓊州府知府誥授中議大夫陳智明公墓，葬龍灣山，巽乾兼辰戌。
陳山長公墓，良田村人，葬長江山，辛乙兼戌辰。

廩生陳佐公墓，良田村人，葬癸丁嶺，癸丁兼丑未。

陳紹隆公墓，良田村人，葬墟地嶺，坐乾向巽。

鄉賓陳體元公墓，良田村人，葬滿堂嶺，艮坤兼丑未。子大受、大魁附葬塋內。

陳其才公墓，良田村人，葬何村路嶺，坐東向西。

孫文裕公墓，配謝氏仝葬百豐山村後狗睡地嶺，坤艮兼申寅。灰壙，有碑。鶴背村監生紹光等祖考妣。

孫賢良公墓，與配許氏、子一隆仝葬橫頭村後龍衣嶺，坐巳向亥。灰壙，有碑。鶴背村監生紹光等祖考妣。

童希聖公墓，塘背村人，葬本村東里許，土名圓珠嶺，坐東向西。灰壙，有碑。

劉朝泮公墓，蓮塘村人，葬城西六十里成四都鼀地嶺，乾巽兼戌辰。

黃元桂公墓，垌心墩人，葬豐二都西朗村西三里許，土名峻嶺，午子兼丙壬。儘先訓導、歲貢生居中重修，有碑。

黃陳氏墓，元桂公元配，葬成七都鋪洋村西三里許，土名龍拖嶺，庚甲兼申寅。儘先訓導歲貢生居中重修，有碑。

監生黃超公墓，垌心墩村人，葬豐一都南墟東二里許跂石村東南，土名簪花嶺，丁癸兼未丑。次子儘先訓導歲貢生居中重修，有碑。

黄梁氏墓，黄超公元配，葬豐二都下垌村西里許，俗名老虎墳嶺，庚甲兼申寅。次子儘先訓導歲貢生居中重修，有碑。

羅成昭公墓，陀村人，葬律呂石水口嶺，申寅兼坤艮。

誥贈奉政大夫李兆祥公墓，梅菉人，葬茂名官橋蚨蝶嶺，艮坤兼未丑，有誥碑。提舉銜廣西試用通判賢聲等太父。

林永隆公墓，茂名梅菉人，嘉慶間，葬城南良垌墟石鼓灣嶺，又名鱟岩，坐辰向戌，有碑。瑞秀等祖。

翰林院待詔黄任公墓，西岸村人，葬犁水村北，俗名猪肝吊膽嶺，坐乾向巽。灰墳，有碑。廪貢文中等祖。

例授文林郎黄兆楨公墓。西岸村人，葬高山村西圓嶺仔，坐申向寅，土墳。監生重光等十四世祖。

登仕郎黄如鳳公墓，西岸村人，葬黎水村前瓜藤嘴嶺，坐亥向巳。灰墳，有碑。監生重光等十三世祖。

軍功六品黄景茂公墓，西岸村人，葬鷓哥塘腰子嶺，坐午向子。監生重光之父。

梁紹廣公墓，周埇村人，葬吉水西窑角後黄坭塘面，庚甲兼申寅。灰墳，有碑。宇正之祖。

梁廖氏墓，大埧村國泰公元配，葬純十都雲龍頸墟西欖樹排，甲庚兼寅申。士和祖妣。

劉羅氏墓，葬成四都魚笱門嶺，子山午向。

明劉永泗公墓，埤尾村人，葬十三都木高山先鋒嶺，坐丙向壬兼午子。灰壙，有碑。孫監生掄元重修。

王楊氏墓，與元孫國文公合葬白鶴角村前三鴉塘嶺，戌辰兼辛乙。羅笛埇歲貢生王璣等祖妣。

陳心啓公墓，與配許氏，子景昇及媳肅氏同葬龍骨塘蛇地嶺，未丑兼丁癸。訓導天仁等考妣。

劉仕儒公墓，葬合江蒙山嶺，坐辛向乙。監生嘉桂六世祖。

誥贈武功將軍劉鼎中公墓，安鋪人，葬遂溪丹竹山潭鰲嶺，坐東南向西北。福建水師游擊振光之祖。

明劉姚氏墓，埤尾村永泗公續配，葬木高山右砂手嶺，坐乙向辛兼辰戌，灰壙。武舉步昇祖妣。

吴鍾氏、吴廖氏同墓，葬鷓子嶺爐卣地，坐庚向甲兼酉卯。灰壙，有碑。土地山文禮等祖妣。

戚劉氏墓，光月公元配，葬縣西成七都，土名望牛嶺。監生聯泰祖妣。

羅劉氏墓，監生國玉公元配，葬水垌村前，土名麒麟山，辰戌兼巽乾，灰壙。陀村宗成祖母。

羅正章公墓，陀村人，葬白石岡嶺，乾巽兼亥巳。宗成之父。

羅謝氏墓，武生綱炳公元配，葬沙剗塘鋪石屋嶺，壬丙兼亥巳。庠生啓程之母。

陳國興公墓，配李氏合葬安鋪墟營盤嶺，巽乾兼辰戌。貴福灣村陳姓祖妣。

崔有恩公墓，安鋪墟人，配吴氏合葬吉水墟上，土名鷓婆嶺。癸丁兼丑未，有碑。

軍功八品李維華公墓，横山墟人，葬狗母塘嶺，寅申兼艮坤。

陳廷興公墓，急水村人，配梁氏合葬銅鼓嶺，辛乙兼酉卯。

陳儒義公墓，急水村人，妣高氏合葬銅鼓嶺，辛乙兼酉卯。

陳作中公墓，貴福灣村人，葬安鋪墟紅路嶺，坐卯向酉。

宋居爵公墓，横山村人，葬黄盤山村南後嶺，甲庚兼卯酉。

潘王業公墓，後溪翁村人，葬翁村後嶺，坐西南向東北。

譚維翰公墓，山脚村人，葬博邑交界榕木鋪墟下塓村後嶺，申寅兼坤艮。灰墳，有碑。監生崇勛等祖。

孫國隆公墓，配馬氏合葬杯窖嶺村前垌尾，坐艮向坤。灰墳，有碑。稔仔田村尚益祖考妣。

張玉珠公墓，配黄氏合葬燈草白石嶺，坐午子兼丁癸。福建督糧道元祥之祖。

張百公墓，葬黄三角嶺，坐甲庚兼寅申。督糧道元祥等三房祖。

張譚氏墓，賢昇公元配，葬深山村前埇仔嶺，坐北向南。監生雲祥等祖妣。

張明瓚公墓，葬岐山角，坐丙向壬兼巳亥。附貢治琴等祖。灰墳，有碑。

張羅氏墓，明瓚公元配，葬石岩塘後石鼓嶺，坐子午兼癸丁。附貢治琴祖妣。灰墳，有碑。

監生張其注公墓，葬西埇嶺，坐戌向辰兼乾巽。樹昇之父。灰墳，有碑。

吕陳氏墓，鳴顯公元配，葬顔村垌嶺，庚甲兼申寅。監生親賢、恭賢等祖妣。

張文滄公墓，葬榕樹塝嶺，坐甲向庚兼卯酉，德昌、德華等祖。

黄孫氏墓，世立公元配，葬十三都紗帽江壟田嶺，乙山辛向。

黃有坤公墓，葬十三都杯窖嶺村西高山嶺芒箕凹，戌山辰向。

林陳氏墓，秀英公續配，葬成七都龍潭村後中間嶺，坐丁向癸兼午子。

明張文興公墓，孫德盛仝葬十一都清水渡村後鶯哥嶺，癸丁兼丑未。

張鄧氏墓，可倫公繼配，葬成四都排九嶺上，坐申向寅兼庚甲。

貤贈恭人張戚氏墓，貤贈中憲大夫賢進公元配，葬成四都排九嶺下，坐申向寅兼庚甲。

涂鼎昇公墓，配鍾氏合葬豐三上都略地嶺，癸山丁向兼子午。灰墳，有碑。武生龍光等祖考妣。

鄭均佐公墓，白坭塘人，葬甘屋塘嶺，坐亥向巳。灰墳，有碑。

陳龐氏墓，朝昆公元配，葬王泗嶺村後黿仔頭，乾巽兼戌辰。國珍等祖妣。

劉許氏墓，全彰公原配，葬城南荔枝墩村左，土名西邊環，坐壬向丙。城南街仕沂祖妣。

梁廷楨、梁衍泗公同墓，那樓村人，葬合江上東邊口，土名山寨，癸丁兼子午。炳光之祖。

黃金公墓，平山村人，葬本村南八里，俗名沙牛地嶺，丙山壬向。塘蓬黃族始祖。灰墳，有碑。

黃富禮公墓，塘蓬人，葬本村西四里，土名上格嶂，乾山巽向。黃族二世祖。灰墳，有碑。

黃邱氏墓，富禮公元配，葬本墟北六里，俗名黿地嶺，未山丑向。灰墳，有碑。塘蓬黃族二世祖妣。

黃鼎鼐公墓，配涂氏合葬本墟西二里，俗名鷓鴣埇嶺，甲山庚向。灰墳，有碑。塘蓬黃姓七世祖考妣。

黃莫氏墓，鼎鼐公繼配，葬本墟東北六里，土名木山脚白墳嶺，乙山辛向。灰墳，有碑。塘蓬黃族七世祖妣。

例贈儒林郎黄方偉公墓，配張安人合葬塘蓬南八里黄沙坑仙人嶺，壬山丙向。灰墳，有碑。

例贈安人黄張氏墓，方偉公繼配，葬塘蓬北仙人嶂脚蝦地，未山丑向，灰墳。庠生定國、州同定治之母。

黄鍾氏墓，國學生華暘公元配，葬塘蓬墟南三十五里，俗名猪仔塘油埇大嶺。子午加癸丁，灰墳，有碑。

劉世發公墓，下高村人，葬地子嶺，坐北向南。

毛色芳公墓，教馬垌村人，葬坐背嶺，坐東向西。

黄瓊公墓，塘蓬人，葬本墟西十里銅鼓嶂下，土名石寨芋葉嶺，乾山巽向。道光丁亥重修。灰墳，有碑。

黄邱氏墓，黄瓊公元配，葬本墟東北六里，土名木山脚嶺，乙山辛向。灰墳，有碑。

黄彭氏墓，黄瓊公副配，葬本墟東南十里，土名油草塘嶺，亥山已向。灰墳，有碑。

明廪生黄琚公墓，葬塘蓬墟東北四里，土名豺格嶂，甲山庚向。灰墳，有碑。

貤贈儒林郎邑庠生黄玉光公墓，葬塘蓬墟東豪木山村下高嶺，卯酉加甲庚。灰墳，有碑。

貤贈安人黄羅氏墓，玉光公元配，葬塘蓬墟南十里草塘面上大嶺，坤艮加申寅，灰墳。

貤贈安人黄阮氏墓，玉光公繼配，葬塘蓬墟北六里高洞嶺，甲庚兼卯酉。灰墳，有碑。

軍公〔一〕六品庠生黄九齡公墓，葬武陵墟西北三里牛臂嶂下，土名蒲坎嶺。坐乾向巽，灰墳。

例封安人黄譚氏墓，九齡公元配，葬塘蓬墟南十里，土名大埇村超拔嶺。申山寅向。灰墳，有碑。

贈儒林郎黄頤齡公墓，葬塘蓬墟東十一里茶園村對面瓦窑塘嶺，卯酉兼甲庚。灰墳，有碑。

明黄范氏墓，廩生仲璽公元配，葬吉水墟北高村真武嶺，壬山丙向。灰墳，有碑。

羅文鳳、羅維芳公同墓，葬豐三下都，土名楊桃嶺，坐辛乙兼戌辰。生員咀華、悦旺等父。

毛彰德公墓，嶂下村人，葬豐一都長垌村前合江山，坐辛向乙兼酉卯。麟瑞之祖。

毛盛全公墓，嶂下村人，葬豐一都嶂下村水口灣湖嶺，坐甲庚兼寅申。麟瑞之父。

童法科公墓，坡頭琅人，葬豐三下都白沙灣烏石頭嶺，坐卯酉兼甲庚。職員士秀、士賢等祖。灰墳。

陳石溱公墓，葬遂邑二十五都九甲曹村嶺，坐辛向乙加酉卯。宗儒、宗聖等父。

張廷吏公墓，角子村人，葬猪母嶺，坐南向北。其昌之父。

賴璣公墓，横頭村人，葬溢塘村水口圓嶺嘴，坐坤向艮。鴻邦、鴻圖等祖。

羅馮氏墓，龍田面村芬芳公元配，葬温湯庵對面鴨嶺，坐甲向庚兼卯酉。灰墳，有碑。

李陳氏墓，瑞英公元配，葬西山大頭嶺，坐南向北，距城六十里。灰墳，有碑。拔中之祖。

李應瑚公墓，配魏氏合葬樟村大山塘中間禾地嶺，坐壬向丙兼子午。定止墩村成榮之祖考妣。

〔一〕据上文，「公」當作「功」。

賴鵲秀公墓，得要村人，葬十三都平垌村水口大馬嶺，艮坤兼寅申。

陳儒顯公墓，西村人，葬十三都豐埇木口嶺，卯酉兼乙辛，灰墳。職員廷瑛四世祖。

李步廣公墓，三角山人，葬馬草港嶺，坐卯向酉。廩生紹芳之父。

李挺發公墓，三角山人，葬狗頭嶺，坐乙向辛。廩生紹芳之祖。

李鄭氏墓，三角山挺發公繼配，葬鳶婆嶺，坐巽向乾兼辰戌。廩生紹芳祖母。

楊劉氏墓，葬豐三上都狗窩白虎嶺，未丑兼坤艮。楊屋閣村楊姓始祖妣。

楊茂泰、楊猛公同墓，葬合江西邊青草嶺，寅申兼坤艮。楊屋閣村九世、十世祖。

張景相公墓，葬長山墟石橋岡鼓嶺，己亥兼巽乾。

明巫成一郎墓，葬純八都大欖根湴仔嶺，坐庚向甲。龍迴村巫姓二世祖。

明巫法通公墓，葬成四都七星墩村右邊結仔嶺，龍回村巫姓始祖。

恩賜登仕郎梁達進公墓，配楊氏并高才公同葬江邊墟東南三里許鵝公塘白石嶺，坐甲兼卯。灰墳，有碑。

羅天輔公墓，陀村人，葬高州城北六里延一五甲火光村後白石嶺，形似插壁金釵。寅申兼甲庚。

鍾世美公墓，西蓮塘村人，與志宏、志宙、崑基公同葬縣坊鶴嶺村背蓮塘坳，丙壬兼午子。廷贊等祖。

黄葉氏墓，龍眼根人，黄香公配，葬成四都老虎灣嶺，丑未兼癸丁。灰墳，有碑。

江發漳公墓，岐嶺村人，與配梁氏、陳氏同葬岐嶺右邊蛇山，坐乙向辛。肇光等祖妣。

黄張氏墓，西岸村人，葬梓荆山，乙辛兼卯酉。灰墳，有碑。廩生文中等祖。

吴鍾氏墓，坡脊村家壽公繼配，與士安公元配鍾氏同葬張山窩坐虎望岡嶺，坐乙向辛。灰墳，有碑。文鑾等祖妣。

鄧陳氏墓，塘底村奴庚公原配，葬塔塘嶺，寅申兼艮坤。廣濟等祖妣。

鄧葉氏墓，塘底村盛福公原配，葬狗狸山，坐庚向甲。廣濟等始祖妣。

李光秀公墓，烏坭墳村人，葬低山曾姓村前坡，坐東向西。監生芝芬等祖。

鍾張氏墓，化州山背村豐山公元配，葬蓮塘子河仔邊嶺，坐庚向甲，有碑。庠生運標祖妣。

朱許氏墓，三甲村應甲公元配，葬七甲村後背，坐癸向丁。灰墳，有碑。庠生朱英等祖妣。

黎民漢公墓，老木埇人，葬純八甲白牛埇上飛鵝嶺，丑未兼艮坤。灰墳，有碑。日暄等祖。

梁兆學公墓，葬豐三上都馬嶺，酉卯兼辛乙，灰墳。遷居合浦北蘭村庠生以衡、訓導紹綱等祖。

梁陳氏、梁廖氏墓，陳氏，兆學公元配。廖氏，仕賢公元配。同葬豐三上屋場嶺，亥巳兼乾巽。灰墳，有碑。合浦北蘭村庠生以衡、訓導煜南等祖妣。

梁儒、梁仕賢公同墓，葬豐三上都蛤蟆坑口，坐辛向乙。磚墳，竪碑。合浦北蘭村庠生以衡、附貢維幹等祖。

梁仕英、梁萬選公同墓，葬豐三上都茄子墩，乾巽兼亥巳。合浦北蘭村庠生以衡、自超等伯祖。

梁欽公墓，葬豐三上都馬嶺兆學公墓下，酉卯兼辛乙。合浦茶坪村軍職國秀、國元等祖。

梁温氏墓，萬里公元配，與男彩公同葬豐三上都馬嶺欽公墓下，酉卯兼辛乙，灰墳。合浦北蘭村庠生以衡、訓導紹基伯祖妣。

舉人陳弘觀公墓，博白謝村人，與配黃、謝、李氏同葬純十都大山坑背嶺，坐辛向乙。灰墳，有碑。庠生錫連、錫榮，監生錫輝等考妣。

陳明霞公墓，博白安仁鄉人，與妣阮氏同葬純十都龍口石魚梁埧山鷂地，坐丑向未。灰墳，有碑。庠生錫連等考妣。

羅鍾氏墓，垌濱應蒼公元配，葬漆子垌羅傘嶺，坐西南向東北，灰墳。羅向清等祖妣。

莫梁氏墓，譚福村球公原配，與高會公配陳氏、高泰公配林氏同葬十一都黃嶺，午子兼丁癸。灰墳，有碑。廩生昌桂、例貢芳春祖妣。

莫高宧公墓，葬紅塘村左穀場嶺，寅申兼甲庚。灰墳，竪碑。譚福村武生吉春祖考。

戴吴氏墓，良岸村國榮公元配，葬高山嶺，坐戌辰加乾巽，灰珠。高禮、高明等祖妣。

戴楊氏墓，良岸村名鈺公元配，葬茅嶺，坐辛乙兼酉卯，灰珠。高明、高文等祖妣。

劉鍾氏墓，深水垌劉鐉公元配，葬長山埤竹節嶺，坐申向寅。秉政等祖妣。

誥封淑人張吴氏墓，例授奉政大夫，晋封中議大夫，同知銜加三級，樹楨公續配，葬十三上方田埇村背中間嶺，甲庚兼卯酉。

胡黄氏墓，長釵村人，卓相公元配，葬純十都十甲打甲母嶺，坐午向子。崇謙祖妣。

監生林之鸖公墓，葬廣西博白縣蛇檢左邊缸龜嶺，癸丁兼子午。後窖村林彬等祖考。

庠生淩綱公墓，大埇村人，葬文珠嶺前大湖山，坐辛乙兼酉卯。灰墳，有碑。

例貢黄秀杰公墓，葬純八都銅鑼灣村北二里獅子石嶺，寅申加甲庚。灰墳，有碑。男監生正楷等重修。

羅廖氏墓，油柑埇村羅日鴻元配，葬楊木鋪之東一里崩塘村左，土名圓嶺仔，亥巳兼乾巽。灰墳，有碑。

吕周權公墓，與妣邱氏合葬安鋪文昌廟東邊嶺，坐丁向癸。横直三丈。安鋪章貴、顯華、彬乾等七世祖考妣。

陳李氏、陈楊氏墓，同葬外村後背，土名玉子嶺，乙辛兼卯酉。灰墳，有碑。横山監生陳光秀之配。

蘇宏薰公墓，同配黎氏葬城西膏田仔後坡墩土地灣，巳亥兼巽乾，有契。監生澤培等祖考妣。

嚴陳氏墓，子發公配，葬較場韭菜園村前江邊油蔴坡，坐壬向丙。安鋪嚴劉鎧、鉽、鋭等始祖妣。

羅維斗公墓，同配劉氏葬流沙埇水口衣冠藪梓荆嶺巔。巽乾，大1墳。茶山村廩生邦彦等六世祖考妣。灰墳，有碑。

周聖傳公墓，葬城東北三十餘里鵝地村西牛母嶺，坐乾向巽兼亥巳。灰墳，有碑。城東街世香父。

例贈修職郎龍沛霄公墓，同配汪氏合葬洞寨村右洞寨嶺，坤艮兼申寅，灰墳。修職郎鎮堂等祖考妣。

莫能尚公墓，與配黄氏同葬成七都南山灣嶺，坤艮兼申寅。灰墳，有碑。譚福村廩生昌桂、例貢芳春祖考妣。

林葉氏墓，聚賓公元配，葬城西南一里老温村背牛厄曲，坐戌向辰。例貢知春、監生蔚春、庠生兆楠祖妣。

賴元揚公墓，馬牯嶺村人，葬豐三上都庵堂嶂嶺，巳亥兼丙壬。灰墳，有碑。職員桂芳等父。

賴黄氏墓，元揚公元配，葬豐三下都大溢村水口馬嶺，巽乾兼辰戌。灰墳，有碑。職員桂芳等母。

賴李氏墓，職員桂芳之配，葬豐三上廣塱塘村牛脚屎埇大堝嶺，坤艮兼申寅。灰墳，有碑。監生國楨之母。

許莫氏墓，安鋪廣福村仔朝棟公配，葬本村右邊嶺，艮坤兼丑未。灰墳，有碑。

許羅氏墓，安鋪廣福村仔許俊公配，葬安鋪靖江臺小嶺，乙辛兼辰戌。灰墳，有碑。相才祖妣。

州判職吴召昌公墓，鼓樓坡人，葬城南王字龍嶺，巽乾兼辰戌。灰墳，有碑。監生伯讓等父。

恩賜登仕郎龍瑞信公墓，葬城西油蔴嶺村左猪腰嶺，又名圓山仔，艮坤兼寅申。監生鎮堂父。

鄉賓李成貴公墓，水湖村人，葬城北樟村仔山塘上建嶺脚大坡，坐子兼癸。職員泮盛，監生泮馨等父。

蘇胡氏墓，葬純十九甲，土名尖嶺，坐亥向巳。虎橋村蘇行樞十三世祖妣。

蕭廷寧公墓，葬兩家灘牛墟尾求水嶺，壬丙兼子午，土墳。廩生懋時、庠生斯薰等始祖。

庠生陳維翰公墓，東朗人，葬銅鼓嶺，坐午向子兼丁癸。庠生錫榮之父，廩生毓棠、增生毓寅之祖。

李鍾氏、李鄭氏同墓，鍾氏，廣華公元配。鄭氏，子安公元配。合葬於六吉嶂。坐甲向庚。大頭田村俊賢、文仁祖妣。

李内省公墓，大頭田村人，葬白藤勒竹兒水口大嶺，坐甲向庚兼卯酉。俊賢等祖。

陳梁氏墓，泮公元配，葬河潭村前木稔山，坐乾向巽。沙産〔一〕村監生斯德母，永欽、永光、廩生永芳等祖母。

鍾林氏墓，天吉公庶配，葬在純八都磨石左淘金湖嶺，丙壬兼午子。光緒年裔孫監生賢秀等重修。

采訪宗祠

涂福公祠，在第二區全安團大嶺墩，丑未加癸丁。蕉林廩生奪秋、武舉龍高二世祖祠。

陳氏聯宗祠，在第二區全安團潘羅坡，戌辰兼乾巽。

陳見日公祠，在西朗村，光緒辛丑年創建，一連三座，七間。坐乾向巽兼戌辰。西朗四世祖。

〔一〕『産』，當作『剷』。

明廩生林文敏公祠，在那羅村，坐壬向丙兼亥巳。一連二座，三間。林興邦、林其燊等祖祠。

譚氏宗祠，在青平墟，崇祀宋端明殿大學士彥成公暨八房始祖，光緒丙子年創建。坐東向西。

龍仲才公祠，在第七區羅拔塘村，癸山丁向。光緒十九年，監生龍德昌、繼芳等倡建。

管氏宗祠，在第六區楊桃角村右，巳山亥向兼午子。管仁山、可亭等祖祠。

林氏宗祠，在第一區吉水江頭塘背村，坐壬向丙兼亥巳。第一區新村仔石碑尾、第七區那羅等村林姓祖祠。

黃瑞徵公祠，在塘蓬村，坐巳向亥兼丙壬。

林氏聯宗祠，在安鋪墟西邊溝，坐甲向庚。係兩粵林氏各族倡建。

先儒楊文靖公祠，在城内東台下，坐壬向丙兼亥巳。明初由縣楊氏子姓十二房集資建築。

鄧志禄公祠，在石嶺墟北龍迴村正中南向，龍迴新村二區長崗嶺等村五房始祖。

涂泰公祠，在廉江縣城内文昌廟後背，一連三座，癸丁兼子午。涂姓始祖。案：城内文昌廟後，原有祠屋一間，今廢。

采訪塋墓

黃仕中公墓，葬第三區塘梢村對面猪坑嶺，坐辛乙，伯祖如清公同穴。新村黃華彰曾祖。

鍾羅氏墓，葬排九嶺之牛腿嶺，坐丁癸兼午子。蒙山飄竹八世祖妣。灰墳，有碑。

鍾泰公墓，葬排九嶺起祖分龍處，坐巳亥兼丙壬。上堨村十一世祖。

廩貢黄瓚玄公墓，葬第三區蝦公嶺，與九品職黄色新公及妣毛氏同塋，三珠。銅羅埇三世祖及五世祖考妣。

涂黄氏墓，在第七區永安團黄茅嶺，辛乙加戌辰。蕉林村涂秀恒公元配。灰墳，有碑。

涂雷氏、涂何氏墓，葬於博白那亭堡蛇地，坤艮加未丑。蕉林村廩生奪秋、武生龍高等二、三世祖妣。灰墳，有碑。

廖宗連公墓，與配蘇氏同塋，在第二區全安團石鼓嶂，酉卯加辛乙。鰲頭塘村五世祖。灰墳，有碑。

涂羅氏墓，葬於河口大嶺，壬丙加子午。監生漢亭公元配。灰墳，有碑。

陳日有公墓，在第七區永安團禾寮塘墟背，酉卯兼庚甲。赤竹山陳姓八世祖。灰墳，有碑。

戴玄洲公墓，與配歐氏合葬於第三區大郎山芷芋境，坐乾巽。教職尚新、澤光等之祖。灰墳。

戴敬玄、戴念玄公同墓，敬配袁氏、念配庚氏合葬於遂邑東邊嶺，坐午子。增生錫華、監生錫壽等之祖，灰墳。

庠生戴如炳公墓，與配鄧氏、楊氏合葬於第三區咸迴坑山山河境，坐艮坤。庠生錫華、監生錫壽之祖，灰墳。

恩賜登仕郎戴御鉉公墓，與妣梁氏合葬於第三區獨壽村前蛇窖山仔，坐申寅。增生錫華、監生錫壽莫鄭氏墓，在第四區大金釵輔殿嶺，丑未加癸丁。元甫、慶山等十一世祖妣。

莫温氏墓，葬第五區平塘嶺，坐寅申兼艮坤。元甫、慶山等十世祖妣。

莫阮氏墓，在第一區佛頭埇村左田墩，坐壬向丙兼亥巳。莫元寧、慶山二世祖妣，灰墳。

羅馮氏墓，在第一區石碑頭上金釵嶺，坐子午兼癸丁。陀村羅永治之祖妣。

羅啓運公墓，葬於第七區猪仔塘蜘蛛嶺，坐癸丁兼丑未。羅永治之父，灰墳。

胡增元公墓，在第五區沙埧徑大嶺，坐卯酉兼乙辛。胡增漢之胞兄。

胡珍公墓，在本縣水尾村再子嶺，坐乙辛兼卯酉。胡增漢、增啓之七世祖，灰墳。

胡其淳公墓，在那福村河背平嶺，坐乾巽兼亥巳。雲祥、增漢六世祖考。

陳恭達公墓，配李氏合葬於化縣第四區野芓金鷄嶺，坐乙向辛兼戌辰。光燕、翹林等之祖。灰墳，有碑。

袁麗皇公墓，配陳氏同葬於化縣第三區那庵嶺，癸丁兼丑未。袁姓四世祖。灰墳，有碑。

袁殷氏、袁馮氏墓，葬吴川石門區石頭埠嶺，坐卯向酉。霞屏、霞谷祖同墓，灰墳。

戴葉氏墓，在化縣窑埇西北草鞋嶺，坐亥巳。監生錫壽、錫輝等之祖妣。草墳，有碑。

訓導戴尚新公墓，配陳氏合葬於化縣倉背之北大斜嶺，坐癸丁。監生錫壽、錫輝等之祖。灰墳，有碑。

等之祖，灰墳。

黎楊氏墓，在鶴目山牛尾塘嶺，巳亥兼乾巽。與謝謙光母莫氏同塋。楊左莫右。黎杓端等祖妣。

黎鄧氏墓，在獨山村後嶺，艮坤兼丑未。庠生黎灼山七世祖妣。

孫英公墓，與妣吕氏合葬於塘木欝村陳姓左嶺，子午兼壬丙。忠矩之祖考妣。

管萬公墓，與配林妙香同塋，在第六區坡禾地村東龍潭下嶺，甲庚兼寅申。仁山、楝臣之祖。灰墳，有碑。

管傳儀公墓，配周氏合葬第六區福德村右邊田螺地嶺，辰戌兼巽乾。仁山、楝臣等之祖。

管承善公墓，在第六區小魚田後嶺深墳，壬丙兼子午。仁山、楝臣等之祖。

千總職管元振公墓，葬第六區花瓶水村西大嶺，癸丁兼丑未。仁山、楝臣之祖。灰墳，有碑。

楊師元公墓，與子廷柱同墓，在第六區東心塘村右側嶺，辛乙兼卯酉。灰墳，有碑。

楊吴氏墓，在第六區到角村下手石頭嶺邊窩，丙山壬向，師元公元配。灰墳，有碑。

楊壽丁公墓，配徐氏同葬第五區欖樹角村下流黌殼嶺，卯酉兼甲庚。灰墳，有碑。

例贈登仕郎賴元財公墓，葬於第二區蟻塀將軍嶺，亥山巳向。賴家振等十一世祖。灰墳，有碑。

莫紹芳、莫绍祖同墓，在第七區新屋塲鰲魚嶺，坐未丑兼丁癸。莫澤蘭、炯蘭等之祖。灰墳，有碑。

莫蘇氏墓，葬於河木埇長艮嘴嶺，辰戌兼乙辛。澤蘭、馨蘭等之十一世祖妣，有碑。

莫周氏墓，葬第七區武陵團後窩嶺頂，坐酉向卯兼辛乙。孝廉方正庠生莫子元等五世祖妣。磚墳，有碑。

鄉賓莫猶尚公墓，配顏氏同葬第七區武陵團近大欖根紅畚嶺，坐乾巽兼戌辰。庠生莫子元、昌宏等之祖。灰墳，有碑。

縣丞莫錫嘏公墓，葬第七區禾寮塘團高山嶺，坐丙向壬兼午子。庠生莫子元、英奇等七世祖。灰墳，有碑。

莫許氏墓，葬第七區武陵團那良陂村右橫嶺，坐申寅兼庚甲。庠生莫子元、子杏等之祖妣。灰墳，有碑。

莫自達公墓，在第七區仙鳳團禾交垌大嶺，坐寅申兼甲庚。孫穀、孫裕之祖。灰墳，有碑。

祁黃氏墓，在大湴坡後背長嶺，坐壬向丙兼子午。祁福隆之母。灰墳，有碑。

明林麒、林法舉、林普政公同墓，在第七區武陵團大水田嶺，坐未向丑兼丁癸。監生其章、廷藩四世、六世祖。灰墳，有碑。

明林蔡氏墓，在第七區武陵團荔枝埇大石嶺，坐壬丙兼子午。暨芊公元配、萬公元配曾氏、麒公元配雷氏、法舉公元配黃氏、普政公元配黃氏同葬。灰墳，有碑。

明庠生林萬公墓，與天棟公同塋，在第七區武陵團亞公山嶺，坐丁癸。其章、典邦等三世祖。灰墳，有碑。

明林珠、林彰日、林天樞公同墓，在第七區武陵團近三角塘村赫宏岡嶺，坐甲庚加寅申。廷訪、廷錫七、八、十等世祖考妣。灰墳，有碑。

林桂新公墓，在第七區武陵團禾場嶺，坐未丑兼坤艮，有碑。

監生林召楷、林召綸公同墓，在第一區石陂頭三台嶺，坐乾巽兼亥巳，傑邦等祖考。灰墳，有碑。

林梁氏墓，在第七區玉石村右白墳嶺腌，坐未丑兼丁癸。林春芳六世祖妣。

監生、庠生林芥可、林日清公同墓，與元配邱氏、姚氏仝墓，在第五區小王垌村門首白墳嶺，坐巽乾兼辰戌。春芳、經賢等三、四世祖。灰墳，有碑。

黃仲鸞公墓，在第五區紙料塘，坐子午加癸丁。監生金芳、千總炳輝等三世祖。灰墳，有碑。

黃馬氏墓，在第五區棚橋埤嶺，丙壬加午子。監生金芳、永中三世祖妣。灰墳，有碑。

黃李氏墓，相村人，葬第五區，土名矮嶺，坐戌向辰加乾巽。金芳、永中、興青、興傑等五世祖妣。灰墳，有碑。

黃嘉珍公墓，在第五區東安團矮嶺，坐甲庚加卯酉，監生金芳、永中等六世祖考。

鍾鑑公墓，在西埇水口珠浪嶺，艮坤兼丑未。鍾有勇、永清等七世祖。

鍾名亮公墓，在大欖根水口猪頭嶺，癸丁兼丑未。鍾有泗、炳誠等九世祖。灰墳，有碑。

劉傳羅氏墓，在第七區琶熨嶺，坐子午兼癸丁。劉傳錫來十二世祖妣。灰墳，有碑。

林浩公墓，與配朱氏、張氏同塋，在附城屏風山嶺，坐辛乙兼戌辰。明章、憲章五世祖。灰墳，有碑。

林蘇氏墓，在第七區松樹山嶺，巽乾兼巳亥。監生道章、國均七世祖。

林義材公墓，與伯祖仁材同葬第七區鵝頸嶺，寅申兼艮坤。監生中邦、師範生寶賢始祖。灰墳，有碑。

林梁柱公墓，與妣曹氏同葬第七區大欖根鵝頸嶺，坐壬向丙加子午。監生中邦、師範生寶賢重修，橋頭三世祖。灰墳，有碑。

林恒公墓，在第七區蛇頸嶺頂，坐午子。監生道章、師範生華芸九世祖。灰墳，有碑。

黃泰公墓，與配郭氏同葬鹿鳴浪門首坡塘嶺，辰戌兼乾巽。元福、德科等二世祖。灰墳，有碑。

黃萬、黃百公同墓，在蕻菜垻門首猘玃獠嶺，巳亥兼丙壬。元福、德科之祖。灰墳，有碑。

黃萬、黃芝二郎同墓，在江岸洞後嶺，巳亥兼丙壬。上雲、德盛等之祖。灰墳，有碑。

黃賴氏墓，在鹿鳴坑後嶺富基塘，亥巳兼乾巽。德盛、錫祥等之祖妣。灰墳，有碑。

謝天禎、謝惠和公同墓，葬塘蓬區教化角雙石棟嶺，坐乙向辛。博白附生焜南、鴻恩九世祖。灰墳，有碑。

謝陳氏、謝莫氏同墓，在塘蓬區葤嶺，坐寅申。博白附生焜南、鴻恩之祖妣。灰墳，有碑。

許廖氏墓，在石嶺區老虎坑嶺，坐坤艮兼申寅。禎祥、潤祥八世祖。灰墳，有碑。

龍得天公墓，在垻仔村後背嶺。坐乾巽。承捷、承飛之祖，有碑。

黎慎修公墓，在白水塘大蛇嶺尾，艮坤兼丑未。監生灼華、熙堂七世祖。

賴清仁公墓，妣林氏同塋，在那挨埤石子嶺，艮坤兼寅申。楊材九世祖。灰墳，有碑。

賴道光公墓，妣梁氏同塋，在芳埇花石嶺，坐亥巳兼乾巽。春輝十一世祖。

賴林氏墓，在第五區蓮蓬嶺子大路下，坐甲庚。師範生日輝之祖妣。

賴詹氏墓，在縣南十三里猪血嶺，巳亥兼巽乾。賴鴻協之十世祖妣。

賴李氏墓，在息安上十里冷水石村右狗嶺，庚甲兼卯酉。賴鴻協之十一世祖妣。

賴乾初公墓，在洗面塘西之大坡，酉卯兼辛乙。信松、信榮之父。

賴作成公墓，在青平墟北六里之犀牛嶺，午山子向。武生賴鴻飛之承繼父。

曹梁氏墓，在第六區坡馬嶺，監生曹鑌、廩貢安洛之祖母。灰墳，有碑。

例貢黄廷傑公墓，在村左鹿田嶺，酉卯加庚甲。監生鳳昌、桂昌等之父。灰墳，有碑。

李江氏墓，在第七區紗帽江村左，甲庚加卯酉。安樹、安苑十一世祖妣。

張積賢公墓，與妣廖氏同塋，在長山團大爐村水口埤尾，乾巽兼亥巳。其澐、其穀五世祖。灰墳，有碑。

明廪生張宏猷公墓，與妣李氏同塋，在長山團白墳嶺，坐子午加壬丙。士利、士珍等五世祖。灰墳，有碑。

李元正公墓，在高橋河上崩瑚，午子加丁癸。安樹、安苑等十二世祖。灰珠。

吴敏敬公墓，在第五區上探塘之鷄母嶺，坐庚甲加酉卯。士勛、士達之祖。

揭舜偉公墓，在石嶺區坑角村左插墓嶺，辛乙加戌辰。衍懋八世祖。灰墳，有碑。

揭正英公墓，與妣林氏、曾氏同塋，在第五區瓦窑山背，巽乾加戌辰。副榜揭衍泱祖。灰墳，有碑。

梁黄氏墓，在第一區飄竹村前大水嶺。周埇村十世祖。灰墳，有碑。

梁紹雲公墓，在第七區馬龍頭勾石嶺嘴，壬丙兼午子。蛇坡村之十一世祖。

梁李氏墓，在第七區馬龍頭前禾埸埇，卯酉兼乙辛。蛇坡村之十一世祖妣。

梁鍾氏墓，在第七區禾埸埇口圓山嘴，辛乙兼酉卯。蛇坡村十一世祖妣。

例貢劉朝堪公墓，在城東南竹浪南蛇嶺，辛乙兼酉卯。子牧之祖。

譚文憲公墓，在大金釵嶺，坐艮加寅。天格曾祖，灰墳，有碑。

譚紹世公墓，在金鷄嶺，坐巽加已。永郁、永郊等之祖考。

宋賜進士蕭國鎮公墓，與配林氏、金氏合葬於吴川縣南三青訓嶺，艮坤兼丑未。廪貢蕭榮等始祖。灰墳，有碑。

羅劉氏墓，在第一區下塔橋嶺，坐子向午。羅繼熙等九世祖妣，有碑。

羅戈氏墓，在第一區下塔橋，坐艮向坤。思成等十一世祖妣。

梁德貴公墓，在城西北坡九垌村對面嶺，乾巽兼戌辰。國定等之祖。

梁應龍公墓，在張公碑村東南里許墳山嶺仔，巳亥加壬丙。樹楨之父，灰墳。

梁龐氏墓，在城南新塘仔西二里鋪毡嶺，坐午向子。梁樹楨之母。

鍾居泰公墓，在第一區羅吞嶺窩，坐丑未兼癸丁。重華之曾祖。

涂錫麟公墓，在第七區陸岸王鷺角嶺，亥巳兼壬丙。丹兜錫國之兄。灰墳，有碑。

陳剛惠公墓，在第二區架上金盆嶺，未丑兼坤艮。陸川温水浪村之祖。灰墳，有碑。

吴士壽公墓，在第一區牛牯嶂脚長窩尾嶺，巽乾兼巳亥。習芝之祖。

吴永璉公墓，配邱氏同塋，在第一區鵝頸坳龜嶺，辛乙兼戌辰。習芝之祖。

劉統綱公墓，在第一區杓㭊嶺，乾巽兼戌辰。士恒、士國之祖。

陳建賢公墓，在第二區三升米湖面天士窩，巽山乾向。化縣達才之祖。

元官庫使蕭祥甫公墓，與妣陳氏合葬於城南五十里大石板嶺，癸丁兼丑未。大塘、篁竹等村始祖。灰墳，有碑。

蕭應科分墓，與妣殷氏合葬於西邊山嶺，卯酉兼乙辛。啓潤等三世祖。灰墳，有碑。

廩生蕭耿生公墓，與地〔一〕陳氏合葬於城南五十里船地嶺。坐壬丙兼亥巳。繼文等十三世祖。灰墳，有碑。

恩賜修職郎楊敬時公墓，在城南五十里西邊港嶺，辛乙兼酉卯。錦春、錦標等五世祖。

監生楊晙、楊智公合墓，在雷公山嶺，乾巽兼戌辰。錦春、錦標等六世祖。

監生楊重光公墓，在長嶺，癸丁兼子午。錦春、錦標等之父。

〔一〕据上下文，『地』當作『妣』。

楊龐氏墓，在合水墟英村仔面前大環嶺，癸丁兼子午。錦春、錦標等之母。灰墳，有碑。

楊黎氏墓，在霞塘村之北二里許飛鵝嶺，酉卯兼庚甲。智公之配。

吴日聰、吴國興公合墓，在踏頭墩仔，坐庚甲兼申寅。江口村啓元、全光等七、八世祖。灰墳，有碑。

簡維齋公墓，在光頭嶺，未丑兼丁癸。石狗坡村簡姓十四世祖。

誥授奉政大夫陳文修公墓，在第三區員嶺仔，坐乾向巽。贈奉政大夫熾基、候選郎中卓基等之祖。

戴振庵公墓，與配陳氏合葬遂溪縣護國社松柏樹山，坐巽兼辰。三角塘村之祖。灰墳，有碑。

戴剛藝公墓，與配方氏合葬於化縣西河茅坡天塘嶺山博劍境，坐乙向辛。三角塘村之祖，灰墳，有碑。

戴矍翁公墓，與配黄氏合葬本邑石陂仔山，坐丙壬巳。三角塘村之祖，灰墳，有碑。

潘陽公墓，與配馬氏同葬陳村山村前白虎嶺，庚甲兼寅申。灰墳，有碑。監生文瀾等之始祖。

鍾曾氏墓，在那河石頭山，與清惠公、銘進公墓品字三穴。未丑兼坤艮。

鍾品全公墓，與配何氏同葬仰塘墟南馬西塘嶺牛眠地牛腌，丁癸兼未丑。監生毓蘭等七世祖。

黎譚氏墓，在張屋東埇村面前嶺，庚申兼卯酉。武生灼桃、熙堂等之祖母。

賴旺公墓，在第七區下水垌蛇坰塘嶺，癸丁加丑未。贊西等之四世祖。

賴巨純公墓，在稔崗村石頭嶺，壬丙兼子午。贊西之六世祖。

庠生蘇惠二郎墓，與余念三郎仝塋，葬龍磨角村新擔塘大嶺，癸丁兼子午。蘇吉臣等之九世祖。

蘇文芳公墓，葬第五區貴子嶺，酉山卯向。培華等八世祖。

曹光宗公墓，在第六區黄坡塘村後嶺，亥巳兼乾巽。灰墳，有碑。

莫成璧公墓，在第五區黄桐樹揭姓大嶺，坐辛向乙。少明、榮甫等之祖。

劉永四郎墓，與妣姚氏同葬於石嶺區木高山左社壇坡後嶺，丙壬兼巳亥。禄旺村劉姓之祖，灰墳。

劉鄭氏墓，在青平區滙埇村後背鶴湖嶺，坐子向午。劉昭公元配。下湖村劉姓之祖妣。

劉朝開公墓，在青平區火燒窑大嶺，庚山甲向。瓦窑角劉姓十世祖，灰墳。

劉藍氏墓，葬青平區牛角樹嶺，丁山癸向。瓦窑角劉姓祖妣，灰墳。

關徐氏墓，在塘蓬區長山石板山，未山丑向。品岩公元配。灰墳，有碑。

關杜氏墓，在石嶺區鵴鳩埇嶺，午山子向。近祝公元配。灰墳，有碑。

關賴氏墓，在石嶺區烏石仔嶺，巳山亥向。近祝公繼配。灰墳，有碑。

關守倫公墓，在石嶺區鵴鳩埇嶺，午山子向。灰墳，有碑。

關夢麟公墓，在塘蓬長山團石板山嶺，申山寅向。灰墳，有碑。

關揭氏墓，在塘蓬長山團豺狗塘大路面，戌山辰向。夢麟公元配。

曹尚元公墓，在博白龍潭堡附近捍子埇嶺，巳亥加丙壬。同知銜乃暉等之祖。灰墳，有碑。

謝邦蓮公墓，在鎮安團箭猪角旁嶺，坐西向東，灰墳。

謝鼎佳公墓，在石嶺區鷓仔地，與老祖妣徐氏仝葬，巽山兼辰。灰壙。

謝信光公墓，在三家窑附近左單旗嶺，乙辛加辰戌。謝永玉、永任之叔。

黄景升公墓，在武陵墟東雉鷄窩嶺，午子加壬丙。同知銜黄樹聲曾祖。

黄巫氏墓，在牛腿嶺，坐酉向卯兼辛乙。同知銜黄樹聲之母，灰壙。

庠生貤贈奉政大夫黄廷槐公墓，在城南兩家灘墟塞埇後背嶺，坐卯向酉加甲庚。灰壙，有碑。同知銜黄樹聲胞兄。

馮廖氏墓，在第二區丹兜村右石鼓嶺，酉卯加辛乙。香蒲村馮道清十世祖妣，灰壙。

阮子康公墓，在第七區新屋塲村後大馬嶺曾子埇，甲庚兼寅申。德文、家亮等九世祖。灰壙，有碑。

鍾董、鍾劉、鍾羅氏合墓，在塘蓬洲灣村前社背嶺，午子加丙壬。布經職景泉之祖妣。灰壙，有碑。

鍾戴氏墓，在武陵團光眼洞左沙手背嶺，坤艮加申寅。鍾秀錦等七世祖妣。灰壙，有碑。

鍾曾氏、鍾鄒氏合墓，在第二區南木水徑山嶺，子午兼壬丙。紹華、紹章等七世祖妣。灰壙，有碑。

胡黄氏墓，在第七區銅鼓灣北馬跂壢嶺，壬丙兼子午。汝超、衍畊五世祖妣。

謝貴公墓，妣周氏附葬於左，在城北迴龍寺後背白坭嶺，巽乾加巳亥。道超、德芳始祖，灰壙。

教諭謝以文公墓，與妣李氏同塋，在禾寮團茅平嶺，申寅加庚甲。道超等二世祖考妣。

廪生謝崇本公墓，與正玉公同塋，在第七區武陵團馬路墩嶺，坐子向午加癸丁。道超、德昭等四世祖。灰墳，有碑。

毛廷鳳公墓，在第五區肥糯田河邊自己色嶺，巽乾加巳亥。昌才、昌文等始祖，灰墳。

蕭宗漢公墓，配李氏同塋，在鷄籠島，坐午向子。監生榮昌、福謙等創基祖，灰墳。

馮富一、馮富二公合墓，連塋，附葬馮叔仁公元配劉氏，在石角區龍埇嶺，坐丙向壬。灰墳，有碑。

馮劉氏墓，與長男馮湍同葬於純十都甲石陂高嶺，艮坤兼丑未。博白元昆元配。灰墳，有碑。

阮金海公墓，在純十都琶頭地，寅申兼艮坤，灰墳。

阮鳳崗公墓，在純八都黃蟮埇村之右蒲杓嶺，辛乙兼戌辰，灰墳。

鄭藍氏、鄭董氏、鄭黃氏合墓，在飄塘白墳楝嶺，庚甲兼酉卯。灰墳，有碑。

鄭惟厚、鄭宗榮公合墓，與惟厚公妣謝氏、宗榮公妣童氏同葬，在第七區上龍嶺，丙壬加午子。三才、詞譯等之祖妣。灰墳，有碑。

江陳氏墓，在沙剷墟北白沙塘大嶺，乙辛兼辰戌。蒙村孚潮等之十二世祖妣。灰墳，有碑。

誥贈儒林郎羅德廣公墓，在武陵墟附近蜘蛛嶺，坐癸向丁。陀村羅永治之父。灰墳，有碑。

李楊氏墓，李彬公元配，葬在第一區河仔口交椅嶺，坐南向北。斯權等八世祖妣。灰墳，有碑。

謝賢宗公墓，在第七區楊家將嶺，坐乾向巽。道彰、道立等十一世祖。

梁元禄、梁元奎公同墓，在塘蓬團新塘尾，巽乾加辰戌。錫文、錫質之父與叔。灰墳，有碑。

梁居裕公墓，在第一區張村背後馬鞍嶺，丁癸兼午子。進益之父。灰墳。

黄肇基公墓，與妣詹氏、天鎬公妣許氏仝葬於彭岸村犁竹鷓地嶺，巳亥兼壬丙。賢章、德楷等之祖，灰墳，有碑。

黄喬英公墓，在彭岸村犁竹鷓地嶺脇，巳亥兼丙壬。賢章等之祖。灰墳，有碑。

黄伯鉞公墓，與元配詹氏同葬塘蓬班垌嶺，壬丙加亥巳。根竹等村黄姓三世祖考妣。灰墳，有碑

黄景佐公墓，在彭岸村犁竹鷓地嶺，巳亥兼丙壬。沛仁、錫麟等四世祖。

黄涂氏墓，葬第二區蕉林村後嶺牛路面，辛乙兼戌辰。運明、運清等七世祖妣。

庠生許若飇公墓，與妣李氏同葬於江頭石碑頭，丁癸兼午子。炳樞、鴻章六世祖。灰墳，有碑。

蕭宗景公墓，葬吴川西尖峰嶺，未丑兼坤艮。荔枝坑、大崇山蕭姓二世祖。灰墳，有碑。

附貢鍾書鴻公墓，葬城西賀村垌，申寅兼坤艮。廩貢其楷、歲貢其樹之父。

鍾大猷公墓，葬第四區太平村嶺，午子兼丙壬。附貢鍾書鴻、歲貢其樹等之五世祖。灰墳，有碑。

鍾日祥公墓，葬城西大馬埇嶺，坤艮兼申寅。候補訓導書鴻之父，歲貢其樹之祖。

登仕郎許定揚公墓，覃恩登仕郎，葬縣北乒乓嶺，坤艮兼寅申。監生有濟之父。

鍾明堂公墓，葬第四區蝦公地嶺，坤艮兼未丑。高小畢業生有點、有熙等始祖。

許潘氏墓，錫光公元配，葬縣西三脚墩平坡地，癸丁兼子午。聘臣之母。

府經歷陳肇華公墓，葬第三區三甲高山，又名金貓嶺，子午兼癸丁。家鳳之父。灰墳，有碑。

一品夫人陳袁氏墓，葬兩家灘西邊港，辛乙兼戌辰。汝霖等之祖妣。灰墳，有碑

榮禄大夫陳瑞文公墓，與配葉氏仝葬化州田寮村附近五角嶺，乾巽兼戌辰。妝霖等之父。灰墳，有碑。

一品夫人陳羅氏墓，與男仰東同塋，葬化州到流灣角嶺，甲庚兼寅申。保東等之母。灰墳，有碑。

修職郎鍾鼎琦公墓，與配藍氏同葬於第二區麻竹頭對面黄坭塘嶺，癸丁兼子午。耀振、耀岳之考妣。

梁法監公墓，在太平店墟邊油柑嶺，癸丁加子午，灰墳三珠。良岸村之祖。

羅正綱公墓，葬第七區三背垌尖石嶺，午子兼丁癸。啓榮、國榮九世祖。灰墳，有碑。

羅黄氏墓，葬第七區古龍垌杓母嶺頂，辛乙兼戌辰。增昱、增熹之母。灰墳，有碑。

陳廖氏墓，葬第二區馬鞍嶺馬口泉，寅申兼艮坤。化縣達才之母。

關雄猷公墓，葬鷄母灣，子午兼癸丁。關維教、維敬等之祖。

莫周氏墓，葬第七區亞公奄嶺頂，寅申兼艮坤。孫瑚、孫貴等七世祖妣。

儒林郎陳昌廷公墓，葬飯煲坑嶺，乾巽兼亥巳。把總瑞全、州同瑜全之父。灰墳，有碑。

六品安人陳黄氏墓，葬於東橋鹽埠上香山仔嶺，坐乾向巽。把總瑞全、州同瑜全之母。

許李氏墓，葬平塘神壇嶺，坤艮兼申寅。大經公原配。灰墳，有碑。

江應林公墓，葬化縣第三區笪橋柴塘山，坐丙向壬兼午子。歲貢式和、舉人誠和之考，舉人慎中之祖。灰墳，有碑。

江房氏墓，葬第三區雷公嶺，庚甲兼酉卯。歲貢生教諭式和之箎室。灰墳，有碑。

梁吴氏墓，葬西埇棉地嶺，子午兼癸丁。梁姓十世祖妣。灰墳，有碑。

梁芝桂公墓，葬長山仔村前旺碑頭邊全嶺，坐丁向癸兼子午。周埇村之九世祖，灰墳。

梁宇忠公墓，葬石頭上第垌之獅子大嶺，坐癸向丁兼子午。周埇村之十四世祖。

梁尚興公墓，葬瓦窑塘大垾邊全嶺，庚甲兼酉卯。周埇村之三世祖。灰墳。

梁樞公墓，葬蛇坡村水徑埇之杓母嶺，甲庚兼寅申。那樓村之二世祖。

羅劉氏墓，葬石崗嶂右邊嶺，戌辰兼辛乙。有珊之母。

貤封六品安人蕭全氏墓，葬於東邊嶺村文侯嶺，未丑加丁癸。巡檢士賨公元配。灰墳，有碑。

蕭聖章公墓，葬遂邑近官湖村，土名烏蛇嶺，卯酉加乙辛。儒林郎布經歷日清之父。灰墳，有碑。

明庠生黄光嗣、龐昌公同墓，葬純八都鳳山下村北蜈蚣嶺，坐癸丑向丁未。博白黄應聲等十一世祖。

李景公墓，與妣何氏葬在教馬垌白墳嶺，坤艮兼申寅。簕塘李興權等始祖。

明李華、峰公墓，與妣宣氏葬新碑尾村後背山，舊名禾塘頸，乾巽兼亥巳。簕塘李傑興等六世祖。灰墳，有碑。

羅家達公墓，與配張氏同葬於第一區石夾金釵嶺，亥巳兼壬丙。應岳、康年等十四世祖。

梁賴氏墓，葬第一區北定團之瓦窑塘村背地名蛇地，坐坤艮兼申寅。那樓寨村梁姓八世祖妣。灰墳。

梁曾氏墓，葬第二區鬼叫坑禾乂嶺，甲庚兼卯酉。那樓寨村梁姓十一世祖妣。

梁李氏墓，葬第二區横嶺仔村，癸丁兼丑未。那樓寨村梁姓十二世祖妣。草墳。

劉彭氏墓，葬山祖村嶂肚茅傘窩嶺，巽乾兼巳亥。監生劉琨、劉順等七世祖妣。

王定璉公原配葉氏墓，葬第三區猪母嘴嶺，坐壬向丙。錫九等祖妣。

葉瑞公墓，葬第一區茶山村後背掃把山，坐酉向卯兼庚甲。大田山村葉姓之八世祖。

黄建豐公墓，葬第一區三角塘嶺，乙辛兼辰戌。西岸、大田山兩村之六世祖。灰墳。

項黄氏、項葉氏墓，葬第一區聚德橋埤記嶺，艮坤兼丑未。瑞文之祖妣。

鍾景俊公墓，與妣鄧氏葬第一區水背嶂嶺，辛乙兼酉卯。汝章之祖。

李廣賢公墓，葬第五區那盤垌火灰籮，子午兼壬丙。李少琴五世祖考。灰墳，有碑。

監生黄慶榮公墓，葬青陰橋狗地，午子兼丁癸。家聲之祖，灰墳。

鄧傳公墓，葬塘蓬墟西尾埇村後嶺，巽乾兼辰戌。監生繼侯、中興等之祖。

鄧佑禎公墓，葬本村後二里來龍拱揖嶺，戌辰兼乾巽。監生繼侯、家興等之祖。灰墳，有碑。

張玉璁公墓，葬南木水村水口燈草嶺，壬丙兼亥巳。光德、鈺甫等三世祖。灰墳，有碑。

劉楊氏墓，在第二區龐門嶺，坐甲兼寅。庠生沛隆等四世祖妣，灰墳。

劉世瑚公墓，在幡車嶺，坐巽向乾兼己亥。如英、文光等九世祖。灰墳，有碑。

廖高氏、廖江氏同墓，葬第七區過水塘嶺，亥巳兼乾巽。羊頭埇村廖玉振等之十一世祖妣。

歸善縣訓導江覺占公墓，岐嶺村七世祖，與配陳氏合葬離倉地村半里之高木山，坐乾向巽兼亥巳。灰墳，有碑。六世祖妣林氏附葬墳傍。

勞球公墓，葬湍流村五世祖，與配麥氏合葬第一區斗門嶺，坐庚向甲兼申寅。灰墳，有碑。

陳朗重公墓，葬湍流村之南三里馬鞍嶺，坐丙向壬兼午子。南朗村五世祖。灰墳。

清廪生陳自知公墓，配鄧氏合葬水沙根嶺，坐乾向巽。西朗村六世祖。灰墳。

陳劉氏墓，葬烏石村左埤仔田山，乙辛兼辰戌。西朗村陳永瓊之原配。灰墳，有碑。

江伯衡公墓，葬柴頭嶺，坐子向午。江廷杰之父，江鴻之祖。灰墳。

江彭氏墓，葬遂溪南嶺村左書房嶺，坐南向北。灰墳。

蕭莞德公墓，與配勞氏合葬鷄籠仔嶺，坐乾向巽兼亥巳。福德公元配李氏附葬在内。象漏村蕭茂祥等之祖。灰墳。

陳景公墓，與配謝氏、子泮梅、泮桂合葬遂溪烏山嶺，坐丑向未兼艮坤。陸軍少將自先等之十三世祖，灰墳。

全培成公墓，葬水路山，子午兼癸丁。石埇村二十三世祖。灰墳，有碑。

明貤贈中憲大夫張可倫公墓，葬排九嶺，坐申向寅兼庚甲。督糧道元祥之祖。

林而昌公墓，與配譚氏，子定秀配莫氏、賴氏，孫高明配戚氏，共七骸合葬龍狗窩之南山，坐丁癸加午子。附貢修京、修棟等曾叔祖。

黄世立公墓，葬金花瓶嶺，庚甲兼申寅。大山村泰鴻、泰彬之祖。

黄孫氏墓，葬紗帽江壟田嶺，乙辛兼辰戌。大山村泰鴻、泰彬之祖妣。

陳羅氏墓，葬龍埠村前嶺，壬丙兼子午。應勛公元配。蠔墩村必超祖妣。灰墳，有碑。

監生李綿昔公墓，葬平坦村邊之斬狗帘嶺，癸丁兼丑未。三快田村監生李允漢等之父。灰墳，有碑。

巡政廳李豐公墓，葬石灘村豆鼓嶺，乙辛加卯酉。荔根村監生槐年、籛年等之父。灰墳，有碑。

監生李籛年壽基，在第六區象牯嶺，坐癸向丁兼子午。現有坭珠，荔根村籛年自擇置。

監生謝漢章公墓，葬長陂村左，坐西向東。河木山村復善等之父。灰墳，有碑。

監生譚明權公墓，葬近多别村半里江西嶺，坐亥向巳。山脚村瑞祥等十五世祖。灰墳，有碑。

曹綿年公墓，葬横江村白墳埇嶺，坐酉向卯。名教村湘文、澍文、瀠文、瀚文之父。

謝昌甫公墓，葬山背村前石頭嶺，壬丙兼子午。白坭田村謝秀九世祖。灰墳，有碑。

黄許氏墓，葬平塘村後龍嶺，寅申加艮坤。黄肇端公之元配，塘蓬榴村培芹、培忠、典元等十一世祖妣。灰墳。

黄林氏墓，塘蓬八元堂村謙章公原配，葬第一區羅庚村附近之清敬嶺，丁癸兼午子。忠卓、忠傑之母。

黄品一公墓，葬木七垌村之北艾火巴嶺，坐坤艮兼申寅。塘蓬秧地頭村之鈞、茂蔚十三世祖。

黄陳氏墓，葬三角塘村西南之番弓嶺下細圓嶺，坐卯酉兼乙辛。塘蓬秧地頭村黄之鈞、茂蔚等十二世祖妣。

黄燕宗公墓，葬離塘蓬墟西五里之長窩鷄公籠嶺，己亥兼壬丙。秧地頭村英昌等十五世祖。

黃鍾氏、黃粱氏墓，葬那麟新物長村下赤竹埧嶺，丙壬加巳亥。䆉樓村存成十一、十二世祖妣。白墳無碑。

羅其昌公墓，與配符氏仝葬通天蜎燭嶺，壬丙兼子午。乃猷、錫符等之十二世祖。草墳。

羅繩良公墓，葬新陂那陂嶺，坐乾向巽兼亥巳。乃善、乃猷、錫符等之十世祖。草墳。

羅陳氏墓，葬石夾金釵嶺，坐子向午兼壬丙。監生乃昭、乃祥等之十一世祖妣。草墳。

黃士升公墓，葬三角山大嶺，巽乾向加辰戌。塘蓬榴村培忠、培信、典元等十二世祖。灰墳，有碑。

吴悦寧公墓，葬楓樹牌村黄姓後背山，未丑兼坤艮。西埇荔根村庠生玉光等六世祖。

黃運顗公墓，葬島嶂侯伯窩左邊，坐庚向甲兼酉卯。楓樹牌村龍昌、熾昌等十世祖。

贈儒林郎劉文鐸公墓，與配鄧氏、鍾氏同葬於博邑石寨村右蛇地嶺，癸山丁向。槃澗村國學生上青、英開等六世祖。有碑。

彭紹鏗公墓，與配李氏合葬白牛埇村後背山。坐艮向坤兼丑未。廣朗塘村其安、永芳等六世祖。灰墳，有碑。

䶈贈安人彭趙氏墓，葬䆉樓樹子山，坐卯向酉。恭靖公元配，新屋塲村增生雲武、舉魁等五世祖妣。灰墳，有碑。

曾九連公墓，葬九畏村社角嶺，申寅兼庚甲。留民寨村高瑞與博邑石頭嶺黎垌村毓文等始祖。有碑。

曾黃氏墓，葬禾交垌村左坡地面，寅山申向。留民寨高瑞與博邑石頭嶺黎垌村毓文、壽光等始祖妣。

灰墳，有碑。

潘成三郎墓，葬鴨㸬嶂脚，土名仙師塘，坐北向南。坭湖湴塘肚村監生振焜、有賢等八世祖。灰墳，有碑。

潘念三郎墓，與配賴氏，六世孫元珠、元顯四骸仝葬涓魚潭村磜頭嶺，坐西向東。坭湖湴塘肚村監生振焜、有賢等始祖考妣與六世祖。

彭阮氏墓，世鏗公元配，葬牛脚樹下村對面麻地嶺，乾巽兼亥巳。分流水、火燒塘村監生玉紅、守中等之六世祖妣。灰墳。

監生劉傅廷宦公墓，與弟廷剛同葬化邑雷公埧共話背交椅嶺，乾巽加辰戌。朱子埇村監生宜紹漢等九世祖。灰墳，有碑。

潘千受、潘千莊、潘千業公同墓，葬陸邑王嶺村左邊嶺，乾巽加亥巳。那李嶺村武生德芳、紹英等之祖。灰墳，有碑。

郭陳氏墓，與子潤金同葬鵓鳩埇祀塘面嶺，巳亥兼丙壬。長嶺村綱智、永立等祖妣。灰墳。

吳潮海公墓，葬化邑唐姓茅蓽村左邊垌心，申寅兼庚甲。西埇村廩生文彬，中學生鑫、紹坤等五世祖。

登仕郎蘇禎祥公墓，葬楊村大埇肚手掌嶺，坐西向卯兼辛乙。成冠、成興、茂象等七世祖。有碑。

何魁萬、何道元公同墓，葬草塘墟北茂山嶺，坐午向子加丁癸。武舉龍岡、監生元霖之高祖。有碑。

莫祖政、莫如清公墓，葬新屋埸村對面會衆嶺，酉卯兼辛乙。自瓊監生子温、庠生子元等三世祖。

莫楊氏墓，葬三下村左長嶺，巽乾兼辰戌。博白材山村、廉江上佛村莫姓之祖妣，有碑。

林芉公墓，葬蟻圳村後背銅鼓嶂嶺，與馮位二郎仝壙立，亥巳加壬丙。那彭、根竹塘、風睦巷村林芝蘭、芝榮、尚標等始祖。灰壙，有碑。

林啓元公墓，葬九曲水局内老蟹田面窩尾，乾巽兼亥巳。芝蘭、芝英、芝榮等十三世祖，有碑。

李張氏墓，葬亞婆髻嶂東邊蜡燭廳園嶺頂，亥巳加乾巽。有碑。時森等之祖妣。

李旦芬公墓，葬合浦山口地方之佳公埇村門口垌圓嶺，坐甲向庚加卯酉。清翰林院待詔春園之父。

鄭文氏墓，葬猪母塘西牛望月嶺，申寅加坤艮。廩生平湖之祖妣。草壙，有碑。

謝德行公墓，葬老虎山腰，坤艮兼未丑。福經、應永之十二世祖。土壙。

例授修職郎貢生文明章公墓，與配曹氏同葬龍窩村李姓禁山内讀嶺，申寅加庚甲。大車村文灼光、灼亮、灼麒等十一世祖考妣。

黄正鈺公墓，葬鷹仔地，子午兼癸丁。塘蓬嶺尾村謙宗、明宗、賢宗等之父。

胡林氏墓，葬坑角村左邊上埇大嶺，坐西向東。那福村作濱之母。

李萬盛公墓，葬安鋪墟炮臺嶺，坐巽向乾兼巳亥。玉韶之五世祖。土壙，無碑。

李秀興公墓，葬獨山潭嶺貓地，坐庚向甲兼酉卯。玉韶之祖父。土壙，無碑。

李趙華公墓，葬安鋪東邊墟口嶺，丙壬兼午子。玉韶之父。土壙，無碑。

李梁氏墓，葬仰塘墟之高山嶺，辰戌兼巽乾。玉韶之生母。土墳，有石碑。

國學生麥發公墓，與配賴氏同葬老温村後背嶺，坤艮兼申寅。縣背嶺村麥祥、麥盛等五世祖。

麥龐氏墓，葬平頭墩嶺，坐癸向丁兼丑未。縣背嶺村麥盛、麥鑾等之祖妣。

麥李氏墓，葬大塘村後背大王嶺，艮坤兼寅申。縣背嶺村麥盛之母

許劉氏墓，葬山狗棚村前大嶺，丙山壬向。紹嶽曾祖母。土墳。

黄銘元公墓，葬樟村子後背之左大山塘面中間嶺，壬丙兼子午。鹿鳴浪村允治之父。

黄羅氏墓，葬文筆脚，丙壬兼巳亥。鹿信村存垣、材光、孝灼、孝餘等十二世祖妣。灰墳，有碑。

國學生劉啓勛公墓，葬安鋪墟油行尾坡精塘園邊，巳亥兼巽乾。深水洞錫山之祖。灰墳。

敕封儒林郎吴士俊公墓，與配黄氏同葬楊尾埇嶺，坤艮兼未丑。錫齡等之曾祖。灰墳，有碑。

庠生吴文瀾公墓，與配劉傅氏同葬珠窮塘村後大嶺，甲庚兼寅申。兆鋆之父。灰墳，有碑。

吴國賓公墓，葬白石垻村左阿蒙嶺，卯酉兼乙辛。德政等之祖。灰墳，有碑。

吴雷氏墓，葬牛腿嶺後飛鵝嶺，寅申兼甲庚。應榮之母。灰墳，有碑。

庠生吴鼎成公墓，與配彭氏同葬和祥山村前馬叉口，坤艮兼申寅。樹槐等太高祖。灰墳，有碑。

吴臣通公墓，與孫縉、紀、紳，曾孫海，同葬蘇茅角對面文振嶺，巳亥兼巽乾。慶才等之祖。灰墳，有碑。

吴陳氏、吴劉氏墓，葬蓮塘口堡地嶺，坐寅申兼甲庚。慶才等之祖母。

同知職吴樹棠公墓，與配龐氏同葬第二區那廉村後背米磯石嶂，辛乙兼酉卯。庠生炳昭等之父母。灰墳，有碑。

黄龐氏墓，葬那陂嶺，坐乾巽兼亥巳。庠生培中、縣丞汝佐等之祖妣。灰墳，有碑。

吴鄒氏墓，在第一區長垌嶺，坐辛乙兼辰戌。增文等祖妣。灰墳，有碑。

黄邱氏墓，葬鹿坭村之樵林嶺，子午兼壬丙。廉江分庭檢察官、廣東公立法政專門學校畢業生允澤等之祖母。

黄羅氏墓，葬亘灶嶺，又名飛鵝嶺，癸丁兼子午。廪貢生正寬等祖妣。灰墳，有碑。

吴峻成公墓，在第一區三鴉塘嶺，壬丙兼亥巳。庠生熙秀等之父。灰墳，有碑。

黄劉氏、黄謝氏墓，葬田背坡村碗瑶狗子嶺，午子兼丁癸。石律村賢章、玉才等之八世、十一世祖妣。灰墳，有碑。

明庠生劉琦公墓，葬第二區塘禄塡拱墳嶺，與子陸川知縣仕通仝塋，灰墳，三珠。坐甲兼卯。化邑横嶺下庠生沛隆等三世祖。

明庠生劉一龍公墓，與配廖、羅、鍾氏同塋，在第二區陰兵城大崩塘面，坐子向午。沛隆等五世祖，灰墳。

魏傳三郎墓，葬浪仔村後背流塘嶺，坐辛向乙兼酉卯。粟垌村大德、隆興、元霖等之三世祖，與六世祖考應魁祖妣梁氏同穴。灰墳，有碑。

軍功五品陳達材公墓，葬廉江猪姆坳，坤艮兼申寅。東木埇村耀東、培榮等祖。灰墳，有碑。

賴暄美公墓，與配張氏合葬於獨簕尾村門首嶺，坐庚向甲兼酉卯。美和等之祖。坭墳。

梁天球公墓，葬文峰之牛欄頭嶺，又名馬鞍山，坐辛向乙兼酉卯。五品頂戴、縣丞職汝槐等之高祖。灰墳，有碑。

誥封安人梁沈氏墓，葬縣城之南將軍嶺，坐甲兼卯。南山村誥封奉直大夫梁文耀原配，五品藍翎、布政司經歷職世禄等之母。

黄胡氏墓，葬山背村對面城地嶺，申寅兼坤艮。謀道路村雲峰等之母。

黄鍾氏墓，葬老虎壟大嶺，庚甲兼申寅。大窩村德賢等之母。

黄林氏墓，葬園山山塘窩石頭嶺，乙辛兼辰戌。鄭垌、新屋塲村黄德和等之祖母。

陳儒勝公墓，葬鵝公地嶺，乾巽兼戌辰。埇尾村下粟地村人之始祖。灰墳，有碑。

許何氏墓，葬安鋪墟之東北嶺尾村前嶺，巽乾兼辰戌。紹嶽之祖母。灰墳，有碑。

黄廣公、黄寬公墓，葬磨刀灣尖刀水嶺，酉山卯向兼庚甲。穩山村黄興隆、玉英之祖。灰墳。

胡樸善公墓，葬赤竹山村之水口魚梁墩嶺，坐申向寅加坤艮。胡焕幹等之胞伯父。土墳。

胡焕標公墓，葬甲背嶺，坐壬向丙加亥巳。胡耿光等胞叔父。土墳。

李任公墓，與配陳氏同葬三角塘面大塘椏，辛乙兼戌辰。鳳興等五世祖。

黄李氏墓，景升公之妣，葬兩家灘三爺廟右，未丑加丁癸。同知銜樹聲之曾祖母。灰墳，有碑。

李鍾氏墓，葬本邑三合墟飛鵝嶺背，巳亥兼巽乾。廣西博邑那亭堡、那亭李姓祖妣。

曹林氏、曹陳氏、曹鍾氏同墓，葬於荒田埇後嶺，甲庚兼寅申，灰墳。鎮安團山背村安澍、安泳、升棠等之祖妣。

黃鄭氏、黃蘇氏墓，黃瑞徵公妣，葬於縣東門東胎嶺尾，壬山丙向加亥巳。灰墳。平嶺村同知銜黃樹聲等祖妣。

韓梁氏墓，世輝公妣，咸豐元年葬於第七區那良陂對面拔擋嶺，巽山乾向兼巳亥。低垌士魁、應光等九世祖妣。

監生黃士泰公墓，博白那亭稔坡村人，與配阮氏合葬豐三上都六吉嶂，己山亥向兼丙壬。庠生河澄等十四世祖。

胡住鳳公墓，石嶺區龍飛村邦粹十世祖。葬村右龍飛嶂，坐子向午兼壬丙。孫文芳附葬。草墳。

盧龐氏墓，明庠生盧保齋公之妣，第三區黃茅村右白坭吊山，坐壬向丙兼子午。灰墳，有碑。黃茅村盧姓開基祖墓。

謝劉氏墓，葬於梁姓之圓嶺仔村西邊牛厄曲嶺，坐午向子。軍屯村監生定國之母，土墳。

謝黃氏墓，葬黃平坡村之東，土名黑欖根村邊嶺，坐卯向酉，土墳。軍屯村監生定國之母。

謝定才公墓，葬遂溪蔴楄村東龜頭嶺，坐丁向癸，土墳。軍屯村監生定國胞兄。

謝陳駱氏墓，葬遂溪蔴楄村東龜爪嶺嘴，坐丁向癸。土墳，石碑。軍屯村監生定國之母。

鄭文氏墓，涎坭塘村國幹公嫡配，清廩生平湖之祖妣，葬猪母塘西牛望月嶺，坐申向寅加坤艮。草墳，有碑。

温龍氏墓，第七區成龍村温義章公元配，葬五區林松村田螺嶺大嶺板，亥巳兼乾巽。灰墳，有碑。景山、日三、香國、監生榮封八世祖妣。

温毓秀公墓，葬第五區林松村田螺嶺大嶺板，亥山己向乾巽。分金，灰墳。七區成龍村喬南監生榮封九世祖。

劉邱氏墓，田背坡村德治公元配，葬大坡村山窩嶺，坐午向子兼壬丙。劉勝、劉權、利仁等十世祖妣。

監生涂杰滮公墓，葬廉江城南長山陂後背，甲庚兼寅申。灰墳，有碑。第二區丹兜村錫國、國源等之祖考。

涂何氏墓，杰滮公元配，葬廉江城東六官塘嶺，壬丙兼亥巳。灰墳，有碑。第二區丹兜村錫國、國源等祖妣。

蔡欽念公墓，與四世祖德盛公、叔祖明正公，合葬於第二區竹寨村右之五公嶺，辛乙兼酉卯。灰墳，有碑。化縣六區大邏村蔡姓之二世祖。

涂汝淑公墓，葬第七區黄茅嶺下白樹嶺，未丑加丁癸。汝晋之胞弟。

石城縣志卷六

陳汝霖分纂